全国职业院校铁路交通类适用教材

# 铁路运输安全风险管理

主　编 ◎ 刘连珂
副主编 ◎ 杨洪星　孟伟东
　　　　　杨振艺　张　奇

西南交通大学出版社
·成　都·

---

图书在版编目（CIP）数据

铁路运输安全风险管理 / 刘连珂主编. --成都：西南交通大学出版社，2024.3
ISBN 978-7-5643-9771-5

Ⅰ. ①铁… Ⅱ. ①刘… Ⅲ. ①铁路运输 – 交通运输安全 – 风险管理 – 高等职业教育 – 教材 Ⅳ. ①U298

中国国家版本馆 CIP 数据核字（2024）第 060164 号

---

Tielu Yunshu Anquan Fengxian Guanli
**铁路运输安全风险管理**
主编　刘连珂

| | |
|---|---|
| 责任编辑 | 罗爱林 |
| 封面设计 | GT 工作室 |
| 出版发行 | 西南交通大学出版社<br>（四川省成都市金牛区二环路北一段 111 号<br>西南交通大学创新大厦 21 楼） |
| 邮政编码 | 610031 |
| 营销部电话 | 028-87600564　　　028-87600533 |
| 网址 | http://www.xnjdcbs.com |
| 印刷 | 四川森林印务有限责任公司 |
| 成品尺寸 | 185 mm × 260 mm |
| 印张 | 19 |
| 字数 | 475 千 |
| 版次 | 2024 年 3 月第 1 版 |
| 印次 | 2024 年 3 月第 1 次 |
| 书号 | ISBN 978-7-5643-9771-5 |
| 定价 | 49.80 元 |

课件咨询电话：028-81435775
图书如有印装质量问题　本社负责退换
版权所有　盗版必究　举报电话：028-87600562

# 前言

PREFACE

铁路是国民经济大动脉、关键基础设施和重大民生工程。近年来，我国铁路事业快速发展，至 2022 年年底我国铁路通车里程突破 15 万千米，其中，高速铁路超过 4.5 万千米，位居世界第一。随着高速铁路路网的快速扩张、运输规模的持续扩大、技术装备的迭代升级，铁路安全工作面临的形势日趋严峻和复杂。党中央、国务院高度重视铁路安全，习近平等中央领导同志多次对铁路安全工作作出重要批示。安全是做好一切工作的前提和基础，是铁路发展必须坚守的底线。铁路是一部特大联动机，设备联网、生产联动、作业联劳，安全问题体现得尤为突出。高速铁路安全管理是一项极为繁杂的系统工程。特别是高速铁路行车事故的不确定性、复杂性和突发性更为深刻，其破坏程度也更大。铁路线路长，地形、设备复杂，运行动车组列车种类多，给安全风险管理与应急处置带来很大的挑战。铁路安全事关成千上万旅客的生命和国家巨大资产安全，高速铁路安全管理水平，不仅和当前铁路运输安全形势有关，也与铁路现代化的长远发展及国家和民族的形象息息相关。

铁路要牢固树立安全发展理念，必须始终把旅客生命安全放在第一位，牢固树立发展不能以牺牲人的生命为代价这个观念。铁路安全问题，不仅关系到铁路自身的发展，而且事关人民群众生命财产安全，事关党和政府的形象和声誉；不仅关系到铁路对经济社会发展的保障能力，而且事关经济平稳较快发展和社会稳定大局；不仅关系到铁路建设和运营的良性循环，而且事关人民群众生活水平的提升，事关社会公共服务体系的完善和社会文明的进步。认真贯彻落实党的安全生产方针政策、国家安全生产法律法规，从铁路运输安全这个复杂的系统工程实际出发，在高度重视高速铁路技术保障体系建设的同时，坚持红线意识和底线思维，以防范化解高速铁路重大安全风险为目标，切实强化高速铁路运营安全风险科学管控。

本教材以铁路现代安全管理和新时代安全发展观为引领，从安全的基本规律、安全与事故的关系入手，分析世界各国铁路安全发展的规律，研究探索铁路安全管理的内涵；结合我国铁路最新安全法律、法规及规章，运用运输安全系统分析方法，通过铁路安全影响因素分析，特别是对高速铁路安全保障体系的探讨，提出进一步优化铁路运营安全保障体系的措施；通过对铁路特大、重大事故的分类分析，对铁路安全事故处理、预防及应急救援预案进行优化研究，通过风险辨识、风险分析、风险评估、风险控制研究，实现"人防、物防、技防"三位一体的铁路安全风险防控机制，进一步实现纵向到底、横向到边的铁路运输安全保障体系，使铁路轨道运输风险管理更加系统化、信息化、智能化，确保铁路运输安全、优质、高效。

《铁路运输安全风险管理》是高等职业教育铁路交通运营管理专业系列教材之一，以铁路企业运营安全运行为基本依据，按照铁路交通运营组织、指挥岗位要求，参照国家职业资格标准和铁路交通运营部门安全管理人员职业水平标准，以提高学生的职业技术能力和职业素养为中心，结合国内外大量铁路安全案例深入浅出地进行综合分析，从而使内容更具趣味性与震撼力，资料数据和实例丰富翔实，涵盖知识面广，又不失简明扼要。编写过程中力求系统全面、凸显特色，可以作为铁路交通类本科教育及职业教育各相关安全专业基础课必修教材，也可作为铁路企业现场岗位安全培训教材。

　　本书共十二个项目，具体编写分工如下：南京铁道职业技术学院刘连珂担任主编，编写项目一、项目三、项目四、项目七、项目十一、项目十二；中国铁路上海局集团有限公司杨洪星担任第一副主编，编写项目二、项目九；中国铁路上海局集团有限公司徐州车务段孟伟东担任第二副主编，编写项目五、项目六；南京铁道职业技术学院杨振艺担任第三副主编，编写项目八；南京铁道职业技术学院张奇担任第四副主编，编写项目十。

　　本书在编写过程中，参考了大量的专业书籍和网络资源，同时也得到全国安全职业教育委员会教学指导委员会、中国铁路上海局集团有限公司部分专家学者的指导和帮助，在此一并表示感谢。由于本人水平有限，书中难免存在不足之处，敬请广大读者批评指正。

编　者<br>2023 年 8 月

# 目录
CONTENTS

## 项目一　现代安全管理概述
任务一　安全基础知识 ……………………………………………………………… 002
任务二　安全生产概述 ……………………………………………………………… 007
任务三　安全管理的基本原理 ……………………………………………………… 012
任务四　现代安全管理方法 ………………………………………………………… 017
任务五　安全与文化理念 …………………………………………………………… 022
任务六　新时期安全发展观 ………………………………………………………… 027

## 项目二　铁路运输安全概述
任务一　铁路运输安全的重要性及特点 …………………………………………… 034
任务二　铁路运输安全的发展 ……………………………………………………… 037
任务三　运输安全系统管理 ………………………………………………………… 044
任务四　铁路运输安全影响因素分析 ……………………………………………… 055

## 项目三　铁路安全相关法律法规
任务一　国家安全法律、法规及标准 ……………………………………………… 066
任务二　铁路安全相关法律法规 …………………………………………………… 089
任务三　铁路运营安全事故罪责分析 ……………………………………………… 098

## 项目四　铁路运营安全保障体系
任务一　运输安全管理体制 ………………………………………………………… 103
任务二　铁路运输安全管理方针 …………………………………………………… 106

任务三　铁路运输安全保障系统…………………………………………109
　　任务四　运输安全管理手段………………………………………………115
　　任务五　铁路行车安全监管工作…………………………………………120

项目五　铁路运输安全系统分析
　　任务一　运输安全系统分析方法…………………………………………128
　　任务二　安全检查表分析…………………………………………………132
　　任务三　事件树分析………………………………………………………136
　　任务四　事故树分析………………………………………………………138

项目六　铁路交通运营安全管理运作
　　任务一　安全生产责任制管理……………………………………………144
　　任务二　安全生产目标制管理……………………………………………149
　　任务三　安全技术与质量标准化管理……………………………………152

项目七　铁路运输安全技术
　　任务一　车务安全技术……………………………………………………160
　　任务二　机务安全技术……………………………………………………164
　　任务三　工务安全技术……………………………………………………167
　　任务四　电务安全技术……………………………………………………170
　　任务五　车辆安全技术……………………………………………………172
　　任务六　牵引供电安全技术………………………………………………173
　　任务七　高速铁路运营安全保障技术……………………………………174

项目八　高速铁路安全保障体系
　　任务一　电气化铁路概述…………………………………………………186
　　任务二　高速铁路事故形态及原因分析…………………………………187
　　任务三　电气化铁路劳动安全……………………………………………194
　　任务四　高速铁路安全保障体系…………………………………………201

## 项目九　铁路客运安全

  任务一　铁路客运劳动安全基础知识……………………………………………207
  任务二　旅客安全运输基本措施…………………………………………………208
  任务三　旅客运输作业安全标准…………………………………………………211
  任务四　客运工作人员及人身安全………………………………………………212

## 项目十　铁路施工安全管理

  任务一　铁路施工中存在的危险有害因素………………………………………215
  任务二　铁路建设工程施工安全管理责任………………………………………217
  任务三　安全施工管理交底管理…………………………………………………220
  任务四　工程项目部安全管理要点………………………………………………232
  任务五　铁路工程关键节点风险管控……………………………………………234
  任务六　铁路建设工程施工安全红线……………………………………………238
  任务七　铁路施工质量事故分析…………………………………………………240
  任务八　铁路建设工程质量安全事故应急预案…………………………………243

## 项目十一　铁路运输事故及应急救援体系

  任务一　铁路运输事故类型………………………………………………………247
  任务二　铁路交通事故调查处理…………………………………………………251
  任务三　事故应急救援工作………………………………………………………253
  任务四　铁路应急管理及应急预案………………………………………………264

## 项目十二　铁路安全风险管理与安全评价

  任务一　铁路安全风险管理的重要性……………………………………………271
  任务二　铁路安全风险管理的深刻内涵…………………………………………277
  任务三　铁路安全风险管理体系…………………………………………………286
  任务四　铁路安全风险评估与安全评价…………………………………………290

**参考文献**……………………………………………………………………………296

# 项目一　现代安全管理概述

## 项目概述

本章主要是使学生对安全知识进行综合理解,结合人类安全生存的大环境,了解各行各业安全管理的必要性、重要性、特殊性、紧迫性,熟悉安全管理的基本原理,掌握现代安全管理方法,结合国内外安全事故典型案例,牢固树立现代安全发展理念,坚持红线意识和底线思维,以防范、化解铁路重大安全风险为目标,深刻领会安全管理的重大意义。

## 教学目标

### 1. 能力目标

正确理解安全的概念、安全管理的特点、安全管理的基本原理;能自觉以安全行为和语言传播安全企业文化。

### 2. 知识目标

掌握安全管理的必要性、重要性、特殊性;掌握安全管理的基本原理;熟悉现代安全管理方法。

### 3. 素质目标

牢固树立党和国家"安全第一、预防为主、综合治理"的安全生产方针,牢固树立现代安全发展理念,坚持红线意识和底线思维;具有良好的职业安全操守、安全大局观念及创新实践能力。

# 任务一　安全基础知识

## 一、安全概述

### （一）安全的基本定义

**1. 安全的广义与狭义定义**

狭义的安全，是指人类个体与周围环境的相容性。相容性很好，表明生存环境非常宽容、人们幸福安康、娱乐休闲富足。

广义的安全，是指人类的生存环境——地球的生态安全，包括来自宇宙的多种复杂的危险隐患的识别。

安全一般是相对的，绝对的安全是不存在的。

绝对安全观是人们早期对安全的认识，目前仍然有一部分现场生产管理人员和科技工作者有此认识。绝对安全观认为，安全指没有危险、不受威胁、不出事故，即消除能导致人员伤害、生病、死亡或造成设备财产破坏、损失，以及危害环境的条件。绝对安全观过分强调安全的绝对性，因而其应用范围受到了很大的限制，特别是在分析社会-技术系统的安全问题时更是如此。

相对安全观认为，安全是相对的，绝对安全是不存在的。例如，美国哈佛大学的劳伦斯教授将安全定义为"安全就是被判断为不超过允许极限的危险性"，也就是指没有受到损害的危险或损害概率低。《英汉安全专业术语词典》中将安全定义为："安全意味着可以容许的风险程度,比较的无受损害之忧和损害概率低的通用术语。"

因此，安全是指在生产活动过程中，将人或物的损失控制在可接受水平的状态。换言之，安全意味着人或物遭受损失的可能性是可以接受的，若这种可能性超过了可接受的水平，即为不安全。该定义具有下述含义：

（1）这里所讨论的安全是指生产领域中的安全问题，既不涉及军事或社会意义的安全与保安，也不涉及与疾病有关的安全。

（2）安全不是瞬间的结果，而是对某种过程状态的描述。

（3）安全是相对的，绝对安全是不存在的。

（4）构成安全问题的矛盾双方是安全与危险，而非安全与事故。因此，衡量一个生产系统是否安全，不应仅仅依靠事故指标。

（5）不同的时代，不同的生产领域，可接受的损失水平是不同的，因而衡量系统是否安全的标准也是不同的。

**2. 安全的通俗理解**

无危为安，无损为全。安全就是使人的身心健康免受外界因素影响的状态。安全也可以看作是人、机具及人和机具构成的环境三者处于协调/平衡状态。一旦打破这种平衡，安全就不存在了。

当把人的生命比作是"1"时,生活就是在"1"后面加"0",后面加的"0"越多,说明事业越成功、家庭越幸福。倘若人的生命不存在了,后面加再多的"0"都没有意义。

### 3. 安全的延伸理解

安全的延伸理解可以是国家安全、政治安全、经济安全、文化安全、国际安全、区域安全,以及生态安全、核安全等。

国家安全是国家的基本利益,是一个国家处于没有危险的客观状态,也就是国家没有外部的威胁和侵害,也没有内部的混乱和疾患的客观状态。当代国家安全包括11个方面的基本内容,即国民安全、领土安全、主权安全、政治安全、军事安全、经济安全、文化安全、科技安全、生态安全、信息安全和核安全。

政治安全就是政治主体在政治意识、政治需要、政治内容、政治活动等方面免于内外各种因素侵害和威胁而没有危险的客观状态。

经济安全,是指经济全球化时代一国保持其经济存在和发展所需资源有效供给、经济体系独立稳定运行、整体经济福利不受恶意侵害和非可抗力损害的状态及能力,即一国的国民经济发展和经济实力处于不受根本威胁的状态。

生态安全是指生态系统的健康和完整情况,是人类在生产、生活和健康等方面不受生态破坏与环境污染等影响的保障程度,包括饮用水与食物安全、空气质量与绿色环境等基本要素。

核安全是指对核设施、核活动、核材料和放射性物质采取必要和充分的监控、保护、预防和缓解等安全措施,防止由于任何技术原因、人为原因或自然灾害造成事故发生,并最大限度地减少事故情况下的放射性后果,从而保护工作人员、公众和环境免受不当辐射危害。

## (二)安全相关概念

### 1. 危险

不安全(危险)指在生产活动过程中,人或物遭受损失的可能性超出了可接受指标的状态。

设危险状态为 $W$,则有:$W=f(\triangle X, \triangle L)$。可见,危险状态是一个多因素的状态函数,是危险因素偏差导致的结果。该状态是客观存在的,具有潜在性、隐蔽性。同时,危险程度也是可转化的。

### 2. 风险(危险性)

国际标准化组织(ISO13702,1999)的定义:风险是某一有害事故发生的可能性与事故后果的组合。

一般将安全生产的风险定义为:安全生产不期望事件的发生或存在概率与可能发生事故后果的组合。

一般意义上的风险具有概率和后果的二重性,即可用损失程度 $C$ 和发生概率 $P$ 的函数来表示风险。

$$R=f(P, C)$$

为简便，多数文献将风险表示为概率与后果的乘积。

$$R = P \times C$$

上述风险定义中，无论损失或者后果，均是针对事故定义的，包括已发生的事故和将会发生的事故。风险既然是对系统危险性的度量，则仅仅以事故来衡量系统的风险是不充分的，除非能够辨识所有可能的事故形式。从整个系统的角度来看，风险是系统危险影响因素的函数，即风险可表示为：

$$R=f(R_1, R_2, R_3, R_4, R_5)$$

式中，$R_1$ 为人的因素；$R_2$ 为设备因素；$R_3$ 为环境因素；$R_4$ 为管理因素；$R_5$ 为其他因素。

### 3. 安全性

从系统的安全性来讲，安全性是衡量系统安全程度的客观量。与安全性对立的概念是描述系统危险程度的指标——风险（又称危险性）。假定系统的安全性为 $S$，危险性为 $R$，则有 $S=1-R$。显然，$R$ 越小，$S$ 越大；反之亦然。若在一定程度上消减了危险因素，就等于创造了安全条件。

设安全状态为 $D$，其是可接受的危险状态 $[w]$ 的范围。即 $\triangle D \leq [w]$。

我们认为 $D$ 取决于安全条件，安全条件取决于条件因素，即 $D=f(X_i)$。

设安全条件为 $X$，安全条件许用值为 $[X]$，$\triangle X$ 为安全条件的偏差。

则有：$\triangle X=X-[X] = 0$ 安全；

　　　$\triangle X=X-[X] > 0$ 比较安全；

　　　$\triangle X=X-[X] > 0$ 非常安全。

### 4. 事故

事故是指在生产活动过程中，由于人们受到科学知识和技术力量的限制，或者由于认识上的局限，当前还不能防止或能防止而未有效控制所发生的违背人们意愿的事件序列。事故的发生，可能迫使系统暂时或较长期地中断运行，也可能造成人员伤亡、财产损失或者环境破坏，或者其中两者或三者同时出现。

对事故的综合理解，可概括如下：

（1）事故是违背人们意愿的一种现象。

（2）事故是不确定事件，其发生形式既受必然性的支配，但也不可避免地受到偶然性的影响。

（3）事故发生的原因，可归结为以下 3 类：① 目前尚未认识到的原因。② 已经认识，但目前尚不可控制的原因。③ 已经认识，目前可以控制而未能有效控制的原因。

（4）事故一旦发生，可能造成以下几种后果：① 人受到伤害，物受到损失。② 人受到伤害，物未受到损失。③ 人未受到伤害，物受到损失。④ 人、物均未受到伤害或损失。

（5）事故的内涵相当复杂。从宏观的生产过程来看，事故是安全与危险矛盾斗争过程中某些瞬间突变结果的外在表现形式，是时间轴上一系列离散的点；从微观角度来看，每一个事故均可看作是在极短时间内相继出现的事件序列，是一个动态过程，可以表示为：危险触发以一定的逻辑顺序出现的一系列事件产生不良后果。

### 5. 隐患

隐患是指在生产过程中，由于人们受到科学技术的限制，或者认识上的局限，未能有效控制的可能引起事故的行为和状态。

事故是隐患发展的结果，隐患是事故发生的必要条件。

从系统安全的角度来看，通常人们所说的隐患包括一切可能对人—机—环境系统带来损害的不安全因素。隐患可定义为：在生产活动过程中，由于人们受到科学知识和技术力量的限制，或者由于认识上的局限，而未能有效控制的有可能引起事故的一种行为（一些行为）或一种状态（一些状态）或两者的结合。隐患是事故发生的必要条件，一旦被识别，就要予以消除。对于受客观条件所限不能立即消除的隐患，要采取措施降低其危险性或延缓危险性增长的速度，降低其被触发的概率。

### 6. 基本概念之间的相互关系

（1）安全与危险是一对此消彼长、动态发展变化的矛盾双方，它们都是与生产过程共存的连续型过程。

（2）描述安全与危险的指标分别是安全性与危险性（风险），两者存在如下关系：

$$安全性 = 1 - 危险性$$

（3）事故与安全是对立的，但事故并不是不安全的全部内容，而只是在安全与不安全一对矛盾斗争过程中某些瞬间突变结果的外在表现。

（4）系统处于安全状态并不一定不发生事故，系统处于不安全状态，也未必完全是由事故引起的。

（5）事故发生，系统不一定处于危险状态，事故不发生，也不能否认系统不处于危险状态，事故不能作为判别系统危险与安全状态的唯一标准。

（6）事故总是发生在操作的现场，总是伴随着隐患的发展而发生在生产过程之中的，事故是隐患发展的结果，而隐患则是事故发生的必要条件。事故发生流程如图1-1所示。

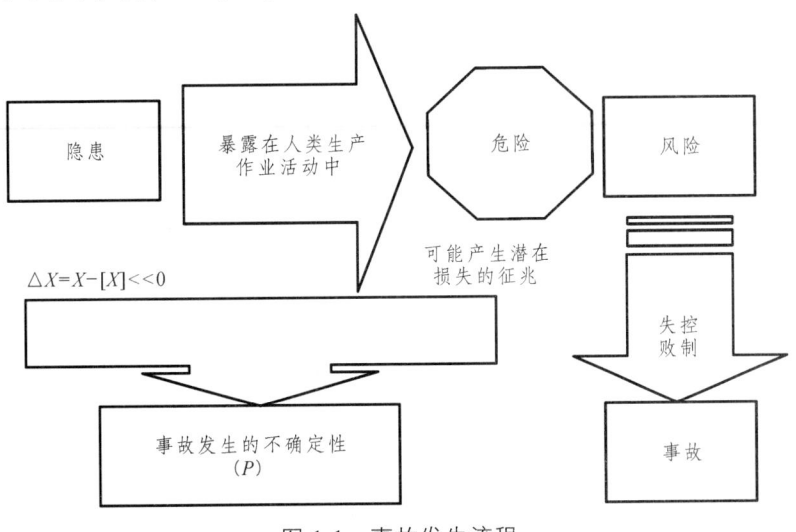

图1-1 事故发生流程

## 二、安全的性质

### （一）安全的普遍性

伴随生产而存在的安全问题，对于所有的技术系统都具有普遍的意义，城市轨道运营系统也不例外。

### （二）安全的系统性

安全涉及技术系统的各个方面，包括人员、设备、环境等因素，而这些因素又涉及经济、政治、科技、教育和管理等许多方面。特别对于像城市轨道运营系统这样的开放系统，安全既受系统内部因素的制约，也受到系统外部环境的干扰。而安全的恶化状态——事故，不仅可能造成系统内部的损害，也可能造成系统外部环境的损害。因此，研究和解决安全问题应从系统观点出发，运用系统工程的方法，进行综合治理。

### （三）安全的相对性

凡是人类从事的生产活动，都存在安全问题，所不同的只是发生事故的可能性有大有小，危害程度有轻有重而已。安全是相对的，不安全是绝对的，系统发生事故的可能性始终存在。但是，事故是可以预防的，可以利用安全系统工程的原理和技术，预先发现、鉴别、判明各类隐患，并采取安全对策从而防患于未然。

### （四）安全的依附性

安全是依附于生产而存在的，它不可能脱离具体的生产过程而独立存在，只要存在生产活动，就会出现安全问题。另外，安全是生产的前提和保障，安全工作搞得不好，生产便无法顺利进行。因此，需要经常持久地抓好安全工作。

### （五）安全的间接效益性

要保证生产安全必须在人员、设备、环境和管理方面有相应、适时的安全投入，但安全投入所产生的经济和社会效益却是间接的、无形的，难以定量计算。因此，安全投入往往被忽视，只有发生了事故造成了损失之后才会意识到安全投入的必要性和重要性。事实上，安全的效益除了减少事故的直接和间接经济损失外，更重要的是在提高人员素质、改进设备性能、改善环境状况和加强生产管理等方面所创造的积极的经济和社会效益。

### （六）安全的长期性

人对安全的认识在时间上往往是滞后的，不可能预先完全认识到系统存在和面临的各种危险，而且即使认识到了，有时也会因受到当时技术条件的限制而无法予以控制。随着技术进步和社会发展，旧的安全问题解决了，新的安全问题又会产生。所以，安全工作是一个长期的过程，必须坚持不懈，始终如一地努力。

### （七）安全的艰巨性

高技术总是伴随着高风险。随着现代科学技术的发展，各种技术系统的复杂化程度增加。以轨道交通运营系统为例，无论是规模、速度、设备和管理都有了极大的飞跃，一旦发生事故，其影响之大、伤亡之多、损失之重、补救之难，都是传统运输方式不可比拟的。此外，事故是一种小概率的随机偶发事件，仅仅利用已有的事故资料不足以及时、深入地对系统的危险性进行分析，而现代社会的文明进步又不容许通过事故重演来深化对安全的认识。因此，认识事故机理，不断揭示系统安全的各种隐患，是一项艰巨的任务。

## 三、安全科学的研究目标

安全科学的研究目标是将技术应用过程中所发生损害的可能性或者损害的后果控制在绝对最低限度内，或者至少使其保持在可容许的限度内。

这里所指的损害可以是技术引起的事故，也可以是其他破坏或损失，如技术装备导致的环境污染所带来的破坏或损失。

# 任务二　安全生产概述

## 一、安全生产的基本内涵

安全生产是指企事业单位在劳动生产过程中的人身安全、设备和产品安全，以及交通运营安全等。概括地说，安全生产是指采取一系列措施使生产过程在符合规定的物质条件和工作秩序下进行，有效消除或控制危险和有害因素，无人身伤亡和财产损失等生产事故发生，从而保障人员安全与健康、设备和设施免受损坏、环境免遭破坏，使生产经营活动得以顺利进行的一种状态。

从一般意义上讲，安全生产是指在社会生产活动中，通过人、机、物料、环境、方法的和谐运作，使生产过程中潜在的各种事故风险和伤害因素始终处于有效控制状态，切实保护劳动者的生命安全和身体健康。也就是说，为了使劳动过程在符合安全要求的物质条件和工作秩序下进行的，防止人身伤亡财产损失等生产事故，消除或控制危险有害因素，保障劳动者的安全健康和设备设施免受损坏、环境免受破坏的一切行为。

安全生产是安全与生产的统一，其宗旨是安全促进生产，生产必须安全。搞好安全工作，改善劳动条件，可以调动职工的生产积极性；减少职工伤亡，可以减少劳动力的损失；减少财产损失，可以增加企业效益，无疑会促进生产的发展；而生产必须安全，则是因为安全是生产的前提条件，没有安全就无法生产。

## 二、安全生产的本质

（1）保护劳动者的生命安全和职业健康是安全生产最根本、最深刻的内涵，是安全生产本质的核心,充分揭示了安全生产以人为本的导向性和目的性。

(2)突出强调了最大限度的保护。所谓最大限度的保护,是指在现实经济社会所能提供的客观条件的基础上,尽最大的努力,采取加强安全生产的一切措施,保护劳动者的生命安全和职业健康。

基于目前我国安全生产的现状,需要从3个层面对劳动者的生命安全和职业健康实施最大限度的保护:一是在安全生产监管主体即政府层面,把加强安全生产、实现安全发展,保护劳动者的生命安全和职业健康,纳入经济社会管理的重要内容,纳入社会主义现代化建设的总体战略,最大限度地给予法律保障、体制保障和政策支持。二是在安全生产责任主体即企业层面,把安全生产、保护劳动者的生命安全和职业健康作为企业生存、发展的根本,最大限度地做到责任到位、培训到位、管理到位、技术到位、投入到位。三是在劳动者自身层面,把安全生产和保护自身的生命安全、职业健康,作为自我发展、价值实现的根本基础,最大限度地实现自主保护。

(3)突出了生产过程中的保护。生产过程是劳动者进行劳动生产的主要时空,也是保护其生命安全和职业健康的主要时空,安全生产的以人为本,具体体现为生产过程中的以人为本。同时,它还深层次揭示了安全与生产的关系。在劳动者的生命和职业健康面前,生产过程应该是安全地进行生产的过程,安全是生产的前提,贯穿于生产过程的始终。两者发生矛盾时,生产必须服从于安全,安全第一。这种服从,是一种铁律,是对劳动者生命和健康的尊重,是对生产力最主要、最活跃因素的尊重。

(4)突出了一定历史条件下的保护。强调一定历史条件的现实意义在于:一是有助于加强安全生产工作的现实紧迫性;二是有助于明确安全生产的重点行业取向;三是有助于处理好一定历史条件下的保护与最大限度保护之间的关系。因此,立足现实条件,充分利用和发挥现实条件,加强安全生产工作,是我们的当务之急。

### 三、安全生产的体制和基本原则

《中华人民共和国安全生产法》简称《安全生产法》确定了"安全第一、预防为主、综合治理"的安全生产管理基本方针,在此方针的规约下形成了一定的管理体制和基本原则。

所有生产经营单位在组织生产的过程中,必须把保护人的生命安全放在第一位。

#### (一)管理体制

目前我国安全生产监督管理的体制:综合监管与行业监管相结合、国家监察与地方监管相结合、政府监督与其他监督相结合。

监督管理的基本特征:权威性、强制性、普遍约束性。

监督管理的基本原则:坚持"有法可依、有法必依、执法必严、违法必究"的原则,坚持以事实为依据、以法律为准绳的原则,坚持预防为主的原则,坚持行为监察与技术监察相结合的原则,坚持监察与服务相结合的原则,坚持教育与惩罚相结合的原则。

## (二）基本原则

### 1. 坚持"以人为本"的原则

要求在生产过程中，必须坚持"以人为本"的原则。在生产与安全的关系中，一切以安全为重，安全必须排在第一位。必须预先分析危险源，预测和评价危险、有害因素，掌握危险出现的规律和变化，采取相应的预防措施，将危险和安全隐患消灭在萌芽状态。

### 2. 贯彻预防为主的原则

安全生产的方针是"安全第一、预防为主、综合治理"。安全第一，是从保护生产力的角度和高度，表明在生产范围内安全与生产的关系，肯定安全在生产活动中的位置和重要性。

贯彻预防为主，首先要端正对生产中不安全因素的认识，端正消除不安全因素的态度，选准消除不安全因素的时机。在安排与布置生产内容的时候，针对施工生产中可能出现的危险因素，采取措施予以消除是最佳选择。在生产活动过程中，经常检查、及时发现不安全因素，采取措施，明确责任，尽快、坚决地予以消除，是安全管理应有的鲜明态度。

### 3. "谁主管、谁负责"的原则

安全生产的重要性要求主管者也必须是责任人，要全面履行安全生产责任。

### 4. "管生产必须管安全"的原则

该原则指工程项目各级领导和全体员工在生产过程中必须坚持在抓生产的同时抓好安全工作。该原则体现了安全与生产的统一，生产和安全是一个有机的整体，两者不能分割，更不能对立起来，而应将安全寓于生产之中。

### 5. "安全具有否决权"的原则

该原则指安全生产工作是衡量工程项目管理的一项基本内容，它要求对各项指标进行考核，评优创先时首先必须考虑安全指标的完成情况。安全具有一票否决的作用，若安全指标没有实现，即使其他指标顺利完成，仍无法实现项目的最优化。

### 6. "三同时"原则

基本建设项目中的职业安全、卫生技术、环境保护等措施和设施，必须与主体工程同时设计、同时施工、同时投产使用。

### 7. "五同时"原则

企业的生产组织及领导者在计划、布置、检查、总结、评比生产工作的同时，应计划、布置、检查、总结、评比安全工作。

### 8. "四不放过"原则

事故原因未查清不放过，当事人和群众没有受到教育不放过，事故责任人未受到处理不放过，没有制定可行的预防措施不放过。"四不放过"原则的支持依据是《国务院关于特大安全事故行政责任追究的规定》（国务院令第 302 号）。

### 9. 坚持四全动态管理原则

安全管理涉及生产活动的方方面面，涉及从开工到竣工交付的全部生产过程，涉及全部的生产时间，涉及一切变化着的生产因素。因此，生产活动中必须坚持全员、全过程、全方位、全天候的动态安全管理。

### 10. 安全管理重在控制原则

进行安全管理的目的是预防、消灭事故，防止或消除事故伤害，保护劳动者的安全与健康。在安全管理的四项主要内容中，虽然都是为了达到安全管理的目的，但是对生产因素状态的控制，与安全管理目的的关系更直接、更突出。因此，必须将生产中人的不安全行为和物的不安全状态的控制，作为动态安全管理的重点。

### 11. 在管理中发展、提高原则

既然安全管理是变化着的生产活动中的管理，是动态的，则意味着它是不断发展、不断变化的，以适应变化的生产活动，消除新的危险因素。然而更为需要的是，不间断地摸索新的规律，总结管理、控制的办法与经验，指导新的变化后的管理，从而使安全管理不断上升到新的高度。

## 四、安全生产方针及安全系统原理

### （一）安全生产方针

《安全生产法》第一章总则第三条规定了"安全第一、预防为主、综合治理"的方针，是我国对安全生产工作提出的总的要求和指导原则。

首先，"安全第一"体现了人们对安全生产的一种理性认识。它包含两个层面：第一层面，生命观。"安全第一"就是要让人们懂得珍惜生命、爱护生命、尊重生命和保护生命，而事故意味着对生命的摧残与毁灭。因此，应把保护生命安全放在第一位。第二层面，协调观，即生产与安全的协调观。从生产系统来说，保证系统正常就是保证系统安全。这是保证生产系统有效运转的基础和前提条件。因此，应把安全放在第一位。

其次，"预防为主、综合治理"体现了人们在安全生产活动中的方法论。

### （二）安全系统原理

安全系统原理主要研究两个系统对象：一是事故系统；二是安全系统。

#### 1. 事故要素论

人——人的不安全行为；
物——物的不安全状态；
环——环境状况不良；
管——管理欠缺。

安全事故系统如图 1-2 所示。

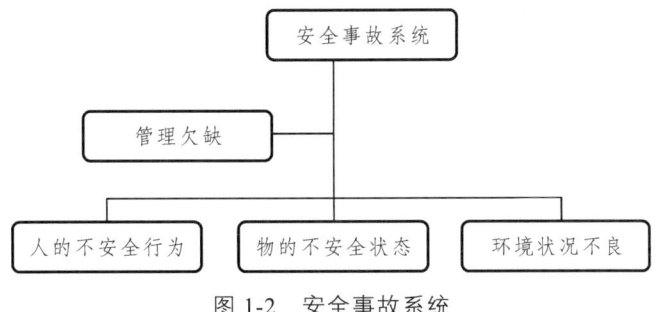

图 1-2 安全事故系统

2. **安全系统论**

人——人的安全素质（心理与生理；安全能力；文化素质）；
物——设备与环境的安全可靠性（设计安全性；制造安全性；使用安全性）；
能量——生产过程中能的安全作用（能的有效控制）；
信息——充分可靠的安全信息流（管理效能的充分发挥）是安全的基础保障。
安全系统如图 1-3 所示。

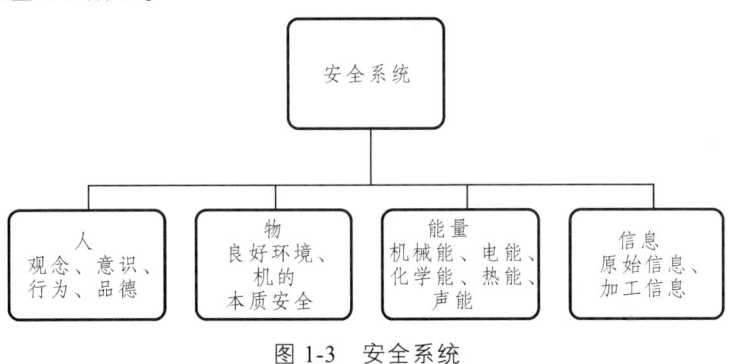

图 1-3 安全系统

## 五、事故的类型及特征

### （一）事故类型

常见的几类事故：一次事故、二次事故、未遂事故、伤亡事故、一般事故。

### （二）事故的基本特征

事故的基本特征包括：因果性；潜伏性、再现性和可预测性；偶然性、必然性和规律性。

## 六、事故致因理论

事故致因理论主要包括以下几种理论：事故频发倾向理论、海因里希的事故因果连锁理论、能量意外释放理论、系统致因理论、现代因果连锁理论、轨迹交叉理论。其中影响较大的是事故因果连锁理论。

1931年，美国安全工程师海因里希首先提出了事故因果连锁论，用以阐明导致伤亡事故的各种原因及与事故间的关系。该理论认为，伤亡事故的发生不是一个孤立的事件，尽管伤害可能在某瞬间突然发生，却是一系列事件相继发生的结果。

海因里希把工业伤害事故的发生、发展过程描述为具有一定因果关系的事件的连锁发生过程：① 人员伤亡的发生是事故的结果。② 事故的发生是由于人的不安全行为、物的不安全状态。③ 人的不安全行为或物的不安全状态是由人的缺点造成的。④ 人的缺点是由不良环境诱发的，或者是由先天的遗传因素造成的。

海因里希直观化的事故因果连锁理论关注事故形成中的人与物，开创了事故系统观的先河，促进了事故致因理论的发展，成为事故研究科学化的先导，具有重要的历史地位。

他提出了"海因里希安全法则"（1∶29∶300∶1 000）：每一起严重事故的背后，必然有29次轻微事故和300起未遂先兆以及1 000起事故隐患。此法则完全适用于企业的安全生产管理，具体如图1-4所示。

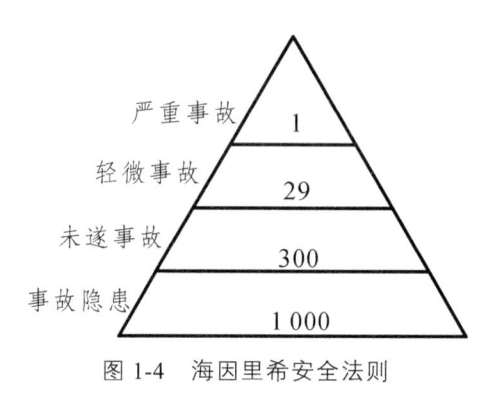

图1-4　海因里希安全法则

# 任务三　安全管理的基本原理

## 一、安全管理的概念与作用

### （一）安全管理的概念

安全管理（Safety Management）是管理科学的一个重要分支，是企业生产管理的重要组成部分，是一门综合性的系统科学，是为实现安全目标而进行的有关决策、计划、组织和控制等方面的活动。安全管理原理如图1-5所示。

安全管理是企业生产管理的重要组成部分，是一门综合性的系统科学。安全管理的对象是生产中一切人、物、环境的状态管理与控制，是一种动态管理。安全管理，主要是管理者对安全生产进行的计划、组织、指挥、协调和控制的一系列活动，组织实施企业安全管理规划、指导、检查和决策；同时，又是保证生产处于最佳安全状态的根本环节，以保护劳动者和设备在生产过程中的安全，保护生产系统的良性运行，促进企业改善管理、提高效益。

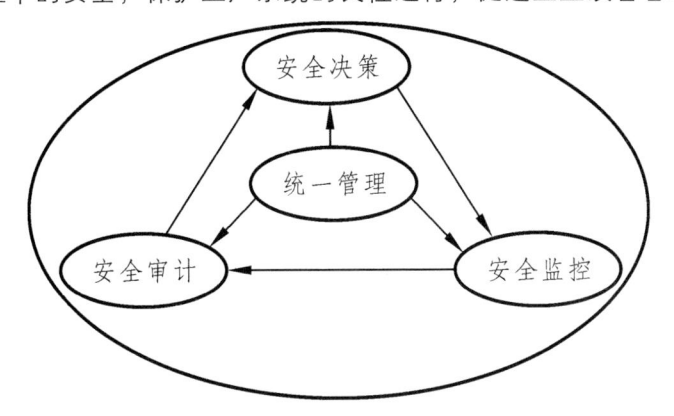

图 1-5　安全管理原理

安全管理的内容，大体可归纳为安全组织管理、过程设施管理、行为控制和安全技术管理 4 个方面，分别对生产中的人、物、环境的行为与状态进行具体的管理与控制。为有效地将生产因素的状态控制好，在实施安全管理的过程中，必须正确处理以下 5 种关系：

（1）安全与危险并存。安全与危险在同一事物的运动中是相互对立、相互依赖而存在的。因为有危险，才要进行安全管理，以防止危险发生。安全与危险并非等量并存、平静相处。随着事物的运动变化，安全与危险每时每刻都在变化，进行着此消彼长的斗争。事物的状态将向斗争的胜方倾斜。可见，在事物的运动中，不会存在绝对的安全或危险。保持生产的安全状态，必须采取多种措施，以预防为主。危险因素是客观地存在于事物运动之中的，自然是可知的，也是可控的。

（2）安全与生产的统一。生产是人类社会存在和发展的基础。如果生产中人、物、环境都处于危险状态，生产则无法顺利进行。因此，安全是生产的客观要求，自然当生产完全停止时，安全也就失去了意义。就生产的目的性来说，组织好安全生产就是对国家、人民和社会最大的负责。生产有了安全保障，才能持续、稳定发展。

（3）安全与质量的包含。从广义上看，质量包含安全工作质量，安全概念也内含着质量，交互作用，互为因果。安全第一，质量第一，这两个第一并不矛盾。安全第一是从保护生产因素的角度提出的，而质量第一则是从关心产品成果的角度强调的。安全为质量服务，质量需要安全来保证。

（4）安全与速度互保。速度应以安全做保障，安全就是速度。安全与速度呈正比例关系。一味强调速度，置安全于不顾的做法是极其有害的。当速度与安全发生矛盾时，暂时减缓速度、保证安全才是正确的做法。

（5）安全与效益的兼顾。安全技术措施的实施，定会改善劳动条件，调动职工的积极性，激发劳动热情，带来经济效益，以补偿原来的投入。从这个意义上说，安全与效益完全是一致的，安全促进了效益的增长。

## （二）安全管理的意义与作用

安全工作的根本目的是保护广大劳动者和设备的安全，防止伤亡事故和设备事故危害，保护国家和集体财产不遭受损失，保证生产和建设的正常进行。为了实现这一目的，需要开展3个方面的工作，即安全管理、安全技术和劳动卫生。而这三者中，安全管理又起着决定性的作用，意义重大。

（1）搞好安全管理是防止伤亡事故和职业危害的根本对策。任何事故的发生不外乎4个方面的原因，即人的不安全行为、物的不安全状态、环境的不安全条件和安全管理的缺陷。

（2）搞好安全管理是贯彻落实"安全第一、预防为主、综合治理"方针的基本保证。"安全第一、预防为主、综合治理"是我国安全生产的根本方针，是多年来实现安全生产的实践经验的科学总结。

（3）安全技术和劳动卫生措施要依靠有效的安全管理，才能发挥应有的作用。安全技术和劳动卫生措施对于从根本上改善劳动条件、实现安全生产有重大作用。

（4）搞好安全管理，有助于改进企业管理，全面推进企业各方面工作的进步，促进经济效益的提高。安全管理是企业管理的重要组成部分，与企业的其他管理密切联系、互相影响、互相促进。

## 二、安全管理的基本原理

管理的基本要素是人、财、物、信息、时间、机构、制度等，管理的基本原理就是研究如何正确而有效地处理这些要素及其相互关系，以实现管理的目标。安全管理作为管理的一个分支，要遵循管理的普遍规律，服从管理的基本原理。

### （一）系统原理

所谓系统，指由若干相互联系、相互作用、相互依赖的要素组成的具有特定功能和确定目标的有机整体。任何管理对象都是一个特定的系统，包含若干子系统，同时又可看成一个更大的系统的组成部分。现代管理的每一个基本要素都不是彼此孤立的，而是相互关联、相互作用的。为了达到管理优化的目的，必须从整体出发，对企业系统的各个方面进行分析研究，根据企业大系统的总目标，协调各子系统的目标，运用系统理论和方法进行控制、管理。

在应用安全管理系统原理时，要把涉及安全生产的各个要素看作一个系统，并作为整个企业管理系统的有机组成部分，注重安全系统的整体性、目的性和层次性，系统、全面地进行安全分析和评价，制定综合性的安全措施，以实现系统安全为最终目的。

### （二）人本原理

管理要坚持以人为本，以调动人的积极性为根本，这就是人本原理。管理作为一种社会活动，是靠人来开展的。人既是管理的主体，又是管理的客体，在一定的管理层次上既管理他人，又被人管理，上下衔接形成一条以人为主体的管理链。因此，一切管理活动均要以调动人的积极性、主动性和创造性为根本，使全体人员能够明确整体目标、各自的职责、工作的意义和相互的关系，从而在和谐的氛围中积极、主动和创造性地完成各自的任务。

安全管理工作中遵循人本原理至关重要，因为安全管理的主要目的之一是保证人的安全。

要以人为中心，在为人创造优良、安全的作业条件和作业环境的同时，充分调动人的安全生产积极性，防止见物不见人、见利不见人的错误认识和做法。另外，有效的安全管理也必须是人人管理、自我管理。

### （三）能级原理

在企业管理系统中，各种管理的功能是不同的，根据管理功能的不同把管理系统分成不同级别，把相应的管理内容和管理者分配到各级别中去，各居其位、各司其职，这就是能级原理。

管理能级的层次可分为：① 经营层，确定系统的大政方针；② 管理层，运用各种管理技术来实现经营方针；③ 执行层，贯彻执行管理指令，直接调配人、财、物等管理要素；④ 操作层，从事操作和完成各项具体任务。这 4 个层次的使命不同，标志着 4 个能级的差异，不可混淆。不同的管理层次应有不同的责、权、利，各级管理者应该在其位、谋其政、行其权、尽其责、获其荣、惩其误。各级能级必须动态地对应，做到人尽其才、各尽所能。

### （四）整分合原理

企业是一个高效率的有序系统，具有明显的层次性。高效率的管理必须在整体规划下明确分工，在分工基础上进行有效组合，这就是整分合原理。

在这个原理中，整体是前提，若不了解整体及其运动规律，分工必然是盲目的；分工是关键，若没有分工，整体只是一团没有秩序的混沌物，系统不可能有高效率；只有分工而没有协作，又必导致各行其是，工作上相互脱节，不能保证各个局部协调配合、综合平衡的发展。因此，在管理工作中只有整体把握、科学分解、综合组织，才能保证最佳整体效应的圆满实现。

### （五）反馈原理

高效率的管理，必须有灵敏、正确、有力的反馈，这就是反馈原理。面对不断变化的客观实际，系统的管理是否有效，关键在于是否有灵敏、准确和有力的反馈。

反馈控制对安全管理有特别的意义。一个运转中的系统，当受到不安全因素的干扰时可能偏离安全目标，甚至导致事故或损失。为了保证系统的安全，必须及时捕捉、反馈不安全信息，消除或控制不安全因素，以实现安全生产。实际上，安全检查、隐患监控、考核评价等都是反馈原理在安全管理中的应用。重要的是，要建立有效的反馈系统，使反馈控制更加灵敏、准确和有力。

### （六）封闭原理

任何系统的管理手段、管理过程等都必须构成一个连续封闭的回路，才能形成有效的管理运动，这就是封闭原理。封闭就是把管理手段、管理过程等加以分割，使各部分、各环节相对独立，各司其职，充分发挥自己的功能；同时又互相衔接、互相制约，并且首尾相连，形成一条封闭的管理链。

坚持封闭原理，对于管理机构，不仅要有指挥中心与执行机构，还应有监督机构和反馈机构。这些机构应相互独立、相互制约、权责明确，形成一个闭环回路。对于管理法规，不仅要建立尽可能全面的执行法则，还应该建立监督法则和反馈法则，从而发挥法规的管理威力。对于安全管理来说，执行、监督、反馈、奖惩必须配套实施，缺一不可。对于企业人员来说，必须有职、有责、有权、有奖、有惩，只有这样才能使每个人内有动力、外有压力，积极认真地投入工作当中。

### （七）弹性原理

管理是在系统内部条件和外部环境条件千变万化的形势下进行的，管理工作中的方法、手段、措施等必须保持充分的伸缩性，以保证管理有很强的适应性和灵活性，从而有效地实现动态管理，这就是弹性原理。

弹性原理对于安全管理有重要意义。安全管理面临的是错综复杂的环境和条件，尤其是事故致因很难完全预测和掌握，因此安全管理必须尽可能保持良好的弹性。一方面，要不断推进安全管理的科学化、信息化，尽可能做到对危险源的预先识别、消除或控制；另一方面，要采取全方位、多层次的事故防范对策，从人、物、环境等方面层层设防。另外，安全管理还应注意协调好各方面的关系，尽可能获得理解和支持，从而在遇到意外情况时得到各方面的配合和帮助。

### （八）动力原理

管理必须要有强大的推动力，只有正确地运用动力，才能使管理工作持续而有效地进行下去，这就是动力原理。管理动力有如下 3 种基本类型。

（1）物质动力。这是根本动力，不仅包括物质刺激，而且包括经济效益。经济效益是现代管理的最终目标。

（2）精神动力。精神动力既包括信仰和精神激励，也包括日常的思想工作。精神动力不仅可以补偿物质动力的缺陷，而且本身就有巨大的威力。在特定情况下，它可以成为决定性动力。

（3）信息动力。知识、资料、消息、新闻等都可以成为信息动力，甚至爱好、志趣、好奇心等也是一种信息动力。

应综合、灵活地运用管理的 3 种动力，在不同的时间、地点、条件下，掌握好各种动力的比重、刺激量和刺激频度，并正确认识和处理个体动力与集体动力的关系。

### （九）预防原理

有效的管理和技术手段，可以减少和防止人的不安全行为、物的不安全状态，从而使事故发生的概率降到最低，这就是预防原理。

### （十）强制原理

采取强制管理的手段控制人的意愿和行为，使个人的活动、行为等受到管理要求的约束，从而有效地实现管理目标，就是强制原理。

## （十一）责任原理

责任原理是指管理工作必须在合理分工的基础上，明确规定组织各级部门和个人必须完成的工作任务、相应的责任。

# 任务四　现代安全管理方法

## 一、综合性安全管理方法

### （一）全面安全管理

全面安全管理是一种将系统安全管理与传统安全管理相结合的综合管理方法，它由全面质量管理演变而来。其基本思路是以系统整体性原理为依据，以目标优化原则为核心，以安全决策为主要手段，将安全生产过程乃至企业的全部工作看作一个整体，进行统筹安排和协调整合的全面管理。全面安全管理主要包括全员、全过程、全方位三层含义。全员安全管理是指上至企业领导，下至每一名员工，人人参与安全管理，人人关心安全，注意安全，在各自的职责范围内做好安全工作。全过程安全管理即对每项工作、每种工艺、每个工程项目的每一个步骤，自始至终地抓好安全管理。它贯穿于各项工作的始终，形成纵向一条线的安全管理方式。全方位安全管理是指对系统的各个要素，从时间到地点，乃至操作方式等方面的安全问题，进行全面分析、全面辨识、全面评价、全面防护，做到疏而不漏，保证安全生产，遍及企业各个角落横向铺开的一种管理方式。

### （二）PDCA 循环工作方法

PDCA 循环工作方式（戴明循环）是一种按照计划（Plan）、执行（Do）、检查（Check）、处理（Action）4 个阶段不断循环进行管理的方法。

PDCA 循环运转的特点：大环套小环，小环保大环，推动大循环；爬楼梯；循环的关键在于处理阶段。

### （三）安全目标管理

安全目标管理是目标管理方法在安全工作中的应用。安全目标管理是目标管理的重要组成部分，是围绕实施安全目标开展安全管理的一种综合性较强的管理方法。安全目标管理的基本内容包括：安全目标体系的设定、安全目标的分解、安全目标的实施、安全目标的考核与评价。

**1. 安全目标体系的设定**

安全目标体系的设定是安全目标管理的核心，目标设定直接关系到安全管理的成效。目标设定过高，经努力也不可能达到，会伤害操作者的积极性；目标设定过低，不用努力就能达到，则调动不了操作者的积极性和创造性。两者均对组织的安全工作没有推动作用，达不到目标管理的作用。目标体系设定之后，各级人员依据目标体系层层开展工作，从而保证安全工作总目标的实现。

安全目标体系保证措施包括技术措施、组织措施，还包括措施进度和责任者。保证措施大致有以下几方面：① 安全教育措施，包括教育的内容、时间安排、参加人员规模、宣传教育场地。② 安全检查措施，包括检查内容、时间安排、责任人、检查结果的处理等。③ 危险因素的控制和整改。对危险因素、危险点要采取有效的技术和管理措施进行控制、整改，并制定整改期限和完成率。④ 安全评比。定期组织安全评比，评出先进班组。⑤ 安全控制点的管理。制度无漏洞、检查无差错、设备无故障、人员无违章。

### 2. 安全目标的分解

企业的总目标设定以后，必须按层次逐级进行目标的分解落实，将总目标从上到下层层展开，从纵向、横向或时序上分解到各级、各部门直到每个人，形成自下而上，层层保证的目标体系。这种对总目标的逐级分解或细分解称为目标分解（见图1-6）。目标分解的目的是得到完整的纵横方向的目标体系。

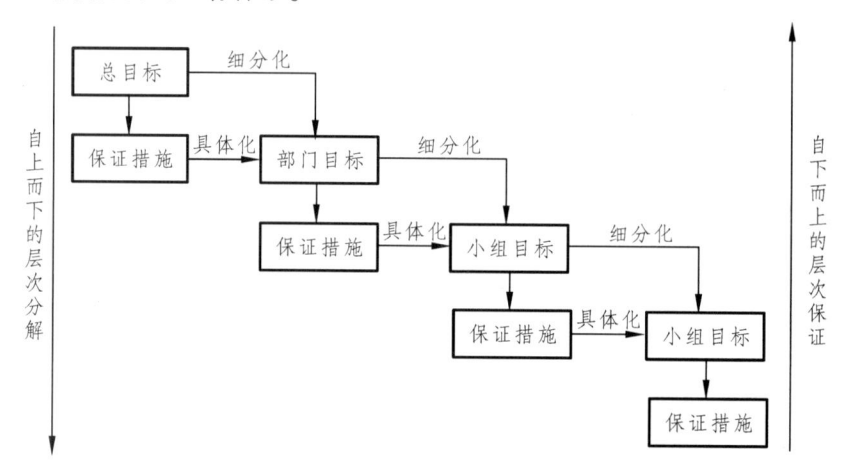

图 1-6 安全目标的分解

### 3. 安全目标的实施

安全目标的实施是指在落实保障措施、促使安全目标实现的过程中所进行的管理活动。目标实施的效果，对目标管理的成效有决定性作用。该阶段主要是让各级目标责任者充分发挥主观能动性和创造性，实行自我控制和自我管理，辅之控制与协调。目标实施中的控制又分为自我控制、逐级控制、关键点控制3类。

### 4. 安全目标的考核与评价

为提高安全目标管理效能，在目标实施过程中和完成后都要进行考核、评价，并对有关人员进行奖励或惩罚。考核是评价的前提，是有效实现目标的重要手段。目标考评是领导和群众依据考评标准对目标的实施成果进行客观的测量的过程。对目标的考评内容包括目标的完成情况、协作情况等,还应适当考虑目标的复杂程度和目标责任人的努力程度。考评的标准、内容、对象不同,因此目标考评的方法也不同。但考评方法应简单、易行,具有系统性、综合性、多样性,可采取分项计分法、目标成果考评法、岗位责任考评法等。

## 二、思考性安全管理方法

思考性管理方法来源于运筹学、价值工程及系统工程等管理技术和科学方法,主要有关联图法、A型图解法、系统图法等。

### (一) 关联图法

关联图法是一种对于原因—结果、目的—手段等复杂关系的问题,理清头绪,抓住问题的核心,找出适当解决措施的方法。

**1. 关联图的基本结构**

关联图是一种把显露的问题和要因用圈圈起来,并用箭线表示出因果关系的图(见图1-7)。在关联图中,对要实现的目标或想解决的问题用双圈圈起来,其他要因用单圈圈起来。要求文字关联表达简短、内容准确,又便于理解。

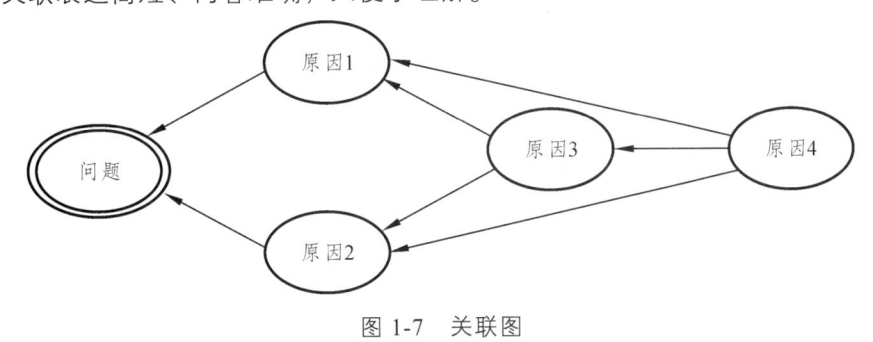

图 1-7 关联图

**2. 关联图的形式**

关联图有3种基本形式:① 中央集中型。尽量把重要项目或应解决的问题安排在中央位置,然后把相关因素按相关的程度依次排列在重要项目的周围。② 单向集约型。把重要项目或应解决的问题安排在一侧,将各要因按主要的因果关系顺序排列。③ 关系表示型。用图形简明地表示各活动项目或要因的因果关系,在排列上十分灵活。

### (二) A型图解法

A型图解法又称 KJ 法、亲和图法,是将未知的问题、未曾接触过的领域的问题的相关事实、意见或设想之类的语言文字资料收集起来,并利用其内在的相互关系做成归类合并图,以便从复杂的现象中整理出思路,抓住实质,找出解决问题途径的一种方法。

A型图解法是结合脑力激荡法(即头脑风暴法,比喻思维高度活跃,打破常规的思维方式而产生大量创造性设想的状况)、分类法、归纳法的综合运用。

A型图解法在问题复杂,起初情况混淆不清,牵涉部门众多,检讨起来各说各话时特别适用，具体作用：可以认识新事物（新问题、新办法）；整理归纳思想；从现实出发，采取措施，打破现状；提出新理论，进行根本改造，"脱胎换骨"；促进协调，统一思想；贯彻上级方针，使上级的方针变成下属的主动行为。

（三）系统图法

系统图法又叫树图法，是将目的和手段相互联系起来逐级展开的图形表示法，能系统分析问题的原因并确定解决问题的方法。它的具体做法是：将要达到的目的、所需要的手段逐级深入。系统法可以系统地掌握问题，寻找到实现目的的最佳手段，广泛应用于质量管理中。系统图法是把要实现的目的、需要采取的措施或手段，系统地展开分析，并绘制成图，以明确问题的重点，并寻找最佳手段或措施的一种方法。因为系统图由方块和箭头组成，形状似树枝，所以又名树形图、树枝系统图、家谱图、组织图等。

系统图主要应用于企业实施安全目标管理的过程中。为了达到预定的目标，需要采用相应的手段和措施。因此，可以利用系统图对安全目标进行分析，使其自上而下层层展开，逐级落实保证措施，形成自下而上的层层保证，使安全目标管理的重点、难点一目了然。

## 三、实务性安全管理方法

（一）本质安全化

### 1. 本质安全化的概念

本质安全一词源于 20 世纪 50 年代世界宇航技术的发展，这一概念的广泛接受是和人类科学技术的进步以及对安全文化的认识密切相连的，是人类在生产、生活实践的发展过程中，对事故由被动接收到积极事先预防，以实现从源头杜绝事故和人类自身安全保护需要，在安全认识上取得的一大进步。

（1）狭义的概念是指通过设计手段使生产过程和产品性能本身具有防止危险发生的功能，即使在误操作的情况下也不会发生事故。

（2）广义的概念是指通过各种措施（包括教育、设计、优化环境等）从源头上堵住事故发生的可能性，即利用科学技术手段使生产活动全过程实现安全无危害化，即使出现人为失误或环境恶化也能有效阻止事故发生，使人的安全健康状态得到有效保障。

（3）本质安全的概念，是指操作者在误操作或判断错误的情况下，即使有不安全行为，设备、系统仍能自动地保证安全；当设备、系统发生故障时，它能自动排除，确保人身和设备安全。为了使设备、系统处于或达到本质安全而进行的研究、设计、改造和加强管理的过程，称为本质安全化。

### 2. 本质安全化的应用

企业是一个生产的有机整体，是一个除了人，还有机械设备、装置、原材料和产品的人造系统。要实现符合企业生产、人身安全目的的安全本质化管理，必须站在系统的角度从以下几个方面着手，开展经常性工作：① 使生产设备、设施符合安全工程学的要求。② 强化安全规章制度，建立良好的安全生产秩序。③ 提倡计划生产、均衡生产。④ 抓好安全信息管理。⑤ 抓好班组安全建设。⑥ 提高全员素质，增强全员安全意识。

### （二）事故预防技术

**1. 预防事故的安全技术**

预防事故发生的安全技术，一般可以按以下优先次序选择：① 根除危险因素。② 限制或减少危险因素。③ 隔离、屏蔽或连锁。④ 故障—安全设计。⑤ 减少故障及失误。⑥ 警告。

**2. 避免或减少事故损失的安全技术**

事故发生后如果不能迅速控制局面，则事故规模可能进一步扩大，甚至引发二次事故。因此，在事故发生之前就应考虑采取避免或减少事故损失的技术措施。避免或减少事故损失的安全技术包括：① 隔离，包括缓冲、远离、封闭。② 个体防护，包括有危险的作业、为调查和消除危险状况而进入危险区域、应急情况时的个体防护。③ 接受微小损失。④ 避难与救援。

## 四、系统安全评价

### （一）安全评价的概念

安全评价又称危险度评价，是指对系统内存在的危险性及其严重程度以既定指数、等级或概率值为标准进行分析和评估，并针对这些危险制定相应的安全策略，使系统安全性达到社会公众所需求的水平的一种方法体系。概括来说，安全评价就是从数量上说明被评价对象的安全可靠程度。

### （二）安全评价项目分类

安全评价项目根据项目的不同阶段分为：安全预评价、安全验收评价、安全现状评价、专项安全评价。

### （三）安全评价方法分类

安全评价方法一般有两种分类方式：一种是按评价指标的量化程度分为定性法、定量法以及定性与定量相结合的方法；另一种是按评价对象进行整合，主要有安全管理评价法和系统安全综合评价法。安全评价方法包括：安全检查表分析法、作业条件危险性评价法、预先危险分析法、危险与可操作性分析法、失效模式与影响分析法、故障树分析法、事件树分析、指数分析法。

### （四）安全管理评价

安全管理评价就是评价企业的安全管理体系及管理工作的有效性和可靠性，评价企业预防事故发生的组织措施的完善性，评价企业管理者和操作者素质的高低及对不安全行为的可控程度。安全管理评价的内容包括：现代安全管理方法的应用、安全教育形式、规划计划与安全工作目标、职能部门安全指标分解、各级人员安全生产责任制、安全生产规章制度、各工种操作规程、安全档案、安全管理图表、"三同时"审批项目、事故处理"四不放过"、安全工作"五同时"、安全措施费用、安全机构与人员配备。

安全评价程序如图1-8所示。

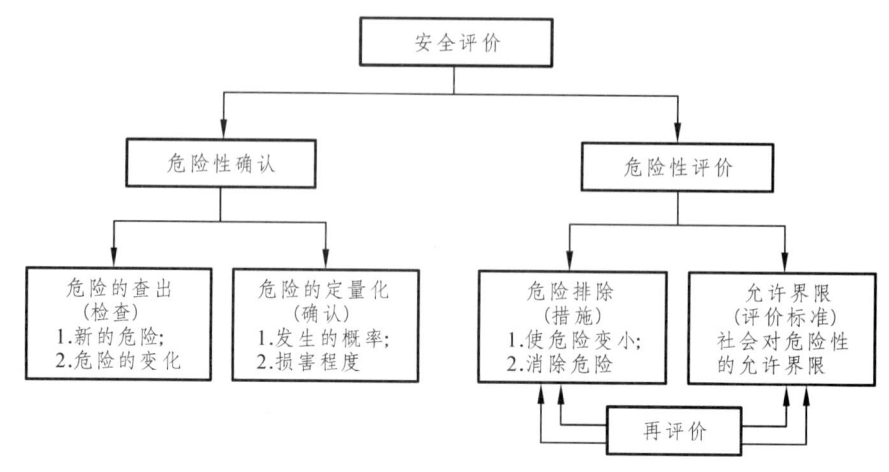

图1-8 安全评价程序

# 任务五 安全与文化理念

## 一、安全文化的意义

企业的生产经营活动是在一定的安全文化背景下进行的。要使企业生产经营要素达到和谐统一,要使企业以人为本、全面减灾增效,要造就高素质、高水平的企业,实现持久安全生产,提高企业核心竞争力,就必须建设企业安全文化。

安全文化是企业安全工作的灵魂,是企业全体员工对安全工作集体形成的一种共识,是实现安全长治久安的强有力的支撑。企业安全文化也是企业在长期生产经营活动中形成的,被员工普遍信奉并付诸实践的,同企业目标一致的安全理念与价值取向及其实践的总和。企业在安全生产中实施安全文化工程,要坚持"以安全塑文化、用文化保安全"的原则,突出加强观念文化、行为文化、制度文化和物态文化建设,真正用文化铸造安全盾牌,从而保证和推动企业安全生产稳定发展。

安全文化是企业文化的组成部分,加强安全文化建设,必须将其纳入企业文化建设的总体规划中,使安全文化与企业文化相融共生,协调发展,整体推进。一方面,要在企业文化建设中突出安全文化建设的地位,将安全思想、安全哲学融入企业的生产经营理念、形象识别、工作规划、岗位职责、生产过程控制及监督反馈等各个层面;另一方面,安全文化建设也要围绕着企业文化建设展开,在职工的安全思想意识及行为规范中体现企业文化的精神实质,使两者成为不可分割的整体。

## （一）以人为本的实践观

安全文化是"人本"文化，是尊重人的生命和价值的文化。我们常说要把"要我安全"变为"我要安全"进而再转化为"我会安全"。这实际上是把安全意识形象化、具体化了，实现了这两个转化就是安全意识的提高。提高全员安全意识，需要提高员工思想素质和文化素质，加强对员工的安全文化教育，强化员工的安全意识。这中间既有"硬件"的内容，如安全设施健全、设备完好、消除"跑冒滴漏"等，也有"软件"的内容，如事故分析、"四不放过"、安全知识的学习、有关舆论宣传，创造一个良好的安全环境和气氛等。其中既有强制性的惩罚措施，也有晓之以理、动之以情的说服教育和对员工的关怀、体贴。企业安全文化的核心是人的安全行为，必须充分调动和发挥人的主动性、自觉性，提高全员的安全意识，落实于安全活动之中，从而达到保证安全与健康的目的。

## （二）安全文化理念的物化

没有员工践行的安全理念，那只是一句空话。深刻理解"付出一万的努力，防止万一的发生"这个理念的内涵精神，并运用到实际工作中。预防型管理，不是事后型管理，重点强调的是员工安全意识的培养。加强员工安全意识培养，是各级领导者需要思考的问题，怎么去做、如何去做，不断重复正确的行为，最终养成良好的习惯，用习惯来改变员工的思维模式，只有这样才能做到"防止万一的发生"。

## （三）精细管理的实施

安全生产，依靠科学，重在管理。重大的伤亡事故，无不与管理不善、麻痹大意、违规操作、不讲科学有关，责任到位，措施到位，管理到位，才能严把安全关。生产、生活中的一次次安全事故告诉我们，任何的麻痹大意、松散懈怠都有安全隐患。重视安全就要防微杜渐，防患未然。关爱生命，关注安全，需要精细管理。"6S"管理强调管理上的精雕细刻，强调把各项工作做精、做细、做实，使上下环节、不同专业能够有效沟通与衔接，做到既相互支持、配合，又互相监督、制约。安全文化建设也要围绕"6S"精细管理的主题，明确目标，落实措施，选准载体。

## （四）营造安全文化氛围

用文化来约束人性的弱点，培养职工形成"让安全成为习惯，让习惯更安全"的理念。人性的弱点主要表现在懒和贪两个方面：一是懒惰，只要没有外在压力，就不愿多做事；二是爱贪小便宜，总想以最小的付出，得到最大的回报，于是在行动上就表现出随意、粗放、麻痹、懒惰和拈轻怕重等。因此落实"6S"管理，就必须靠文化来约束人性的弱点。安全文化建设要运用"四级教育"模式，检修前教育、开停车教育、特种作业人员持证上岗、班前安全活动、标准化岗位和班组建设、安全技能竞赛活动、亲情教育、"三不伤害"定置管理等传统有效的安全文化建设手段，以及全厂各岗位、设备处醒目的安全标语、安全标志、安全宣传画形成的整体视角文化效应，使员工形成良好的安全心态以及一整套约定俗成的行为规范。即使行为不受控的人在这种安全文化氛围浓厚的集体中，也会很快被"同化"。这是因为在安全文化的"场能"作用下，人们感到必须对自己不负责任的行为进行调整和个性的重新塑造，使安全责任"内化于心、固化于制、外化于行"。同时精益生产方式的特点，决定了很多职工要在单人岗位工作，这就更需要自律和自我约束，靠日积月累形成遵章守纪的好习惯，靠无形的文化力量自觉克服人性的弱点，从而保证企业安全发展。

安全文化建设是一个长期的过程，是一个系统工程，不可急于求成，不会也不可能一蹴而就。要深刻理解安全文化建设的长期性、艰巨性，在创新中求发展，在发展中求规范，在规范中求深化，在深化中求实效，通过强化安全文化建设，营造浓厚的安全文化氛围，努力打造更高层次的安全文化，以不断提高全员的安全文化素质，最大限度地保障员工身心健康和生命安全，建立安全生产的长效机制，为企业快速发展提供坚实的安全保障，确保企业长治久安。

## 二、安全理念体系

### （一）安全理念：生命至上，安全至尊

安全生产本身是对人的生命权益的维护，人的生命是第一宝贵的，"生命至上"是安全文化的基本准则。企业生产要树立安全至尊的思想，以人的安全为第一目的，发挥人作为安全生产主体的主动性和创造性，实现企业本质安全。

### （二）安全观

不断改善企业的安全和健康环境。安全关系着员工的生命，关系着企业的信誉。把员工的安全和健康作为工作的重点，加强安全管理的基础工作，对安全工作高度负责，无论多么重要的或多么紧急的工作都不能忽视安全预防措施。

坚持教育为先预防为主，做好安全管理工作，保护员工的安全和企业的信誉。认真贯彻安全管理规定，健全安全管理体系，落实安全逐级负责制度，开展好安全检查，把重点项目、重点工序、关键岗位作为安全工作的重点，杜绝惯性事故的发生。

### （三）安全目标

安全目标是企业对未来安全发展的概括和认识，是企业安全生产为之奋斗的蓝图，是企业安全管理的发展方向。

**1. 安全总体目标**

开展安全文化建设，实现企业安全管理转型，使员工想安全、会安全、能安全，塑造本质安全型员工，打造本质安全型企业。

**2. 安全具体目标**

（1）建立理念引领系统，使企业员工想安全，具体包括：① 有明确的安全需求，有为获得安全保证而努力工作的内在需求动力。② 有良好的安全理念，有清晰的安全目标憧憬。③ 有牢固的理念信仰，并牢牢地印刻在心中，支配自身的一切言论与行为，成为工作与生活的座右铭，做到时时想安全。

（2）建立行为养成系统，使企业员工会安全，具体包括：① 掌握充分的安全知识，能

够正确地认识和把握安全基本规律。② 掌握应会的安全技能，能正确应对所涉及的各种安全情况。③ 有健康的安全心智模式，从思维方式与思维习惯上，能辩证地分析和处理安全与其他各种情况的关系，能较好地进行自我心理调适，有稳定的安全思维惯性。④ 有自觉规范的安全工作行为，做到事事会安全。

（3）建立安全环境系统，使企业员工能安全，具体包括：① 在企业规章制度和具体措施上有切实的安全保证。② 加大安全科技投入和研发力度，技术条件上有可靠的安全保证。③ 物质投入上有充分的安全保证。④ 团队环境上有良好的安全保证，使主体之外的一切条件都要始终处于最优状态，做到处处能安全。

### 3. 各项安全指标

实现安全质量环保"六杜绝"：杜绝生产安全重大死亡事故；杜绝特大交通事故；杜绝重大火灾事故；杜绝铁路责任行车重大、大事故及旅客列车险性以上事故；杜绝重大质量事故；杜绝重大环境污染事故。做到安全生产稳定，工程质量达标，环境保护合法，重大危险源受控。

## （四）安全实践信条

### 1. 安全生产方针：以人为本，安全发展

安全生产遵循"以人为本，安全发展"理念，力求使各项生产经营活动符合安全生产有关法律和技术规范要求，不断提高安全生产管理水平，努力做到安全管理规范化、标准化，保证员工身心安全健康，促进企业经营生产安全健康发展。

### 2. 安全生产信念：安全生产事故都可以预防和避免

所有事故都可以预防和避免，任何安全隐患都可以控制和消除，从来就没有"必然发生"的事故。安全生产工作跟其他任何事情一样，都是有规律可循的，只有善于发现规律、掌握规律，不断采取先进科学的管理手段，不断改进安全生产管理，努力提高员工的安全意识和综合素质，从而避免安全事故的发生。

### 3. 安全价值责任：重如泰山的责任感

安全是企业生存的基础，是企业最大的效益。企业对社会、对员工，员工对社会、对企业、对同事和工作都有责任感，如泰山般厚重，并互相帮助，团结一致，齐抓共管，通过全体员工的共同努力，实现安全生产。

### 4. 安全管理信条：以人为本，生命至上，关爱员工，齐抓共管

安全生产必须坚持把人身安全放在突出位置，要凡事多为员工着想，党、政、工、团齐抓共管，创造安全和谐的工作环境和安全保障。职业健康安全管理体系标准是安全标准化建设的基础，齐抓共管和三级安全管理体系是实现安全生产目标的有效途径。

**5. 安全道德信条：红线意识，底线思维**

违章指挥及发现违章不制止或不采取有效措施，等于杀人或图财害命；违章操作、违章作业等于自杀；对生命和健康的无谓毁坏，是一种道义上的罪恶；对可预防的事故不采取必要的预防措施，负有道义的责任。在生产过程中做到"四不伤害"，即不伤害自己、不伤害他人、不被他人伤害、不让他人被伤害，这是保证自己、他人健康安全的前提和基础。保护他人，就是保护自己。

**6. 安全发展信条：生命有限，安全无限**

安全生产是企业发展的需要，是社会发展的需要，更是人们追求新生活的需要。人的生命是有限的，但人们追求健康安全的生活是无限的，为此，我们有义务和责任创造安全环境，使员工的生活更美好，身体更健康，企业更和谐。

### （五）对安全管理的态度

**1. 对安全与管理的态度**

安全生产在企业管理中处于首要位置，安全是企业生产的保障，安全就是效益。安全是企业永恒的主题，安全生产是企业管理的重要内容，是企业健康发展的基础。管理是安全的保障，每一次事故都说明企业的某一个部位或某个程序出现失误，导致生产不畅，出现事故，项目不能继续生产，甚至要停产整改，给企业造成巨大损失。因此，要想生产畅顺，就必须抓好安全管理，杜绝事故的发生。

**2. 对安全与质量的态度**

安全和质量是相辅相成、相互统一的。"抓安全，保质量。"在每一项工作任务中，安全是放在首位的工作，只有安全抓好了，才能保证技术、质量、现场施工等其他工作的有效开展。工作质量是安全生产的基础，不得忽视过程安全管理，质量的好坏直接影响作业的安全环境，甚至会因工作质量导致安全事故发生。

**3. 对安全与效益的态度**

效益是安全的体现，安全是最大的效益，两者是密不可分的。第一，两者相互依赖、相互促进。一个企业如同一辆马车，安全与效益正是马车上的两个"轮子"。要使企业发展壮大，安全与效益这两个"轮子"都必须正常运转。第二，两者相互排斥、相互对立。第三，安全是最大的效益。研究成果显示，安全保障措施的预防性投入效果与事后整改效果的关系是1∶5的关系。通过事先的安全投资，把事故职业危害消灭在萌发之前，是最经济、最可行的生产建设之路。

**4. 对安全与文明施工的态度**

安全是指使生产过程处于避免人身伤害、设备损坏及其他不可接受的损害风险（危险）的状态。文明施工能保持施工现场良好的作业环境、卫生环境和工作秩序。文明施工包括现场场容、作业环境、科学组织施工、减少施工对周围居民和环境的影响、保证员工的安全和身体健康。

安全与文明施工的关系体现在：① 安全是文明施工的重要组成部分。创文明工地就是创安全工地，施工的文明将带来施工的安全。② 安全生产与文明施工密不可分。安全条款中有文明要求，而文明施工条款中又有安全要求，构成了施工生产的共同体。实践证明，施工必须文明，文明带来安全。施工企业必须把创建文明工地、推行文明施工和文明作业，作为确保施工生产安全、树立企业良好形象的重大基础性工作来抓。

**5. 对安全与发展的态度**

把人的生命安全放在首位，是科学发展观最本质的要求。一方面，安全促进发展。当整个生产处于安全状态时，会促进整体组织流程的快速运行和员工生产积极性的高涨，那么生产绩效将有显著提升，从而促进企业的发展和员工生活的改善。另一方面，发展必须安全。我们也不允许"带血的代价"存在。企业要发展，必须在安全的环境中进行。没有安全，就难以获得员工和社会的信任；没有安全，也就谈不上生存，更没有发展。

# 任务六　新时期安全发展观

## 一、安全生产工作的基本理念

2014 年 8 月 31 日，第十二届全国人大常委会第十次会议通过《关于修改〈中华人民共和国安全生产法〉的决定》，明确将"以人为本，坚持安全发展"作为安全生产工作的基本理念，对生产经营单位、生产经营单位主要负责人、监管人员的行政责任等加大处罚力度。自 2021 年 6 月 10 日，对《安全生产法》进行了第三次修正。

## 二、新时期安全发展的理念

安全发展的理念是安全方面衡量对与错、好与坏的最基本的道德规范和思想。

安全发展包括核心安全理念、安全方针、安全使命、安全原则以及安全愿景、安全目标等内容。安全理念是企业安全文化管理的核心要素。

安全发展的理念包括以下 5 个方面：

### （一）安全文化

现代企业安全文化建设，要紧紧围绕"一个中心"（突出"以人为本"这个中心），"两个基本点"（安全理念渗透和安全行为养成），内化思想，外化行为，不断提高广大员工的安全意识和安全责任，把安全第一变为每个员工的自觉行为。安全理念决定安全意识，安全意识决定安全行为。因此必须在抓好员工安全理念渗透和安全行为养成上下功夫。要使广大员工不仅对安全理念熟读、熟记，入脑入心，全员认知，而且要内化到心灵深处，转化为安全行为，升华为员工的自觉行动。企业可以通过搞好站场班组安全文化建设来实施，如根据各时期安全工作的特点，悬挂安全横幅、张贴标语、宣传画、制作宣传墙报、发放宣传资料、播放宣传片、广播安全知识，在班组园地和各科室张贴安全职责、操作规程，还可在班组安全学习会上，不断向员工灌输安全知识，将安全文化变成员工的自觉行动。

企业安全文化属于企业文化的一部分。综合国内外先进企业安全管理的成功经验，无不证明了这样一个事实：企业安全文化建设是降低企业意外事故发生率、提高全员安全意识和整体安全管理水平的重要途径，而逐步建立规范化、系统化的安全文化建设的指导准则，则是扎实推进企业安全文化建设，进而促进企业安全生产与发展的必由之路。

企业安全文化研究的是企业安全管理中最重要的一个环节，即"人的安全意识和安全行为"，进行企业安全文化建设的最终目标是将"安全意识和安全价值观"变成人人共有的工作标准和生活习惯，作为企业职工的一种本能，在思考任何问题、从事任何工作之前，都要想到安全，都要做到安全。企业安全文化的研究范畴涉及组织行为学、管理学、心理学、社会学、危机与风险管理、安全工程等众多学科领域。

企业安全文化建设解决的是企业深层次的安全问题，即人的安全价值观念、意识形态和行为规范。它通过将"安全第一，生命至上"的理念根植于人们的意识、观念之中，并潜移默化地影响人的行为表现，来解决法制、管理、技术、经济手段等所无法解决的"人因错误"问题，因而它的作用也是长期而稳固的。

### （二）安全法治

要建立企业安全生产长效机制，必须坚持"以法治安"，用法律法规来规范企业领导和员工的安全行为，使安全生产工作有法可依、有章可循，建立安全生产法治秩序。坚持"以法治安"，必须"立法""懂法""守法""执法"。"立法"，一方面，要组织员工学习国家有关安全生产的法律、法规、条例；另一方面，要建立、修订、完善企业安全管理相关的规定、办法、细则等，为强化安全管理提供法律依据。"懂法"，要实现安全生产法治化，"立法"是前提，"懂法"是基础。只有使全体干部、员工学法、懂法、知法，才能为"以法治安"打好基础。"守法"，要把"以法治安"落实到安全管理全过程之中，必须把各项安全规章制度落实到生产管理全过程之中。全体干部、员工都必须自觉守法，以消除人的不安全行为为目标，避免和减少事故发生。"执法"，要坚持"以法治安"，则离不开监督检查和严格执法。为此，要依法进行安全检查、安全监督，维护安全法规的权威性。

### （三）安全责任

必须层级落实安全责任。企业应逐级签订安全生产责任书。责任书要有具体的责任、措施、奖罚办法。对完成责任书各项考核指标、考核内容的单位和个人应给予精神奖励、物质奖励；对没有完成考核指标或考核内容的单位和个人给予处罚；对于安全工作做得好的单位，应对该单位领导和安全工作人员给予一定的奖励。

### （四）安全投入

安全投入是安全生产的基本保障。它包括两个方面：一是人才投入；二是资金投入。对于安全生产所需的设备、设施、宣传等资金投入必须充足。一方面，企业应创造机会让安全工作人员参加专业培训，组织安全工作人员到安全工作做得好的单位参观、学习、取经；另一方面，可以通过招聘安全管理专业人才，提高公司安全管理队伍的素质，为实现公司安全和谐发展打下坚实的基础。

### （五）安全科技

要提高安全管理水平，必须加大安全科技投入，运用先进的科技手段来监控安全生产全过程，如安装闭路电视监控系统、消防喷淋系统、X射线安全检查机、卫星定位仪（GPS）、行车记录仪等，将现代化、自动化、信息化应用到安全生产管理中。

## 三、安全发展理念的重要原则

要应对风险挑战，保证有序健康发展，就必须在新发展理念中坚持安全发展原则，将安全发展原则贯穿于新发展阶段的全过程。

### （一）安全发展必须坚持系统思维

安全发展是一个系统性概念和整体性原则，包含着多元要素和多维环节，最重要的是政治安全、人民安全和国家安全。要贯彻安全发展原则，必须坚持系统思维和整体行动，将安全发展的各种要素和环节有机统一起来。要将政治安全、人民安全、国家安全有机统一起来。政治安全、人民安全、国家安全是安全发展中3个重大要素，是安全发展的3个重要价值指向，同时也是安全发展的3个关键环节。三者不是单一存在的，也不是孤立运行的，而是相互联系和交织运行的。政治安全是一切安全发展的前提和保障，历史已经雄辩地证明，没有政治安全，其他安全就无从谈起；人民安全是安全发展的价值指向和最终目标，只有保证了人民安全，安全发展才能真正得到实现，同时，人民安全又是其他安全要素和环节的基础，只有人民安居乐业，政治才会稳定、社会才会和谐、经济才会繁荣；国家安全是安全发展的载体和平台，百年未有之大变局的核心就是国家与国家之间利益关系的调整和重构。在调整和重构中，维护国家安全是各国安全发展的根本保证，只有在国家安全之下，人民安全才会有保障。

### （二）安全发展必须弘扬斗争精神

安全发展是在处理各种复杂关系、解决各种尖锐矛盾过程中实现的。处理好各种关系、解决好各种矛盾，主体才会达到稳健的预期状态。这种状态必须通过积极主动奋斗和争取而来，安全发展绝对不是一个消极被动的过程。要达到安全发展的预期状态，就必须坚持发扬斗争精神。首先要敢于斗争，敢于斗争就是要面对困难，充分发挥主观能动性，坚持担当作为的方法论原则。在复杂困难局面之中，在严峻危机风险之下，必须而且有主动出击、抢占先手的斗争勇气，才能实现安全发展。其次，要善于斗争。如果说敢于斗争是一种勇气，那么善于斗争则是一种智慧。斗争不是盲目蛮干，而是务实巧干，在战略方针确定之后，策略方法是决定安全发展的重要因素。

### （三）安全发展必须突出自强意识

安全发展从根本上说，就是要使自身利益得到维护与保障，就是要通过发展，使自身处于更加积极主动和健康有序的状态。

## 四、总体国家安全观的核心要义

总体国家安全观是一个内容丰富、开放包容、不断发展的思想体系，其核心要义可以概括为五大要素和五对关系。五大要素就是以人民安全为宗旨，以政治安全为根本，以经济安全为基础，以军事、科技、文化、社会安全为保障，以促进国际安全为依托。五对关系就是既重视发展问题，又重视安全问题；既重视外部安全，又重视内部安全；既重视国土安全，又重视国民安全；既重视传统安全，又重视非传统安全；既重视自身安全，又重视共同安全。总之，厘清五大要素、把握五对关系，是理解总体国家安全观的关键所在。

## 五、践行新时期安全发展观的工作重点

### （一）牢牢守住安全生产底线

"牢牢守住安全生产底线，切实维护人民群众生命财产安全""生命重于泰山""绝不能只重发展不顾安全，更不能将其视作无关痛痒的事"，既立足当前，又着眼长远和根本，为抓牢抓实安全生产工作指明了方向，提供了遵循。

安全生产是关系人民群众生命财产安全的大事，是经济社会协调健康发展的标志，是党和政府对人民利益高度负责的要求。现阶段，安全生产仍处于爬坡过坎期，各类事故隐患和安全风险交织叠加。近年发生的事故表明，人、机、环、管重新磨合，风险防范面临着前所未有的挑战。一些地方安全发展理念不牢固、复工复产安全把关不严、安全监管检查不到位，一些企业安全投入不足、安全岗位人员缺位、抢进度赶工期，安全风险凸显。越是这个时候，越要保持清醒认识，越要将安全生产紧抓在手。"天下大事，必作于细。"我们要贯彻落实习近平总书记的指示要求，加强安全生产监管，分区分类加强安全监管执法，强化企业主体责任落实，目标要细化、工作要细致、措施要细密，有的放矢、精准到位，以点带面、解剖问题，拿出实招、务求实效。唯有如此，才能牢牢守住安全生产底线，切实维护人民群众生命财产安全。

### （二）生命重于泰山，红线不可逾越

生命重于泰山。因为生命才是一切、生命创造一切。有了生命，一切都可能产生，一切都可以创造；生命毁灭了，消失了，一切都将化为乌有。安全就是一条不可逾越的红线，道路千万条，安全第一条；务必把安全生产摆到重要位置，树牢安全发展理念，安全生产工作必须紧跟时代步伐，要针对安全生产事故的主要特点和突出问题，层层压实责任，狠抓整改落实，强化风险防控，从根本上消除事故隐患，有效遏制重、特大事故发生。牢牢守住安全生产底线，防范化解重大安全风险。

安全生产直接关系到人民群众生命财产安全，是人民群众最关心、最直接、最现实的利益问题之一，必须自觉站在人民立场上想问题、做决策，做事情、干事业，"绝不能只重发

展不顾安全,更不能将其视作无关痛痒的事"。

对"生命重于泰山"这一定调,应做到政治认同、思想认同、情感认同,并在实践中一以贯之、坚定不移,这是检验初心使命的试金石。生命最宝贵,安全大于天。只要发生事故,就会在不同程度上冲击人民群众的获得感、幸福感、安全感。让每个人远离危险与伤害,让仅有一次的生命尽量延续和长久,让人民群众放心将自己托付出去,是捍卫生命尊严、践行初心使命的一个逻辑起点。只有做到生命至上、安全第一,才能在更高水平上不断满足人民日益增长的美好生活需要。强调"生命重于泰山",同我们的历史文化相契合,同关爱生命、关注安全的实践相结合,同我们需要解决的安全发展问题相适应,更具影响力、感染力和穿透力,既坚守了"根"与"魂",也进行了丰富和创新。

近年来,安全生产形势持续稳定好转,但风险隐患仍然较多。呵护"重于泰山"的生命,必须以习近平新时代中国特色社会主义思想为指导,牢固树立新发展理念,坚持安全发展,坚守"发展决不能以牺牲安全为代价"这条不可逾越的红线,以防范遏制重特大事故为重点,坚持"安全第一、预防为主、综合治理"的方针,加强领导、改革创新、协调联动、齐抓共管,着力强化企业安全生产主体责任,着力堵塞监管漏洞,着力解决有法不依、执法不严的问题,依靠严密的责任体系、严格的法治措施、有效的体制机制、有力的基础保障和完善的系统治理,切实增强安全防范治理能力,大力提升我国安全生产整体水平,确保人民群众安康幸福、共享改革发展和社会文明进步成果。

### (三) 一以贯之,树牢安全发展理念

坚持安全发展理念,就是要贯彻以人民为中心的发展思想,始终把人的生命安全放在首位,正确处理安全与发展的关系,大力实施安全发展战略,为经济社会提供强有力的安全保障。只有坚定不移地走安全发展之路,安全生产工作才会被摆到重要位置,人民群众才能安居乐业,经济社会才能持续健康发展。

牢固树立安全发展理念,始终把人民群众生命安全放在第一位,牢牢树立发展不能以牺牲人的生命为代价这一观念。树立安全发展理念,弘扬生命至上、安全第一的思想,健全公共安全体系,完善安全生产责任制,坚决遏制重特大安全事故。要健全风险防范化解机制,真正把问题解决在萌芽之时、成灾之前;要坚持依法监管,严格规范公正文明执法,提高安全生产法治化水平;要落实人防、技防、物防措施,持之以恒强基固本、系统治理。内外兼修,双管齐下,安全发展理念方可树牢夯实。

### (四) 强化风险防控,从根本上消除事故隐患

现阶段,安全生产风险是我们面临的重大风险之一,是与百姓密切相关的身边风险,是易发、多发、频发的风险。铁的事实证明:事故是完全可防可控的,但如果对风险防范重视不够,对隐患视而不见,隐患排查走形式走过场,就可能屡屡被击穿底线,造成无法挽回的损失。举国震惊的江苏响水"3·21"事故,就暴露出摸排安全风险隐患不力致使十分危险的隐患未被及时发现和处置的严重问题。内蒙古赤峰BM矿业"12·3"事故中,对该矿长达8年的越界违法开采行为,相关部门多次检查竟都没发现。江西FC发电厂"11·24"事故中,建设、承包、施工、监理各方在隐患排查上层层失守,上级公司更是对下级企业安全风险重视不够。

安全生产能力每提升一步，生命的堤坝就加固一分。牢牢守住安全生产底线，就是要牢固树立忧患意识、责任意识，更加主动有效防范化解风险，"宁可事前听骂声，不可事后听哭声"，真正把问题解决在萌芽之时、成灾之前。我们应始终把强化风险防控作为重大政治责任，把握规律特点，抓住每一起重大灾害事故，吸取教训，举一反三，健全机制，完善制度，以大概率思维应对小概率事件，以系统性思维防范化解重大风险；坚持问题导向、目标导向、结果导向，完善各级责任主体和岗位责任清单，层层压实责任，激发内生动力；养成精准思维习惯，在精准实施、精准落实上下功夫，发现问题深入细致、扎实认真，解决问题盯着不放、敢于较真；加快建立健全安全生产责任和管理制度体系、隐患排查治理和风险防控体系，加强监管执法和安全服务，坚决遏制重特大事故发生，切实维护人民群众生命财产安全。

严格落实"三个必须"要求，管行业必须管安全，管业务必须管安全，管生产经营必须管安全。坚持人民至上、生命至上，统筹发展和安全，始终保持如履薄冰的高度警觉，做好安全生产各项工作，绝不能麻痹大意、掉以轻心。要进一步落细落实各项措施，在全覆盖上下功夫，安全生产和社会稳定风险隐患排查必须横向到边、纵向到底，不留死角、不留盲区、确保隐患见底、措施到底、整改彻底；在精准性上下功夫，坚持问题导向，深刻吸取各类事故教训，举一反三、标本兼治，务必抓到点子上、治到关键处；在快处置上下功夫，既要有担当精神又要提高处理突发事件的应变能力，对排查出的风险及时防范，对存在的隐患及时"排雷拆弹"，应急响应必须反应迅速、当机立断、应对得当、处置有力。

**【复习思考题】**

1. 描述对安全概念广义和狭义的理解。
2. 安全管理的特点是什么？
3. 简述事故致因理论。
4. 安全管理的基本原理有哪些？
5. 简述安全文化的重要性。
6. 阐述现代安全管理的方法。
7. 如何理解安全文化？
8. 什么是安全发展观？

# 项目二 铁路运输安全概述

## 项目概述

本章主要是使学生对铁路安全知识进行综合理解，了解铁路运输安全管理的特点，熟悉世界及我国铁路交通安全现状，提高对我国铁路运输交通安全的发展认识及安全展望。

## 教学目标

### 1. 能力目标

阐述与理解铁路运输安全的性质、铁路运输安全管理的基本任务和特点；了解国内外铁路交通安全的现状与发展。

### 2. 知识目标

认识铁路运输安全管理的必要性、重要性、特殊性；掌握铁路运输安全的特征及组成要素，掌握铁路运输安全的基本原理。

### 3. 素质目标

牢记党和国家"安全第一、预防为主、综合治理"的安全生产方针；树立铁路安全发展理念，弘扬生命至上，安全第一的思想；具有良好的职业道德和安全大局观念。

# 任务一　铁路运输安全的重要性及特点

## 一、铁路运输安全的重要性

铁路作为国家战略性、先导性、基础性重大基础设施，是国民经济大动脉、重大民生工程和综合交通运输体系的骨干，是我们党执政兴国的重要支柱和依靠力量。党中央、国务院高度重视铁路安全，强调"人命关天，发展决不能以牺牲人的生命为代价，这必须作为一条不可逾越的红线""树立安全发展理念，弘扬生命至上，安全第一的思想"，要求所有企业都必须"坚持最严格的安全生产制度，认真履行安全生产责任主体，把安全责任落实到岗位、落实到人头，坚持管行业必须管安全、管业务必须管安全"，做到安全投入到位、安全培训到位、基础管理到位、应急救援到位，确保安全生产，为做好新时代铁路运输安全工作提供了根本的战略指引。

安全是做好一切工作的前提和基础，是铁路发展必须坚守的底线。铁路安全稳定，事关人民群众生命财产安全，事关铁路事业持续健康发展，事关党和国家工作大局，更事关每一位铁路从业人员的切身利益，是铁路最大的政治和最重要的声誉。

### （一）铁路安全是国家安全的重要组成，是铁路企业的本质属性，具有广泛和深远的影响

铁路是大众化交通工具，是重大民生工程。铁路运输的根本任务就是把旅客和货物及时安全地运送到目的地。物流和人流选择的主要运输工具就是铁路，其中在人流方面更为明显，比例高达70%以上。世界铁路运输行业正处于高速发展时期，我国铁路已成为世界上安全性能最高的铁路之一。这为开启和实施铁路"十四五"规划，迎来更高安全质量的发展奠定了坚实基础。

实践已经证明，铁路运输安全工作的影响力极为广泛和深远，它不仅影响铁路企业本身的经济效益和生产效率，还对我国社会经济的整体发展有着直接而深远的影响。

### （二）铁路运输安全是铁路运输产品质量和工作质量的重要体现

铁路运输的意义就在于有计划、有目的、有成效地实现旅客和货物空间位置的移动。产品的质量包括安全、准确、迅速、便利等，其中安全最为重要。铁路运输的特点是车站多、线路长、分布广。运输系统是由车、机、工、电、辆等单位构成的，像一架庞大的"联动机"昼夜不停地运转。任何一个部门、任何一个环节出了差错，都会影响整个运输过程。因此，确保运输安全，对提高运输产品的质量和运输工作的质量，增强铁路运输的市场竞争力有着重要意义。

### （三）铁路运输安全是现代化经济建设、铁路改革与发展的重要保证

铁路运输安全对国家重点物资运输、重大工程建设、重大科研及军事运输极为重要，也为地方区域经济开发、招商引资、科技发展带来了生机和活力。如果铁路发生事故，将会给人民群众带来不幸，给国家造成损失。如果安全形势不稳，不断发生事故，势必打乱运输秩

序，干扰总体部署，分散工作精力，铁路改革与发展就失去了重要的前提和基础。因此，稳定运输安全局面是铁路一切工作的前提。没有良好的运输安全环境，铁路的改革和发展都无从谈起。为保证铁路改革与发展的顺利进行，必须把铁路运输安全作为首要任务来抓。事实证明，铁路运输安全不仅直接关系到我国社会主义经济的健康发展和改革开放的进程，而且直接影响社会生产、社会生活和社会安定。

### （四）高铁是新时代亮丽的"中国名片"，确保高铁和旅客安全是铁路企业的底线

近年来，我国铁路事业快速发展，至2022年年底我国铁路营业里程达15.5万千米，其中，高铁4.2万千米，位居世界第一。高铁是新时代最亮丽的"中国名片"，高铁带来的变革，使其在安全保障、运输组织、旅客运输等方面的要求都远远高于传统铁路，一旦高铁出现重大事故，铁路事业必将遭受重大损失。近年来的"4·28""7·23"特大铁路责任事故，就是最深刻的惨痛教训。因此，铁路运输企业应始终把高铁和旅客列车安全万无一失作为政治红线和职业底线，认真吸取高铁安全事故教训，认真总结高铁运营实践经验，探索高铁安全规律，构建设备稳定可靠、管理科学严密、人才队伍雄厚的高铁安全保障体系，实现高铁运营安全持续稳定。

### （五）铁路运输安全是法律赋予铁路运输企业的义务和责任担当

《中华人民共和国铁路法》《铁路安全管理条例》是保障铁路运输安全的法律手段。为保证铁路运输的安全畅通，避免事故的发生，制定的一系列规定和措施明确指出"铁路运输企业应当保证旅客和货物运输的安全，做到列车正点到达""铁路运输企业必须加强对铁路的管理和保护，定期检查、维修铁路运输设施，保证铁路运输设施完好，保障旅客和货物的运输安全"。此外，在《中华人民共和国民法典》等法律法规中也对铁路运输企业保证铁路运输安全的义务和责任作出了相应的规定。这些法律法规从法律意义上规定了保障旅客、货物运输安全是铁路运输企业应尽的责任和义务。

安全是铁路的生命线，维护安全是铁路企业的责任担当。要树立铁路安全发展理念，铁路企业要不断强化确保运输安全稳定的政治责任感，强化安全意识和责任意识，着力构建人防、物防和技防"三位一体"的安全保障体系，坚持源头治理、超前防范、主动避险、专项整治的安全工作方法，建立覆盖全面、责任清晰、考核有力的安全生产责任奖罚体系，始终强化使命意识，敢于责任担当。

## 二、铁路运输安全的特点

由普遍性与特殊性的关系可知，普遍性寓于特殊性之中，特殊性离不开普遍性，可见，铁路运输安全除具有安全的普遍性外，还有其特殊性和特点。

### （一）铁路运输安全的系统性

铁路运输系统是一个大联动机，涉及线路轨道（桥梁隧道）、机车车辆（动车组）、通信信号、牵引供电、运营调度、运输组织、设备设施维修养护、检测监测、环境检测等诸多

方面，涉及车务（调度）、机务、工务、电务、供电、房建、客运、货运等诸多专业，涉及国铁集团、铁路局集团公司、站段、车间、班组等不同层级，涉及"人、机、环、管"等各个层面。铁路运输安全问题，涉及面广、层次众多、环节繁杂，风险因素无时不在，而且具有传导性和连锁性，牵一发而动全身，如果一个点出事故，就会影响一条线，一条线出事故，就会波及全面。

（二）铁路运输安全的动态性

机车、车辆在固定轨道上的定向运动，是铁路运输最显著的特点，一系列铁路运输安全问题，如轮轨作用、弓网作用、列车速度控制和进路控制等都是围绕机车、车辆或列车在轨道上的定向运动而展开的。处于高速运动状态的列车，一旦发生设备异常或人的操作失误，可供纠正和避免事故的时间很短，可供选择的应急方式也很有限。加之，铁路线路、机车车辆等硬设备的成本很高，列车对旅客和货物的承载量很大，事故不仅造成巨大的财产损失、人员伤亡和环境破坏，而且运输中断会波及路网，打乱运输秩序，影响社会生产和运输的全局。更重要的是，铁路对其运输对象——旅客和货物，没有所有权和支配权，而只提供必要的运输服务，因此事故损失涉及广泛的社会因素，极大地损害铁路的形象甚至政府的威信，其社会影响的严重性难以估量。

（三）铁路运输安全的反复性

铁路运输生产具有连续性、周期性和季节性的特点，伴随着生产的各种事故和不安全状况常常都是重复发生的；我国铁路年复一年的春运、暑运、防洪、防寒、防暑等安全问题反复存在。由于受铁路总体技术和管理水平的制约，各种事故和不安全状况的产生也具有一定的惯性和反复性，如"两冒错排"（冒进进站和出站信号，错排列车进路）、断轨、断轴等惯性事故，经常成为困扰运输安全的主要问题。

（四）铁路运输安全对管理的依赖性极强

铁路犹如一台大联动机，是一个复杂的人—机动态系统，其运输生产过程是由车、机、工、电、辆等多工种联合的多环节（如货物运输的承运、保管、装卸、运送、途中作业、交付等）作业过程，涉及设备数量庞大、种类繁多，设备布局的网络状态和作业岗位独立分散的特点，使各工种和各环节的协同配合都离不开严格有效的管理。因此，铁路运输安全在很大程度上取决于管理的效能。

（五）铁路运输安全的复杂多变性

铁路运输安全受外部环境的影响很大，难以预测和控制。铁路运输生产是在一个开放的环境中进行的，其过程有较大的空间位移和较长的时间延续。自然环境，如雨、雾、风、雪及各种自然灾害等，对运输安全均有不利影响。社会环境，如社会治安、社会风气及社会政治经济状况等，均与运输安全状况密切相关，而且难以预测和控制。特别是铁路沿线私搭乱建、堆放杂物、非法占地经营等屡整难治问题较为突出，塑料大棚、农用地膜、防尘网、气球、风筝等轻体漂浮物和彩钢瓦等异物在大风天气条件下侵入铁路限界，影响铁路安全秩序，特别是给高铁电气化铁路带来巨大隐患。临近高铁线路或在隧道上方，非法施工，挖砂取土、采石开矿、埋设管线等问题仍未杜绝。无人机、行人非法进入铁路线路，击打列车、恶意置障等问题屡屡发生，因此，铁路运输环境安全的综合治理涉及面广、难度大。铁路安全技术的发展，包括设备安全性能改进、人员安全素质提高、环境安全质量改善和安全管理水平提高，都是以上述对铁路安全的复杂性和多变性为基础的，需要强化防范意识，提升防控能力。

# 任务二　铁路运输安全的发展

世界上几乎所有的国家的铁路，都把确保行车安全放在突出位置，作为衡量铁路运输管理水平的一个十分重要的质量指标。因为铁路行车安全的好坏与整个运输的经济效益有密切的联系，同时也关系着铁路在整个国家甚至国际上的声誉。

衡量一个国家的铁路安全工作，一般都把在铁路运输过程中，由于各种原因造成的人员伤亡、货物和设备损坏以及影响铁路正常运输的事件，列为铁路运输事故。根据一个国家发生事故的数量、性质和损坏程度，来衡量这个国家铁路行车安全工作的水平。一般都把人身安全事故放在首位。所以以防止旅客伤亡特别是死亡为主要目标实施各项安全措施，是国内外铁路安全对策的一个基本出发点。

## 一、行车安全是铁路运输的核心

行车安全是铁路运输的主要工作，特别是高速铁路安全。行车过程是最容易产生不安全因素的工作环节，铁路运输中出现的大部分不安全问题多源于行车过程。

### （一）行车事故的分类

按照事故的性质、损失及对行车造成的影响，行车事故可分为特别重大事故、重大事故、较大事故和一般事故。

**1．特别重大事故**

有下列情形之一的，为特别重大事故：

（1）造成30人以上死亡，或者100人以上重伤（包括急性工业中毒，下同），或者1亿元以上直接经济损失的。

（2）繁忙干线客运列车脱轨18辆以上并中断铁路行车48 h以上的。

（3）繁忙干线货运列车脱轨60辆以上并中断铁路行车48 h以上的。

**2．重大事故**

有下列情形之一的，为重大事故：

（1）造成10人以上30人以下死亡，或者50人以上100人以下重伤，或者5 000万元以上 1 亿元以下直接经济损失的。

（2）客运列车脱轨 18 辆以上的。

（3）货运列车脱轨 60 辆以上的。

（4）客运列车脱轨 2 辆以上 18 辆以下，并中断繁忙干线铁路行车 24 h 以上或者中断其他铁路线路行车 48 h 以上的。

（5）货运列车脱轨 6 辆以上 60 辆以下，并中断繁忙干线铁路行车 24 h 以上或者中断其他线路铁路行车 48 h 以上的。

### 3．较大事故

有下列情形之一的，为较大事故：

（1）造成 3 人以上 10 人以下死亡，或者 10 人以上 50 人以下重伤，或者 1 000 万元以上 5 000 万元以下直接经济损失的。

（2）客运列车脱轨 2 辆以上 18 辆以下的。

（3）货运列车脱轨 6 辆以上 60 辆以下的。

（4）中断繁忙干线铁路行车 6 h 以上的。

（5）中断其他线路铁路行车 10 h 以上的。

### 4．一般事故

造成 3 人以下死亡，或者 10 人以下重伤，或者 1 000 万元以下直接经济损失的为一般事故。

一般事故分为一般 A 类事故、一般 B 类事故、一般 C 类事故、一般 D 类事故。

### （二）行车事故的预防

预防行车事故，确保行车安全，必须加强领导，坚持把安全工作摆到各级领导的重要议事日程；加强政治思想工作，教育广大职工牢固树立安全第一、质量第一的思想；严格遵守劳动纪律，认真执行规章制度；加强科学管理，坚持预防为主的方针，开展群众性的安全生产活动，及时消除隐患；加强职工的技术培训工作，发动广大职工努力钻研技术业务，不断提高技术水平；采用新技术、新设备，搞好设备养护维修，不断提高技术设备质量；对长期坚持安全生产、防止事故的有功人员给予表扬和奖励；加强职工心理素质训练，提高安全心理的稳定性；建立安全检察机构，健全安全检察体制。

## 二、铁路史上重特大行车事故教训

1825 年英国人史蒂芬逊发明火车以来，铁路逐渐发展成为人类最重要的旅行方式之一，随之而来的铁路事故也不断增加。

世界铁路史上第一起造成人员死亡的事故发生在 1828 年的 3 月 19 日。当时世界上第一条营运铁路——英国达林顿至斯托克顿线上，一列火车的机车锅炉突然发生爆炸，司机约翰·吉雷斯皮当场死亡。他也成为世界铁路史第一位事故殉难者。

铁路在与人类共处的近 200 年里，出现过不少事故，大多数灾难的背后原因都可以归结为刹车失灵、脱轨或意外火灾。

(一) 世界铁路事故教训

### 1. 法国巴黎（1903 年）

事故回放：法国巴黎铁路火灾事故，共造成 84 人死亡。失火后很多乘客都试图逃出隧道，但却找不到逃生出口。当时的《纽约时报》报道，遇难者们"有的被烧死，有的被浓烟呛死，有的在慌乱的拥挤人群中受伤。整个隧道弥漫着来自着火列车的滚滚浓烟"。

必修课：现在火车上常见的很多灭火设备都是受到了这次事故的警示才配备的。而更重要的是，从这次事故中人们得到了教训：隧道、地铁中一定要设置火灾逃生出口，而且要用明显的标识注明。

### 2. 美国布鲁克林（1918 年）

事故回放：1918 年 11 月 1 日，因机车工会的工程师们罢工，临时找来的新手司机驾驶列车拐弯，导致事故发生。这次灾难导致 103 人死亡。

必修课：如果司机没有足够的驾驶能力，就必须停止列车的运行，由经验不足的代替者运行是很危险的。

### 3. 美国芝加哥（1977 年）

事故回放：1977 年两辆列车在雷文斯伍德站相撞，之后 3 辆列车从高架轨道上坠落。当时芝加哥的列车中刚刚安装了自动制动系统，列车司机"胆大包天"地调整了自动行车程序——在列车时速低于 15mph 的情况下可以忽视停车信号灯。当天事故发生之前，系统感应到前方有停车信号，并做出"必须停车"的提示，然而司机却并没有在意，甚至都没有抬眼看一下前方的路轨。

必修课：电子设备并不是绝对安全的，很多时候人们往往因为太过相信电子设备而犯错。事故发生后，芝加哥运输管理局改变了规定，禁止司机私自调整行车程序。看到停车信号，如果没有取得控制中心的许可绝对不准擅自"闯红灯"。

### 4. 英国伦敦（1988 年）

事故回放：1988 年，英国伦敦南部靠近克拉彭禄口的撞车事件。由于发生在运输繁忙时段，两辆相撞的列车中搭载了近 1 300 人，事故发生后造成 35 人死亡。

必修课：事发后，事故调查小组建议整个英国的铁路系统都要安装自动列车保护系统。然而，政府面对近 7.5 亿英镑的巨大耗资最终没能通过这一法案，而是变相采取了铁路系统私有化的措施。

### 5. 美国巴尔的摩（2001 年）

事故回放：重大的铁路事故危害的不只是乘客。2001 年在美国巴尔的摩市霍华德街隧道中，一辆货运列车因危险物品爆炸而起火，大火足足燃烧了 3 天，高温达到 1 800 华氏度（1 华氏度=17.222 摄氏度）。这辆火车运载的并不是核废料，但其他通过该隧道的列车上搭载了此类货物。

必修课：内华达州和美国国家科学基金会 2003 年共同发表的报告中指出，核燃料燃烧事故可能造成方圆 32 mile$^2$（1 mile$^2$=2.590 km$^2$）的污染。2001 年发生的事故中大火温度超过了携带核燃料的木桶所能承受的程度。不过，核管理委员会报告中称这次火灾中并没有释放核燃料。

### 6. 美国南卡罗来纳州（2005 年）

事故回放：2005 年 1 月 6 日，美国南卡罗来纳州的 Graniteville 附近发生了两辆列车迎面相撞的灾难性事故。其中一辆车的开关被误开，撞向对面停着的机车，导致车上装载的大量化学品泄漏，造成严重空气污染。事故造成至少 8 人死亡，240 多人受伤。其中大部分都是因为吸入有毒气体而死亡或者感到恶心头晕。

必修课：事故发生后，新一代的铁路罐车采用了新设计，利用双层罐身和更坚硬的钢铁材料，力求最大限度地减少此类灾难带来的损害。

### 7. 日本尼崎（2005 年）

事故回放：2005 年日本尼崎市的列车事故造成超过 100 人死亡。JR West 铁路局承认，如果列车上配备了防止转弯时速度过快的自动停车系统，那么这场事故原本是可以避免的。

必修课：这次事故还给我们上了一堂日本文化课：司机在转弯时的驾驶速度超过了 46 km/h，虽然这是司机个人的错，但是铁路公司还是把责任揽到了自己头上，表示是公司给予司机的压力太大了。因为在事故发生前，这名司机在接受公司的"再教育"培训课程，公司表示过于充实的课程时间安排给司机造成了较大的精神压力。

### 8. 美国洛杉矶（2008 年）

事故回放：2008 年 9 月 13 日，美国洛杉矶一列客运火车与货运火车相撞后，造成 25 人死亡，100 多人受伤，其中多人伤势严重。客车上当时载有 400 多名乘客，货车有七八节车厢被撞，其中一节车厢侧翻，部分车身被切开，并且燃起大火。调查得出的结论是，司机错过了一个信号，所以没有意识到列车已经驶入单轨区。

必修课：这次事故中包含了 4 大违反安全规定的行为，其中之一就是司机一边开车一边发手机短信。事故发生后，其他列车上很快就安装了摄像头，用来监视司机和工程师。

### 9. 美国史泰顿岛（2008 年）

事故回放：因为操作员的小错误而酿成的大祸真不少。2008 年 12 月，行驶在美国纽约史泰顿岛的 MTA 列车中的女司机因为圣诞节庆祝而熬夜 8 个小时而神情恍惚，错过了安全停车区，驾车直接撞向钢铁保险杠。在最后的几秒钟，她试图拉动紧急刹车，可是却错误地拉到气喇叭杆。幸好当时不是火车运营时间，车上并没有乘客。不过这名司机也因此丢了工作。

必修课：很简单但是也很重要的一点：列车司机必须保证充足的睡眠。

### 10. 埃及开罗铁路爆炸事故（2019年）

事故回放：2019年2月27日中午，埃及首都开罗最大的火车站——拉姆西斯火车站发生恶性爆炸事件。当时，一列由亚历山大进站的火车车头油箱发生巨大爆炸，造成28人死亡、50多人受伤。

必修课：引发事件的起因是2名内燃机车司机吵架，该列火车进站时没有减速，撞向缓冲区旁的水泥护栏，引起火车油箱爆炸。

### 11. 法国铁路设备事故（2013年）

事故回放：2013年7月12日，一列法国列车快速冲入车站后断成两截。7节出事车厢中，6节脱轨，其中2节车厢翻倒在铁道上，另外一节倒在铁道和站台之间，造成7人死亡，几十人重伤。

必修课：初步分析是一个接通两条铁轨的钢制夹板断裂并从槽上脱落，移位至铁路道岔中央，阻止火车车轮正常通过造成的。

## （二）我国重特大铁路事故教训

（1）1978年12月16日，南京开往西宁的87次在陇海线杨庄车站与西安开往徐州的368次拦腰相撞，造成旅客死亡106人，重伤47人，轻伤171人，客车报废3辆，中断行车9小时30分，被称为震惊中外的"杨庄事故"。（冲突）

（2）1980年1月22日，长沙开往广州的403次列车，到达京广线株洲车站时，因为旅客携带发令纸燃烧起火，造成旅客22人死亡，4人受伤，客车大破1辆，小破1辆。（火灾）

（3）1981年7月9日，成昆线尼日至乌斯河间的利子依达铁路大桥被泥石流冲塌，正在通过的442次列车2台机车、1辆行李车和1辆客车坠入大渡河内，造成130人失踪和死亡，146人受伤，线路中断15天。（天灾）

（4）1988年1月7日，广州开往西安的272次旅客列车，运行在京广线马田墟车站时，6号硬座车厢由于旅客携带油漆发生火灾，造成旅客34人死亡，30人受伤，客车大破2辆。（火灾）

（5）1988年1月17日，三棵树开往吉林的438次旅客列车，运行至拉滨线背荫河车站时因列车制动失灵冒进信号，与进站的1615次货车发生正面冲突，造成旅客和路内职工19人死亡，重伤25人，轻伤51人。（冲突）

（6）1989年6月26日，杭州开往上海的364次运行至松江和协兴间列车发生爆炸，造成旅客死亡24人，重伤11人，轻伤28人，中断正线行车4小时7分。（爆炸）

（7）1991年8月18日，武昌开往广州247次（武汉客运段担当），运行至京广线大瑶山隧洞时，因列车人员误判发生火灾在大瑶山隧洞内拉罚停车，旅客纷纷下车和跳车，正遇临线通过列车，造成40名旅客伤亡。（冲突）

（8）1992年3月21日，211次旅客列车在浙赣线五里墩车站冒进、冒出信号，与进站的1310次货车发生冲突相撞，造成旅客死亡15人，伤25人，机车报废2台，客货车报废9辆，中断行车35小时。（冲突）

（9）1993年7月10日，北京开往成都（洛阳列车段担当）的163次旅客列车，运行至京广线新乡南场至七里营间，与前行的 2011 次货车发生尾追冲突，造成乘务员 32 人死亡，7 人重伤，4 人轻伤；旅客 8 人死亡，2 人重伤，35 人轻伤；机车中破 1 台，客车报废 3 辆，小破 15 辆；货车报废 1 辆，大破 2 辆，中断京广线正线行车 11 小时 15 分。这次事故是郑州铁路局客运乘务员伤亡最为惨重的事故，事故造成的后续影响巨大。（追尾冲突）

（10）1997 年 4 月 29 日，昆明开往郑州的 324 次旅客列车，运行到京广线荣家湾时，与停在该站长沙开往茶岭的 818 次旅客列车相撞，造成乘务员和旅客死亡 126 人，重伤 45 人，轻伤 185 人，是继杨庄事故以来最大的一次旅客伤亡事故。（冲突）

（11）2008 年 1 月 23 日晚上 8 点 48 分，北京开往青岛四方的动车组 D59 次列车运行至胶济线安丘至昌邑间时，发生重大路外交通事故，造成 18 人死亡，9 人受伤。（重大路外交通事故）

（12）2008 年 4 月 28 日凌晨 4 时 41 分，北京开往青岛的 T195 次列车运行到胶济铁路周村至王村之间时脱线，与上行的烟台至徐州 5034 次列车相撞，造成 72 人死亡，416 人受伤。（冲突）

（13）2009 年 6 月 29 日凌晨 2 时 34 分，郴州市中心的郴州火车站，K9017 次列车进站前进行减速制动时，因制动主管风道堵塞，列车第 2 至 18 位车辆制动力突然丧失，刹车失灵，挤坏道岔，与刚刚启动准备出站的 K9063 次列车侧面相撞，导致 K9017 次机车颠覆，机后第 1 至 5 节列车脱轨，K9063 次机车和机后第 1、2 节列车脱轨，3 人死亡，63 人受伤（重伤 6 人）。（冲突）

（14）2011 年 7 月 23 日 20 点 30 分，北京南至福州 D301 次列车与杭州至福州南 D3115 次列车在浙江温州双屿下岙路段发生追尾。D301 次列车 1 至 4 位脱线，D3115 次列车 15、16 位脱线，事故造成 35 人遇难，210 人受伤。（尾追冲突）

（15）2018 年 10 月 21 日 16 时 50 分，台湾宜兰县苏澳新马车站发生列车出轨侧翻意外，事故遇难人数为 18 人，受伤人数更新为 207 人。（事故原因：转弯时超速。事故涉及人员操作、作业程序、机械设备及组织管理等层面的问题，多重因素与异常凑巧同时穿过每一道防护措施的漏洞，导致事故发生）

（16）2021 年 4 月 2 日上午 9 时 28 分，台铁太鲁阁号 408 次列车，在从新北市发车驶往台东的过程中，行至花莲大清水隧道时发生出轨事故。事故列车共 8 节车厢，车上乘员总数为 496 人。事故造成 54 人死亡，156 人受伤。（事故原因：滑落的工程车碰撞致列车出轨）

（17）2021 年 6 月 4 日，兰新线列车撞人铁路交通事故造成 9 人死亡。24 人受到责任追究，3 人刑事追究。（事故分析：安全防护员未履行其防护职责。带班人员在没有确认有无列车通过的情况下，盲目组织跨线人员跨线，造成伤亡事故）

（18）2022 年 4 月 14 日，大秦铁路两列火车发生碰撞（天津地段），9 节车厢坠落桥下，7 节车厢侧翻。（事故分析：列车止轮措施不到位，列车在上坡度，强风力溜车，碰撞上运行的列车）

（19）2022 年 3 月 8 日，甘肃白银道路交通肇事导致红会线列车脱轨，造成机车乘务员 3 人死亡，机车坠桥，乘务员 3 人死亡，1 人重伤的较大事故。（事故分析：自卸车超限剐倾铁路桥梁，线路变形）

（20）2020 年 8 月 3 日 5 点 28 分，因强降雨冲垮与大秦铁路并行的三抚公路便道，村民越过铁路护网进入铁路，特大桥时，被停车不及的货物列车撞上，造成 9 人死亡，4 人受

伤。（事故分析：村民违法越过铁路护网进入铁路，造成伤亡事故）

由此可见，铁路运输事故对国民经济和人民生命财产往往造成难以估量的重大损失。

## 三、我国铁路安全发展及对策

铁路交通事故是指我国铁路机车车辆在运行过程中发生冲突、脱轨、火灾、爆炸等影响铁路正常行车的事故，或者铁路机车车辆在运行过程中与行人、机动车、非机动车、牲畜及其他障碍物相撞的事故。这些事故的发生大多是因铁路运输安全的疏忽，因此应加大力度，提高监管能力，杜绝一切不安全因素。

### （一）对铁路乘客携带物品的严格检查

铁路乘客携带物品是影响旅客运行安全的因素之一。在铁路列车上，禁止乘客携带易燃易爆品、含有毒性物品上火车。在车站要通过检查口X光机的检查，通过显示屏可以清楚地看到乘客所带包裹内的物品，以杜绝危险物品上车。

### （二）有效改善技术设备保证铁路运输安全

改善技术设备是保证运输安全的重要物质基础。线路、车站、通信信号以及机车车辆的破损、故障和性能不良是发生运输事故特别是行车事故的重要原因。线路上钢轨的损伤、信号的故障以及机车车辆的车钩、车轴、转向架、制动装置的破损往往会导致严重的事故。因而必须不断提高各种技术设备的性能、强度和可靠性，并努力采用设备故障防护报警和自动检测、自动控制、远程控制等先进手段，切实保证运输安全。

### （三）加强铁路运行管理保证运输安全

加强运输管理是保证铁路运输安全的基本环节，大多数的事故都是由违反规章制度、违反劳动纪律以及职工技术业务素质不良而引起的，因此必须反复不断地健全规章制度，严格劳动纪律，并加强技术业务培训。许多国家铁路部门还为此制定了安全奖惩办法，开展安全月、安全周和各种形式的安全竞赛活动。

### （四）健全铁路运输法治保证铁路运输安全

健全铁路安全法治是增强运输安全的重要保证。我国铁路部门陆续制定和实施有关铁路运输安全的法规、法令，用法律的形式保证铁路运输的安全，有助于使保证铁路运输安全成为各级政府、铁路企业、各有关行业以及广大社会公众共同承担的义务。

## 四、我国现代铁路行车安全技术装备的发展

（1）安全监控系统和设备向系统化、综合化发展，表现在两个层次上。在单项设备层次上，安全技术装备的功能不断扩展，并趋于横向融合，如热轴探测与制动装置探测的一体化等。在系统层次上，安全综合监控系统与运行控制、调度指挥、运营管理、维修养护、客货营销等系统不断融合发展成为集安全监控、行车指挥、运营管理、服务等于一体的综合性系统。

（2）车载化探测装置实现全面实时连续监测，通信技术和网络技术的发展消除了车载化

探测装置在信息传输方面的障碍。热轴监测、转向架状态、脱轨探测器等已经初步实现了车载化实时监测。

（3）高速摄像技术广泛应用于安全监测，不仅包括是对钢轨、轨道部件、接触网等固定设施的形态检测，还包括对车轮、转向架等移动设备构件的工况监测。各种型式的高速数字摄像技术得到了广泛应用，成为我国铁路各种检测车的必备检测器材。

（4）信息技术广泛应用于定位和安全监测。我国北斗卫星定位系统不仅作为安全检测的定位工具，有效地提高了检测作业效率，而且直接应用于大型结构物的实时连续监测，为铁路安全监测提供了经济有效的定位和监测手段。

（5）我国铁路行车安全保障体系实现了移动设备自身监测诊断和处理。移动设备对固定设备的检测，固定设备对移动设备的监测以及固定设备在线自动检测而组成的集监测、控制于一体的高度信息化的安全监测网络。

# 任务三　运输安全系统管理

## 一、运输安全系统管理的内涵、特点及原理

### （一）运输安全系统管理的内涵

运输安全系统管理是运用安全系统分析、安全系统评价等技术理论及系统管理的思想和方法，把构成运输系统的要素，即人、机（设备）、材料、信息、资金、环境等有效地组织起来，实行整体、动态、定量的全方位管理，以求使运输系统达到安全最佳状态。所以，安全系统管理也就是安全最优化管理。从实际运作过程看，它研究解决的主要问题有：

（1）发现运输系统中的事故隐患。
（2）预测由主客观原因引起运输系统危险的程度。
（3）设计和选用安全措施方案，制定安全目标。
（4）实行安全目标管理，组织实施安全防范举措，达到安全控制目的。
（5）对目标管理和措施效果进行分析、评价。
（6）加强信息管理，进行反馈调控等。

### （二）运输安全系统管理的特点

建立在安全系统分析和安全系统评价基础上的安全系统管理是运输企业安全生产现代化管理的重要内容，具有现代化管理的特点。

**1. 管理系统化**

通过对运输生产系统要素进行整体研究、综合分析、组织控制，协调各要素之间、各子系统之间、各职能部门之间的关系，以达到运输系统安全的目标，实现系统安全最佳状态。

### 2. 管理方法定量化

依据定量分析或定量与定性分析相结合所得结果，预测事故发生的途径，找出经济有利、合理可行的预防事故发生的良策，并运用计算机进行数据分析处理，实现计算机辅助管理。

### 3. 管理思想现代化

在运用安全系统工程的思想和方法时，引入行为科学、安全心理学、人机工程学等有关知识，强化以人为本的管理意识，调动广大职工立足本职工作，搞好安全生产的积极性。

## 二、运输安全系统管理的基本原理

### （一）系统原理

根据现代企业管理的系统性原理，安全是运输企业素质的综合反映，安全工作是运输企业管理中综合性较强的一项重要任务，是业务部门、综合部门、后勤部门及思想保障部门工作的中心。企业的安全专职管理部门和各生产业务部门及其他综合保障部门的关系，既有各自独立的管理内容，又有互相交叉控制的结合部，这实际上就形成了以安全生产为中心的企业管理整体系统。之所以要将运输安全作为一个整体系统来认识，是因为安全贯穿着运输生产、营销的全过程，如铁路车、机、工、电、辆、客、货等各部门都有行车人身安全、设备安全问题，其他各部门的工作也影响安全。如果各业务部门不明确安全目标和管理标准，各保障部门不从多方面提供安全保障，安全工作中的漏洞是不可能完全堵住的。因此，企业中各职能部门围绕安全生产明确各自职责，发挥应有的作用是建立安全保障体系，落实"安全第一"的基本原则。

### （二）动态原理

世界上的万事万物均在发展变化之中，铁路运输生产本身就是一个连续不断的动态过程，机车车辆不运动就无所谓运输生产。运输企业中的内外部环境、人员、设备等发生的各种不同形态的变化，要求企业管理包括安全管理要有相应的对策，以适应各种变化因素的影响。

铁路运输生产多为露天作业，安全管理要随着高温、寒冷的季节变换，采取各种预防措施；由于设备磨耗、损坏，要及时维修更换，适时更新改造，并在新技术和新装备投入使用前，做好人员培训教育工作；对运输规章制度，要根据行车、货运、客运设备变化和运输安全需要进行修改、补充，并在执行过程中加强专业指导，逐步完善、规范；要适应形势发展和变化，切合实际地做好人的思想教育工作，建立健全动态的考核、激励和竞争机制，以增强职工的事业心和责任感。

### （三）人本原理

人是生产力诸要素中最重要的部分，人的高素质即能力、责任感和积极创造精神、身心健康等是确保运输安全的根本保证。运输安全固然要依靠科学技术的不断进步，采用先进的技术装备，以加强安全生产的物质基础，加大安全系数，但要防止见物不见人的倾向。安全生产形势的好与坏，主要取决于管理人员和作业人员的素质高低，如果人的素质不高，技术设备再先进，往往也发挥不了应有的作用。因此，在安全管理工作中，不仅要发挥现代化技术设备的作用，更为重要的是要在提高人员素质上下功夫，培养壮大具有高度主人翁责任感的职工队伍，充分调动人的积极性、主动性和创造性。这是贯彻落实"安全第一，预防为主"方针的可靠保证。

### （四）效益原理

市场经济是以经济效益为中心的，安全与效益紧密联系、高度统一。安全为了生产、为了效益，生产必须在安全的前提下进行，否则，生产停滞，效益也就等于零，且事故本身还有很大的经济损失，对效益也有很大影响。加强管理、保证安全是需要大量经费投入的，在事故树分析中，求出最小径集的目的，就是为了得知控制住哪几个基本事件就可以预防事故发生，并利用最小径集的不同构成形式，选择预防事故最经济、最省事的方案，用最少的投资达到最佳的安全效果或大幅度地减少各种事故的目的。

### （五）反馈原理

在以运输安全生产为目的的人—机—环境系统中，为了实现对运输事故的有效控制，切实保证人身和作业安全，必须时刻掌握以往控制效果的反馈信息，作为进一步实施现场作业控制的依据。从某种意义上说，运输安全管理的根本目的就是准确、及时、经济地收集、加工、传递、存贮、输出运输安全所需的各种信息（包括安全指令信息、安全动态信息和安全反馈信息等），用于安全保障系统的运作，使运输人—机—环境系统取得最佳配合的安全效果。为此，必须要有严密的组织、严格的制度和要求，建立健全各种信息中心和网络，并广泛应用各种现代先进信息处理技术，提高安全信息的准确可靠程度，增强安全信息的时效性，及时解决所发现的各种问题。

## 三、运输安全系统管理的基本内容

从运输安全系统工程的理论和实践情况看，安全系统分析、安全系统评价和安全系统管理相互联系、互相作用，是一个不可分割的整体。它们都是以实现运输生产安全为目的，但作用和分工各有侧重。安全系统分析主要通过分析研究系统的安全和危险因素，了解系统的安全和危险程度，为安全系统评价和安全系统管理提供依据。安全系统评价是按照一定的评价指标体系和方法对安全保障系统防范效果所进行的总结性评价，以揭示安全质量水平和系统薄弱环节，为加强安全管理进一步指明努力方向并提出具体要求。安全系统管理则是根据安全系统分析和安全系统评价结果，按照"安全第一、预防为主"的原则，构建安全管理体系，强化和落实安全管理机制及措施。依照运输安全系统管理的基本原理和要求，安全系统管理的基本内容包括总体管理、重点管理和事后管理3个方面。

### （一）运输安全总体管理

在铁路运输管理工作中，有计划、生产、技术、质量、物资、设备、劳动、财务管理等各项工作。一切服务于安全生产的各管理部门，为确保运输安全所做的工作都应纳入总体安全管理的范畴，包括安全组织、安全法规、安全技术、安全教育、安全信息、安全资金等，形成安全管理工作的总体。

**1. 总体管理的对象**

运输安全总体管理是针对铁路运输人—机—环境系统整体的安全管理。运输安全总体管理的目的就是提出一定时期的运输安全要求，并构建根据目标运转的铁路运输安全人—机—环境控制系统。

1）人——一种安全因素和防护对象

在运输安全人—机—环境控制系统中，只有人向安全问题提出了具体的挑战。人—机—环境结合的目的，就是充分利用人的科学发现，使技术和机器在更大程度上适合于人，从而提高人—机—环境系统的安全性。

在运输安全人—机—环境控制系统的规划过程中，应综合考虑以下因素：

（1）要把人体解剖学资料以及人体生理过程和生理功能作为必要条件考虑在内，就像设计机器必须考虑其所用材料的应力特性一样。

（2）对发生在人体中的主要生理过程，必须像能量在机器中传递一样来考虑。当用于人—机—环境系统时，人体的心理神经效能条件特性要像在机器中保证其控制功能的技术组元（部件）一样看待。

（3）应把人的天赋以及一些特殊心理、生理功能和对这些功能进行补偿的可能性一并加以考虑。在必要情况下，还要制定补偿的最低值。

人在现代化铁路运输系统中最大的贡献是能起到信息处理的作用。因此很有必要研究人是怎样获取、选择、处理和传递信息（包括人体本身的信息）的基本规律的。此外，为了使人的生理和心理神经活动控制、保持在正常的安全值范围内，对于人承受的并最终使人疲倦的应力和应变后果必须加以考虑；甚至连人体的各器官和人的整体都应加以关注。可用计划的工间休息和娱乐活动来抵消那些会降低工作效率的受力状态及紧张的影响。而且，必须分清一个正常工人的工作器官与维持必要工作效率之间的差别。必要情况下，还需要对他们进行特殊训练，以保证工人实行安全操作，避免不安全行为。

那些导致事故的冒险和不安全操作，往往是已作为正面经验接受而且根深蒂固的坏习惯行为。一旦在班组或个人中偶尔养成了不安全习惯，就必须采取"再培训"和恢复正确习惯的措施。

2）机器——一种安全因素

机器是运输安全人—机—环境控制系统中3个主要子系统之一，仅由于机器与人及其环境的相互作用，它才成为运输安全总体管理的一个重要内容。实际上，在机器的规划阶段，即在确定机器的功能及应用模式和对机器的形式及有效性做必要的论证时，人—机关系就已开始形成。从机器制造到运行的各个阶段，人与机器之间的相互关系一直保持着。在上述各阶段，人作为一种安全因素，对另一安全因素——机器的性质及特点，可以有广泛的影响。

概观铁路历史可以发现，新技术方法的引进和新机器的应用，常常需要一个痛苦的、耗时的和昂贵的学习过程。这个过程的结果最后以肯定的方式予以评价，然后转化为"经验"。然而，随着铁路现代化的发展，行车密度和速度不断提高，用试错法从事故中获得"经验"，毫无疑问地具有较大的风险和代价。因此，对于作为安全因素之一的机器，在其规划、制造和应用的所有阶段，经常很细心而费时地预定检查是非常必要的。同时，必须对机器的运行状态做大量的观察，确定和评价使规划目标与运行数据相匹配的应力状态，限制应力因素，使设计结构与使用结构在运行条件下相匹配。

3) 环境——一种安全因素和应予保护的财富

人和机器都被置于环境中。后者在铁路运输安全人—机—环境控制系统中是第三重要的基石。人的操作可能引起机器方面的事故和损失，从而对环境产生有害影响。另外，环境中有许多自然过程，如地震和灾难性暴风雨、洪水等，以及源于技术的灾害，如火灾和爆炸，都会对机器产生危害。为此必须首先确定机器是否影响和怎样影响环境，或者环境是否危及机器。只有一方面通过对人与机器，另一方面通过对人与环境的各种相互关系进行透彻的分析，才能避免在人—机—环境控制系统的构建中出现错误。低估环境的重要性可能会对铁路运输安全带来严重后果。

在铁路运输系统中，人们使用机器，同时也暴露在机器的危险之中。另外，人的行为和机器的状态依赖于所处的环境条件。人和机器也常常以不同的方式影响环境。在这个人—机—环境交互作用的系统中，由于事故、事变或局部环境的持久应力，人或财产可能遭受损害。事故或事变可能源于技术，亦即由于制造缺陷、大气中的有害物质或气候条件等其他干扰因素的影响，尽管使用和操作是正确的，铁路运输技术装备仍然可能不像预期那样运转。另一个可能的原因是人和机器的相互作用缺乏协调。应该根据人机工程学原理，通过适合操作者的装备设计，将这样的缺陷减小到最低限度。这就意味着要尽量使要求适合于人。经过合适的选择和培训，可以促使人正确地动作，并有意识地保护自己。但必须考虑到，人的行为绝不是一致的或一成不变的，而是因人而异、因时而异的。此外，人的行为还受周围环境的影响。因而，环境的任何改变也要适应人的要求。

然而，技术装备中的事故不可能通过预防措施而完全排除，因此使事故影响最小的补充措施必不可少。一旦技术装备内部的潜在危险超过一定限度，则事故预防措施的系统规划就必须强制执行。

因此，为了控制事故损失，必须及早识别事故、报警、警告信号，并采取相应的积极对策。为了识别事故，最重要的是及时得到有关事故程度的确切信息。这就要求对铁路技术装备进行连续监测。此外，为了监视环境，需要有报警中心，也要有通过实际观测或者通过估计而确定灾害危及的敏感区的能力。

## 2. 运输安全总体管理的内容

运输安全总体管理，涉及面广，内容丰富，包括安全组织管理、安全法规管理、安全技术管理、安全教育管理、安全信息管理及安全资金管理等。

1) 安全组织管理

安全组织管理是安全管理的实施主体，负责安全的组织领导、协调平衡、监督检查工作，使运输企业安全管理体制有效地正常运转，保证安全目标的实现。其主要内容有：

（1）安全计划管理，负责运输安全的中长期规划和近期计划的编制、组织实施，以及方针、目标和政策的制定与落实。

（2）安全行政管理，包括各级安全管理机构的设置和职责划分，安全工作组织领导的原则和方法的确定，以及保证职工安全生产的组织手段。

① 安全劳动管理：对直接制约运输安全的关键因素如人员配备与组合、定员与班制、劳

动定额和分配关系等合理地规定与协调。

② 职工生活管理：为保证职工以饱满的热情和旺盛的精力投入安全生产，在职工物质生活、精神生活和医疗卫生等方面所做出的妥善安排。

③ 安全行为管理：主要是运用各种安全管理手段对个人行为进行激励、约束和协调。

2）安全法规管理

安全法规管理的任务是严格遵循国家有关铁路运输安全的法律、法规等条文规定，对各种运输规章制度和作业标准进行研究、制定、修改、完善、贯彻和落实，使运输安全管理工作做到有法可依、有章可循、违法必究、违章必查。其主要工作有以下两项：

（1）建立健全工作。安全法规要在尊重实践、尊重科学的基础上，通过建立、修订、补充逐步形成相对稳定、协调一致、切实可行的规章制度和作业标准体系。

（2）增加废止工作。技术条件和作业环境的变化，必然对运输安全规章制度和作业标准的针对性、有效性和规范性提出新的要求，在原有基础上，及时增加运输生产急需的规章规定和废止不适用的规章制度对安全运输具有同等重要作用，不可偏废。

3）安全技术管理

技术，除泛指操作技能外，广义地讲，还包括相应的生产工具和其他物质设备，以及生产工艺过程或作业程序、方法。安全技术管理的任务是正确执行国家有关技术政策、标准、规程和铁路主要技术政策，为运输安全提供可靠的技术依据和技术措施；充分发挥科技是第一生产力的作用，不断吸收现代科技先进成果，促进运输安全管理科技含量日益提高。由此可见，运输安全技术管理包括对运输安全硬技术设备的维护与管理，对运输安全软技术的开发与应用。

（1）运输安全硬技术设备的管理是指对运输基础设施和安全技术设备的研制、试验、引进、装配、维护和安全质量管理等。

（2）运输安全软技术的开发与应用，包括与运输安全有关的各种操作办法、管理方法、运输安全管理基础理论及安全科学理论的研究与应用。

4）安全教育管理

为了实现运输安全，必须通过各种形式和方法，对广大干部和职工进行经常性的安全教育，其内容主要有：

（1）安全思想教育，是安全教育的重点所在，内容包括安全生产方针、政策、重要意义、劳动纪律、作业纪律，各项规章制度和典型事故案例教育等。正反两方面的教育使基层作业人员和各级管理人员牢固树立"安全第一"的思想，强化"预防为主"的意识，正确处理好安全与效率、效益的关系。

（2）安全知识教育，包括安全生产技术知识和安全管理知识教育，目的是解决应知的问题。前者包括运输生产特点、安全特性、设备性能、各部门作业方法及规范要求、事故成因及预防等。后者主要是针对安全管理人员而进行的安全教育，内容包括运输安全管理体制和各部门安全管理体系的构成与运作、事故预测和预防；安全系统评价的基本原理和方法，人—机工程学、安全心理学、行为科学等有关知识与应用。

（3）安全技能教育，是指通过对作业人员进行长期、反复训练及本人实践，把所学到的安全知识转化为动手能力的过程，主要是解决应会的问题。内容包括岗位熟练操作、防止误操作，处理异常情况的技术、知识和能力。

（4）事故应急处理教育，一般应包括事故应急处理知识教育、自我保护和自救互援教育、事故现场保护方法教育和事故应急处理演习等。上述教育能有效地防止事故损失扩大，为清理事故和迅速恢复正常运输秩序创造有利条件。

此外，对路外人员进行的铁路知识、安全常识及安全法制宣传、教育也是安全教育管理的重要内容，应与地方政府配合。

5）安全信息管理

安全信息一般是指在运输生产过程中，对一切有利于安全生产的指令和系统安全状态的描述或反映。安全信息既是安全管理的对象，又是安全管理的重要支持。安全信息包括以下内容：

（1）安全指令信息，指各种运输安全法规和安全方针、政策、目标、计划和措施等。

（2）安全动态信息，指在完成运输任务，执行指令信息过程中的正面和负面效应的反映。

（3）安全反馈信息，指从执行指令信息结果获得，能反馈用来调整和控制安全生产的信息。

（4）其他安全信息。如安全科学技术和管理信息等。

从某种意义上说，运输安全系统管理就是准确、及时、经济地收集、加工、传递、存贮、检索、输出一切对运输安全有用有利的信息管理，并用运输安全所需的安全指令信息、安全动态信息、安全反馈信息、其他先进的安全科技和管理信息，精心指挥、精心组织、精心管理运输生产，不断开创运输安全生产的新局面。为此，就要有严密的组织和先进的手段加以保证，如建立健全各种信息中心和网络，并广泛应用电子计算机和各种先进的信息处理技术。

6）安全资金管理

要搞好运输安全，必须有相应的安全资金保证。安全资金管理包括对保证运输安全所需资金的筹集、调拨、使用、结算、分配等，并进行安全投资的经济评价与经济分析，实行财务监督等。

为叙述方便，上述运输安全管理的内容是按不同需要，从管理范围和主要工作等方面分别做的阐述。在实际工作中，各职能部门按照"谁主管、谁负责"的原则，在努力做好本职工作的同时，为实现安全方针目标所规定的任务，应相互协调配合，共同形成合力，发挥整体优势。此外，各级组织、各职能部门还必须严格遵守安全监察制度，自觉接受安全监察机构在业务上的指导，不断提高职能范围内的安全管理水平，共同促进安全运输形势向健康方向发展。

（二）运输安全重点管理

安全与危险是此消彼长的矛盾双方，运输安全管理的实质是促使矛盾向有利于安全的方面转化。但不同的时间、空间、服务对象及客观条件下，各种矛盾和矛盾双方都有主次之分，从而使安全管理的重点有所不同。凡对运输生产安全起决定性作用的影响因素及系统薄弱环节应重点加强安全管理和控制，如人员、设备管理，标准化作业控制、结合部作业控制和非正常情况下作业控制等，使有限的安全管理资源发挥更大的效用。

## 1. 对人员的重点安全管理

1）一般要求

（1）针对关键时间、岗位、车次和人员，掌握运输生产规律，把安全教育工作做到运输生产全过程中去。

（2）掌握自然规律。根据风、雨、雾、霜、雪等天气和季节变化对运输生产及职工心理带来的影响，有预见地做好事故预想和预防工作。

（3）掌握职工思想变化规律。对于社会条件和职工需求之间的矛盾，坚持正面教育为主，及时疏通引导，协调关系，增强团结，确保安全生产形势稳定。

（4）掌握人的生理心理规律。按照职工性别、年龄、体力和智力差异在运输生产中担当工作的性质不同，加强对行车主要工种人员的选拔和管理。

2）提高对人员的安全管理水平

（1）大力进行职工队伍的思想道德和职业道德教育。

提高干部和职工的政治素质及品德修养，充分发挥广大职工安全生产的积极性、主动性和创造性，对违反作业标准、规章制度的人与事，应实事求是地予以批评教育，对事故责任者根据损失和责任大小给予相应的处罚。

（2）全面强化职工业务培训。

重点提高全员实际操作技能，特别是非正常情况下作业技能和设备故障应急处理能力，落实作业标准化，并严格执行职工持证上岗和班组长持双证（上岗合格证和班组长合格证）上岗制度。

（3）提高安全监察人员和安全管理人员的综合素质。

安全监察人员和安全管理人员具备良好的思想、业务和身心素质是运输安全方针政策得以贯彻执行，运输安全技术、安全工程、安全管理得以推行和落实的重要基础条件。鉴于安全监察和安全管理人员工作的多样性、复杂性与重要性，应通过培训，使他们努力掌握运输安全系统工程的基本理论和方法，并在实践过程中不断运用、总结、提高，以增强安全工作的预见性，提高安全管理的有效性，从根本上改变凭经验管理的落后状态。

（4）构建运输人员生理心理安全保障体系。

对行车主要工种建立并逐步完善人员生理、心理指标体系及其标准，以便使人员管理更加科学可靠。

3）加强对机务人员和车站值班员的选拔管理

机车乘务人员和车站值班员的工作性质不同于一般的运输生产人员，他们从事技术性、复杂性和变化性较强的技术工作。机车乘务人员驾驶机车、车站值班员领导接发列车工作，责任重大，影响因素甚多，稍有不慎，往往引发行车事故，甚至造成重大事故。据调查资料，2010—2014年，全路共发生110起重大事故、大事故和险性事故，在人员失误、设备故障、环境因素、管理因素和其他因素中，人员失误排序第一。在引发各种事故的原因中，按其重要度（即由此原因引发事故的比重大小及严重程度），机车乘务人员违章违纪排在首位。另有某局某年所发生的行车事故中，属车务和机务部门责任的行车事故占全年事故总件数的83%；该局车务系统所发生的险性事故中，主要责任者是车站值班员的约占90%。由此可见，机车乘务人员和车站值班员对保证运输安全具有举足轻重的作用。

由于人的主观能动性在运输安全中所起的作用越来越大，机车乘务人员和车站值班员良好的生理心理素质就尤为重要。应当看到，人的生理心理差异是客观存在的，如何根据机车乘务员、车站值班员这些特殊职业的生理和心理需要来考察、选拔并择优录用胜任人员，对确保运输安全至关重要。我国铁路科技工作者和专家学者的研究结果表明，合格的机车乘务人员应具备的职业生理与心理素质可归纳如下：

（1）认知能力。智力中等程度以上，视觉功能强，注意力转移和分配好，反应快，动作协调、准确。

（2）身体状况。生理功能正常，体质健壮，有良好的适应环境能力。

（3）人格（个人性格）特点。责任心强，情绪稳定，紧急状态下应变能力较强，对单调工作有良好的心理承受能力，疲劳状态下有耐久力等。

根据上述要求，研究人员对大量调查资料进行整理分析和数据处理后，建立了机车乘务人员生理心理指标体系和测验检查方法，为制定我国铁路机车乘务人员的选用标准和考评内容提供了科学依据，对制定车站值班员的生理心理素质要求也具有重要的参考价值。所不同的是，对车站值班员的组织管理能力、分析解决问题能力和决策应变能力等应有更高的要求。目前这方面的研究工作还在深入进行之中。

为了加强对重点行车人员的选拔和管理，除思想品德和业务素质要求外，运输企业管理部门应重视从生理、心理素质角度选拔机车乘务人员和车站值班员，对他们进行专门的适应性检查，定期进行生理心理测试和咨询，在不断录用新人员的同时，妥善安排生理心理素质不适应乘务工作和运转工作的人员到其他部门或单位工作。

**2. 设备安全重点管理**

为提高铁路运输基础设备质量，应加快发展安全技术装备，不断增强保证运输安全的能力。设备安全管理的重点工作主要包括加强对设备的养护维修，加快设备更新改造速度，保证安全技术装备重点项目顺利实施等，这是一项长期而艰巨的任务。

1）提高铁路运输基础设备的安全管理水平

提高设备质量，加强设备管理，必须坚持定期检查制度，建立各种检查记录台账，立卡建档，定期保质保量地做好维修保养和病害整治工作。对设备的惯性故障、重点病害、严重隐患要集中力量加以整治，采取严密的安全防范制度和措施，杜绝简化检查、检测、维修作业程序的现象发生，确保运输安全。对设备的养护维修，应坚持预防为主、检修与保养并重、预防与整治相结合的原则，处理好设备维修与运输生产的关系，正确合理地使用设备，提高操作技术和保养水平，防止超负荷、超范围、超性能地使用设备，使设备质量可靠稳定，逐步形成"修、管、用"良性循环的发展模式。

2）提高运输基础设备的安全性能

合理规划线路大修换轨，努力提高线路质量，对既有线路尤其是繁忙干线上铺设重轨，新建线路应尽量采用重轨，撤换超期使用的钢轨。线路大修、中修和维修工作要综合配套，道床清筛、更换道岔、撤换轨枕同步进行，均衡等强地提高线路整体质量和安全性能，切实抓好对桥隧路基病害的整治。

改善机车车辆技术状态，有计划、有步骤地淘汰超期使用的旧杂型机车、客车和货车；依靠科学技术加快对新型机车、客车和货车的研制和使用；提高车辆制造和检修质量，重点提高滚动轴承装修、组装、压装质量，严格验收制度，对不符合规定标准的机车车辆严禁出厂、出段，编入列车投入使用。

大力发展先进的信联闭技术装备，切实改善通信及供电设备条件。

3）提高行车安全技术设备的安全性能

积极改善检测装备，加强对钢轨、夹板、辙叉、尖轨等轨道设备的新型探伤仪器和车辆轮轴探伤、轴温检测、报警仪器的开发、研制和应用，逐步实现探伤、报警的自动化，防止线路断轨、车辆燃轴、切轴事故的发生。随着列车运行速度的大幅度提高，必须强化对道口的安全管理，加快道口立交化进程。同时，应加大对自然灾害预确报及防治设备的投入。

进一步优化、完善"机车三大件"（列车无线调度电话、机车信号和自动停车装置）。机车长交路运行区段的机车信号制式要统一，不能统一的必须安装通用式或兼容式机车信号，保证机车信号在全路任何区段都能连续可靠地使用，以适应提速、重载列车安全运行的需要。

### 3. 环境安全重点管理

环境因素是指影响人体健康、工作效率、设备性能的自然和人为的各种条件因素的组合。对运输人—机—环境系统而言，环境对运输安全的影响可分为内部环境条件和外部环境条件影响两个部分，前者包括作业环境和由管理行为营造的内部社会环境；后者指自然环境和外部社会环境。在众多的影响因素中，作业环境和内部社会环境是可控的，而外部社会环境和自然环境是不可控的，但企业管理可通过改善可控的内部小环境来适应不可控的外部大环境，其作用就在于保持良好的工作、作业和生活秩序，保障职工身心健康，保证铁路运输安全。

1）加强管理，改善内部社会环境条件

运输系统内部社会环境是外部社会环境因素在系统内的反应，其涉及面较广，包括系统内部的政治、经济、文化、法律、人际关系等环境条件，这些环境条件的变化与企业管理行为密切相关。

面对激烈的运输市场竞争，铁路运输系统各层次管理部门都是在担负多种职能情况下组织运输生产的，而运输安全又是实现多种职能的根本。企业管理连结着大社会和运输安全，管理的力度对改善系统内部社会环境条件具有重要影响，这不仅要求在管理思想上做到"安全第一"不动摇，而且要在具体措施上落实企业安全目标、安全责任制和奖惩激励制度；加大安全技术设备的投入，依靠科技加强安全监控及通过深入细致的思想工作，提高职工思想和业务素质；关心职工生活，解决后顾之忧；加强民主管理，增强内部团结，建立融洽的人际关系；与地方密切配合，改善治安环境等，以形成良好的安全管理环境，为职工创造安全生产条件，更好地调动广大职工安全生产的积极性。

2）大力改善作业环境

人的生产活动始终离不开特定的工作或作业环境，在有利于身心健康和劳动操作的环境中，人的工作效率就高，而在严重污染以及高温、高压、振动强烈等恶劣环境中，工作效率就低，安全就难以保障。作业环境主要是指技术环境。影响人们作业环境的因素主要有物化性质的环境因素（粉尘、化学性气体、蒸汽、熏烟、雾滴等）、物理性质的环境因素（光、辐射、噪声、振动、温度、湿度和气压等）和空间环境因素等。对于物化和物理性质的环境因素，国家有关部门制定有相应的政策和标准，其安全要求有标准可查。在改善作业环境过程中，应严格按照国家规定标准实施，有效防止人员疾病、中毒现象发生，避免过早疲劳和不舒适感，使作业人员在繁忙的工作中，仍能保持良好的心态和充沛的精力，把运输安全建立在良好的作业环境条件基础上。

改善空间环境条件的有效措施是实行科学的"定置管理"。定置管理是按照生产作业过程，将设备定位、人员定岗、物料定址、流通定时的时空管理技术，可为系统有序可控、正常运行提供良好的安全保障。

在进行人机系统设计时，按照人机工程学原理，人机界面设计、作业空间设计和作业环境设计应达到以下要求：

（1）能达成预定目标，完成预定任务。
（2）人、机功能分配合理，协调工作。
（3）系统中的物质要素排列布置合理。
（4）具有防止错误操作的措施等。

**4. 作业安全重点管理**

运输安全管理的出发点和落脚点是现场作业控制，对现场作业重点控制的内容主要包括标准化作业、非正常情况下作业和系统"结合部"作业控制等。

1）标准化作业控制

标准化是指在经济、技术、科学及管理等实践活动中，对重复性事物和概念通过制定、发布和实施标准，达到统一，以获得最佳秩序和社会效益。运输标准化作业是对既有作业标准，从学习标准、对照标准到达到标准（即学标、对标、达标）所进行的全部活动，如接发列车标准化作业是为保证车站接发列车安全，按照《铁路技术管理规程》规定，结合设备特点，制定并实施包括作业对象、作业方法、作业过程、作业程序和时间、用语等标准的一切生产活动。标准化作业是个人行为、群体行为和管理行为的综合表现，只有在组织、制度、措施和监控等方面严格管理，才能使标准化作业得以实现并持之以恒。

2）非正常情况下作业控制

正常作业条件下的标准化作业能确保运输安全。非正常情况下，由于部分作业标准无法得到实施，不得不执行特殊规定，稍有不慎极易造成运输事故。行车事故大多发生在调车作业和列车运行中，非正常情况对列车运行中的接发列车工作影响最大，因违章操作而发生的事故也较多。2012—2022年全路车务系统险性以上行车事故案例统计显示，2021年41件和2022年40件列车险性事故中，分别有28件和23件是在非正常情况下接发列车时发生的，各占列车险性事故总数的68.3%和57.5%。可见，非正常情况下接发列车造成事故的比例非常高，性质和后果也比较严重，已成为安全行车工作中的顽症。从这个意义上说，非正常情况下的作业控制，主要是研究解决非正常情况下安全接发列车的作业控制问题。

3）结合部作业联控

结合部是指由几个单位或部门共同参与工作或管理而形成的相互联系、相互制约的环节、区域或部位。就行车工作而言，结合部是在运输过程中，为了安全生产这一共同目的，不同部门和不同工种人员协调动作、联合作业，在生产与管理上发生交叉、重叠的区域和环节。例如，在列车运行、接发列车和调车作业等生产环节必须由车务、机务等部门联合作业，在铁路区段上铁路局间或铁路分局间的分界口管理，线路大修时的施工与运输部门间的密切配合等，都是多个部门、多种作业的汇集之地。这些部位往往是管理松散、矛盾集中、事故多发的系统薄弱环节,是安全管理的重点和难点。据某铁路局统计,重大、大事故的76%,险性事故的74.4%,一般事故的71%都是由多工种相互交叉的环节失控即结合部失控造成的。

### (三)运输安全事后管理

运输事故发生后,主管部门和有关单位需要做大量的调查和处理工作,如减少事故损失和防止事故扩大的抢险、救援及事故定性定责,总结经验教训,采取防范措施等,以防止同类事故重复发生。但更为重要的是,对导致事故的直接和间接原因及其相互间的内在联系进行实事求是、深入细致的分析,形成有利于改善安全状况的共识和对策,并将其上升为运输安全总体管理和重点管理的新内容。

运输安全系统管理,即通过安全总体管理、重点管理、事后管理的综合实施和全面加强,促进运输安全的全过程(计划、实施、监控)、全员(领导、干部、职工)、全要素(人员、设备、环境等)的全方位管理,有效地实现从"事故消防"向"事故预防"、从"重治标,轻治本"向"标本兼治,从严治本"、从"条块分割,各自为主"向"条块结合,以块为主,逐级负责"等转变,切实把握运输安全生产主动权。

# 任务四　铁路运输安全影响因素分析

## 一、与运输安全有关的因素分类

铁路运输系统是一个在时间、空间上分布很广的开放的动态系统,铁路运输安全影响因素错综复杂,涉及面广。从系统论的观点出发,与运输安全有关的因素可以划分为4类:人、机器、环境以及管理(见图2-1)。

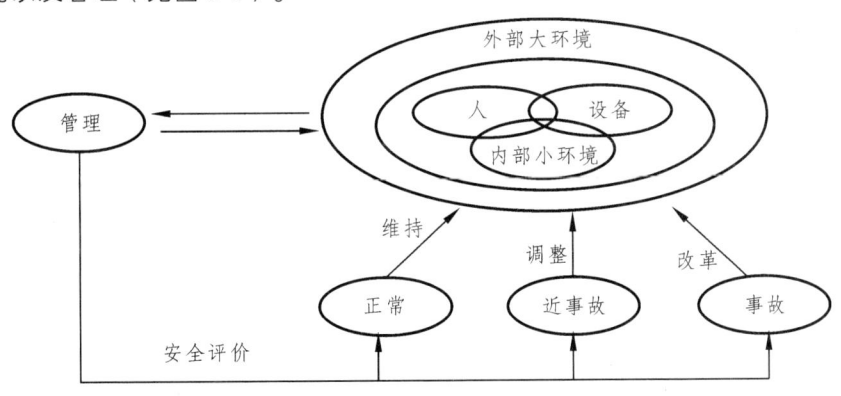

图2-1　影响运输安全有关因素分类

这种分类具有以下优点:
(1)它从构成生产系统的最基本元素出发,从事故的最根本原因着手,具有普遍意义。
(2)充分体现了安全是一项全员、全要素、全过程的活动。因为系统中的"人",是指作为工作主体的人，"机"是指人所控制的一切对象的总称（包括固定设备和移动设备），"环境"是指人、机共处的特定的工作条件（包括内部环境和外部环境）。

（3）考虑了人、机、环对安全的影响，尤其考虑了三者之间的相互作用，包括人—人、人—机、机—机、机—环、人—环以及人—机—环等。

（4）以管理作为控制、协调手段，协调人、机、环之间的相互关系，并通过反馈作用将系统状态的信息反馈给管理系统，从而改进安全管理方法，最终形成更为安全的系统。

## 二、运输安全影响因素分析

运输安全影响因素分析主要包括：单因素影响分析、各种因素相互影响分析、管理因素影响分析。

（一）单因素影响分析

**1. 人员因素影响分析**

人员因素的重要性：人是一种安全因素和防护对象，绝大多数事故的发生均与人的不安全行为有关，事故也以人受到的损害作为重要内容。

影响铁路运输安全的人员分类：生产系统内人员、生产系统外人员。

对生产系统内人员的素质要求：思想素质、技术业务素质、生理素质、心理素质、群体素质。

1）人在保障运输安全方面的重要性

在安全问题中，人是矛盾的主要方面，因为即使是高度自动化的系统也不可能完全避免人的介入，不可能完全不受人的操纵和控制。人是一种安全因素和防护对象，机器是一种安全因素，环境是一种安全因素和应予保护的财富。在人—机—环境系统中，只有人向安全问题提出挑战，一个掌握足够技能和装备的人才能够发现并纠正系统故障，并且使其恢复到正常状态。不幸的是，绝大多数事故的发生均与人的不安全行为有关。铁路运输安全与许多活动有关，所有各项活动都依赖于高效、安全和可靠的人的行为。在铁路运输工作的每个环节、每项作业中，都是由人来参与并处于主导地位的，人操纵、控制、监督各项设备，完成各项作业，与环境进行信息交流，与其他作业协调一致。正是由于人在运输工作中的重要地位，人的因素在运输安全中才起着关键的作用。

国外铁路高度重视人在保证运输安全中的特殊作用。各国铁路专家认为，"技术设备故障—调度指挥失当—司机缺乏警惕"是导致事故发生的主要原因；国外通过对事故分析的研究认为，机车乘务员必须具备良好的职业生理和心理条件，才能在正常运输和出现意外情况下避免事故发生；首先是机车乘务人员的职业挑选制度，从 ABT（考虑对运输工作拥有的知识水平和从事该项工作的动机）、PBT（检查心理状态和身体素质）和 BT（运用临床心理学方法进行专门检查）3 个方面对司机进行严格考核。

人对运输安全的特殊作用可归纳为下述 3 个方面：

（1）人的主导性。在人和设备的有机结合体中，人是主导因素。设备必须由人来设计、制造、使用和维护，即使是技术状态良好的安全设备，也只有通过人的正确使用，才能发挥出来。

（2）人的主观能动性。当情况突然变化时，人能立即采取相应的措施和灵活的方法，排除故障等不安全因素，使系统恢复正常运转。只有人才具有主观能动性，从而具有合理处理意外情况的能力。

（3）人的创造性。人能够通过研究和学习，不断提高和改进现有系统的安全水平。

2）影响铁路运输安全的人员分类

（1）运输系统内人员，主要指车务、机务、工务、电务、车辆、安监、客运、货运、工程、给水、供电等部门的各级领导人员、专职管理人员和基层作业人员，他们是保证运输安全的关键人员。铁路运营实践表明，铁路员工，特别是运输生产第一线的职工和负有管理责任的人员，他们的思想品质、技术业务水平及心理、生理素质等不适应铁路运输工作的要求，往往是酿成事故的重要原因。

（2）运输系统外人员，主要指旅客、货主以及铁路沿线居民、机动车驾驶人员等。系统外人员对安全的影响主要表现在以下4个方面：

① 旅客携带"三品"上车，不遵守铁路安全有关规定而引起行车事故。

② 在铁路—公路平交道口，经常发生机动车驾驶员和道口行人不注意瞭望，强行过道所致的道口事故。

③ 铁路沿线人员无视铁路安全法规，关闭折角塞门、偷盗通信器材、拆卸铁路设备和在线路上放置障碍物等，严重威胁铁路运输安全。

④ 货主不遵守货物运输安全规定，如在承运货物中携带危险品而不如实申报等，也会影响铁路运输安全。

3）运输安全对人员的素质要求

影响铁路运输安全的人的因素，是指上述人员的安全素质，包括思想素质，技术业务水平，生理、心理素质，以及群体素质，且对不同人员有不同的素质要求。

（1）对铁路运输系统内人员的安全素质要求：

① 思想素质。思想素质包括职业道德、劳动纪律、安全观念等。安全思想素质差，责任心不强，是导致"违章违纪"等不安全行为的重要原因，特别是某些领导的安全意识差，"安全第一，预防为主"的思想树立不牢，往往会制约一个单位的安全状况。

② 技术业务素质。技术业务素质包括业务知识、文化素养、安全法律知识和安全技能，以及处理各种非正常情况的作业能力等。由于铁路运输作业经常可能面临各种意外情况，所以运输工作人员的应变能力非常重要。此外，对安全管理人员而言，还应具备相应的安全管理知识和能力。

③ 生理素质。生理素质是指影响运输安全的人体生命活动，包括身体条件及生理状况，包括年龄、性别、记忆力、体力、耐力、血型、视力、视觉（色觉、形觉、光觉）、听觉、动作反应时间和疲劳强度等，都与运输安全有着密切的关系。例如司机有视觉功能障碍，不能准确瞭望，极易发生行车事故。再如，司机年龄与行车事故之间构成一种浴盆曲线，如图2-2所示。发生这种情况的主要原因在于青年人缺乏必要的工作经验和对自身的控制能力，冒险性强，容易受到外界人为因素的干扰，而年长者由于生理机能不断衰退、体力减退、力不从心，所以易发生事故。

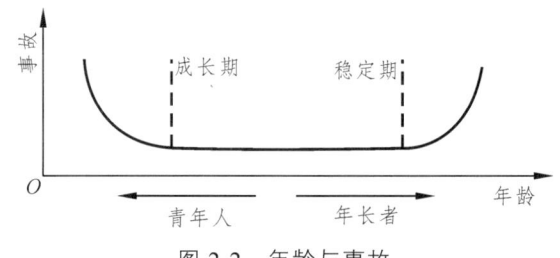

图 2-2　年龄与事故

④ 心理素质。心理素质是指影响运输安全的人的心理过程及个性心理特征，主要包括个体的气质、能力、性格、情绪、需要、动机、态度、爱好、兴趣、意志等各个方面。例如，在气质方面，胆汁质的人易冲动，表现为性急而粗心，多血质的人注意力容易转移，缺乏耐性，都可能成为引发事故的条件；黏液质的人表现为稳定、细心、工作有持久性，比较适合于在安全和要害部门工作。在性格方面，表现为勤劳、认真、细致、具有自信心和控制能力的人，以及富有稳定和持久的情绪特征的人，都有利于做好各项安全工作。因此，正确判断职工的气质，培养良好的性格和其他心理特征，是保障安全生产的重要前提。

⑤ 群体素质。群体是个体的集合，群体素质是指影响运输安全的群体特征，包括群体目标、群体内聚力、群体的信息沟通、群体的人际关系等。铁路运输工作要求多工种协同动作，涉及多个环节，因而它对于运输系统内部门与部门之间、部门内人员之间以及同一作业的不同操作者之间的协调性要求很高，这就使群体的作用变得十分突出。群体对运输安全的影响，主要表现为群体意志影响其成员的行为，包括以下方面：

a.社会从众作用。个体在群体中，往往会受到影响与压力，表现出与群体内多数人的知觉、判断和行为相一致的现象，即从众现象。社会从众作用在安全生产上具有正反两方面的表现。在一个遵章守纪的群体中，个别惯于冒险作业的人会感受到群体的压力而改为安全作业。相反，如果是在一个不重视安全的群体里，少数一贯遵章守纪的人也会顺从群体的错误行为。

b.群体助长作用。一方面，群体的存在可以起到满足个体心理需要、增加勇气和信心的作用；另一方面，群体成员在一起工作，有助于消除单调和疲劳，激发工作积极性，使工作效率得以提高。但是，对于某些脑力劳动，特别是创造性的思维劳动，多数人在一起工作，反而会使注意力不集中，降低工作效率。

c.群体规范作用。群体成员在彼此相互作用的条件下，会发生一种类化现象，个体差异会明显缩小。规范作用的强弱取决于群体意识的强弱。在安全意识较强的群体里，成员大多能保持安全的操作行为。与此相反，在安全意识薄弱的群体里，成员们为了抢时间、省力气、突击完成任务，往往倾向不安全行为。对于这样的群体，必须密切注意，加强管理。

（2）对运输系统外人员的安全素质要求。运输系统外人员不直接从事铁路运输生产活动，因此，对他们的安全素质要求主要体现为要严格遵守铁路运输安全法规有关规定，具备铁路安全法规知识，具有较强的安全意识和一定的安全技能。

运输安全对不同人员的素质要求如图 2-3 所示。

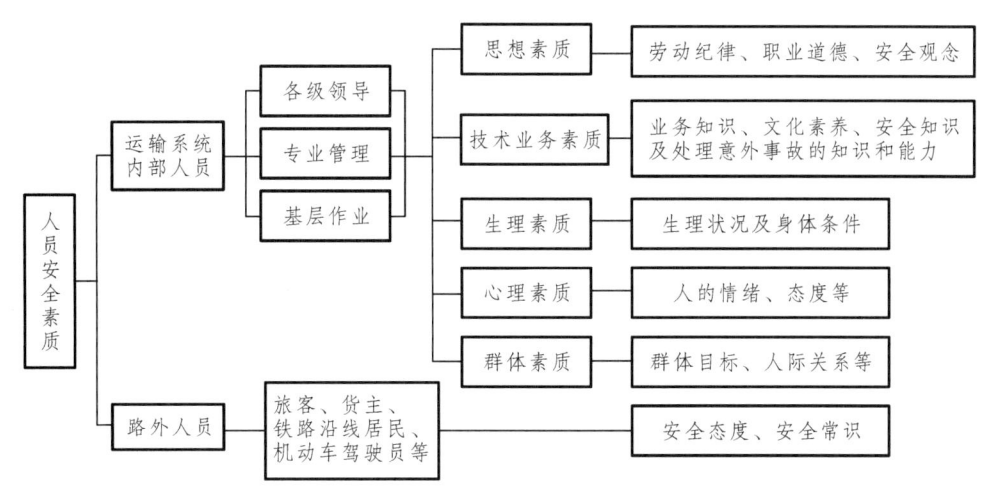

图 2-3 运输安全对不同人员的素质要求

## 2. 设备因素影响分析

铁路运输设备是除人之外,影响运输安全的另一个重要因素。质量良好的设备既是运输生产的物质基础,又是运输安全的重要保证。

1)与运输安全有关的设备类型

(1)运输基础设备,包括以下两类:

① 固定设备。线路(路基、桥隧建筑物、轨道)、车站(编组站、区段站、中间站)、信号设备(铁路信号、联锁设备、闭塞设备)等。

② 移动设备。机车(内燃、电力)、车辆(客车、货车)、通信设备(各种业务电话、列车预确报电报)、信号设备等。

(2)运输安全技术设备,包括以下 5 类:

① 安全监控设备。对铁路员工操作正确性进行监督,防止在实际运输作业过程中由于人的精力和体力出现不适应而造成行车事故。如防止机车冒进信号的列车自动报警、自动停车、速度监控、列车无线调度电话等,以及防止错办进路的红外线列车压标报警装置、列车进路监视器等。

② 安全监测设备。对各种运输基础设备的技术状态进行监测,如轴温探测装置轨道检测车、钢轨探伤车等。

③ 自然灾害预确报与防治设备。如塌方落石报警装置、地震报警系统等。

④ 事故救援设备。如消防、起复、抢修、排障等设备。

⑤ 其他安全设备。如道口栏木、安全管理设备等。

2)铁路运输设备特点及改进安全性的途径

铁路运输设备由于具有下述特点,因而对其安全性要求较高:① 种类多,数量大,整体性强。② 延伸面广,配置分散,连续运转。③ 冲击剧烈,自然力影响大,设备有形损耗严重。④ 运用中设备监控难度大,故障处理时间紧。

正是由于运输安全对设备的安全性要求较高,各国铁路都在积极依靠技术进步,不断更新改造原有设备,采用更先进的运输安全技术设备。

（1）强化运输基础设备，加大其安全系数，使之适应列车重量、密度、速度提高的要求。如平交道口改立交，铺设重型钢轨，采用自动闭塞、电气集中、调度集中，增加各类道口信号的装备率等。

（2）研制和采用先进的运输安全技术设备。例如，无线列调、机车信号和列车监控记录装置的普及推广，在所有内燃、电力机车上安装了列车安全运行监控记录装置；在机务系统建成了运行安全管理系统；实现了车站集中联锁的微机监控系统、红外线轴温监控、检测系统、货车超偏载检测、轨道检测车、接触网检测车、货车脱轨在线检测系统等成果，所有这些安全技术装备为减少行车事故提供了有力保障，对运输安全有序可控作出了突出贡献。

3）影响运输安全的设备因素

影响运输安全的设备因素主要指运输基础设备和运输安全技术设备的安全性能，包括设计安全性和使用安全性。

（1）设计安全性。

设备的设计安全性是指设备的可靠性、可维修性、可操作性。

设备可靠性是指设备在规定条件下、规定时间内，处于正常工作的能力，它可以用可靠度、故障前平均时间、故障率等来衡量。

设备可维修性是指设备易于维修的特性，即设备发生故障后容易排除故障的能力。可维修性与维修的含义不同，维修是指设备保持和恢复功能的作业活动，是在使用中设备发生故障后，由设备维修部门采取的行动。而可维修性则是设备的固有特性之一。可维修性好，可使设备在需要维修时以最少的资源（人力、技术、测试设备、工具、备件、材料等）在最短的时间内顺利地完成任务。铁路运输系统长期不间断地运行，对设备可维修性的要求较高，尤其希望维修时间越短越好。

可操作性是指机器设计要便于人进行操纵。因此，机器设备在设计过程中，要同时考虑人与机器两方面的因素，要着眼于人，落实在机。在机器设计中凡要求人进行操作时，其操作速度要求低于人的反应速度，凡要求操作者以感官作用下的间歇操作，必须留出足够的间隔时间，从而获得人机设计的综合最佳效果。可操作性主要指人机界面设计。应保证：显示器与人的信息通道匹配，操纵器与人的效应器匹配，人机与环境要素之间的匹配。在生产过程中，信息流要从界面通过，如果人机两个子系统匹配得好，信息流畅通，人机系统就会处于较佳状态。因此，人机界面的设计应满足以下条件：① 显示器要具有可识别性。② 控制器要具有可控性。③ 显示器与控制器应合理布局。④ 人机恰当分工。

设备先进性是指尽量利用最新科技成果，采用先进的装备，淘汰落后的设备。如用自动闭塞取代半自动、路签闭塞等，逐步实现移动闭塞。对于铁路运输系统来说，越是先进的设备，通常其安全性也较高。例如，平交道口改立交后，道口事故将会大幅度下降。当然，先进的设备要求有先进的安全技术设备与之相匹配，否则，一旦发生事故，后果将难以预料。

（2）使用安全性。

设备的使用安全性包括设备的运行时间，维护保养情况等。设备运行时间越短，即设备越新，其使用安全性越好；设备维修保养得越好，其使用安全性也越好。反之，则相反。

### 3. 环境因素影响分析

影响运输安全的环境条件包括内部小环境和外部大环境两部分，如图2-4所示。

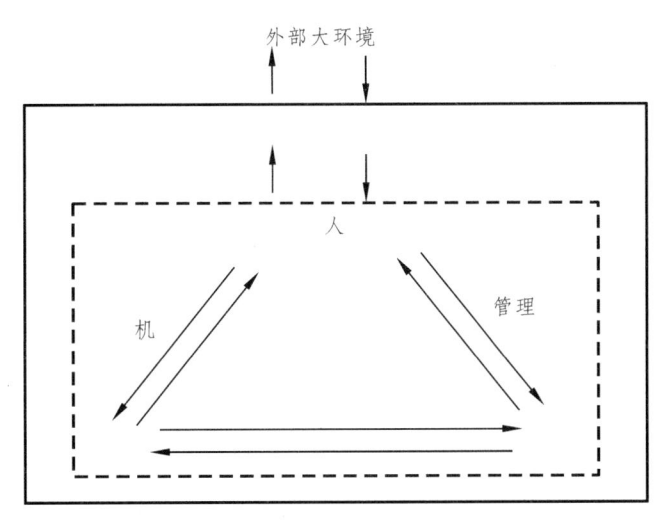

图2-4　铁路运输人—机—环境系统

1）内部小环境

对于一般的微观人—机—环境系统而言，内部环境通常是指作业环境，即作业场所人为形成的环境条件，包括周围的空间和一切生产设施所构成的人工环境。铁路运输系统是一个非常复杂的宏观大系统，它是由系统硬件（运输基础设备和运输安全技术设备）、系统工作人员（运输系统内的各级管理人员和基层作业人员）、组织机构（管理机构、运行机构、维修机构等）以及社会经济因素（政治、经济、文化、法律等）等相互作用而构成的社会—技术系统。因此，影响运输安全的内部环境绝非仅是作业环境，它还包括通过管理所营造的运输系统内部的社会环境，即运输系统外部社会环境因素在运输系统内的反映。内部环境的涉及面很广，包括运输系统内部的政治、经济、文化、法律等环境。

2）外部大环境

影响运输安全的外部环境包括自然环境和社会环境。

自然环境是指自然界提供的、人类一时难以改变的生产环境。自然环境对运输安全的影响很大。铁路线路暴露在大自然中，经常遭受洪水、暴雨、风沙、泥石流以及地震等自然灾害的威胁。在各种自然灾害中，最常见的是暴雨、洪水，严重影响运输安全，危害极大。此外，气候因素（风、雨、雷、电、雾、雪、冰等）、季节因素（春、夏、秋、冬）、时间因素（白天、黑夜）以及铁路沿线的地形地貌等也是不容忽视的事故致因。

社会环境包括社会的政治环境、经济环境、技术环境、管理环境、法律环境以及社会风气、家庭环境等，它们对铁路运输安全均有不同程度的影响，较为直接的是铁路沿线治安和站车秩序状况。

影响运输安全的环境因素如图2-5所示。

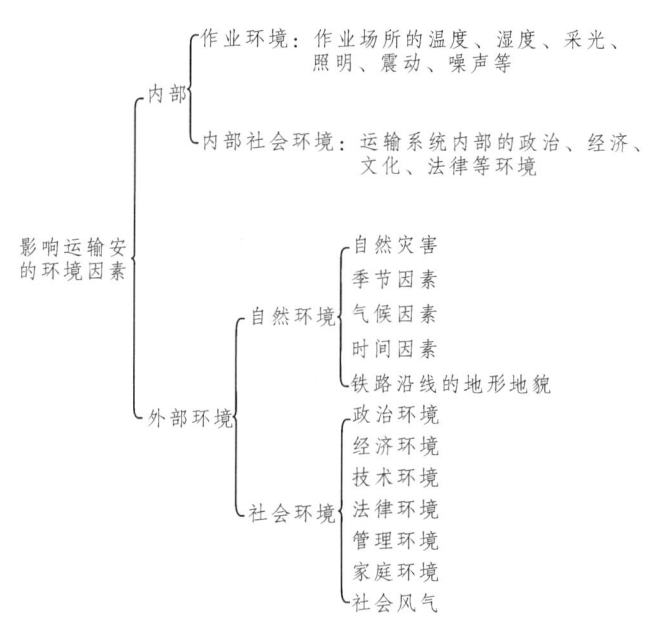

影响运输安全的环境因素
- 内部
  - 作业环境：作业场所的温度、湿度、采光、照明、震动、噪声等
  - 内部社会环境：运输系统内部的政治、经济、文化、法律等环境
- 外部环境
  - 自然环境
    - 自然灾害
    - 季节因素
    - 气候因素
    - 时间因素
    - 铁路沿线的地形地貌
  - 社会环境
    - 政治环境
    - 经济环境
    - 技术环境
    - 法律环境
    - 管理环境
    - 家庭环境
    - 社会风气

图 2-5 影响运输安全的环境因素

## （二）各种因素相互影响分析

人、机、环境三者之间的相互作用有以下 7 种方式。

### 1. 人—人

铁路运输是由多部门、多层次人员分工与协作来实现的。人与人之间相互作用、相互影响、相互依赖、相互制约，必须协调配合，才能有效保证运输生产的顺利进行。如果人与人之间的协调配合不好，就会造成事故隐患乃至发生行车事故，影响铁路运输安全。

### 2. 人—机

在人与机的关系中，人是行为的主体，人操纵机运转，人的劳动能力、劳动熟练程度、劳动态度直接影响机的运转状况。同时自动化机可以部分地监督人的行为，减少人为偏差。所以人—机之间是相互作用、相互影响的关系。

### 3. 人—环

人的活动是在一定的环境之中进行的，受环境的影响和制约，一方面，人从环境中获取物质、能量和信息，可以创造环境、改造环境，对环境施加能动性的影响；另一方面，环境反作用于人，使人必须适应环境，根据环境的变化调整自己的行为。

### 4. 机—机

机—机之间表现为一种联动的关系，为使联动有效地传递下去，要求每一环节必须运转正常与协调，任何一个环节出现不协调的现象，都会成为事故隐患的一种可能，需要加强机—机之间衔接的可靠性。

### 5. 机—环

一方面,良好的环境有利于保证机的状态良好和运行正常;另一方面,机改造环境,使环境向有利于系统的方向发展。

### 6. 环—环

不可控制的大环境之间、可控制的小环境之间、大环境与小环境之间相互影响和制约,彼此之间是相互改造和被改造的关系。因而应发挥可控制的小环境的能动作用,影响不可控制的大环境的变化。

### 7. 人—机—环

人—机—环构成铁路运输安全保障系统的最基本组成要素。根据系统的整体性思想,单纯一个要素的良好状态,并不能保证系统的优化,为充分发挥系统的整体功能,必须有效地组合与协调三者之间的关系。

## (三)管理因素影响分析

### 1. 管理因素的内涵

管理是指管理者按照生产的客观规律,对人、财、物、信息等资源进行合理调配,以达到合理的最大安全性。

铁路运输安全管理是指管理者按照安全生产的客观规律,对运输系统的人、财、物、信息等资源进行计划、组织、指挥、协调和控制,以达到减少或避免铁路运输事故的目的。换言之,铁路运输安全管理是指为了有效地减免运输事故及由运输事故所引起的人和物的损失而进行危险控制的一切活动。该定义包含5个方面的含义:

(1)目的:减少和消除人员伤害及物的损失。
(2)主体:系统各级管理人员。
(3)对象:人、财、物、信息(基层作业人员、安全技术措施经费、运输基础设备和运输安全技术设备、安全信息)。
(4)方法:对资源的合理调配;计划、组织、指挥、协调和控制。
(5)本质:对生产中的各种矛盾的管理活动。

### 2. 运输安全管理的本质

运输安全管理的本质是充分发挥人的积极性和创造性,调动一切积极因素,促使各种矛盾向有利于运输安全的方面转化。

管理具有计划、组织、指挥、协调、控制的职能,管理使人、机器和环境组成一个能够有效实现预期目标的系统。虽然人、机、环境往往是造成事故的直接原因,而管理看似间接原因,但追根溯源却是根本的、本质上的原因。这是因为前者都是受后者"管理"要素支配的,所以安全工作的关键是管理。

### 3. 运输安全管理的重要性

管理对运输安全的重要性主要体现在以下 3 个方面：

（1）管理有助于提高运输系统内人员、设备和环境的安全性，如进行人员教育与培训等。

（2）管理具有协调运输系统内人、机、环境之间关系的功能，包括人—人关系、人—机关系、人—环关系、机—机关系、机—环关系、环—环关系、人—机—环关系。

（3）管理具有优化运输系统人—机—环境整体安全功能的能力，亦即管理具有运筹、组合、总体优化的作用。

影响运输安全的管理因素较多，主要有安全组织、安全法制、安全信息、安全技术、安全教育和安全资金等（见图 2-6）。

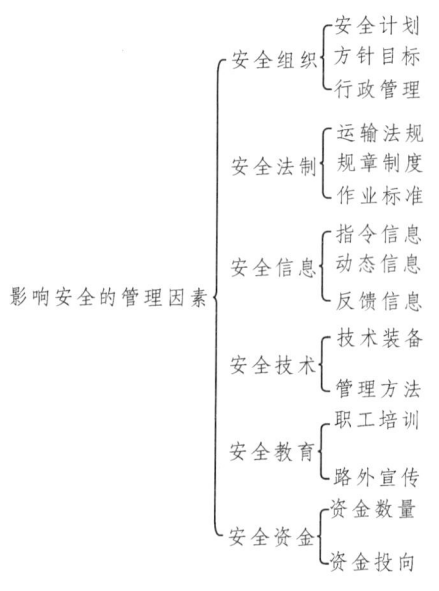

影响安全的管理因素：
- 安全组织：安全计划、方针目标、行政管理
- 安全法制：运输法规、规章制度、作业标准
- 安全信息：指令信息、动态信息、反馈信息
- 安全技术：技术装备、管理方法
- 安全教育：职工培训、路外宣传
- 安全资金：资金数量、资金投向

图 2-6　影响运输安全的管理因素

**【复习思考题】**

1. 运输安全系统管理的内涵和特点？
2. 运输安全系统管理的基本原理？
3. 简述运输安全系统管理的基本内容。
4. 简述运输安全系统单因素影响分析。
5. 简述运输安全系统管理因素影响分析。

# 项目三 铁路安全相关法律法规

## 项目概述

本章主要是使学生熟悉安全法律法规知识，认识安全法律法规的重要性；熟悉安全生产法在我国安全生产法律体系中的地位和作用；熟知和掌握我国铁路轨道交通安全相关法律法规及规章。

## 教学目标

### 1. 能力目标

阐述安全法律法规的重要性；能自觉遵守安全生产法和我国铁路轨道交通安全相关法律法规及规章。

### 2. 知识目标

熟悉安全生产法的重要性；掌握安全生产的管理方针；掌握我国铁路轨道交通安全相关法律法规。

### 3. 素质目标

树立城市轨道交通"安全第一、预防为主、综合治理"的思想意识和理念；具有良好的铁路轨道交通职业安全道德，做安全懂法、守法、执法的模范。

在社会与经济等活动中，法规是国家法律、行政法规和行政规章的统称。安全生产法律法规是为调整生产经营活动中有关安全生产各方关系与行为的法律规范，是为保障劳动者在生产经营活动中的安全与健康而建立的法律体系。与铁路安全及其管理相关的法规是由国家立法机关、行政机关和交通运输部制定的国家法律、行政法规和行政规章中有关城市轨道交通安全的各种限制性规定、专项要求，它们是铁路轨道运营及其安全管理的法治依据，是铁路轨道系统广大员工的行动准则。

# 任务一　国家安全法律、法规及标准

## 一、国家安全生产法律法规体系

安全生产法律法规是指国家机关为加强安全生产监督管理，落实安全生产技术措施，保障人民群众生命和财产的安全，防止和减少安全生产事故，促进经济发展，按照一定的法律程序制定并颁布实施的法律规范。

与交通运输、铁路、轨道交通安全及其管理相关的法规是由国家立法机关、行政机关和交通运输部、国家铁路局等制定的国家法律、行政法规和行政规章中有关交通安全的各种限制性规定和专项要求，它们是交通运营及其安全管理的法治依据，是交通运输、铁路、轨道交通系统广大员工的行动准则。

安全生产法律法规具有强制性。法律手段的效果体现为权威性、可执行性和最终效果。一切生产经营单位、行政机关、社会团体和从业人员以及相关方都必须严格遵守，认真执行。对违反安全生产法规的行为，造成重大后果的，要追究法律责任，并根据情节轻重分别给予行政处分、经济处罚，直至追究刑事责任。安全生产法规的主要任务是调整在生产经营活动中相关组织之间及其与从业人员之间在安全生产方面权力和义务的关系，保护有关人员的人身和财产的安全。

### （一）我国的法律分类

我国主要法源：宪法、行政法规、地方性法规、行政规章（部门规章、地方行政规章）、国家标准（强制性标准、推荐性标准）、国际劳工公约。

宪法，是国家的根本大法，是我国一切法律、法规的母法。其他法律、法规是宪法的子法。子法如与母法的内容相违背，则是无效的。

除了母法（宪法）之外，我们可以把其余一切法律、法规分为刑事、民事、经济、行政4个部门。

#### 1. 刑事方面

刑事方面又分为两类：一类是实体法，即规定哪些行为是犯罪的，犯了什么罪，将要受到怎样的处罚等。如刑法、惩罚军人违反职责罪暂行条例和全国人大常委会发布的有关决定、通知、补充规定等。另一类是程序法，即规定办理刑事案件程序、步骤的法律。如刑事诉讼法和全国人大常委会发布的有关补充规定等。

## 2. 民事方面

民事方面也分为两类：一类是实体法，如民法典、著作权法等，以及有关的补充规定。另一类是程序法，如民事诉讼法、仲裁条例等，也包括各种有关的补充规定、暂行规定等。

## 3. 经济方面

实体法主要有经济合同法、技术合同法、税法、产品质量法等。程序法与民事方面的程序法相同或基本相同。

## 4. 行政方面

实体法有食品卫生法、环境保护法、劳动法、安全法、治安管理处罚条例等。程序法有行政诉讼法等。

### （二）安全生产法规体系的结构

在社会与经济等活动中，法规是国家法律、行政法规和行政规章的统称。根据法律地位和效力不同，安全生产法律体系分为法律、法规、规章和法定安全生产标准。

《中华人民共和国立法法》规定，我国目前规范经济活动的法律体系框架主要分为4层。

## 1. 法律

法律是拥有立法权的国家机关依照立法程序制定和颁布的规范性文件。在我国，法律由全国人民代表大会及其常委会依照立法程序制定和颁布。全国人民代表大会制定和修改刑事、民事、国家机构及其基本法律。全国人民代表大会常务委员会制定和修改除应当由全国人民代表大会制定的法律以外的其他法律。法律由国家主席签署主席令予以发布。法律的解释权属于全国人民代表大会常务委员会。法律的效力高于行政法规、地方性法规和规章。

（1）我国现行的有关安全生产的专门法律有《中华人民共和国安全生产法》《中华人民共和国消防法》《中华人民共和国道路交通安全法》《中华人民共和国海上交通安全法》《中华人民共和国矿山安全法》等。

（2）与安全生产相关的法律主要有《中华人民共和国劳动法》《中华人民共和国铁路法》《中华人民共和国工会法》《中华人民共和国刑法》《中华人民共和国公路法》《中华人民共和国民法典》《中华人民共和国产品质量法》《中华人民共和国邮政法》《中华人民共和国消防法》《中华人民共和国职业病防治法》《中华人民共和国环境保护法》《中华人民共和国突发事件应对法》等。

## 2. 法规

法规分为行政法规和地方性法规。行政法规由国务院根据宪法和法律制定，并由总理签署国务院令公布。地方性法规由省、自治区、直辖市以及较大的市的人民代表大会及其常委会根据本行政区域的具体情况和实际需要制定，由大会主席团或常务委员会发布公告予以公布。行政法规的名称一般称"条例"，也可称"规定""办法"等。行政法规的效力高于地方性法规和规章。地方性法规的效力高于本级和下级地方政府规章。

由国务院颁布的有关安全生产的行政法规主要有《铁路安全管理条例》《特别重大事故调查程序》《道路交通事故处理办法》《道路交通管理条例》《工伤保险条例》《特种设备安全监察条例》《中华人民共和国防汛条例》《中华人民共和国邮政法实施细则》《特大安全事故行政责任追究的规定》《女职工劳动保护规定》《铁路路外人员伤亡事故处理暂行规定》《铁路旅客运输损害赔偿规定》《铁路旅客意外伤害强制保险条例》《民用爆炸物品管理条例》《危险化学品安全管理条例》等。

### 3. 规章

规章包括国务院部门规章和地方政府规章。国务院部门规章由国务院各部、委员会、中国人民银行、审计署和具有行政管理职能的直属机构，根据法律和国务院的行政法规、决定、命令在本部门的权限范围内制定。地方政府规章由省、自治区、直辖市以及较大的市的人民政府根据法律、行政法规和本地区的地方性法规制定。规章由本部门首长或省长、自治区主席、市长签署命令予以公布。规章的名称一般称"规定""办法"，但不得称"条例"。规章的解释权属于规章制定机关。省、自治区的人民政府制定的规章高于本行政区域内的较大的市的人民政府制定的规章。部门规章之间、部门规章和地方政府规章之间具有同等效力，在各自的权限范围内施行。部门规章之间、部门规章和地方政府规章之间对同一事项的规定不一致时，由国务院裁定。

### 4. 国家标准

国家标准由国家质量技术监督管理部门制定、批准和发布。其中一些强制性标准属于国家法规，其他标准虽不具有强制性，但其中的某些条文由法律赋予强制力而具有技术法规的性质。

## 二、安全生产重点法律法规解析

### （一）《安全生产法》重点解析

《安全生产法》是为了加强安全生产工作，防止和减少生产安全事故，保障人民群众生命和财产安全，促进经济社会持续健康发展制定的。

《安全生产法》由中华人民共和国第九届全国人民代表大会常务委员会第二十八次会议于2002年6月29日通过公布，自2002年11月1日起施行。2014年8月31日第十二届全国人民代表大会常务委员会第十次会议通过全国人民代表大会常务委员会关于修改《中华人民共和国安全生产法》的决定，自2014年12月1日起施行。2021年6月10日第十三届全国人民代表大会常务委员会第二十九次会议通过第三次修正决定。

#### 1.《安全生产法》的法律地位和立法宗旨

《安全生产法》是我国第一部全面规定安全生产领域各项制度的综合法律，是安全生产的基本法。《安全生产法》的法律地位和法律效力是最高的，是各类生产经营单位及其从业人员实现安全生产所必须遵守的行为规范，是各级人民政府和各有关部门进行监督管理和行政执法的法律依据，是制裁各种安全生产违法犯罪行为的法律武器。

《安全生产法》的颁布、修订与实施，对于依法强化我国安全生产监督管理，规范各类生产经营单位的安全生产和作业，依法制裁各种安全生产违法行为，遏制重大、特大事故的发生，保障劳动生产者安全的合法权益，维护人民群众生命财产安全，具有十分重要的意义。

《安全生产法》第一条明确规定了其立法宗旨："为了加强安全生产工作，防止和减少生产安全事故，保障人民群众生命和财产安全，促进经济社会持续健康发展，制定本法。"

《安全生产法》规定的一系列基本原则和制度，也是交通运输生产活动必须遵守的。

### 2.《安全生产法》的使用范围

《安全生产法》第二条对使用范围作了明确规定："在中华人民共和国领域内从事生产经营活动的单位（以下统称生产经营单位）的安全生产，适用本法；有关法律、行政法规对消防安全和道路交通安全、铁路交通安全、水上交通安全、民用航空安全以及核与辐射安全、特种设备安全另有规定的，适用其规定。"

### 3. 安全生产法的基本框架

第一章 总则；
第二章 生产经营单位的安全生产保障；
第三章 从业人员的安全生产权利义务；
第四章 安全生产的监督管理；
第五章 生产安全事故的应急救援与调查处理；
第六章 法律责任；
第七章 附则。

### 4.《安全生产法》的基本规定

（1）安全生产管理的方针。

安全生产方针是党和国家对工作总的要求，是安全生产工作的方向。我国现行的安全生产方针是"安全第一、预防为主、综合治理"。

"安全第一"，就是在生产经营活动中，在处理保证安全与生产经营活动的关系上，要始终把安全放在首要位置，优先考虑从业人员和其他人员的人身安全，实行"安全优先"的原则。在安全的前提下，努力实现生产经营的其他目标。从保护生产力的角度和高度，表明在生产范围内，安全与生产的关系，肯定安全在生产活动中的位置和重要性。

"预防为主"，就是按照系统化、科学化的管理思想，按照事故发生的规律和特点，千方百计预防事故的发生，做到防患于未然，将事故消灭在萌芽状态。首先要端正对生产中不安全因素的认识，端正消除不安全因素的态度，选准消除不安全因素的时机。预防为主，主要体现为"六先"，即安全意识在先，安全投入在先，安全责任在先，建章立制在先，隐患预防在先，监督执法在先。

"综合治理"，就是综合运用经济、法律、行政等手段，人管、法制和技防多管齐下，并发挥社会、职工和舆论的监督作用，有效解决安全生产领域的问题。

"安全第一、预防为主、综合治理"的安全生产方针是一个有机的统一体。"安全第一"是"预防为主、综合治理"的统帅和灵魂，没有安全第一的思想，预防为主就失去了思想支撑，综合治理就失去了整治的依据。"预防为主"是实现"安全第一"的根本途径，只有把安全生产的重点放在建立事故安全预防的体系上，超前防范，才能有效减少事故损失，实现安全第一。"综合治理"是落实"安全第一、预防为主"的手段和方法，只有不断健全和完善综合治理的工作机制，才能有效贯彻安全生产方针，真正把"安全第一、预防为主"落到实处，不断开创安全生产工作的新局面。

在国内所有从事生产经营活动的单位，都应运用安全生产法管理、监督、控制安全生产。

（2）生产经营单位安全生产责任制度。

《安全生产法》第四条规定：生产经营单位必须遵守本法和其他有关安全生产的法律、法规，加强安全生产管理，建立、健全安全生产责任制和安全生产规章制度，改善安全生产条件，推进安全生产标准化建设，提高安全生产水平，确保安全生产。该条规定主要依法规定了以生产经营单位作为主体、以依法生产经营为规范、以安全生产责任制为核心的安全生产管理制度。

生产经营单位遵守本法和其他有关安全生产的法律法规，加强安全生产管理，建立健全安全生产责任制度，完善安全生产条件，确保安全生产。

生产经营单位是生产经营活动的直接承担者，也是引发生产安全事故的载体。只有生产经营单位实现人、机、环三要素的统一，才能从根本上避免、预防和消除生产安全事故。《安全生产法》规定了依法进行安全生产管理是生产经营单位的行为准则；强调了加强管理，建章立制，改善条件，是生产经营单位实现确保安全生产的必要措施；明确了确保安全生产是建立、健全安全生产责任制的根本目的。

（3）生产经营单位主要负责人的安全责任。

生产经营单位主要负责人是生产经营活动和安全生产工作的决策者、指挥者，对于落实安全生产责任制，加强安全管理，确保安全生产至关重要，只有明确生产经营单位主要负责人在安全生产中的地位和责任，才能真正促使生产经营单位重视并抓好安全生产工作，防止和减少生产安全事故的发生。《安全生产法》针对生产经营单位主要负责人的安全责任不明确的问题，规定了生产经营单位主要负责人依法应当负有的责任，健全本单位安全生产责任制，组织制定本单位安全生产规章制度，保证本单位安全生产投入的有效实施，督促、检查本单位的安全生产工作，及时消除生产安全事故隐患，组织制定并实施本单位的生产安全事故应急预案，及时、如实报告生产安全事故等6项基本职责。这样规定有3个好处：一是主要负责人有权有责，权责一致；二是安全生产责任明确具体，具有可操作性；三是实施责任追究时有充分的依据。

（4）工会在安全生产工作中的地位和权利。

工会是安全生产工作中代表从业人员对生产经营单位的安全生产进行监督，维护从业人员合法权益的群众性组织，是协助生产经营单位加强安全管理的助手，是政府监督管理的重要补充。

《安全生产法》第七条、第六十条对工会的地位和权利作出了如下规定：生产经营单位的工会依法组织职工参加本单位安全生产工作的民主管理和民主监督，维护职工在安全生产方面的合法权益。工会有权对建设项目的安全设施与主体工程同时设计、同时施工、同时投入生产和使用进行监督，提出意见。工会对生产经营单位违反安全生产法律、法规，侵犯从业人员合法权益的行为，有权要求纠正；发现生产经营单位违章指挥、强令冒险作业或者发现事故隐患时，有权提出解决的建议，生产经营单位应当及时研究答复；发现危及从业人员生命安全的情况时，有权向生产经营单位建议组织从业人员撤离危险场所，生产经营单位必须做出处理。工会有权依法参加事故调查，向有关部门提出处理意见，并要求追究有关人员的责任。

（5）生产安全事故责任追究。

《安全生产法》第十六条规定："国家实行生产安全事故责任追究制度，依照本法和有关法律、法规的规定，追究生产安全事故责任人员的法律责任。"《安全生产法》规定要实行责任追究的，是指人为责任事故。因此，必须依法实行安全生产事故责任追究制度。这项制度包括安全生产责任制的建立、安全生产责任的落实和违法责任的追究3项内容。

（6）安全生产标准。

安全生产标准是法律规范的重要补充。《安全生产法》第十一条规定：国务院有关部门应当按照保障安全生产的要求，依法及时制定有关的国家标准或者行业标准，并根据科技进步和经济发展适时修订。生产经营单位必须执行依法制定的保障安全生产的国家标准或者行业标准。

（7）安全生产宣传教育。

安全生产事关人民群众生命和财产安全，做好安全生产工作，必须提升全民的安全意识，弘扬安全文化，树立以人为本的理念。《安全生产法》第十三条规定："各级人民政府及其有关部门应当采取多种形式，加强对有关安全生产的法律、法规和安全生产知识的宣传，增强全社会的安全生产意识。"第七十七条规定："新闻、出版、广播、电影、电视等单位有进行安全生产公益宣传教育的义务，有对违反安全生产法律、法规的行为进行舆论监督的权利。"依照法律规定，各级人民政府及其有关部门负有进行安全生产宣传教育的职责，要采用多种形式，充分利用各种传播媒体，广泛深入，坚持不懈地开展对安全生产法律、法规的宣传，使其为广大职工群众所掌握，将其变为广大职工群众的自觉行动。

（8）安全生产科技进步奖励。

国家鼓励和支持安全生产科学技术研究和安全生产先进技术的推广应用，提高安全生产水平。法律明确规定鼓励和支持安全生产科学技术研究和安全生产先进技术的推广应用，是国家政策措施的导向，可从根本上改变当前安全生产科学技术落后的状况。

国家对在改善安全生产条件、防止生产安全事故、参加抢险救护等方面取得显著成绩的单位和个人给予奖励。它明确了国家重点奖励的行为。

（9）从业人员安全培训的规定。

一是生产经营单位应当对从业人员进行安全生产教育和培训，保证从业人员具备必要的安全生产知识，熟悉有关的安全生产规章制度和安全操作规程，掌握本岗位的安全操作技能，了解事故应急处理措施，知悉自身在安全生产方面的权利和义务。未经安全生产教育和培训合格的从业人员，不得上岗作业。

二是生产经营单位使用被派遣劳动者的，应当将被派遣劳动者纳入本单位从业人员统一管理，对被派遣劳动者进行岗位安全操作规程和安全操作技能的教育及培训。劳务派遣单位应当对被派遣劳动者进行必要的安全生产教育、培训。

三是生产经营单位接收中等职业学校、高等学校学生实习的，应当对实习学生进行相应的安全生产教育和培训，提供必要的劳动防护用品。学校应当协助生产经营单位对实习学生进行安全生产教育和培训。

四是生产经营单位应当建立安全生产教育和培训档案,如实记录安全生产教育和培训的时间、内容、参加人员以及考核结果等情况。

五是生产经营单位采用新工艺、新技术、新材料或者使用新设备,必须了解、掌握其安全技术特性,采取有效的安全防护措施,并对从业人员进行专门的安全生产教育和培训。

### 5.《安全生产法》保障运行机制

(1)政府监管与指导(通过立法、执法、监管等手段);
(2)企业实施与保障(落实预防、应急救援和事后处理等措施);
(3)员工权益与自律(八项权益和三项义务);
(4)社会监督与参与(公民、工会、舆论和社区监督);
(5)中介支持与服务(通过技术支持和咨询服务等方式)。

### 6.《安全生产法》的七项基本法律制度

(1)安全生产监督管理制度;
(2)生产经营单位安全保障制度;
(3)从业人员安全生产权利义务制度;
(4)生产经营单位负责人安全责任制度;
(5)安全中介服务制度;
(6)安全生产责任追究制度;
(7)事故应急救援和处理制度。

### 7.《安全生产法》规定的从业人员的权利及义务

《安全生产法》明确了从业人员的权利和义务(8项权力、3项义务)。

(1)8项权利:① 知情权;② 建议权;③ 批评权和检举、控告权;④ 拒绝权;⑤ 紧急避险权;⑥ 依法向本单位提出要求赔偿的权利;⑦ 获得符合国家标准或者行业标准劳动防护用品的权利;⑧ 获得安全生产教育和培训的权利。

(2)3项义务:① 自律遵规的义务;② 自觉学习安全生产知识的义务;③ 危险报告义务。

### 8. 安全生产的监督管理

《安全生产法》明确规定了我国安全生产的4种监督方式:

工会民主监督,即工会有权对建设项目的安全设施与主体工程同时设计、同时施工、同时投入生产和使用的情况进行监督,提出意见。

社会舆论监督,即新闻、出版、广播、电影、电视等单位有对违反安全生产法律、法规的行为进行舆论监督的权利。

公众举报监督,即任何单位或者个人对事故隐患或者安全生产违法行为,均有权向负有安全生产监督管理职责的部门报告或者举报。

社区报告监督,即居民委员会、村民委员会发现其所在区域内的生产经营单位存在事故隐患或者安全生产违法行为时，有权向当地人民政府或者有关部门报告。

### 9.《安全生产法》重点解析

（1）以人为本，坚持安全发展。

《安全生产法》明确提出安全生产工作应当以人为本，坚持安全发展，对于坚守红线意识、进一步加强安全生产工作、实现安全生产形势根本性好转的奋斗目标具有重要意义。

（2）建立完善安全生产方针和工作机制。

进一步完善安全生产工作方针"安全第一、预防为主、综合治理"，进一步明确了安全生产的重要地位、主体任务和实现安全生产的根本途径；提出要建立生产经营单位负责、职工参与、政府监管、行业自律、社会监督的工作机制，进一步明确了各方安全职责。

（3）落实"三个必须"，确立安全生产监管执法部门的地位。

按照安全生产管行业必须管安全、管业务必须管安全、管生产经营必须管安全的要求，《安全生产法》明确：一是规定国务院和县级以上地方人民政府应当建立健全安全生产工作协调机制，及时协调、解决安全生产监督管理中的重大问题。二是明确各级政府安全生产监督管理部门实施综合监督管理，有关部门在各自职责范围内对有关"行业、领域"的安全生产工作实施监督管理。三是明确各级安全生产监督管理部门和其他负有安全生产监督管理职责的部门作为行政执法部门，依法开展安全生产行政执法工作，对生产经营单位执行法律、法规、国家标准或者行业标准的情况进行监督检查。

（4）强化乡镇人民政府以及街道办事处、开发区管理机构安全生产职责。

乡镇街道是安全生产工作的重要基础，有必要在立法层面明确其安全生产职责，同时针对各地经济技术开发区、工业园区的安全监管体制不顺、监管人员配备不足、事故隐患集中、事故多发等突出问题。《安全生产法》明确了乡镇人民政府以及街道办事处、开发区管理机构等地方人民政府的派出机关应当按照职责，加强对本行政区域内生产经营单位安全生产状况的监督检查，协助上级人民政府有关部门依法履行安全生产监督管理职责。

（5）明确生产经营单位安全生产管理机构、人员的设置、配备标准和工作职责。

《安全生产法》明确：一是明确矿山、金属冶炼、建筑施工、道路运输单位和危险物品的生产、经营、储存单位，应当设置安全生产管理机构或者配备专职安全生产管理人员，将其他生产经营单位设置专门机构或者配备专职人员的从业人员下限由300人调整为100人。二是规定了安全生产管理机构以及管理人员的7项职责，主要包括拟定本单位安全生产规章制度、操作规程、应急救援预案，组织宣传贯彻安全生产法律、法规；组织安全生产教育和培训，制止和纠正违章指挥、强令冒险作业、违反操作规程的行为，督促落实本单位安全生产整改措施等。三是明确生产经营单位作出涉及安全生产的经营决策，应当听取安全生产管理机构以及安全生产管理人员的意见。

（6）明确了劳务派遣单位、用工单位的职责和劳动者的权利义务。

一是规定生产经营单位应当将被派遣劳动者纳入本单位从业人员统一管理，对被派遣劳动者进行岗位安全操作规程、安全操作技能的教育和培训。劳务派遣单位应当对被派遣劳动者进行必要的安全生产教育和培训。二是明确被派遣劳动者享有本法规定的从业人员的权利，并应当履行本法规定的从业人员的义务。

（7）建立事故隐患排查治理制度。

《安全生产法》把加强事前预防、强化隐患排查治理作为一项重要内容：一是生产经营单位必须建立事故隐患排查治理制度，采取技术、管理措施消除事故隐患；二是政府有关部门要建立健全重大事故隐患治理督办制度，督促生产经营单位消除重大事故隐患；三是对未建立隐患排查治理制度、未采取有效措施消除事故隐患的行为，设定了严格的行政处罚。

（8）推进安全生产标准化建设。

结合多年来的实践经验，《安全生产法》在总则部分明确生产经营单位应当推进安全生产标准化工作，提高本质安全生产水平。

（9）推行注册安全工程师制度。

《安全生产法》确立了注册安全工程师制度，并从两个方面加以推进：一是危险物品的生产、储存单位以及矿山、金属冶炼单位应当有注册安全工程师从事安全生产管理工作，鼓励其他单位聘用注册安全工程师。二是建立注册安全工程师按专业分类管理制度，授权国务院人力资源和社会保障部门、安全生产监督管理等部门制定具体实施办法。

（10）推进安全生产责任保险。

《安全生产法》第五十一条规定：国家鼓励生产经营单位投保安全生产责任保险。该规定主要是为了增加事故应急救援和事故单位从业人员以外的事故受害人的赔偿补偿资金来源。

### （二）《中华人民共和国劳动法》重点解析

#### 1. 法律依据

《中华人民共和国劳动法》（简称《劳动法》）于1994年7月5日第八届全国人民代表大会常务委员会第八次会议通过；根据2009年8月27日第十一届全国人民代表大会常务委员会第十次会议《关于修改部分法律的决定》第一次修正；根据2018年12月29日第十三届全国人民代表大会常务委员会第七次会议《关于修改〈中华人民共和国劳动法〉等七部法律的决定》第二次修正。

#### 2. 主要内容

《劳动法》分为总则、促进就业、劳动合同和集体合同、工作时间和休息休假、工资、劳动安全卫生、女职工和未成年工保护、职业培训、社会保险和福利、劳动争议、监督检查、法律责任和附则共13章107条。

1）劳动者的权利和义务

《劳动法》赋予了劳动者享有的7项权利和需要履行的4项义务。

（1）7项权利：

① 劳动者享有平等就业和选择职业的权利；

② 取得劳动报酬的权利和休息休假的权利；

③ 获得劳动安全卫生保护的权利；

④ 接受职业技能培训的权利；

⑤ 享受社会保险和福利的权利；

⑥ 提请劳动争议处理的权利；

⑦ 法律规定的其他劳动权利。

（2）4项义务：

① 劳动者应当完成劳动任务；

② 劳动者应当提高职业技能；

③ 劳动者应当执行劳动安全卫生规程；

④ 劳动者应当遵守劳动纪律和职业道德。

2）劳动安全卫生

（1）用人单位、从业人员和政府在安全生产中的责任和义务：用人单位必须建立、健全劳动安全卫生制度，严格执行国家劳动安全卫生规程和标准，对劳动者进行劳动安全卫生教育，防止劳动过程中的事故，减少职业危害；劳动安全卫生设施必须符合国家规定的标准，新建、改建、扩建工程的劳动安全卫生设施必须与主体工程同时设计、同时施工、同时投入生产和使用；用人单位必须为劳动者提供符合国家规定的劳动安全卫生条件和必要的劳动防护用品，对从事有职业危害作业的劳动者应当定期进行健康检查。

（2）从事特种作业的劳动者必须经过专门培训并取得特种作业资格；劳动者在劳动过程中必须严格遵守安全操作规程。劳动者对用人单位管理人员违章指挥、强令冒险作业，有权拒绝执行；对危害生命安全和身体健康的行为，有权提出批评、检举和控告。

（3）国家建立伤亡事故和职业病统计报告及处理制度。县级以上各级人民政府劳动行政部门、有关部门和用人单位应当依法对劳动者在劳动过程中发生的伤亡事故、劳动者的职业病状况，进行统计、报告和处理。

3）女职工和未成年人的保护

女职工和未成年工（指年满16周岁未满18周岁）由于生理等原因不适宜从事某些危险性较大或劳动强度较大的劳动。《劳动法》第七章明确规定了对女职工和未成年工实行特殊保护。

（1）女职工保护。

① 禁止安排女职工从事矿山井下、国家规定的第四级体力劳动强度的劳动和其他禁忌从事的劳动。

② 不得安排女职工在经期从事高处、低温、冷水作业和国家规定的第三级体力劳动强度的劳动。

③ 不得安排女职工在怀孕期间从事国家规定的第三级体力劳动强度的劳动和孕期禁忌从事的劳动。对怀孕七个月以上的女职工，不得安排其延长工作时间和夜班劳动。

④ 女职工生育享受不少于90天的产假。

⑤ 不得安排女职工在哺乳未满一周岁的婴儿期间从事国家规定的第三级体力劳动强度的劳动和哺乳期禁忌从事的其他劳动，不得安排其延长工作时间和夜班劳动。

（2）未成年工保护。

① 不得安排未成年工从事矿山井下、有毒有害、国家规定的第四级体力劳动强度的劳动和其他禁忌从事的劳动。

② 用人单位应当对未成年工定期进行健康检查。

### (三)《中华人民共和国消防法》重点解析

**1. 法律依据**

《中华人民共和国消防法》(简称《消除法》)是中国全国人民代表大会常务委员会批准的中国国家法律文件。1998年4月29日第九届全国人民代表大会常务委员会第二次会议通过；2008年10月28日第十一届全国人民代表大会常务委员会第五次会议修订；根据2019年4月23日第十三届全国人民代表大会常务委员会第十次会议《关于修改〈中华人民共和国建筑法〉等八部法律的决定》第一次修正；根据2021年4月29日第十三届人民代表大会第十八次会议《关于修改〈中华人民共和国交通道路安全法〉等八部法律的决定》第二次修正。

《消防法》全面、科学、准确地规定了社会各方面的消防工作，是我国消防法律法规体系中的根本大法，具有最高的法律效力，不仅对全国消防工作的开展具有普遍的指导意义，而且也是制定其他消防法规的主要依据。

《消防法》是为了预防火灾和减少火灾危害，加强应急救援工作，保护人身、财产安全，维护公共安全而制定的。

**2. 法律基本框架**

第一章　总则；
第二章　火灾预防；
第三章　消防组织；
第四章　灭火救援；
第五章　监督检查；
第六章　法律责任；
第七章　附则。

**3. 消防工作方针**

消防工作贯彻预防为主、防消结合的方针，按照政府统一领导、部门依法监管、单位全面负责、公民积极参与的原则，实行消防安全责任制，建立健全社会化的消防工作网络。

**4. 消防工作职责要求**

（1）国务院领导全国的消防工作。地方各级人民政府负责本行政区域内的消防工作。各级人民政府应当将消防工作纳入国民经济和社会发展计划，保障消防工作与经济社会发展相适应。

（2）国务院应急管理部门对全国的消防工作实施监督管理。县级以上地方人民政府应急管理部门对本行政区域内的消防工作实施监督管理，并由本级人民政府消防救援机构负责实施。军事设施的消防工作，由其主管单位监督管理，消防救援机构协助；矿井地下部分、核电厂、海上石油天然气设施的消防工作，由其主管单位监督管理。县级以上人民政府其他有关部门在各自的职责范围内，依照本法和其他相关法律、法规的规定做好消防工作。

（3）任何单位和个人都有维护消防安全、保护消防设施、预防火灾、报告火警的义务。

任何单位和成年人都有参加有组织的灭火工作的义务。

（4）各级人民政府应当组织开展经常性的消防宣传教育，提高公民的消防安全意识。

机关、团体、企业、事业等单位，应当加强对本单位人员的消防宣传教育。

应急管理部门及消防救援机构应当加强消防法律、法规的宣传，并督促、指导、协助有关单位做好消防宣传教育工作。

教育、人力资源行政主管部门和学校、有关职业培训机构应当将消防知识纳入教育、教学、培训的内容。

新闻、广播、电视等有关单位，应当有针对性地面向社会进行消防宣传教育。

工会、共产主义青年团、妇女联合会等团体应当结合各自工作对象的特点，组织开展消防宣传教育。

村民委员会、居民委员会应当协助人民政府以及公安机关、应急管理等部门，加强消防宣传教育。

（5）国家鼓励、支持消防科学研究和技术创新，推广使用先进的消防和应急救援技术、设备；鼓励、支持社会力量开展消防公益活动。

对在消防工作中有突出贡献的单位和个人，应当按照国家有关规定给予表彰和奖励。

### 5. 火灾预防

（1）地方各级人民政府应当将包括消防安全布局、消防站、消防供水、消防通信、消防车通道、消防装备等内容的消防规划纳入城乡规划，并负责组织实施。

城乡消防安全布局不符合消防安全要求的，应当调整、完善；公共消防设施、消防装备不足或者不适应实际需要的，应当增建、改建、配置或者进行技术改造。

（2）建设工程的消防设计、施工必须符合国家工程建设消防技术标准。建设、设计、施工、工程监理等单位依法对建设工程的消防设计、施工质量负责。

（3）对按照国家工程建设消防技术标准需要进行消防设计的建设工程，实行建设工程消防设计审查验收制度。

（4）国务院住房和城乡建设主管部门规定的特殊建设工程，建设单位应当将消防设计文件报送住房和城乡建设主管部门审查，住房和城乡建设主管部门依法对审查的结果负责。

（5）特殊建设工程未经消防设计审查或者审查不合格的，建设单位、施工单位不得施工；其他建设工程，建设单位未提供满足施工需要的消防设计图纸及技术资料的，有关部门不得发放施工许可证或者批准开工报告。

（6）国务院住房和城乡建设主管部门规定应当申请消防验收的建设工程竣工，建设单位应当向住房和城乡建设主管部门申请消防验收。依法应当进行消防验收的建设工程，未经消防验收或者消防验收不合格的，禁止投入使用；其他建设工程经依法抽查不合格的，应当停止使用。

（7）建设工程消防设计审查、消防验收、备案和抽查的具体办法，由国务院住房和城乡建设主管部门规定。

（8）公众聚集场所在投入使用、营业前，建设单位或者使用单位应当向场所所在地的县级以上地方人民政府消防救援机构申请消防安全检查。

消防救援机构应当自受理申请之日起 10 个工作日内，根据消防技术标准和管理规定，对该场所进行消防安全检查。未经消防安全检查或者经检查不符合消防安全要求的，不得投入使用、营业。

（9）机关、团体、企业、事业等单位应当履行下列消防安全职责：

① 落实消防安全责任制，制定本单位的消防安全制度、消防安全操作规程，制定灭火和应急疏散预案；

② 按照国家标准、行业标准配置消防设施、器材，设置消防安全标志，并定期组织检验、维修，确保完好有效；

③ 对建筑消防设施每年至少进行一次全面检测，确保完好有效，检测记录应当完整准确，存档备查；

④ 保障疏散通道、安全出口、消防车通道畅通，保证防火防烟分区、防火间距符合消防技术标准；

⑤ 组织防火检查，及时消除火灾隐患；

⑥ 组织进行有针对性的消防演练。

单位的主要负责人是本单位的消防安全责任人。

消防安全重点单位除应当履行《消防法》第十六条规定的职责外，还应当履行下列消防安全职责：

① 确定消防安全管理人，组织实施本单位的消防安全管理工作；

② 建立消防档案，确定消防安全重点部位，设置防火标志，实行严格管理；

③ 实行每日防火巡查，并建立巡查记录；

④ 对职工进行岗前消防安全培训，定期组织消防安全培训和消防演练。

### 6. 消防组织

（1）各级人民政府应当加强消防组织建设，根据经济社会发展的需要，建立多种形式的消防组织，加强消防技术人才培养，增强火灾预防、扑救和应急救援的能力。

（2）县级以上地方人民政府应当按照国家规定建立国家综合性消防救援队、专职消防队，并按照国家标准配备消防装备，承担火灾扑救工作。

乡镇人民政府应当根据当地经济发展和消防工作的需要，建立专职消防队、志愿消防队，承担火灾扑救工作。

（3）国家综合性消防救援队、专职消防队按照国家规定承担重大灾害事故和其他以抢救人员生命为主的应急救援工作。

（4）国家综合性消防救援队、专职消防队应当充分发挥火灾扑救和应急救援专业力量的骨干作用；按照国家规定，组织实施专业技能训练，配备并维护保养装备器材，提高火灾扑救和应急救援的能力。

（5）下列单位应当建立单位专职消防队，承担本单位的火灾扑救工作：

① 大型核设施单位、大型发电厂、民用机场、主要港口；

② 生产、储存易燃易爆危险品的大型企业；

③ 储备可燃的重要物资的大型仓库、基地；

④ 第一项、第二项、第三项规定以外的火灾危险性较大、距离国家综合性消防救援队较远的其他大型企业；

⑤ 距离国家综合性消防救援队较远、被列为全国重点文物保护单位的古建筑群的管理单位。

（6）专职消防队的建立，应当符合国家有关规定，并报当地消防救援机构验收。专职消防队的队员依法享受社会保险和福利待遇。

（7）机关、团体、企业、事业等单位以及村民委员会、居民委员会根据需要，建立志愿消防队等多种形式的消防组织，开展群众性自防自救工作。

（8）消防救援机构应当对专职消防队、志愿消防队等消防组织进行业务指导；根据扑救火灾的需要，可以调动指挥专职消防队参加火灾扑救工作。

### 7. 灭火救援

（1）县级以上地方人民政府应当组织有关部门针对本行政区域内的火灾特点制定应急预案，建立应急反应和处置机制，为火灾扑救和应急救援工作提供人员、装备等保障。

（2）任何人发现火灾都应当立即报警。任何单位、个人都应当无偿为报警提供便利，不得阻拦报警。严禁谎报火警。

人员密集场所发生火灾，该场所的现场工作人员应当立即组织、引导在场人员疏散。

任何单位发生火灾，必须立即组织力量扑救。邻近单位应当给予支援。

消防队接到火警，必须立即赶赴火灾现场，救助遇险人员，排除险情，扑灭火灾。

（3）消防救援机构统一组织和指挥火灾现场扑救，应当优先保障遇险人员的生命安全。火灾现场总指挥根据扑救火灾的需要，有权决定下列事项：

① 使用各种水源；
② 截断电力、可燃气体和可燃液体的输送，限制用火用电；
③ 划定警戒区，实行局部交通管制；
④ 利用临近建筑物和有关设施；
⑤ 为了抢救人员和重要物资，防止火势蔓延，拆除或者破损毗邻火灾现场的建筑物、构筑物或者设施等；
⑥ 调动供水、供电、供气、通信、医疗救护、交通运输、环境保护等有关单位协助灭火救援。

根据扑救火灾的紧急需要，有关地方人民政府应当组织人员、调集所需物资支援灭火。

（4）国家综合性消防救援队、专职消防队参加火灾以外的其他重大灾害事故的应急救援工作，由县级以上人民政府统一领导。

（5）消防车、消防艇前往执行火灾扑救或者应急救援任务，在确保安全的前提下，不受行驶速度、行驶路线、行驶方向和指挥信号的限制，其他车辆、船舶以及行人应当让行，不得穿插超越；收费公路、桥梁免收车辆通行费。交通管理指挥人员应当保证消防车、消防艇迅速通行。

赶赴火灾现场或者应急救援现场的消防人员和调集的消防装备、物资，需要铁路、水路或者航空运输的，有关单位应当优先运输。

（6）消防车、消防艇以及消防器材、装备和设施，不得用于与消防和应急救援工作无关的事项。

（7）国家综合性消防救援队、专职消防队扑救火灾、应急救援，不得收取任何费用。

单位专职消防队、志愿消防队参加扑救外单位火灾所损耗的燃料、灭火剂和器材、装备等，由火灾发生地的人民政府给予补偿。

（8）对因参加扑救火灾或者应急救援受伤、致残或者死亡的人员，按照国家有关规定给予医疗、抚恤。

（9）消防救援机构有权根据需要封闭火灾现场，负责调查火灾原因，统计火灾损失。

火灾扑灭后，发生火灾的单位和相关人员应当按照消防救援机构的要求保护现场，接受事故调查，如实提供与火灾有关的情况。

消防救援机构根据火灾现场勘验、调查情况和有关的检验、鉴定意见，及时制作火灾事故认定书，作为处理火灾事故的证据。

### 8. 监督检查

（1）地方各级人民政府应当落实消防工作责任制，对本级人民政府有关部门履行消防安全职责的情况进行监督检查。

县级以上地方人民政府有关部门应当根据本系统的特点，有针对性地开展消防安全检查，及时督促整改火灾隐患。

（2）消防救援机构应当对机关、团体、企业、事业等单位遵守消防法律、法规的情况依法进行监督检查。公安派出所可以负责日常消防监督检查、开展消防宣传教育，具体办法由国务院公安部门规定。

消防救援机构、公安派出所的工作人员进行消防监督检查，应当出示证件。

（3）消防救援机构在消防监督检查中发现火灾隐患的，应当通知有关单位或者个人立即采取措施消除隐患；不及时消除隐患可能严重威胁公共安全的，消防救援机构应当依照规定对危险部位或者场所采取临时查封措施。

（4）消防救援机构在消防监督检查中发现城乡消防安全布局、公共消防设施不符合消防安全要求，或者发现本地区存在影响公共安全的重大火灾隐患的，应当由应急管理部门书面报告本级人民政府。

接到报告的人民政府应当及时核实情况，组织或者责成有关部门、单位采取措施，予以整改。

（5）住房和城乡建设主管部门、消防救援机构及其工作人员应当按照法定的职权和程序进行消防设计审查、消防验收、备案抽查和消防安全检查，做到公正、严格、文明、高效。

（6）住房和城乡建设主管部门、消防救援机构及其工作人员执行职务，应当自觉接受社会和公民的监督。

任何单位和个人都有权对住房和城乡建设主管部门、消防救援机构及其工作人员在执法中的违法行为进行检举、控告。收到检举、控告的机关，应当按照职责及时查处。

### 9. 法律责任

（1）违反《消防法》规定，有下列行为之一的，由住房和城乡建设主管部门、消防救援机构按照各自职权责令停止施工、停止使用或者停产停业，并处3万元以上30万元以下罚款：依法应当进行消防设计审查的建设工程，未经依法审查或者审查不合格，擅自施工的；依法应当进行消防验收的建设工程，未经消防验收或者消防验收不合格，擅自投入使用的；本法

第十三条规定的其他建设工程验收后经依法抽查不合格，不停止使用的；公众聚集场所未经消防安全检查或者经检查不符合消防安全要求，擅自投入使用、营业的。

（2）违反《消防法》规定，有下列行为之一的，由住房和城乡建设主管部门责令改正或者停止施工，并处1万元以上10万元以下罚款：建设单位要求建筑设计单位或者建筑施工企业降低消防技术标准设计、施工的；建筑设计单位不按照消防技术标准强制性要求进行消防设计的；建筑施工企业不按照消防设计文件和消防技术标准施工，降低消防施工质量的；工程监理单位与建设单位或者建筑施工企业串通，弄虚作假，降低消防施工质量的。

（3）单位违反《消防法》规定，有下列行为之一的，责令改正，处5 000元以上5万元以下罚款：消防设施、器材或者消防安全标志的配置、设置不符合国家标准、行业标准，或者未保持完好有效的；损坏、挪用或者擅自拆除、停用消防设施、器材的；占用、堵塞、封闭疏散通道、安全出口或者有其他妨碍安全疏散行为的；埋压、圈占、遮挡消火栓或者占用防火间距的；占用、堵塞、封闭消防车通道，妨碍消防车通行的；人员密集场所在门窗上设置影响逃生和灭火救援的障碍物的；对火灾隐患经消防救援机构通知后不及时采取措施消除的。

（4）生产、储存、经营易燃易爆危险品的场所与居住场所设置在同一建筑物内，或者未与居住场所保持安全距离的，责令停产停业，并处5 000元以上5万元以下罚款。

生产、储存、经营其他物品的场所与居住场所设置在同一建筑物内，不符合消防技术标准的，依照前款规定处罚。

（5）有下列行为之一的，依照《中华人民共和国治安管理处罚法》的规定处罚：违反有关消防技术标准和管理规定生产、储存、运输、销售、使用、销毁易燃易爆危险品的；非法携带易燃易爆危险品进入公共场所或者乘坐公共交通工具的；谎报火警的；阻碍消防车、消防艇执行任务的；阻碍消防救援机构的工作人员依法执行职务的。

（6）违反《消防法》规定，有下列行为之一的，处警告或者500元以下罚款；情节严重的，处5日以下拘留：

① 违反消防安全规定进入生产、储存易燃易爆危险品场所的；

② 违反规定使用明火作业或者在具有火灾、爆炸危险的场所吸烟、使用明火的。

（7）违反《消防法》规定，有下列行为之一，尚不构成犯罪的，处10日以上15日以下拘留，可以并处500元以下罚款；情节较轻的，处警告或者五百元以下罚款：

① 指使或者强令他人违反消防安全规定，冒险作业的；

② 过失引起火灾的；

③ 在火灾发生后阻拦报警，或者负有报告职责的人员不及时报警的；

④ 扰乱火灾现场秩序，或者拒不执行火灾现场指挥员指挥，影响灭火救援的；

⑤ 故意破坏或者伪造火灾现场的；擅自拆封或者使用被消防救援机构查封的场所、部位的。

（8）违反《消防法》规定，生产、销售不合格的消防产品或者国家明令淘汰的消防产品的，由产品质量监督部门或者工商行政管理部门依照《中华人民共和国产品质量法》的规定从重处罚。

人员密集场所使用不合格的消防产品或者国家明令淘汰的消防产品的，责令限期改正；逾期不改正的，处5 000元以上5万元以下罚款，并对其直接负责的主管人员和其他直接责任人员处 500 元以上 2 000 元以下罚款；情节严重的，责令停产停业。

消防救援机构除依法对使用者予以处罚外，应当将发现不合格的消防产品和国家明令淘汰的消防产品的情况通报产品质量监督部门、工商行政管理部门。产品质量监督部门、工商行政管理部门应当对生产者、销售者依法及时查处。

（9）电器产品、燃气用具的安装、使用及其线路、管路的设计、敷设、维护保养、检测不符合消防技术标准和管理规定的，责令限期改正；逾期不改正的，责令停止使用，可以并处 1 000 元以上 5 000 元以下罚款。

（10）人员密集场所发生火灾，该场所的现场工作人员不履行组织、引导在场人员疏散的义务，情节严重，尚不构成犯罪的，处 5 日以上 10 日以下拘留。

（11）消防产品质量认证、消防设施检测等消防技术服务机构出具虚假文件的，责令改正，处 5 万元以上 10 万元以下罚款，并对直接负责的主管人员和其他直接责任人员处 1 万元以上 5 万元以下罚款；有违法所得的，并处没收违法所得；给他人造成损失的，依法承担赔偿责任；情节严重的，由原许可机关依法责令停止执业或者吊销相应资质、资格。

（12）被责令停止施工、停止使用、停产停业的，应当在整改后向作出决定的部门或者机构报告，经检查合格，方可恢复施工、使用、生产、经营。

当事人逾期不执行停产停业、停止使用、停止施工决定的，由作出决定的部门或者机构强制执行。

责令停产停业，对经济和社会生活影响较大的，由住房和城乡建设主管部门或者应急管理部门报请本级人民政府依法决定。

（13）住房和城乡建设主管部门、消防救援机构的工作人员滥用职权、玩忽职守、徇私舞弊，有下列行为之一，尚不构成犯罪的，依法给予处分：

① 对不符合消防安全要求的消防设计文件、建设工程、场所准予审查合格、消防验收合格、消防安全检查合格的；

② 无故拖延消防设计审查、消防验收、消防安全检查，不在法定期限内履行职责的；

③ 发现火灾隐患不及时通知有关单位或者个人整改的；

④ 利用职务为用户、建设单位指定或者变相指定消防产品的品牌、销售单位或者消防技术服务机构、消防设施施工单位的；

⑤ 其他滥用职权、玩忽职守、徇私舞弊的行为。

产品质量监督、工商行政管理等其他有关行政主管部门的工作人员在消防工作中滥用职权、玩忽职守、徇私舞弊，尚不构成犯罪的，依法给予处分。

（14）违反《消防法》规定，构成犯罪的，依法追究刑事责任。

### （四）《中华人民共和国刑法》重点解析

**1. 法律依据**

2017 年 11 月 4 日第十二届全国人大常委会第三十次会议表决通过《中华人民共和国刑法修正案（十）》；2020 年 12 月 26 日，第十三届全国人民代表大会常委员会第二十四次会议通过《中华人民共和国刑法修正案（十一）》。

## 2. 法律范围

《中华人民共和国刑法》（简称《刑法》）有关安全生产犯罪的规定主要有：重大飞行事故罪、铁路运营安全事故罪、交通肇事罪、重大责任事故罪、重大劳动安全事故罪、危险物品肇事罪、重大工程安全事故罪、重大教育设施安全事故罪、消防责任事故罪等。

## 3. 交通肇事罪

违反交通运输管理法规，因而发生重大事故，致人重伤、死亡或者使公私财产遭受重大损失的，处3年以下有期徒刑或者拘役；交通运输肇事后逃逸或者有其他特别恶劣情节的，处3年以上7年以下有期徒刑；因逃逸致人死亡的，处7年以上有期徒刑。

## 4. 铁路运营安全事故罪

铁路运营安全事故罪，是指铁路职工违反规章制度，致使发生铁路运营安全事故，造成严重后果的行为。

《刑法》量刑：铁路职工违反规章制度，致使发生铁路运营安全事故，造成严重后果的，处3年以下有期徒刑或者拘役；造成特别严重后果的，处3年以上7年以下有期徒刑。

铁路运营安全事故罪的犯罪课题是人的生命和健康，犯罪主体是铁路运营单位的职工，包括单位责任人、管理人员、作业人员和其他有关人员。客观要件是实施了违反规章制度的违法行为，致使发生铁路运营安全事故，造成严重后果，主观要件是凝聚有违反规章制度的过失。

## （五）《生产安全事故报告和调查处理条例》重点解析

2007年3月28日国务院第172次常务会议通过《生产安全事故报告和调查处理条例》，自2007年6月1日起施行。条例共6章46条。

国家安全监管总局关于修改《<生产安全事故报告和调查处理条例>罚款处罚暂行规定》等四部规章的决定已经于2015年1月16日国家安全生产监督管理总局局长办公会议审议通过，自2015年5月1日起施行。

### 1. 法规依据及适用范围

为了规范生产安全事故的报告和调查处理，落实生产安全事故责任追究制度，防止和减少生产安全事故，根据《安全生产法》和有关法律，制定本条例。

生产经营活动中发生的造成人身伤亡或者直接经济损失的生产安全事故的报告和调查处理，适用本条例；环境污染事故、核设施事故、国防科研生产事故的报告和调查处理不适用本条例。

### 2. 安全生产事故等级

根据生产安全事故（以下简称"事故"）造成的人员伤亡或者直接经济损失，事故一般分为以下等级：

（1）特别重大事故，是指造成30人以上死亡，或者100人以上重伤（包括急性工业中毒，下同），或者1亿元以上直接经济损失的事故；

（2）重大事故，是指造成10人以上30人以下死亡，或者50人以上100人以下重伤，或者5 000万元以上1亿元以下直接经济损失的事故；

（3）较大事故，是指造成3人以上10人以下死亡，或者10人以上50人以下重伤，或者1 000万元以上5 000万元以下直接经济损失的事故；

（4）一般事故，是指造成3人以下死亡，或者10人以下重伤，或者1 000万元以下直接经济损失的事故。

### 3. 事故处理要求

（1）事故报告应当及时、准确、完整，任何单位和个人对事故不得迟报、漏报、谎报或者瞒报。

（2）事故调查处理应当坚持实事求是、尊重科学的原则，及时、准确地查清事故经过、事故原因和事故损失，查明事故性质，认定事故责任，总结事故教训，提出整改措施，并对事故责任者依法追究责任。

（3）县级以上人民政府应当依照本条例的规定，严格履行职责，及时、准确地完成事故调查处理工作。事故发生地有关地方人民政府应当支持、配合上级人民政府或者有关部门的事故调查处理工作，并提供必要的便利条件。

参加事故调查处理的部门和单位应当互相配合，提高事故调查处理工作的效率。

（4）工会依法参加事故调查处理，有权向有关部门提出处理意见。

（5）任何单位和个人不得阻挠、干涉对事故的报告和依法调查处理。对事故报告和调查处理中的违法行为，任何单位和个人有权向安全生产监督管理部门、监察机关或者其他有关部门举报，接到举报的部门应当依法及时处理。

### 4. 事故报告

1）事故报告程序

（1）事故发生后，事故现场有关人员应当立即向本单位负责人报告。

（2）单位负责人接到报告后，应当于1小时内向事故发生地县级以上人民政府安全生产监督管理部门和负有安全生产监督管理职责的有关部门报告。

（3）安全生产监督管理部门和负有安全生产监督管理职责的有关部门接到事故报告后，应当依照下列规定上报事故情况，并通知公安机关、劳动保障行政部门、工会和人民检察院：

① 特别重大事故、重大事故逐级上报至国务院安全生产监督管理部门和负有安全生产监督管理职责的有关部门。

② 较大事故逐级上报至省、自治区、直辖市人民政府安全生产监督管理部门和负有安全生产监督管理职责的有关部门。

③ 一般事故上报至设区的市级人民政府安全生产监督管理部门和负有安全生产监督管理职责的有关部门。

④ 安全生产监督管理部门和负有安全生产监督管理职责的有关部门依照前款规定上报事故情况，应当同时报告本级人民政府。国务院安全生产监督管理部门和负有安全生产监督管理职责的有关部门以及省级人民政府接到发生特别重大事故、重大事故的报告后，应当立

即报告国务院。

必要时，安全生产监督管理部门和负有安全生产监督管理职责的有关部门可以越级上报事故情况。

⑤ 安全生产监督管理部门和负有安全生产监督管理职责的有关部门逐级上报事故情况，每级上报的时间不得超过 2 小时。

2）事故报告内容

（1）事故发生单位概况。

（2）事故发生的时间、地点以及事故现场情况。

（3）事故的简要经过。

（4）事故已经造成或者可能造成的伤亡人数（包括下落不明的人数）和初步估计的直接经济损失。

（5）已经采取的措施。

（6）其他应当报告的情况。

3）事故报告具体要求

（1）事故报告后出现新情况的，应当及时补报。

（2）自事故发生之日起 30 日内，事故造成的伤亡人数发生变化的，应当及时补报。道路交通事故、火灾事故自发生之日起 7 日内，事故造成的伤亡人数发生变化的，应当及时补报。

（3）事故发生单位负责人接到事故报告后，应当立即启动事故相应应急预案，或者采取有效措施，组织抢救，防止事故扩大，减少人员伤亡和财产损失。

（4）事故发生地有关地方人民政府、安全生产监督管理部门和负有安全生产监督管理职责的有关部门接到事故报告后，其负责人应当立即赶赴事故现场，组织事故救援。

（5）事故发生后，有关单位和人员应当妥善保护事故现场以及相关证据，任何单位和个人不得破坏事故现场、毁灭相关证据。因抢救人员、防止事故扩大以及疏通交通等原因，需要移动事故现场物件的，应当做出标志，绘制现场简图并做出书面记录，妥善保存现场重要痕迹、物证。

（6）事故发生地公安机关根据事故的情况，对涉嫌犯罪的，应当依法立案侦查，采取强制措施和侦查措施。犯罪嫌疑人逃匿的，公安机关应当迅速追捕归案。

### 5. 事故调查

1）事故调查分工

（1）特别重大事故由国务院或者国务院授权有关部门组织事故调查组进行调查。

（2）重大事故、较大事故、一般事故分别由事故发生地省级人民政府、设区的市级人民政府、县级人民政府负责调查。省级人民政府、设区的市级人民政府、县级人民政府可以直接组织事故调查组进行调查，也可以授权或者委托有关部门组织事故调查组进行调查。

（3）未造成人员伤亡的一般事故，县级人民政府也可以委托事故发生单位组织事故调查组进行调查。

（4）特别重大事故以下等级事故，事故发生地与事故发生单位不在同一个县级以上行政区域的，由事故发生地人民政府负责调查，事故发生单位所在地人民政府应当派人参加。

2）事故调查组及其职责

（1）事故调查组的组成应当遵循精简、效能的原则。

（2）根据事故的具体情况，事故调查组由有关人民政府、安全生产监督管理部门、负有安全生产监督管理职责的有关部门、监察机关、公安机关以及工会派人组成，并应当邀请人民检察院派人参加。事故调查组可以聘请有关专家参与调查。

（3）事故调查组成员应当具有事故调查所需要的知识和专长，并与所调查的事故没有直接利害关系。

（4）事故调查组组长由负责事故调查的人民政府指定。事故调查组组长主持事故调查组的工作。

（5）事故调查组履行下列职责：

① 查明事故发生的经过、原因、人员伤亡情况及直接经济损失。

② 认定事故的性质和事故责任。

③ 提出对事故责任者的处理建议。

④ 总结事故教训，提出防范和整改措施。

⑤ 提交事故调查报告。

（6）事故调查组应当自事故发生之日起 60 日内提交事故调查报告；特殊情况延长的期限最长不超过 60 日。

3）事故调查报告内容

（1）事故发生单位概况。

（2）事故发生经过和事故救援情况。

（3）事故造成的人员伤亡和直接经济损失。

（4）事故发生的原因和事故性质。

（5）事故责任的认定以及对事故责任者的处理建议。

（6）事故防范和整改措施。

事故调查报告应当附具有关证据材料。事故调查组成员应当在事故调查报告上签名。

### 6. 事故处理

（1）重大事故、较大事故、一般事故，负责事故调查的人民政府应当自收到事故调查报告之日起 15 日内做出批复；特别重大事故，30 日内做出批复，特殊情况下，批复时间可以适当延长，但延长的时间最长不超过 30 日。有关机关应当按照人民政府的批复，依照法律、行政法规规定的权限和程序，对事故发生单位和有关人员进行行政处罚，对负有事故责任的国家工作人员进行处分。事故发生单位应当按照负责事故调查的人民政府的批复，对本单位负有事故责任的人员进行处理。负有事故责任的人员涉嫌犯罪的，依法追究刑事责任。

（2）事故发生单位应当认真吸取事故教训，落实防范和整改措施，防止事故再次发生。防范和整改措施的落实情况应当接受工会、职工的监督。安全生产监督管理部门和负有安全生产监督管理职责的有关部门，应当对事故发生单位落实防范和整改措施的情况进行监督检查。

（3）事故处理的情况由负责事故调查的人民政府或者其授权的有关部门、机构向社会公布，依法应当保密的除外。

### 7. 法律责任

1）对事故责任单位及责任人的处罚

（1）事故发生单位主要负责人有《安全生产法》第一百零六条、《生产安全事故报告和调查处理条例》第三十五条规定的下列行为之一的，依照下列规定处以罚款：事故发生单位主要负责人在事故发生后不立即组织事故抢救的，处上一年年收入 100%的罚款；事故发生单位主要负责人迟报事故的，处上一年年收入 60%至 80%的罚款；漏报事故的，处上一年年收入 40%至 60%的罚款；事故发生单位主要负责人在事故调查处理期间擅离职守的，处上一年年收入 80%至 100%的罚款。

（2）事故发生单位对造成 3 人以下死亡，或者 3 人以上 10 人以下重伤，或者 300 万元以上 1 000 万元以下直接经济损失的一般事故负有责任的，处 20 万元以上 50 万元以下的罚款；有谎报或者瞒报事故情节的，处 50 万元的罚款。

（3）事故发生单位对较大事故发生负有责任的，依照下列规定处以罚款：造成 3 人以上 6 人以下死亡，或者 10 人以上 30 人以下重伤，或者 1 000 万元以上 3 000 万元以下直接经济损失的，处 50 万元以上 70 万元以下的罚款；造成 6 人以上 10 人以下死亡，或者 30 人以上 50 人以下重伤，或者 3 000 万元以上 5 000 万元以下直接经济损失的，处 70 万元以上 100 万元以下的罚款；事故发生单位对较大事故发生负有责任且有谎报或者瞒报情节的，处 100 万元的罚款。

（4）事故发生单位对重大事故发生负有责任的，依照下列规定处以罚款：

① 造成 10 人以上 15 人以下死亡，或者 50 人以上 70 人以下重伤，或者 5 000 万元以上 7 000 万元以下直接经济损失的，处 100 万元以上 300 万元以下的罚款。

② 造成 15 人以上 30 人以下死亡，或者 70 人以上 100 人以下重伤，或者 7 000 万元以上 1 亿元以下直接经济损失的，处 300 万元以上 500 万元以下的罚款。有谎报或者瞒报情节的，处 500 万元的罚款。

（5）事故发生单位对特别重大事故发生负有责任的，依照下列规定处以罚款：

① 造成 30 人以上 40 人以下死亡，或者 100 人以上 120 人以下重伤，或者 1 亿元以上 1.2 亿元以下直接经济损失的，处 500 万元以上 1 000 万元以下的罚款；

② 造成 40 人以上 50 人以下死亡，或者 120 人以上 150 人以下重伤，或者 1.2 亿元以上 1.5 亿元以下直接经济损失的，处 1 000 万元以上 1 500 万元以下的罚款；

③ 造成 50 人以上死亡，或者 150 人以上重伤，或者 1.5 亿元以上直接经济损失的，处 1 500 万元以上 2 000 万元以下的罚款。

（6）事故发生单位对特别重大事故负有责任且有下列情形之一的，处 2 000 万元的罚款：

① 谎报特别重大事故的。

② 瞒报特别重大事故的。

③ 未依法取得有关行政审批或者证照擅自从事生产经营活动的。

④ 拒绝、阻碍行政执法的。

⑤ 拒不执行有关停产停业、停止施工、停止使用相关设备或者设施的行政执法指令的。

⑥ 明知存在事故隐患，仍然进行生产经营活动的。

⑦ 一年内已经发生 2 起以上较大事故，或者 1 起重大以上事故，再次发生特别重大事故

的。

⑧ 地下矿山矿领导没有按照规定带班下井的。

2）对安全生产违法行为的行政处罚

（1）安全监管监察部门根据需要，可以在其法定职权范围内委托符合《行政处罚法》第十九条规定条件的组织或者乡、镇人民政府以及街道办事处、开发区管理机构等地方人民政府的派出机构实施行政处罚。受委托的单位在委托范围内，以委托的安全监管监察部门名义实施行政处罚。

（2）对有根据认为不符合安全生产的国家标准或者行业标准的在用设施、设备、器材，违法生产、储存、使用、经营、运输的危险物品，以及违法生产、储存、使用、经营危险物品的作业场所，安全监管监察部门应当依照《行政强制法》的规定予以查封或者扣押。查封或者扣押的期限不得超过30日，情况复杂的，经安全监管监察部门负责人批准，最多可以延长30日，并在查封或者扣押期限内作出处理决定：

① 对违法事实清楚、依法应当没收的非法财物予以没收。

② 法律、行政法规规定应当销毁的，依法销毁。

③ 法律、行政法规规定应当解除查封、扣押的，作出解除查封、扣押的决定。实施查封、扣押，应当制作并当场交付查封、扣押决定书和清单。

（3）安全监管监察部门依法对存在重大事故隐患的生产经营单位作出停产停业、停止施工、停止使用相关设施、设备的决定，生产经营单位应当依法执行，及时消除事故隐患。生产经营单位拒不执行，有发生生产安全事故的现实危险的，在保证安全的前提下，经本部门主要负责人批准，安全监管监察部门可以采取通知有关单位停止供电、停止供应民用爆炸物品等措施，强制生产经营单位履行决定。通知应当采用书面形式，有关单位应当予以配合。

（4）生产经营单位的决策机构、主要负责人、个人经营的投资人未依法保证下列安全生产所必需的资金投入之一，致使生产经营单位不具备安全生产条件的，责令限期改正，提供必需的资金，可以对生产经营单位处1万元以上3万元以下罚款，对生产经营单位的主要负责人、个人经营的投资人处5 000元以上1万元以下罚款；逾期未改正的，责令生产经营单位停产停业整顿：

① 提取或者使用安全生产费用。

② 用于配备劳动防护用品的经费。

③ 用于安全生产教育和培训的经费。

④ 国家规定的其他安全生产所必需的资金投入。

（5）危险物品的生产、经营、储存单位以及矿山、金属冶炼单位有下列行为之一的，责令改正，并可以处1万元以上3万元以下的罚款：

① 未建立应急救援组织或者生产经营规模较小、未指定兼职应急救援人员的。

② 未配备必要的应急救援器材、设备和物资，并进行经常性维护、保养，保证正常运转的。

（6）生产经营单位及其有关人员有下列情形之一的，应当依法从轻或者减轻行政处罚：

① 已满14周岁不满18周岁的公民实施安全生产违法行为的。

② 主动消除或者减轻安全生产违法行为危害后果的。

③ 受他人胁迫实施安全生产违法行为的。

④ 配合安全监管监察部门查处安全生产违法行为，有立功表现的。
⑤ 主动投案，向安全监管部门如实交代自己的违法行为的。
⑥ 具有法律、行政法规规定的其他从轻或者减轻处罚情形的。

# 任务二　铁路安全相关法律法规

铁路安全法规是指铁路运输部门为办理客货运输业务，进行运输生产活动和明确与用户之间的关系所制定、具有约束效力和法律作用的章程、规则。

铁路安全法律主要有《中华人民共和国铁路法》。

铁路安全法规主要有《铁路安全管理条例》《铁路行车事故处理规则》《铁路企业伤亡事故处理规则》《铁路技术管理规程》《行车安全监察工作规则》《铁路行车事故救援规则》《铁路运输安全奖惩办法》《关于特大安全事故责任追究的办法》《铁路旅客运输规程》《铁路旅客运输管理规则》等。

铁路相关安全规章主要有《电气化铁路有关人员电气安全规则》《铁路中间站管理办法》《铁路中间站管理标准》《车机联控标准》《铁路运输调度规则》《铁路行车设备施工管理办法》《机车操作规程》等。

## 一、《中华人民共和国铁路法》重点解析

《中华人民共和国铁路法》（简称《铁路法》）由 1990 年 9 月 7 日第七届全国人民代表大会常务委员会第十五次会议通过；根据 2015 年 4 月 24 日第十二届全国人民代表大会常务委员会第十四次会议第二次修正。

### （一）《铁路法》的地位及主要法律内容

《铁路法》是我国管理铁路的第一部法典，是进行铁路运输和建设的基本法律。运用法律手段保护铁路运输安全是《铁路法》需要解决的重点问题。《铁路法》规定了铁路运输安全方面的法律问题，主要内容有：

（1）铁路运输设施的安全保障。
（2）铁路路基的安全保护。
（3）旅客列车和车站的安全保障。
（4）铁路行车安全和事故的处理。
（5）铁路运输企业对危害铁路行车安全行为的处理。
（6）铁路沿线环境保护。

《铁路法》针对危害铁路运输安全的违法行为，规定了相应的行政责任、刑事责任和民事责任，是同违法行为进行斗争，建立良好的铁路运输秩序，保证铁路运输畅通无阻的有力武器。

## （二）《铁路法》基本框架

（1）总则；
（2）铁路运输营业；
（3）铁路建设；
（4）铁路安全与保护；
（5）法律责任；
（6）附则。

## （三）铁路安全与保护

（1）铁路运输企业必须加强对铁路的管理和保护，定期检查、维修铁路运输设施，保证铁路运输设施完好，保障旅客和货物运输安全。

（2）铁路公安机关和地方公安机关分工负责共同维护铁路治安秩序。

（3）电力主管部门应当保证铁路牵引用电以及铁路运营用电中重要负荷的电力供应。铁路运营用电中重要负荷的供应范围由国务院铁路主管部门和国务院电力主管部门商定。

（4）禁止擅自在铁路线路上铺设平交道口和人行过道。平交道口和人行过道必须按照规定设置必要的标志、防护设施。

（5）运输危险品必须按照国务院铁路主管部门的规定办理，禁止以非危险品品名托运危险品。

（6）对损毁、移动铁路信号装置及其他行车设施或者在铁路线路上放置障碍物的，铁路职工有权制止，可以扭送公安机关处理。

（7）禁止在铁路线路上行走、坐卧，对在铁路线路上行走、坐卧的，铁路职工有权制止。

（8）禁止在铁路线路两侧20米以内或者铁路防护林地内放牧。

（9）对损毁、移动铁路信号装置及其他行车设施或者在铁路线路上放置障碍物的，铁路职工有权制止，可以扭送公安机关处理。

（10）禁止偷乘货车、攀附行进中的列车或者击打列车。对偷乘货车、攀附行进中的列车或者击打列车的，铁路职工有权制止。

（11）铁路职工玩忽职守、违反规章制度造成铁路运营事故的，滥用职权、利用办理运输业务之便谋取私利的，给予行政处分；情节严重、构成犯罪的，依照刑法有关规定追究刑事责任。

## 二、《铁路安全管理条例》重点解析

### （一）《铁路安全管理条例》的主要内容

《铁路安全管理条例》是为了加强铁路安全管理，保障铁路运输安全和畅通，保护人身安全和财产安全而制定的法规，自2014年1月1日起施行。

条例规定了铁路部门和铁路工作人员对保证运输安全应尽的职责，及对各种扰乱铁路站、车秩序、侵犯旅客和货主权益、危害行车安全、损坏铁路设施行为的禁令和奖惩范围及权限。

## （二）总则重点

（1）铁路安全管理坚持安全第一、预防为主、综合治理的方针。

（2）从事铁路建设、运输、设备制造维修的单位应当加强安全管理，建立健全安全生产管理制度，落实企业安全生产主体责任，设置安全管理机构或者配备安全管理人员，执行保障生产安全和产品质量安全的国家标准、行业标准，加强对从业人员的安全教育培训，保证安全生产所必需的资金投入。

（3）铁路建设、运输、设备制造维修单位的工作人员应当严格执行规章制度，实行标准化作业，保证铁路安全。

## （三）铁路安全保护区

铁路线路两侧应当设立铁路线路安全保护区。铁路线路安全保护区的范围，从铁路线路路堤坡脚、路堑坡顶或者铁路桥梁外侧起向外的距离分别为：

（1）城市市区高速铁路为 10 m，其他铁路为 8 m；

（2）城市郊区居民居住区高速铁路为 12 m，其他铁路为 10 m；

（3）村镇居民居住区高速铁路为 15 m，其他铁路为 12 m；

（4）其他地区高速铁路为 20 m，其他铁路为 15 m。

## （四）铁路运营安全

（1）铁路运输企业应当依照法律、行政法规和国务院铁路行业监督管理部门的规定，制定铁路运输安全管理制度，完善相关作业程序，保障铁路旅客和货物运输安全。

（2）铁路运输企业应当加强铁路专业技术岗位和主要行车工种岗位从业人员的业务培训和安全培训，提高从业人员的业务技能和安全意识。

（3）铁路运输企业应当加强运输过程中的安全防护，使用的运输工具、装载加固设备以及其他专用设施设备应当符合国家标准、行业标准和安全要求。

（4）铁路运输企业应当建立健全铁路设施设备的检查防护制度，加强对铁路设施设备的日常维护检修，确保铁路设施设备性能完好和安全运行。铁路运输企业的从业人员应当按照操作规程使用、管理铁路设施设备。

（5）铁路运输企业应当依照法律、行政法规和国务院铁路行业监督管理部门的规定，对旅客及其随身携带、托运的行李物品进行安全检查。

（6）禁止实施下列危害铁路安全的行为（通用）：

① 非法拦截列车、阻断铁路运输、扰乱铁路运输指挥调度机构以及车站、列车的正常秩序。

② 在铁路线路上放置、遗弃障碍物、击打列车。

③ 擅自移动铁路线路上的机车车辆，或者擅自开启列车车门、违规操纵列车紧急制动设备。

④ 拆盗、损毁或者擅自移动铁路设施设备、机车车辆配件、标桩、防护设施和安全标志。

⑤ 在铁路线路上行走、坐卧或者在未设道口、人行过道的铁路线路上通过、擅自进入铁路线路封闭区域或者在未设置行人通道的铁路桥梁、隧道通行。

⑥ 擅自开启、关闭列车的货车阀、盖或者破坏施封状态、钻车、扒车、跳车。
⑦ 从列车上抛扔杂物、在动车组列车上吸烟或者在其他列车的禁烟区域吸烟。
⑧ 强行登乘或者以拒绝下车等方式强占列车；冲击、堵塞、占用进出站通道或者候车区、站台。

### 三、《铁路交通事故应急救援和调查处理条例》重点解析

为了加强铁路交通事故应急救援工作，规范铁路交通事故调查处理，减少人员伤亡和财产损失，保障铁路运输安全和畅通，根据《铁路法》和其他有关法律的规定，国务院 2007 年 7 月 11 日制定了《铁路交通事故应急救援和调查处理条例》，并于 2013 年 1 月 1 日起施行。

#### （一）铁路交通事故的定义

铁路交通事故是指铁路机车车辆在运行过程中与行人、机动车、非机动车、牲畜及其他障碍物相撞，或者铁路机车车辆发生冲突、脱轨、火灾、爆炸等影响铁路正常行车的铁路交通事故。

#### （二）铁路交通事故等级

事故等级是反映事故严重程度的指标，等级事故越高，事故就越严重。

根据事故造成的人员伤亡、直接经济损失、列车脱轨辆数、中断铁路行车时间等情形，事故等级分为特别重大事故、重大事故、较大事故和一般事故。

（1）有下列情形之一的，为特别重大事故：
① 造成 30 人以上死亡，或者 100 人以上重伤（包括急性工业中毒，下同），或者 1 亿元以上直接经济损失的。
② 繁忙干线客运列车脱轨 18 辆以上并中断铁路行车 48 小时以上的。
③ 繁忙干线货运列车脱轨 60 辆以上并中断铁路行车 48 小时以上的。

（2）有下列情形之一的，为重大事故：
① 造成 10 人以上 30 人以下死亡，或者 50 人以上 100 人以下重伤，或者 5 000 万元以上 1 亿元以下直接经济损失的。
② 客运列车脱轨 18 辆以上的。
③ 货运列车脱轨 60 辆以上的。
④ 客运列车脱轨 2 辆以上 18 辆以下，并中断繁忙干线铁路行车 24 小时以上或者中断其他线路铁路行车 48 小时以上的。
⑤ 货运列车脱轨 6 辆以上 60 辆以下，并中断繁忙干线铁路行车 24 小时以上或者中断其他线路铁路行车 48 小时以上的。

（3）有下列情形之一的，为较大事故：
① 造成 3 人以上 10 人以下死亡，或者 10 人以上 50 人以下重伤，或者 1 000 万元以上 5 000 万元以下直接经济损失的。
② 客运列车脱轨 2 辆以上 18 辆以下的。

③ 货运列车脱轨 6 辆以上 60 辆以下的。
④ 中断繁忙干线铁路行车 6 小时以上的。
⑤ 中断其他线路铁路行车 10 小时以上的。

造成 3 人以下死亡，或者 10 人以下重伤，或者 1 000 万元以下直接经济损失的，为一般事故。铁路交通一般事故分为一般 A 类、一般 B 类、一般 C 类、一般 D 类事故 4 类。

### 四、《高速铁路安全防护管理办法》解析

为了加强高速铁路安全防护，防范铁路外部风险，保障高速铁路安全和畅通，维护人民生命财产安全，根据《铁路法》《安全生产法》《中华人民共和国反恐怖主义法》《铁路安全管理条例》等法律、行政法规，由交通运输部等 7 部委制定，于 2020 年 7 月 1 日起施行。

#### （一）高速铁路安全管理的方针

高速铁路安全防护坚持安全第一、预防为主、依法管理、综合治理的方针，坚持技防、物防、人防相结合，构建政府部门依法管理、企业实施主动防范、社会力量共同参与的综合治理格局。

#### （二）高速铁路相关企业安全管理的责任

（1）从事高速铁路运输、建设、设备制造维修的相关企业应当落实安全生产主体责任，建立、健全安全生产责任制和高速铁路安全防护相关管理制度，执行国家关于高速铁路安全防护的相关标准，保障安全生产管理机构或者人员配备，加强对从业人员的教育培训，改善安全生产条件，保证高速铁路安全防护所必需的资金投入。

（2）铁路监管部门、铁路运输企业等单位应当按照国家有关规定制定突发事件应急预案，并组织应急演练。

（3）铁路运输企业应当按照《中华人民共和国突发事件应对法》等国家有关规定，在车站、列车等场所配备报警装置以及必要的应急救援设备设施和人员。

（4）铁路监管部门、高速铁路沿线地方各级人民政府相关部门应当落实"谁执法谁普法"的普法责任制，加强保障高速铁路安全有关法律法规、安全生产知识的宣传教育，增强安全防护意识，防范危害高速铁路安全的行为。

#### （三）高速铁路线路安全保护区规定

（1）禁止在高速铁路线路安全保护区内烧荒、放养牲畜。

（2）禁止向高速铁路线路安全保护区排污、倾倒垃圾以及其他危害铁路安全的物质。

（3）禁止擅自进入、毁坏、移动高速铁路安全防护设施。

（4）在高速铁路线路路堤坡脚、路堑坡顶、铁路桥梁外侧起向外各 1 000 m 范围内，以及在铁路隧道上方中心线两侧各 1 000 m 范围内，确需从事露天采矿、采石或者爆破作业的，应当充分考虑高速铁路安全需求，依法进行安全评估、安全监理，与铁路运输企业协商一致，依照法律法规规定报经有关主管部门批准，并采取相应的安全防护措施。

（5）禁止在高速铁路线路路堤坡脚、路堑坡顶或者铁路桥梁外侧起向外各 200 m 范围

内抽取地下水；200 m 范围外，高速铁路线路经过的区域属于地面沉降区域，抽取地下水危及高速铁路安全的，应当设置地下水禁止开采区或者限制开采区。

（6）有关单位和个人在高速铁路邻近区域内施工、建造构筑物或者从事其他生产经营活动，应当遵守保证高速铁路安全的法律法规和相关标准，采取措施防止影响高速铁路运输安全。

（7）在高速铁路线路安全保护区内和纳入邻近营业线施工计划的施工，铁路运输企业应当按照国家规定派员对施工现场实行安全监督。

（8）在高速铁路线路安全保护区内，禁止种植妨碍行车瞭望或者有倒伏危险可能影响线路、电力、牵引供电安全的树木等植物；对已种植的，应当依法限期迁移或者修剪、砍伐。

（9）在高速铁路电力线路导线两侧各 500 m 范围内，不得升放风筝、气球、孔明灯等飘浮物体，不得使用弓弩、弹弓、汽枪等攻击性器械从事可能危害高速铁路安全的行为。在高速铁路电力线路导线两侧升放无人机的，应当遵守国家有关规定。

### （四）安全防护设施及管理

（1）高速铁路应当实行全封闭管理，范围包括线路、车站、动车存放场所、隧道斜井和竖井的出入口，以及其他与运行相关的附属设备设施处所。

（2）铁路运输企业应当在高速铁路沿线桥头、隧道口、路基地段等易进入重点区段安装、设置周界入侵报警系统。

（3）铁路运输企业应当根据沿线的自然灾害、地质条件、线路环境等情况，建立必要的灾害监测系统。

（4）在下列地点，应当按照国家有关规定安装、设置防止车辆以及其他物体进入、坠入高速铁路线路的安全防护设施和警示标志：高速铁路路堑上的道路；位于高速铁路线路安全保护区内的道路；跨越高速铁路线路的道路桥梁及其他建筑物、构筑物。

（5）铁路建设单位应当按照相关法律法规和国家标准、行业标准，在建设高速铁路客运站和直接为其运营服务的段、厂、调度指挥中心、到发中转货场、仓库时，确保相关安全防护设备设施同时设计、同时施工、同时投入生产和使用。

### （五）高铁运营安全防护

（1）禁止任何单位和个人扰乱高速铁路建设和运输秩序，损坏或者非法占用高速铁路设施设备、相关标志和高速铁路用地。

（2）铁路运输企业应当依照有关法律法规和技术标准要求，建立高速铁路网络安全保障体系，落实网络安全管理制度和技术防护措施，制定网络安全事件应急预案，采取有效措施确保网络安全稳定运行，保护旅客、托运人电子信息安全。

（3）铁路运输企业应当遵守消防法律法规规章和消防技术标准，落实消防安全主体责任，制定消防安全制度、消防安全操作规程，配置符合要求的消防设施、器材，设置消防安全标志、组织防火检查，及时消除火灾隐患，制定灭火和应急疏散预案，并定期演练。

## 五、与确保运输安全有关的规程、规则

### (一)《铁路技术管理规程》

《铁路技术管理规程》是我国铁路技术管理的基本法规。《铁路技术管理规程》中明确了铁路在基本建设、产品制造、验收交接、使用管理及保养维修方面的基本要求和标准;规定了铁路各部门、各单位、各工种在从事运输生产时,必须遵循的基本原则、责任范围、工作方法、作业程序和相互关系;规定了信号的显示方式和执行要求;明确了铁路工作人员的主要职责和必须具备的基本条件。《铁路技术管理规程》中还规定了对行车组织的基本要求、编组列车、调车工作、行车闭塞及列车运行的办法和安全作业的规定,是全路行车组织和行车安全管理的基本依据。

### (二)《铁路行车组织规则》

《铁路行车组织规则》是各铁路局根据《铁路技术管理规程》的要求,结合本局管内的具体情况制定的。它是对《铁路技术管理规程》的补充,也是铁路局行车安全管理的准则。其主要包括以下内容:

(1)《铁路技术管理规程》中明文规定由《铁路行车组织规则》规定的事项。如枢纽地区的列车运行方向、超长列车运行办法等。

(2)《铁路技术管理规程》中未作统一规定,又不宜由站段等基层单位自行规定的行车方法。

(3)根据铁路局管内特殊地段的平纵断面情况,信号、联锁、闭塞设备和机车类型等特点,对行车工作应规定的特殊要求和注意事项。

(4)广大职工在生产实践中,创造推广的先进经验和行之有效的安全生产措施等。

### (三)《车站行车工作细则》

《车站行车工作细则》是车站根据《铁路技术管理规程》《铁路行车组织规则》等有关规定,结合本站具体情况编制的,是对《铁路技术管理规程》和《铁路行车组织规则》的补充,也是车站行车安全管理的细则。其主要包括以下内容:

(1)车站的性质、等级和任务。

(2)车站技术设备的使用和管理。

(3)接发列车和调车工作组织。

(4)列车在站技术作业过程和时间标准,作业计划的编制、执行制度。

(5)车站通过能力、改编能力的计算和确定。

### (四)《铁路行车事故处理规则》

《铁路行车事故处理规则》是为了及时处理行车事故,尽快恢复正常的运输秩序,减轻或避免事故损失而制定的,是正确处理各类行车事故的依据。其主要包括以下内容:

(1)行车事故处理的原则要求。

(2)行车事故及其分类。

（3）行车事故的通报、调查和处理。
（4）行车事故责任的判定和处理。
（5）事故的统计、分析和总结报告等。

### （五）《行车安全监察工作规程》

《行车安全监察工作规程》是行车安全监察机构维护铁路行车安全法规的实施，加强行车安全管理，保证运输安全，严格实行监察制度的重要依据。其主要内容包括以下内容：

（1）各级行车安全监察机构的设置、任务、职责及行车安全监察机构职权。
（2）行车安全监察机构的组织领导和工作准则。
（3）各级行车安全监察人员的行政级别和综合素质要求等。

## 六、铁路相关作业标准和人身安全标准

作业标准是延伸的规章制度，一般是指与重复进行的生产活动直接有关的作业项目和程序，在内容、顺序、时限和操作方法等方面，依据作业规章制度所作的统一规定，是组织现代化大生产的主要手段。作业标准和规章制度两者相辅相成，缺一不可，尤其是对大量重复进行、影响大、安全要求高的铁路接发列车和调车工作更是如此。

### （一）接发列车作业标准

（1）双线半自动闭塞电气集中联锁（设信号员）接发列车作业标准（TB/T1502—1992）。
（2）双线半自动闭塞电气集中联锁（无信号员）接发列车作业标准（TB/T1503—1992）。
（3）双线半自动闭塞电锁器联锁接发列车作业标准（TB/T1504—1992）。
（4）双线电话闭塞无联锁接发列车作业标准（TB/T1506—1992）。

### （二）调车作业标准

（1）铁路调车作业标准基本规定。
（2）铁路调车准备作业标准。
（3）铁路调车机械化（半自动化）驼峰作业标准。
（4）铁路调车简易驼峰作业标准。
（5）铁路调车平面牵出线作业标准。
（6）铁路调车编组列车作业标准。
（7）铁路调车列车摘挂作业标准。
（8）铁路调车取送车辆作业标准。
（9）铁路调车停留车作业标准。

以上9项标准都规定了相应的调车作业程序、项目、内容、作业人员和技术要求，适用于国家铁路、地方铁路和专用铁路的调车作业。但由于运输企业所属车站的劳动组织、作业性质、技术设备、技术要求不同，可用相应的标准对铁路调车作业标准进行补充规定。专用铁路的某些作业未纳入标准或因特殊要求执行标准有困难的，可按本企业标准进行。但国家铁路机车进入专用铁路或专用铁路机车进入国家铁路作业，必须执行上述9项标准。

## （三）人身安全标准

铁路车站行车作业人身安全标准是为保证作业人员自身安全而发布的标准，主要内容如下：

（1）行车作业人身安全通用标准。

（2）接发列车作业人身安全标准。

（3）调车作业人身安全标准。

（4）扳道（清扫）作业人身安全标准。

## （四）《电气化铁路有关人员电气安全规则》

我国电气化铁路在路网中的比重越来越大，为强化电气化铁路运输安全管理，确保电气化铁路有关人员作业安全，专门制定了《电气化铁路有关人员电气安全规则》。内容主要如下：

（1）电气化铁路运输和安全的原则要求。

（2）电气化铁路附近有关安全规定。

（3）养路工作安全规定。

（4）装卸作业和押运人员安全规定。

（5）接发列车及调车作业安全规定。

（6）机车车辆作业安全规定。

（7）通信、信号、电力设备维修安全规定。

（8）电气化铁路附近消防安全规定。

（9）车辆行人通过道口安全规定。

# 七、与客、货运输安全及其管理有关的规程、规则

## （一）《铁路旅客运输规程》

《铁路旅客运输规程》是铁路旅客运输的基本法规，在"旅客运输""行李包裹运输""特定运输"和"运输故的处理"等章节中都制定有与客运安全有关的规章制度，它是进行旅客运输安全管理的依据。为了规范铁路运输企业内部办理旅客及行李、包裹运送工作，根据《铁路旅客运输规程》原则制定的《铁路旅客运输办理细则》，在上述同名章节中，纳入了更为具体、便于监控的客运安全规定。

## （二）《铁路货物运输规程》

《铁路货物运输规程》是铁路货物运输的基本法规，有关货运安全及其管理的规章制度在"货物运输基本条件""货物的托运、管理和承运"及"货运事故处理"等章节中有专门规定。《铁路货物运输规程》的引申规则、办法则是对一些货运组织工作中，与货运安全密切相关的技术问题（货物在货车上的装载办法等）和某些货物（阔大货物、易腐货物、危险货物等）特殊运输条件作出的相应规定，如《铁路危险货物运输规则》《铁路鲜活货物运输规则》《铁路超限货物运输规则》和《铁路货物装载加固规则》等。

### （三）《铁路货物运输管理规则》

《铁路货物运输管理规则》是明确货物运输各作业环节内容和质量要求的基本规定，在"货物运输基本作业""货物交接、检查和换装整理""货场管理"和"货运监察"等章节中包含有与运输安全相关的规章制度。

### （四）《铁路货运事故处理规则》

《铁路货运事故处理规则》是加强货运安全管理，明确铁路内部处理货运事故的原则、程序和责任划分的重要依据，主要内容如下：

（1）货运事故处理的原则要求。
（2）货运事故种类和等级。
（3）记录编制及调查。
（4）事故处理程序。
（5）事故责任划分。
（6）货运事故赔偿。
（7）货运事故统计与资料保管等。

总之，与铁路运输安全有关的国家法律和安全法规对规章制度、作业标准的制定与执行起着授权性、原则性的指导作用，而后者又是前者的制定依据。随着形势发展和条件变化，需要对这些法律法规适时予以修订、补充和增删，以便使运输安全管理水平不断提高。

# 任务三　铁路运营安全事故罪责分析

## 一、铁路运营安全事故罪的概念

铁路运营安全事故罪，是指铁路职工违反规章制度，致使发生铁路运营安全事故，造成严重后果的行为。

## 二、犯罪构成

### （一）客体要件

本罪侵犯的客体是铁路运输的正常秩序和铁路运输的安全。

### （二）客观要件

本罪在客观方面表现为在铁路运输活动中违反规章制度，因而发生运营事故，情节严重的行为。

（1）行为必须违反同保障铁路运输安全有直接关系的各种规章制度。"违反规章制度"，是构成本罪的前提；同时，这种违反规章制度的行为，导致了铁路运营事故的发生。如果运营事故不是由违反规章制度的行为所引起的，则行为人免受处罚。铁路职工违反规章制度的行为可以是作为，如超速行驶、错扳道岔、错发信号等，也可以是不作为，如过道口未鸣笛示警、扳道员不按时扳道岔、岔道口不减速等。

（2）必须造成发生重大事故，致人重伤、死亡或者使公私财产遭受重大损失的严重后果。"严重后果"，一般是指造成了人员重伤、公，私财产的重大损失；经常违反规章制度，屡教不改，以致酿成运营事故；明知列车关键部件有失灵危险，仍继续驾驶，以致造成运营事故；等等。

（3）严重后果必须是违章行为引起的，两者之间存在因果关系。违反规章制度，致人重伤、死亡或者使公私财产遭受重大损失的行为，必须发生在从始发车站准备载人装货至终点车站旅客离去、货物卸完的整个交通运输活动过程中。

### （三）主体要件

本罪的主体为特殊主体。只有铁路职工才能成为本罪主体。这里所称的铁路职工，是指具体从事铁路运营业务与保证列车运营安全有直接关系的人员，包括具体操纵机车的司机；铁路运营设备的其他操纵人员，如扳道员、挂钩员；列车运营活动的直接领导和指挥人员，如调度员；列车安全的管理人员，如信号员；等等。如果是铁路部门的非运营第一线职工，则不能成为本罪主体。

### （四）主观要件

本罪在主观方面表现为过失，包括疏忽大意的过失和过于自信的过失。这种过失主要是指行为人对危害后果的态度。行为人在违反规章制度上可能出于故意。但他对于发生交通肇事的严重后果则是过失的，即他应当预见未预见到可能发生严重后果，或者虽然预见，但轻信可以避免，以致发生了严重的后果；如果出于故意，就不属于铁路运营安全事故罪，而属于其他犯罪了。

## 三、本罪与重大责任事故罪的界限

两者都是过失犯罪，行为人都有违反规章制度的行为，并且都发生了重大事故，造成了严重后果。两者的区别主要如下：

（1）犯罪主体不同。两者都是特殊主体，但铁路运营安全事故罪的犯罪主体只能是铁路职工；重大责任事故罪的主体仅限于工厂、矿山、林场、建筑企业或其他企业、事业单位的职工以及群众合作经营组织或个体经营户的从业人员。

（2）发生的场合不同。铁路运营安全事故罪发生的场合是铁路运营生产相关岗位；重大责任事故罪发生的场合涉及工厂、矿山、林场、建筑企业或其他企业、事业单位等范围。

## 四、本罪与交通肇事罪的界限

两罪都是过失犯罪，行为人都实施了违反规章制度的行为，都造成了重大事故，并且都属于交通方面的重大事故。但是，两者有着明显区别：

（1）犯罪主体不同。铁路运营安全事故罪的犯罪主体是特殊主体，仅限于铁路职工；交通肇事罪的犯罪主体是一般主体，包括交通运输人员和非交通运输人员。

（2）违反的规章制度不同。铁路运营安全事故罪违反的是铁路等部门制定的有关运输管理、维修管理、操作规程、安全管理等方面的规章制度；交通肇事罪违反的是同保证交通运输安全有直接关系的各种法律、法规与制度，其范围较广。

（3）犯罪客体稍有不同。铁路运营安全事故罪侵犯的客体是铁路运营的安全；交通肇事罪侵犯的客体主要是陆路和水路交通运输的安全。

## 五、相关法律

《安全生产法》第十六条：国家实行生产安全事故责任追究制度，依照本法和有关法律、法规的规定，追究生产安全事故责任人员的法律责任。

《刑法》第一百三十二条：铁路职工违反规章制度，致使发生铁路运营安全事故，造成严重后果的，处三年以下有期徒刑或者拘役；造成特别严重后果的，处3年以上7年以下有期徒刑。

《铁路法》第七十一条：铁路职工玩忽职守、违反规章制度造成铁路运营事故的，滥用职权、利用办理运输业务之便谋取私利的，给予行政处分，情节严重、构成犯罪的，依照刑法有关规定追究刑事责任。

## 六、认定本罪与非罪的界限

### （一）认定本罪的基本条件

一看行为人的行为是否违反规章制度。如果行为人的行为是照章行事，不违反规章制度，即便发生重大事故，致人重伤、死亡或者使公私财产遭受重大损失，也不构成犯罪。

二看是否造成了严重后果。行为人虽然违反了规章制度，但未造成严重后果的，不构成犯罪。

三看违章行为与严重后果之间是否有因果关系。即使在行为人的违章行为之后，发生了重大事故，但不是行为人的违章行为引起的，两者之间没有因果关系，不构成犯罪。

四看行为人主观上有无过失。如果行为人主观上既无故意，又无过失，严重后果是由不能预见或者不可抗拒的原因引起的，属于意外事件，不构成犯罪。

### （二）事故罪与重大责任事故罪的界限

事故罪发生在列车运营过程中；重大责任事故罪则发生在生产、作业过程中。

### （三）量刑

犯本罪的，处3年以下有期徒刑或者拘役；造成特别严重后果的，处3年以上7年以下有期徒刑。

【复习思考题】

1. 《安全生产法》在我国安全生产法律体系中的作用?
2. 简述我国安全生产管理方针。
3. 简述安全生产法的基本框架、从业人员的权利及义务。
4. 简述《铁路法》安全管理的部分条款。
5. 简述《铁路安全管理条例》的重点内容。
6. 简述铁路运营安全事故罪的量刑。
7. 简述铁路运营安全事故罪与重大责任事故罪的界限。
8. 简述铁路运营安全事故罪与交通肇事罪的界限。

# 项目四　铁路运营安全保障体系

## 项目概述

本章主要是使学生熟悉我国铁路运输安全管理体制，牢记我国铁路运输安全管理方针；重点掌握铁路安全保障系统；熟知和运用铁路安全管理手段。

## 教学目标

### 1. 能力目标

熟悉我国铁路运输安全管理体制；牢记我国铁路运输安全管理方针。

### 2. 知识目标

掌握铁路安全保障系统；熟知和运用铁路安全管理手段。

### 3. 素质目标

具有能够运用铁路安全管理手段的能力和认真负责的工作理念。

# 任务一　运输安全管理体制

铁路运输安全管理体制一般是指运输安全的管理体系和工作制度。确立科学的运输安全管理体制，对我国铁路运输事业的发展具有重要意义。

## 一、铁路运输安全管理体制的内涵

铁路运输安全管理体制与铁路运输管理体制是一脉相承的。《铁路法》第三条规定："国务院铁路主管部门主管全国铁路工作，对国家铁路实行高度集中、统一指挥的运输管理体制，对地方铁路、专用铁路和铁路专用线进行指导、协调、监督和帮助。国家铁路运输企业行使法律、行政法规授予的行政管理职能。"第七条规定："铁路沿线各级地方人民政府应当协助铁路运输企业保证铁路运输安全畅通，车站、列车秩序良好，铁路设施完好和铁路建设顺利进行。"这些规定从铁路运输的内部关系和同地方人民政府的外部关系两个方面，确定了铁路运输管理体制，对铁路运输安全管理体制的形成和发展具有重要的导向作用。

### （一）国家铁路运输安全管理体制

国家铁路实行高度集中、统一指挥的运输安全管理体制，是由铁路运输生产特点和规律决定的。国家铁路运输生产具有大联动机的性质，技术性和时间性强，管理程序复杂，作业环节众多。通常，一个运输企业不能独立完成旅客和货物安全运输任务，需要其他铁路运输企业的通力协作与配合。无论是远程货物列车还是旅客列车，时空跨度大，沿途有为数众多的铁路职工按照统一的运输法规和作业规定为列车安全运行服务，任何一个作业环节违章操作，都会影响联动机的正常运转。在现行铁路运输体制下，国家铁路局、国铁集团、铁路局对基层生产单位的运输调度指挥工作以命令形式下达，各基层站段必须服从。

（1）《铁路安全管理条例》对铁路安全管理体制的规定。

国家铁路局：由交通运输部管理，行政职责，负责拟订铁路技术标准，监督管理铁路安全生产、运输服务质量和铁路工程质量等。

交通运输部、国家铁路局：依法对中国国家铁路集团有限公司（简称"国铁集团"）进行行业监管。

国务院铁路行业监督管理部门：负责全国铁路安全监督管理工作。

国务院铁路行业监督管理部门设立的铁路监督管理机构：负责辖区内的铁路安全监督管理工作。

国务院铁路行业监督管理部门和铁路监督管理机构统称铁路监管部门。

国务院有关部门：依照法律和国务院规定的职责，负责铁路安全管理的有关工作。

（2）国铁集团对各铁路局集团公司在安全管理方面有下列关系：

① 统一下达运输安全目标、任务、规则和要求，保证铁路运输企业完成运输安全目标任务所需的经费、设施和物资。

② 统一制定运输安全法规，建立运输安全管理体系或网络。

③ 审查批准重大安全技术和管理科研项目，及重大安全技术设备改造计划。

④ 审查批复铁路运输企业对重大事故的处理结果等。

**（二）国铁集团对地方铁路、专用铁路和铁路专用线的运输安全进行指导、协调、监督和帮助**

《铁路法》规定，铁路运输安全必须遵守的技术管理规程和有关作业标准，由国务院铁路主管部门制定，实行行业统一归口管理，这是社会化大生产的客观要求和选择。地方铁路、专用铁路和铁路专用线因主管部门和工作性质不同，在运输生产规模、运输技术设备、管理方法和人员素质等方面远不及国家铁路强大，需要国家铁路在运输安全生产上给予技术政策和咨询及信息等方面的指导，在安全技术问题上协调处理好各种铁路之间的关系；监督各种铁路执行《铁路法》《铁路技术管理规程》及作业标准情况；在人力、财力、物力上力所能及地支持地方铁路、专用铁路和铁路专用线，包括帮助培训运输业务干部、进行技术改造等。给予指导、协调、监督和帮助，使其他铁路不断提高安全管理水平和安全运输的可靠程度。

**（三）铁路沿线地方政府应协助铁路做好运输安全工作**

铁路线路穿越南北，横贯东西，四通八达，这就使铁路运输企业比其他一般企业更多地需要取得地方政府的支持和帮助。实践证明，凡是运输畅通无阻、治安秩序好的区段，与地方政府积极支持、整顿秩序、教育群众是分不开的。因此，地方政府协助铁路运输安全工作是铁路运输安全管理体制的重要内容。

## 二、行车安全管理体系

行车安全是一切与行车有关的各项工作质量的综合体现，这些工作主要有列车安全、作业安全、施工安全、设备安全和路外安全等。换句话说，只有把上述工作做好了，行车安全才能得到真正保证。行车安全管理是铁路运输生产中最根本也是最重要的管理工作，其体系构成如图 4-1 所示。

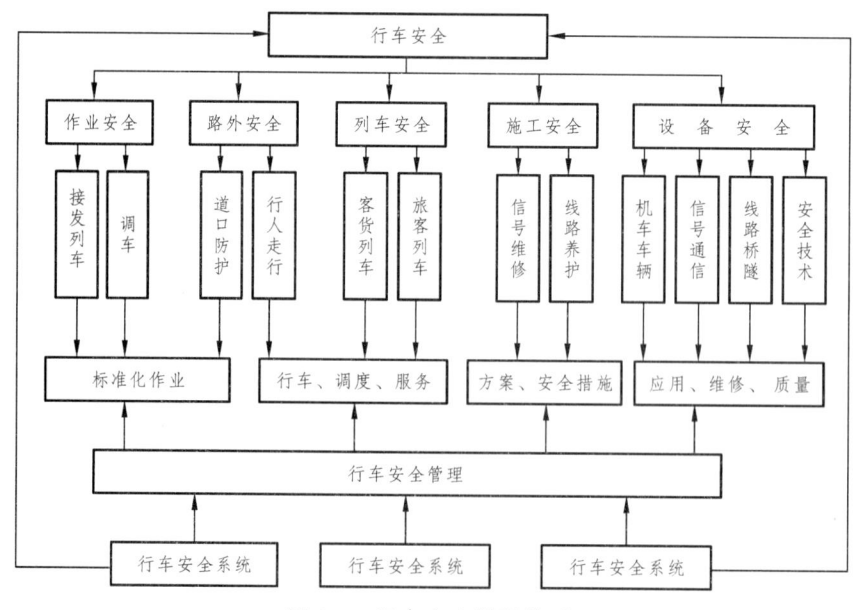

图 4-1 行车安全管理体系

保证接发列车、调车和道口安全的根本途径就是落实标准化作业；为了确保客货列车运行安全，尤其是把提速客车安全作为重点，避免旅客列车恶性事故发生，必须加强行车组织，调度指挥，并提高旅客运输站、车服务质量；对信号维修，线路养护和线路大修的施工安全管理应把行车安全放在首位，严格按审定的施工方案和批准的封锁慢行计划组织施工，认真落实各项安全防范措施；为了保障机车车辆、信号通信、线路桥隧等行车基础设备和列车自动停车装置、轴温探测装置等行车安全技术设备的安全，必须不断提高设备的应用和检修质量。所有这些行车安全的保障工作是在行车安全科学管理的基础上实现的。安全系统工程理论和方法在行车安全管理中的应用，是加大安全管理科技含量的重要体现，其理论体系如安全系统分析、安全系统评价和安全系统管理及其在实际工作中的应用，将在本书的后续章节中逐一阐述。

## 三、运输安全管理制度

实践证明，运输安全管理的意义就是抓紧抓好规章制度和标准化作业的落实。随着铁路经济体制改革的深化，建立健全相应的运输安全管理制度，对加大运输安全管理力度，扭转安全不稳的被动局面具有十分重要的意义。

运输安全管理制度是运输安全管理体制不可或缺的组成部分，是把运输安全法规和作业标准落到实处的重要保证，是使安全管理行为规范化、高效化、科学化的集中体现。各级领导、干部和管理人员应该认真学习，加深理解、接受监督、自觉遵守、身体力行。长期以来，我国铁路一直在执行行之有效的安全监察制度、安全教育制度和安全检查制度等，并随着形势的发展、变化，开创性地制定了许多切合实际、富有时代特征的分层管理、逐级负责制及安全工作落实机制等。

### （一）安全生产教育制度

安全教育是提高路内职工安全素质的最佳途径，也是路外人员了解铁路安全常识、强化安全意识的重要手段。

安全生产教育制度是对安全生产教育的内容、对象、形式和方法所做的具体规定。运输部门及其他业务部门基层作业人员、各级管理人员，根据工作需要和规定要求，分期分批地接受不同类型的安全教育或培训。通过安全思想、安全知识和安全技能等方面的学习和教育，牢固树立"安全第一、预防为主"的思想，掌握必需的安全生产技术知识和安全管理知识，提高遵章守纪的自觉性和标准化作业技能，并定期进行考核，实行持证上岗。安全生产教育是安全生产的充分必要条件。《铁路技术管理规程》规定，铁路行车有关人员，在任职、提职、改职前，必须熟悉《铁路技术管理规程》有关内容、本职基本知识技能和技术安全规则，并经考试合格。属于有技术等级标准的人员，还须按其等级标准考试合格。在任职期间，还应定期进行技术考试和鉴定，不合格者，应调整其工作。如今，全面考核、竞争上岗制度已在全路普遍推行。

为了保证运输安全，对路外人员（主要包括旅客、货主、机动车驾驶员，以及铁路沿线群众）进行安全常识、法规等方面的宣传教育，在我国铁路运输安全工作中已经制度化。

## （二）安全生产检查制度

运输安全生产检查以各种运输法规为准绳，通过有计划、有目的、有步骤地查思想、查管理、查设备、查现场作业，发现和消除隐患及危险因素，总结交流安全生产经验，推动运输安全工作深入开展。

安全生产检查制度是对安全生产检查的内容、形式和整改要求所作出的切合实际的规定。按照工作需要进行的定期性、专业性、季节性和经常性安全检查，不仅要大兴调查研究之风，增强为现场服务的观点，而且应与干部考核挂钩，使安全检查真正起到鉴别、诊断和预防作用，使检查结果成为领导决策的重要参考依据。

检查是手段，整改才是目的。对安全检查中出现的好经验要及时总结推广，对暴露出来的矛盾，特别是领导不重视、制度不健全、设备不可靠及安全意识淡薄等问题，要定措施、定人员、定期限整改，并做到条条有交代，件件有着落。

## （三）分层管理、逐级负责制度

运输安全是一个系统工程。运输安全管理体系实行"分层管理、逐级负责"制度，是提高安全管理科学性和有效性的重要举措。强化这项制度，要注意把握管理范围和职责，学标、对标、达标和建立健全安全落实机制3个重要环节。

分层管理、逐级负责，就要界定管理范围，立标明责，建立安全管理责任制，即界定铁路局、基层站段、各部门，以及各单位、各部门的各个职位安全管理的职责和权限，制定管理标准和考核办法。在管理范围界定、责任标准明确的基础上，各单位、各部门组织广大干部和管理人员认真学习职责、标准，对照职责、标准进行有效管理，并努力达到职责、标准要求（即学标、对标、达标）。同时，建立健全安全管理落实机制，促进各级干部和管理人员尽心尽责，使运输安全的各个环节、关键岗点，处于有效的监控之中。

# 任务二　铁路运输安全管理方针

"安全第一、预防为主、综合治理"是我国铁路运输安全管理方针。"安全第一"就是要求运输企业在组织生产、指挥生产时，坚持把安全生产作为企业生存与发展的第一要素和保证条件。"预防为主"就是要求运输企业以主动积极的态度，从组织管理和技术措施上，增强运输安全保障系统的整体功能，把事故遏制在萌芽状态，做到防患于未然。

## 一、"安全第一、预防为主、综合治理"指导方针的作用

安全生产是社会主义运输企业管理的一项基本原则。安全是与计划、生产、技术、质量、物资、设备、劳动和财务等管理密切相关并渗透其中的企业管理的首要任务。安全管理是上述8项管理中与安全相关的管理内容的综合和发展，并由专门机构和人员负责统一规划、组织协调、监控实施。运输安全管理以"安全第一、预防为主"作为指导方针，是安全科学理

论与安全生产实践相结合的结果,也是几十年来我国运输安全工作经验和教训的科学总结。这一不以人们意志为转移的客观规律,不仅深刻揭示了安全与效率、安全与效益及安全管理与其他管理工作之间的辩证关系,同时也表明了安全管理自身各项工作应遵守的原则。"安全第一、预防为主"指导方针主要有导向、规范、约束、评价4个方面的作用。

### (一)导向作用

运输生产中存在各种各样的矛盾,如安全与效率、技术与管理、软件与硬件、局部与整体等。安全与效率始终是主要矛盾,而安全又是矛盾的主要方面,在任何时候只有抓住了主要矛盾和矛盾的主要方面,也就是对影响安全的不利因素,如隐患、危险等主动出击,预先防止,才能牢牢把握住运输生产的主动权,促使矛盾向有利于安全的方面转化。任何单位和个人违背这一原则,就易造成无法挽回的损失。

### (二)规范作用

运输生产是一个动态变化的过程,影响安全和生产的因素很多。凡事预则立,不预则废,把"安全第一"要做的工作、"预防为主"必办的事情落到实处,才能收到预期的安全效果。如从指导思想到奋斗目标,阶段任务到主攻方向,实施方案到具体办法,组织分工到监控反馈等进行周密规划、统一部署,并按变化做出必要调整,形成着眼于现场作业控制的管理落实机制,使运输生产处于有序可控状态。

### (三)约束作用

安全需要纪律严明、按章办事、工作高效的个人行为、群体行为、管理行为的联合保证。这就需要有"安全第一、预防为主"的共同思想基础,并以此为准则,抵制克服不利于安全的思想和行为。为此,按照"安全第一、预防为主"的要求,加强安全教育和培训,制定各级安全责任制,健全安全生产激励机制,使广大铁路职工心往一处想,劲往一处使,共同开创运输安全新局面。

### (四)评价作用

用发生事故的数量及其损失大小可以衡量一个生产单位安全状况的好坏。但由于事故具有潜在性和再现性、偶然性和必然性、事发原因的多重性和因果性等特性,为了实事求是地判断运输企业的安全状况和发展趋势,除以事故指标衡量外,还需要考察"安全第一"的思想和"预防为主"的措施落实情况及其效果,即对运输系统中的关键人员、关键岗位、关键作业、关键设备等有无防范举措,安全观念中是否有超前防护意识,作用如何等进行评价。

可见,"安全第一、预防为主"不是一句空洞的口号,而是具有丰富的内涵。深刻认识其本质含义并发挥其应有的作用,关键在于认识的深化、决策的正确和扎扎实实地工作。

## 二、"安全第一、预防为主、综合治理"是一个不可分割的整体

如前所述,在铁路运输生产中,"安全第一"主要是由运输生产的特点所决定的,"安全第一"的思想到位,解决好各种矛盾,是"预防为主"的前提,离开这个前提就谈不上"预

防为主"。因为不解决好"安全第一"的思想认识和实际问题，职工预防事故的自觉性、主动性、积极性就难以调动和持久。再说，预防事故是主动而为，事故抢救是迫不得已，对来自天灾人祸的事故而言必须以预防为主，这是运输安全不可动摇的原则。"预防为主"就是要对事故发生的原因进行调查研究、系统分析、制定原则、采取对策。真正做到思想上重视，制度上保证，工作上落实，作风上适应，常抓不懈，持久以恒。

"安全第一、预防为主"最终还是以清除隐患，预防事故发生为归宿。故应积极采取措施，消除各种不利因素，把事故消灭在萌芽状态，满足"安全第一"的需要。可见，"预防为主"是"安全第一"的重要保证，失去这一保证，"安全第一"就成了一句空话。"安全第一"和"预防为主"的辩证关系与生产实践相结合，共同构成了运输生产的安全屏障，两者密不可分。当"安全第一、预防为主"的指导方针未能得到彻底贯彻落实的时候，影响安全的因素，如人员、设备、环境、管理等，其非正常状态就成为事故发生的原因。我国铁路运输安全专家和科技工作者的最新研究结果表明：2012—2022年铁路行车重大、大事故及险性事故的原因中，人员失误占54.15%，设备故障占22.58%，环境恶劣（自然灾害、气候不良等）占3.36%，管理不善（规章制度不健全、不合理、教育培训效果差等）占0.15%，其他原因（路外人员责任、人为破坏及不明原因等）占19.74%。其中，人员失误和设备故障两类原因合计接近80%，已成为预防事故发生的主攻方向。

## 三、贯彻"安全第一、预防为主、综合治理"指导方针的原则要求

铁路运输生产必须坚持"安全第一"的原则，依靠先进技术和装备，保障行车安全。以行车安全为核心，保障旅客运输安全为重点，系统配套发展铁路安全技术与装备，制定、修订有关行车安全的规程、法规和标准，加强安全管理，完善行车安全保障体系。

### （一）牢固树立"安全第一"的思想，强化"安全第一"的责任意识

这是保障运输安全的重要前提。人的因素是影响运输安全最重要的因素，人的安全思想和意识是安全行为的基础。因此，必须加强以人为中心的管理，持久深入地进行安全生产教育，增强广大职工在市场经济条件下的安全责任感和紧迫感，以及不安全的危机感，营造人人重视安全、事事确保安全的工作氛围。而运输生产中存在的隐患、发生的事故（除不可抗拒的自然原因外），归根结底是人的"安全第一"思想不牢、安全责任意识淡薄所致。在安全工作与其他工作发生矛盾，或安全工作取得成绩的时候，"安全第一"的思想往往被淡化或移位，这是安全措施不落实、安全形势不稳定的根本原因，应坚决克服纠正。

### （二）遵守规章制度，严格组织纪律

这是运输安全的重要保证。在长期生产实践中，我国铁路部门根据运输生产规律、事故发生的因果关系和防止事故的宝贵经验，制定了许多保证安全、提高效率的规章制度和作业标准，并根据情况变化及时加以完善和发展。有章必循，就要有严格的组织纪律约束。纪律松弛，有章不循是对运输生产安全的最大威胁。因此，必须加强职工队伍的组织性和纪律性，使"严字当头、铁的纪律、团结协作、雷厉风行"的路风得以发扬光大。

建立健全严格的安全管理制度，最为重要的是各级安全责任制的逐步完善和切实执行。

应避免职责不清、分工不明、互相推诿的不良现象发生，并通过各种管理手段做到是非分明、赏罚严明，形成强有力的竞争、激励和约束机制。

### （三）加强职工教育培训工作，提高职工队伍安全素质

这是运输安全的重要基础。提高人员安全素质最为有效的途径就是理论联系实际的教育和培训。这在高科技广泛应用于铁路运输的情况下更为迫切和重要。通过各种形式的教育和培训，大力抓好职工队伍的职业道德建设，培养爱岗敬业的精神和遵章守纪的良好习惯，提高实际操作能力，特别是非正常情况下的作业技能和应急处理能力，全面落实作业标准化。与此同时，要不断加强干部的技术业务培训，普遍提高干部队伍的业务素质。

### （四）不断改善和更新运输技术设备

这是保障运输安全的物质基础。运输设备的质量取决于出厂的产品质量，也取决于运用中的设备能经常得到精心的维护和保养。因此，要坚持设备检修与保养并重、预防与整治相结合的原则，攻克设备隐患，落实维修标准、作业标准和质量标准，努力提高设备的有效性，使设备经常保持良好状态。同时，增加经费投入，改善设备功能，加快实现主要运输装备现代化的步伐。积极发展和完善既能提高运输效率，又能确保各种安全技术设备的安全，这是提高铁路运输安全水平的必由之路。

### （五）争取地方政府和人民群众的支持

这是运输安全的坚强后盾。铁路部门的工作没有各地的支持是做不好的。铁路运输安全尤为突出。铁路应主动加强与地方的安全联防和共建，不断改善铁路沿线的治安秩序，积极依靠地方政府和沿线人民群众参与事故救援、抢修等工作。加强路外安全宣传教育，防止人身伤亡和交通事故的发生，保证铁路运输安全畅通。

## 任务三　铁路运输安全保障系统

铁路安全保障系统是以保障行车安全为目的的人—机—环—管系统。它们之间不再是各自独立环节的简单联系，而是通过现代化管理，以大量运行安全保证技术为基础，以人为核心、以环境为条件所组成的相互渗透、制约的总体性的安全保障系统。协调好人—机关系是确保现代化铁路行车安全可靠的根本保障。

### 一、铁路运输安全保障系统的特征

铁路运输安全保障系统是指配置在运输系统上，起保障运输安全作用的所有方法和手段的综合，一方面要保证运输系统内人员和设备的安全，另一方面要保证运输系统不会受到其外部环境的威胁。

从概念上讲，运输安全保障系统与运输安全系统是有区别的，两者均属于"软"概念，很难明确定义。根据安全对生产的依附性，构成运输系统的要素如人、机、环境、管理等均会对运输安全产生影响，因而它们同时也构成了运输安全系统的要素，只是侧重不同而已，即运输安全系统与运输系统一样，也是一个开放的人—机—环境动态系统。而根据定义，运输安全保障系统可以理解为一种控制系统，它是针对运输安全影响因素采取的所有控制方法和手段的有机结合。相比较，运输安全系统的范围更广一些，它通常是针对一般的安全分析而言的。而运输安全保障系统则更为具体，也更有针对性，它是针对某一时期、某一阶段、某一范围内运输系统存在的安全问题而建立的，其目的是达到当时可接受的安全水平。相对于运输安全系统而言，运输安全保障系统具有更强的可操作性和时效性。

铁路运输安全保障系统是一个以管理作为施控主体，以运输安全直接影响因素（人、机、环境）作为受控客体的控制系统，其目的是实现某一时期的系统安全目标。其中，运输安全直接影响因素为广义的概念，它不仅包括每个单独的因素，还包括因素间的关系及组合。

从本质上讲，铁路运输安全保障系统是一个以"管理"为中枢、"人"为核心、"机"为基础、"环境"为条件组成的总体性的，以保障铁路运输安全为目的的人—机—环境系统。在这个系统中，"管理"要素渗透到每一环节，对促使各个要素结合起来成为一个整体起着中枢性的作用。在系统中，"人"既是"管理"的主体，又是"管理"的对象，"人"在系统中的主导地位不会变，可变的只是管理层次越高，其主导性越强。"机"是安全生产必不可少的物质基础，但这一物质基础的存在还只是一种"可能"的生产力要素，它只有在"管理"要素的作用下，与"人"和"环境"有机结合后，才能成为"现实的"生产力要素。"环境"是对安全有重大影响的要素群，其中有的以潜移默化的方式影响安全，有的则以雷霆万钧之势影响安全，有的属于系统难以控制的影响因素，有的则属于系统可控的影响因素，而且环境影响安全可以说是无孔不入，但其影响既可能产生正效应，也可能产生负效应。对安全而言，系统可以发挥"管理"要素的中介转换功能，即通过改善可控的内部小环境来适应不可控的外部大环境，以强化其正效应或削弱其负效应，并创造保障铁路运输安全的良好条件。

在运输安全保障系统中，安全评价起着反馈回路的作用，安全预测起着前馈回路的作用，它们是管理者获取正确的控制信息的基础。缺乏该环节，或者预测缺乏科学性，都将使控制变成盲目的行为，难以达到预期效果。所以，科学的安全评价与预测在运输安全保障系统中有着举足轻重的作用。

## 二、运输安全保障系统的结构

铁路运输安全保障系统作为一种管理系统，以直接影响运输安全的因素人员、设备、环境作为管理的对象。从管理的对象和要素出发，可将运输安全保障系统划分为不同层次的两个子系统：安全总体管理子系统和安全对象管理子系统。

### （一）安全总体管理子系统

铁路运输安全管理的内容，包括对人的安全管理、设备的安全管理和环境的安全管理。对人、设备、环境的安全管理，既是系统安全管理的 3 个不同内容，又是一个统一整体。"统一整体"正是安全总体管理的对象，它不是单纯指人、设备或者环境，而是指"人—机—环境"系统整体。因此，安全总体管理的内容，不是单独对人的安全管理，或者单独对设备的安全管理、对环境的安全管理，而是对人—机—环境系统总体的安全管理，是凌驾于人、机、环境之上，又渗透于其中的安全管理。亦即从功能上看，安全总体管理起着系统软件的作用，它既是安全管理这一大系统中的一个子系统，又对整个系统的安全状况起着控制、监督的作用。安全总体管理子系统包括安全组织、安全法制、安全信息、安全技术、安全教育、安全资金等。

### 1. 安全组织

安全组织是安全管理的一个职能实体，所有安全保障措施的制定与落实均离不开组织的支持。组织是一切安全管理活动的基础。

作为安全总体管理，安全组织管理的功能（排除单独针对人员的部分）如下：

（1）制定安全管理的方针、政策和目标。
（2）分配责任和权限。
（3）组织实施安全管理规划。
（4）提供决策沟通和协调配合。
（5）安全检查及整改。
（6）分析处理事故。
（7）其他。

### 2. 安全法制

建立健全安全法制的目的就是使人、机、环境的安全管理活动做到有章可循，有法可依，即起到规范人、机、环境安全管理的作用。安全法制管理的功能主要表现在以下4个方面：

（1）完善运输安全法规。
（2）建立健全规章制度。
（3）完善安全标准体系。
（4）监督与考核规章制度、作业标准的执行。

### 3. 安全信息

一切安全管理活动，都离不开安全信息的支持。信息传递是组织管理理论的重要内容，信息促使系统动态化并且将组织目标与参与人员联系起来。正是由于信息的纽带特性，安全信息成为安全总体管理的内容。安全信息管理子系统的功能如下：

（1）收集、记录、整理、传输、存储系统安全信息。
（2）提供系统安全分析工具、评价方法与决策支持。
（3）追踪先进安全科技与管理信息。

### 4. 安全技术

安全技术管理的内容包括对运输安全硬技术设备的安全管理和对运输安全软技术的研究、开发与应用。安全技术管理中单独针对人员、设备和环境的部分属于安全对象管理而非安全总体管理，因此，作为安全总体管理中的安全技术，应排除单独针对人员、设备、环境的技术管理部分，包括以下内容：

（1）安全分析、评价和管理方法的研究与应用。

（2）事故管理方法的研究与应用。

（3）各种安全作业方法、工艺过程的研究与应用。

（4）制定与完善安全技术规范的方法的研究与应用。

（5）其他。

### 5. 安全教育

在铁路运输人—机—环境系统中，为了避免各种危险，防止事故发生，必须通过各种形式和方法，对广大干部和职工进行经常性的安全教育和培训，从而促进安全相关行为或改进人的行为状态。因此，安全教育管理应具有以下功能：

（1）完善各级安全教育体系。

（2）建立健全促进安全行为的奖惩制度。

### 6. 安全资金

安全资金是搞好运输安全管理必要的物质基础。安全资金管理的内容包括对保障运输安全所需资金的筹集、调拨、使用、结算、分配等。

## （二）安全对象管理子系统

如前所述，单独针对人员、设备、环境的安全管理称为安全对象管理。安全对象管理子系统可进一步细分为人员安全保障子系统、设备安全保障子系统和环境安全保障子系统。

### 1. 人员安全保障子系统

人员安全保障是指保障人员安全性的所有措施，即保障不因人的差错而导致事故或隐患。在排除设备和环境因素之后，人员安全保障包括提高人员安全素质和加强人员安全管理两部分。

（1）提高人员安全素质的措施又称人员直接安全保障。提高人员安全素质最为有效的途径即岗位安全教育和培训，包括针对不同岗位职工进行的不同内容的安全教育和培训。

（2）加强人员安全管理的目的是防止因间接原因而产生人的差错，又称人员间接安全保障，包括加强安全劳动管理、加强职工生活管理和加强行为管理。

### 2. 设备安全保障子系统

（1）设备安全设计。选用具有较高安全性（包括人机工程设计、可靠性、可维修性、先进性等）的设备。

（2）设备的保养、检修及更换。保障设备始终处于良好运行状态，对于超服役期的设备要及时更换。

（3）设备状态及工作情况的检测和监控管理。有效获得各种设备安全性能的实时动态信息。

（4）设备的故障安全对策。保证故障发生后能够导向安全，不致产生非安全的连锁反应，使事故造成恶果的影响尽可能减小。

① 故障安全设计：保证设备具有故障不直接导致事故的安全性能。

② 锁闭构成方式：当作业人员误操作或误认状态延时操作时，能使这种操作无效，并自动控制后续操作，使其不能连续进行。

③ 防止误操作方式：即使操作错误也不能使设备发生错误动作。

④ 替代方式：对于信号设备还应考虑其自身性能以外的代用操作方式。

**3. 环境安全保障子系统**

影响运输安全的环境条件包括内部小环境（作业环境、内部社会环境）和外部大环境（自然环境、外部社会环境），因此环境安全保障子系统可进一步细分为内部环境安全保障和外部环境安全保障两部分。

1）内部环境安全保障

改善影响运输安全的内部环境，是运输安全保障系统的重要内容，包括以下方面：

（1）作业环境安全保障。为保障运输安全，必须保持操作者的作业环境处于良好状态，包括作业空间布置，温度、湿度调节，采光、照明设置，噪声与振动的控制，以及有毒有害气体、粉尘、蒸汽的排除等。

（2）内部社会环境安全保障。针对影响运输安全的系统内部的政治、经济、文化、法律等环境条件所采取的一系列控制措施。

2）外部环境安全保障

外部环境即不可控环境。外部环境安全保障就是指为了淡化外部环境对运输安全的负面影响，强化其正面影响，而对运输系统进行调节的所有管理手段，包括以下方面：

（1）自然环境安全保障。针对影响运输安全的自然环境条件所采取的一系列防范措施，其目的是使自然环境对运输安全的影响降低到最低限度。为此，必须做好自然灾害的预测、预报与防治工作，以及恶劣气候下安全作业方法的完善与落实工作。

（2）外部社会环境安全保障。为了保障运输安全，铁路必须随着它所赖以生存的社会环境条件（技术、经济、政治、文化等）的变化而做出适当调整，变消极影响为积极影响。外部社会环境安全保障的内容极其广泛，但是，较为直接的是保障铁路沿线治安和站车秩序状况，特别是要完善道口安全措施。为此，应密切与地方政府配合，加强道口安全管理；加强对铁路沿线人员特别是机动车驾驶员以及旅客、货主的宣传教育；加强法制管理。

## 三、各国安全保障系统重点探讨

对运输安全有重大影响的要素群，其中有的以潜移默化的方式影响安全，有的以雷霆万钧之势影响安全，有的属于系统难以控制的影响因素，有的属于系统可控的影响因素，而且环境影响安全可以说是无孔不入，但其影响既可能产生正效应，也可能性产生负效应。对安全而言，系统可以发挥的中介转换功能，即通过改善可控的内部小环境来适应不可控的外部大环境，以强化其正效应或削弱其负效应，并创造保障铁路运输安全的良好条件。

## （一）人因控制

人的因素在各国铁路行车事故中占有很大比重，因此，控制人的不安全行为至关重要。

各国铁路为此做了大量工作。首先，对人员的结构和素质情况进行分析，找出容易发生事故的人员层次和个人，以及最常见的人的不安全行为。其次，对人的身体、生理、心理进行检查测验，合理选配人员。

从研究行为科学出发，加强对人的教育、训练和管理，提高生理、心理素质，增强安全意识，提高安全操作技能，从而最大限度地减少、消除不安全行为。如进行职业适应性检查，加强职工培训，建立物质和精神的激励机制，积极进行现场教育，提高遵章守纪的自觉性等。

## （二）设备保障

质量良好的设备，既是运输安全的物质基础，又是运输安全的重要保证。

保障铁路设备安全质量的思想，贯穿于设备从设计、制造到运用和维修保养的全过程。在设备的设计阶段，就要认真考虑设备的先进性、可靠性、可维修性、易操作性、状态的可监测性以及发生故障时导向安全性等问题；在制造阶段，研究设备的材质、加工和装配工艺及质量控制问题；在使用及维修阶段，研究设备的相互作用如轮轨作用、弓网作用的安全要求，解决设备状态监测、设备维修周期、维修工作组织和维修质量保证等问题。

各国铁路对保证运输安全的各种技术装备也都给予了高度重视。如列车自动控制和超速防护系统、电气集中、自动闭塞、列车调度无线通信、热轴探伤、钢轨探伤、车辆检测、列车火灾报警、道口防护设备等。运输安全技术设备的装备率和技术水平的不断提高，有效地改善了各国铁路的运输安全状况。

## （三）灾害监测

铁路运输处于全天候的自然环境中，大风、洪水、雪害、塌方滑坡等，无一不对运输安全造成危害。

可以通过以下两方面的措施来减轻和防止灾害造成的损失：一是安装监测和报警系统，在环境变化达到临界状态以前给出警报；二是制定异常气候及灾害发生条件下的安全行车规则。

## （四）法制建设

加强法制，健全有关铁路法律是增强运输安全的重要保证。日本、英国、美国等都有经过国会、议会等国家最高权力机关通过后颁布执行的有关交通安全的系列法令和法规。例如：美国的运输法、铁路旅客运输法；英国的运输法、铁路法；日本的新干线处罚特别法；中国的铁路法等。

政府机构可通过法律对交通运输部门的生产和安全进行监督管理，公众和铁路运输员工也可以法律为准绳，约束自己的行为，共同促进运输安全。

## （五）安全监督

建立健全的监督检查机构是保证运输安全的基本环节。

为了保证国家有关铁路安全法规的贯彻实施,许多国家都设有专职的铁路安全监督机构,监督检查铁路企业执行国家有关安全法规的情况,调查处理事故。

中国铁路的安全管理职能部门,是由"国家铁路局—国铁集团—铁路局—站段"组成的管理机构。专门负责监督检查行车安全,参与制定、修改和维护行车安全法规,调查处理行车事故的事故和路外伤亡事故,调查研究、总结推广安全生产经验和提出安全生产的报告、建议及指导性措施等。

### (六)补偿措施

各国政府和铁路企业均把保障铁路运输安全放在重要位置。

对货物运输一般以负责运输为原则,即货物和行李包裹从承运时起,到交付时止,由铁路企业负责安全。

发生事故,由铁路企业赔偿。但由于自然灾害、货物本身性质、违章托运和发货人、收货人责任造成的损失,铁路方面不负赔偿责任。对旅客运输,一般实行人身保险。旅客在运输途中发生意外伤害,按照伤害程度,可取得一定数额的保险金。在中国,凡持票乘车的旅客,均由铁路局办理手续向中国人民保险公司投保,不另签发保险凭证。旅客因意外事件造成伤害,应享受意外伤害强制保险赔偿和铁路运输责任赔偿。

### (七)展望

随着铁路重载和高速铁路的不断发展,铁路系统的复杂化程度不断增加,一旦发生事故,其影响之大,伤亡之多,损失之重,补救之难,都是传统运输方式不可比拟的,加之现代社会的文明进步又不容许通过事故重演来深化对安全的认识。此外,人们对铁路运输安全问题的认识在时间上往往是滞后的,难以预先认识到铁路运输中存在和面临的各种危险及隐患。

铁路运输安全面临相当艰巨的任务,随着铁路技术的不断发展,旧的安全问题解决了,新的安全问题又会产生。因此抓安全需要长期不懈,始终如一。

各国政府和铁路企业均建立了适合自身特点的铁路运输安全保障系统,通过重视人的因素、强化设备安全质量、加强对环境与自然灾害的检测与报警、加强立法与重视管理等,不断提高铁路运输安全状况。

## 任务四 运输安全管理手段

在运输安全中,人是决定因素。运输安全管理的根本任务是依靠科学技术和科学管理,有效地保护、调动人的主观能动性和积极性,预防事故发生,确保运输安全。

处于社会大环境中的铁路运输系统是一个开放系统,系统中的人—机—环境之间的关系十分密切。而人是能动的、有思想的,人与人之间、人与群体之间、群体与群体之间及领导与群众之间的关系比较复杂。随着经济和社会的发展,人们的主体意识和价值取向呈多元化趋势，利益格局的变化使客观存在的各种矛盾对铁路运输安全工作产生前所未有的深刻影响。为了保障运输安全，并在安全基础上提高作业效率、经济效益和社会效益，迫切需要各级职能部门和人员采取有效的管理手段及方法，努力提高职工队伍整体素质，保护和调动广大职工安全生产的积极性和创造性，使广大干部和职工在充分认识安全是铁路运输生命线的基础上，想安全所想，急安全所急，通过自身努力把安全工作落实到实际行动中去。一个运行稳定、安全可靠的运输生产系统，其主要构成因素之间的关系必定是相对协调平衡的。但在运输生产中，人们对待本职工作、集体利益、预防事故的态度、行为及其结果存在差异，从而使人与人之间的政治关系、经济关系、工作关系及感情关系都变得复杂多样，需要有相应的调节手段促使不协调、不平衡的关系向协调平衡方面转化，以保证运输生产安全稳定。运输安全管理手段实质上是对职工安全生产积极性和创造性的保护、调动手段，同时也是对不安全的人和事进行制约、限制的手段。总之，安全管理手段是人与人、人与事之间关系的调节手段，主要有经济手段、行政手段、思想政治工作和法律手段。

## 一、安全管理手段

### （一）经济手段

经济手段是当社会生产力发展水平不高、人们的思想觉悟和道德水准尚未达到高标准要求时，普遍用来协调平衡社会关系的一种重要手段。它是通过经济杠杆的作用，即利益分配和实行奖惩来调节的。在运输生产中，每一个人对完成生产任务和实现安全目标所付出的劳动、做出的贡献是不同的，一旦发生人为事故，造成损失或影响生产任务完成时，这种差异更有质的区别。对在运输安全生产中，成绩显著或防止事故有功的人员，以及违章违纪或因违章违纪导致事故和事故苗头发生的人员，均应按照《铁路运输安全奖惩小法》的规定，或给予精神和物质奖励，或给予经济上的处罚。例如，近年来在全路推行的《责任事故个人有限赔偿办法》，就是一项考虑到干部、职工的承受能力，坚持过错与责任相当、干部与职工平等的限制性政策。实践证明，这些政策和办法对减少职工"两违"和干部安全管理失职行为，强化现场作业控制起到了积极作用。

经济上的奖励和处罚不是目的，主要是让职工从中明辨是非、对照比较、调整自我，使优良的风范得到鼓励和发扬，不良的风气受到批评和抵制，促使消极的因素转化为积极因素，从而使职工之间的关系和运输生产系统运作不断在新的起点上趋于相对平衡，使安全和生产处于良性循环状态。实事求是、严肃认真、客观公正地用好经济调节手段，有利于促进广大职工自觉遵章守纪做好本职工作，激励他们勤学苦练，不断提高业务素质，形成人人尽心、个个尽责保安全的主动局面。

### （二）行政手段

行政手段是通过一定的行政隶属关系，从上而下地对运输生产活动中个人、群体和管理行为表示肯定（应该做什么，怎么做，做好怎么办）和否定（不该做什么，做了怎么办）的认可，是协调人们之间的关系，保持相对平衡的一种重要的调节手段。它主要依靠行政领导机关的职能和权力，采取行政命令、指示、规定、决定（表彰或处分等），规范人的行为，指导和干预铁路运输安全生产。铁路运输是在全运程（旅客及货物由发站运到到站的全部运输里程）和全过程（基本生产和辅助生产中各部门、各单位、各工种的全部作业过程）中进行的。因此，在时间和空间上必须有严格的规定、统一的标准，有关铁路行车组织的命令、指示，运输安全管理条例、规章制度及政策性指令等，因事关运输安全正点和任务完成，广大运输职工必须无条件服从。行政手段有明显的强制性和权威性。

安全在管理、管理在干部。在全路普遍实行的干部安全管理失职行为追究制度，及基层站段干部对安全工作实行"五定"（定时间、定地点、定项目、定数量、定标准）制度，对增强干部管理好安全的责任感和紧迫感，密切干群关系，解决干群矛盾，提高干部的威信具有较大的促进作用。

为使行政手段发挥好应有的效能和作用，各级领导和基层干部应大兴调查研究之风，决策民主化、科学化，并通过落实安全责任制，把管理、监控、服务三者有机结合起来，为畅通、确保安全提供较为宽松的内部环境。

### （三）思想政治工作

随着社会的不断进步和铁路提速的不断深入，安全生产已不仅事关企业的效益和形象，而且事关社会和大局的发展与稳定，是一项政治任务。

**1. 认识思想政治工作在安全生产中的重要性**

"安全生产责任重于泰山"，安全是永恒的主题，是我们工作标准的第一特征，是各项综合指标完成的第一要素和前提，其中思想政治工作又是安全生产的重要保证之一。新时期的安全思想政治教育必须坚持党的领导，坚持人民至上、生命至上，树牢安全发展理念，坚持"安全第一、预防为主、综合治理"的方针，坚持"三个必须"原则，以人为本，全心全意为人民服务，坚守安全红线意识和底线思维。因此，必须提高思想政治工作在安全生产中至关重要的认识，通过扎实有效的思想政治工作，把思想政治工作融入安全生产的全过程，把握安全生产中职工的思想行为活动规律，抓住影响职工安全行为的主要矛盾，解决职工思想与行为上的主要问题，强化职工的安全意识和责任意识，为安全生产奠定稳定有序的基础。

**2. 把握思想政治工作在安全生产中的导向性**

安全生产中的导向问题，直接影响职工在安全生产中的思想和行为。把握好思想政治工作在安全生产中的导向问题，一是要注重舆论导向。充分利用各种载体、手段、场合，深入进行"安全第一，预防为主""责任重于泰山"的安全教育和各种事故案例的警示教育。二是要注重行为导向。通过安全责任意识强化教育、工效挂钩、竞争上岗、下岗培训等机制的运作，真正体现安全生产实绩，变"要我安全"为"我要安全"，进而形成"人人想安全、个个保安全"的局面。三是要注重个体导向。职工关注自身在安全生产中行为的同时，更关注管理者在安全管理中形成的个体领导行为。这就要求管理者要身教重于言教，通过各自以身作则的思想和行为，影响身边的职工在安全生产中自觉遵章守纪，使思想政治工作在安全生产中产生强大凝聚力。

**3. 坚持思想政治工作在安全生产中的经常性**

思想政治工作主要体现在以下 3 个方面：一是全方位覆盖。要层层建立健全安全生产中思想政治工作的骨干网络，形成以专、兼职队伍为骨干的全方位思想政治工作体系，全面落实"一岗双责"和考核机制。二是全过程运作。要通过经常性地对安全生产中职工思想行为信息的分析和研究，把思想政治工作的触角向班上、班下、家庭和社会延伸，使思想政治工作贯穿于安全生产的全过程，营造一个全过程开展思想政治的工作氛围。三是全员参与。要建立以职工队伍为主体，互为对象、互相教育和自我教育相结合的思想政治工作机制，把思想政治工作逐级逐岗落实到人头，体现做思想政治工作人人都有责、事事有人管，保持经常性，形成一个全员参与的格局。

### 4. 增强思想政治工作在安全生产中的主动性

增强思想政治工作要从以下3个方面入手：一要做到预想预防，超前思考。以事先预想为重点，要针对工作安排和阶段性安全重点工作，超前预想可能出现的思想问题和隐患，制定相应对策，提前主动介入，及时化解矛盾，为确保安全生产奠定思想基础。二要做到不回避矛盾，雷厉风行。管理者要及时发现对安全不利的矛盾和问题，当机立断，不回避，不推诿，不失时机做好思想政治工作。三要由人及己，善于借鉴。做思想政治工作要有敏感性，要善于学习别人做思想政治工作的经验，从安全管理的动态中开拓思路，变为自己做思想政治工作的法宝，使思想政治工作始终处于主动状态。

### 5. 突出思想政治工作在安全生产中的针对性

思想政治工作应该避免一刀切、简单化的方式，针对不同层面的职工群体和个人，采用不同的思想政治工作方式，对职工群体而言，要把思想政治工作的侧重点放在激励先进层、带动中间层、转化后进层。对职工个人而言，要找准影响职工思想情绪和行为偏差的主要矛盾、对症下药。针对安全生产中不同阶段的特点，采取行之有效的方式方法，如在班前以预想预防为主，在班中以现场提醒为主，在班后以总结经验教训为主，使职工深刻地、经常不断地自省、自警、自查，从而使"安全第一"的思想认识成为职工的共识，增强职工安全生产的危机感和紧迫感以及遵章守纪的自觉性。

### 6. 讲求思想政治工作在安全生产中的实效性

要提高思想政治工作的实效性，增强影响力。一是要由单一化向多元化转变，采取多样化教育方式如引导式、启发式、互教式、对比式等，有针对性地开展安全形象教育、典型案例教育、规范养成教育、自我警示教育等，从而增强思想政治工作的说服力和感染力。二是由重结果向重过程转变。安全生产重在预防，不能只是重结果、重事后、重处理或以"罚"代教，而是要把思想政治工作向安全生产全过程转移，将着力点放在增强职工安全责任意识、促进岗位尽责上，从而培育职工长期生产必须遵章守纪的思想和行为，形成全员保安全的积极性。三是由重人治向重机制保安全上转变。把思想政治工作贯穿于安全责任机制落实的全过程，关键要抓责任落实和考核，使责任制真正落到实处。

总之，思想政治工作要遵循安全生产的特性和特征，紧紧围绕以人为本的管理，不断探索和研究安全生产的规律，体现思想政治工作在安全生产中的深度和广度，体现思想政治工作在安全生产中的重要性、导向性、经常性、主动性、针对性和实效性，为安全生产提供可靠的思想保证。

### （四）法律手段

法律是统治阶级意志的一种表现形式，用它来规定人们必须遵循的行为准则，具有明显的规范性、相对的稳定性和严格的强制性。法律手段是法治社会中普遍用来调整社会关系的一种刚性手段。它通过法定的行为准则来判定是非并强制执行裁决，以使社会关系趋于平衡，保证社会安定。

铁路运输安全管理的法律手段是在其他调节手段已不起作用或无法取代的情况下，用来解决比较复杂的关系和矛盾的。它是通过贯彻执行有关法律条文，规范人们安全生产和保护运输安全的行为，以达到维护法律尊严、保证生产安全的目的。铁路运输安全管理运用法律手段的范围主要有两个方面：

**1. 用法律保护铁路运输企业的合法权益**

因在运输生产中，人为破坏铁路设施和正常运输条件、危及行车安全的恶性案件时有发生，如有的违反规定携带危险品上车，有的偷盗铁路通信器材，有的关闭折角塞门，有的拆卸鱼尾板等。这些破坏性行为严重危及铁路行车安全，必须依法整治。《铁路法》第六条规定："公民有爱护铁路设施的义务。禁止任何人破坏铁路设施，扰乱铁路运输的正常秩序。"该规定用法律的形式明确了每个公民有保护运输安全方面的义务和责任。

**2. 对严重危害运输安全的违法行为，由执法部门依据法律规定执行相应的惩处**

如少数职工玩忽职守，对本职工作极不负责，违反有关法律规定或规章制度，不履行或不正确履行自己的工作职责，致使重大事故发生，根据《中华人民共和国刑法》规定，按情节轻重追究刑事责任。

对重大事故的肇事者或责任人依法严惩是从严治路的一个重要方面，也是一种教育方式。1978年12月16日，368次旅客列车进入陇海线杨庄车站时，因司机打盹，机车失控，闯过红灯，冒进出站信号与对向进站的87次旅客列车侧面冲突，造成死亡106人，重伤47人的惨重事故。为此，我国将每年12月16日定为全路安全教育日。事故责任人受到了法律制裁，相关领导受到记过处分。法律手段固然必不可少，但这是在特殊情况下采用的安全管理手段。经常、大量的安全工作是要培养职工高度的使命感和责任感，坚持高标准、严要求，令行禁止、听从指挥。对此，只能加强，丝毫不能削弱。

## 二、各种手段的综合运用

综上所述，运输安全管理手段可分为两类：一是柔性调节手段，如思想政治工作（包括情感手段、心理手段、奖励、表彰、晋级、提升等）；二是刚性调节手段，如经济处罚、行政规定和处分、追究刑事责任等。经济、行政、思想工作、法律等手段有各自的功能和作用，但也有使用上的局限性。以经济手段为例，它是通过让职工在经济上得到实惠或受到损失，激励他们关心并做到安全生产。但这只对那些有较高物质利益要求的人起作用，对一些期望值超过奖励数额较多且对物质利益不太关心的人来说，就起不到应有的鞭策和激励作用。操作不当还会使一些人只顾眼前利益而忽视长远利益，这就需要综合运用其他调节手段。从调节的作用看，各种管理手段都不是孤立的，更不是互相排斥的，而是紧密联系、相辅相成的。

因此，在运输安全管理工作中，实事求是、综合运用好各种管理手段，理顺各种复杂关系，化消极因素为积极因素，让广大铁路职工的安全生产积极性和创造性得到更充分的发挥。

## 任务五　铁路行车安全监管工作

### 一、铁路行车安全监察机制

《铁路安全管理条例》第三条规定：国务院铁路行业监督管理部门负责全国铁路安全监督管理工作，国务院铁路行业监督管理部门设立的铁路监督管理机构负责辖区内的铁路安全监督管理工作。国务院有关部门依照法律和国务院规定的职责，负责铁路安全管理的有关工作。国家铁路局安全监察司设立沈阳、上海、广州、成都、武汉、西安、兰州7个地区铁路监督管理局，负责18个铁路局公司的铁路安全监督管理工作。

#### （一）各级行车安全监察机构的任务和职责

各级铁路安全监察机构是维护行车安全法规的监督机关，其任务是：贯彻"安全第一、预防为主"的方针，对行车安全工作实行严格的监察，维护行车安全法规，以促进路风建设，保证安全正点、优质高产地完成运输任务，提高经济和社会效益。

行车安全监察机构对行政领导、同级业务部门、各行车有关单位和有关行车人员执行行车安全法规的情况行使监察职责。如铁路局行车安全监察机构，对铁路局行政领导执行行车安全法规范围内的监督，发现有违反行车安全法规的情况，应如实地提出意见、加以纠正；如有关领导不给予正确解决，则有权向上级行车安全监察机构报告，请求处理。

各级行车安全监察部门应坚持实事求是的科学态度，深入现场调查研究，探索安全生产规律，总结推广运输安全经验，制定预防事故对策，并为宏观安全管理进行科学、民主决策。国铁集团、铁路局集团公司行车安全监察机构的职责在《行车安全监察工作规则》中具体规定。

#### （二）行车安全监察机构的职权

各级行车安全监察机构作为维护行车安全法规的监督机关，为了全面履行其职责，必须有以下职权：

（1）发现作业上违反行车安全法规时，有权加以纠正；对危及行车安全者，有权立即制止，必要时可临时停止其工作，并责成有关单位议处；对不适合担当行车工作的人员，有权责成有关部门予以调整。

（2）对危及行车安全的技术设备，有权向有关部门提出意见，要求限制解决；情况严重，确有发生严重事故可能时，有权采取临时扣留、封闭措施，并责成有关单位紧急处理。

（3）发现有关规程、规范、规则、细则、办法、设计文件和施工方案违反《铁路技术管理规程》和其他行车安全法规时，有权通知有关单位予以纠正，必要时可停止其实施。

（4）调查处理事故中，在确定性质和责任上有分歧意见时，由各级行车安全监察机构提出结论性意见。

（5）有权建议，即建议对违反行车安全法规或发生行车事故的责任人员和领导干部，给予处分；建议对在安全生产工作中做出成绩和防止事故的有功人员，给予表彰和奖励。

行车安全监察人员在行使职权时，对所发现的问题除向当事人进行帮助教育外，必要时应将存在的问题，提出的具体要求和改进意见，填写在"行车安全监察通知书"中（一式三份），交当事人属单位领导两份；对于严重隐患和比较重大的问题，由行车安全监察机构向有关单位领导下发"行车安全监察指令书"（一式三份，送有关单位两份），限期改进。有关单位领导接到通知书或指令书后必须认真对待，及时研究改进，并将改进情况填记在通知书或指令书回执页中，回复填发单位。必要时填发单位应派人进行复查。

当安全和事故同经济利益挂钩时，在一些把眼前利益与根本利益对立起来的单位，出现了清除隐患不真抓实干，出了事故弄虚作假、隐瞒不报，甚至多方说情的现象，这种不良风气给安全监察工作带来了不应有的阻力和障碍。铁路部门的各级领导干部要大力支持行车安全监察人员的工作，保证行车安全监察人员正常地行使职权、履行职责，做好监察工作。任何人不得妨碍行车安全监察人员行使职权。如发现对行车安全监察人员有打击报复行为者，必须严肃处理。要保证行车安全监察人员必要的工作条件，以使行车安全监察人员顺利开展工作，及时迅速地了解事故情况，积极有效地组织抢修、救援工作，准确果断地确定事故性质和事故责任。因此，除为行车安全监察人员提供交通、通信、食宿等方便条件外，还应根据工作需要，配备必要的检测仪表、工具、用品和其他备品，逐步采用先进的检测手段，并通过单位领导，参加或召集有关安全会议，向有关部门和单位查阅案卷、记录、报表，借用必要的工具及仪器，要求指派适当人员协助工作等。

### （三）行车安全监察人员的素质要求和工作准则

自上而下的安全监察是原则性、政策性、科学性和权威性很强的安全管理工作，各级行车安全监察机构按规定职责范围所做的一切工作都关系到消除事故隐患，预防事故发生，切实保护国家、企业、职工利益的大问题。其工作成效主要取决于安全监察队伍的整体素质和工作作风，因此，各级行车安全监察机构选配符合规定要求的监察人员，是正确行使安全监察职权，努力做好安全监察工作的重要前提和保证。

各级行车安全监察人员必须身体健康，具有较高的政治思想水平，熟练的技术业务知识，丰富的实践工作经验。随着安全科学管理要求和安全技术装备现代化程度的不断提高，面对复杂的社会环境影响，各级安全监察人员应不断提高自身素质，增强使命感，掌握铁路科技新知识，以适应形势发展需要。对安全监察人员及工作要建立考核制度，不断提高各级安全监察人员的整体素质，并保持监察队伍的相对稳定。各级行车安全监察人员必须遵守以下工作准则：

（1）坚决执行党的路线、方针、政策和国家的法令，维护行车安全法规的严肃性。

（2）预防为主，防患于未然。

（3）执法严明，刚正不阿。

（4）秉公办事，不得弄虚作假。

（5）坚持原则，遵守法规。

（6）积极钻研业务，技术上精益求精。

各级行车安全监察人员如有玩忽职守、执法犯法，造成不良影响的，应给予严于其他职工的纪律处分。

## 二、安全生产监督与检查

铁路安全生产的核心是防止事故，事故的原因可归结为人的不安全行为、物（生产设备、工具、物料、场所等）的不安全状态和管理的缺陷。预防事故应从防止人的不安全行为、防止物的不安全状态和完善安全生产管理3个方面着手。铁路生产是一个动态的过程；在生产过程中，正常运行的设备可能会出现故障，人的操作受其自身条件（如安全意识、安全知识技能、经验、健康与心理状况等）的影响可能会出差错，管理也可能会有失误，如果不能及时发现这些问题并解决，就可能导致事故。所以，必须及时了解铁路生产中人和物以及管理的状况，以便及时纠正人的不安全行为、物的不安全状态和管理中的失误。

### （一）安全生产监督检查的目的

铁路安全检查的目的是查隐患、抓整改、堵漏洞、保安全。铁路安全生产检查是为了能及时地发现事故隐患，及时采取相应的措施消除这些事故隐患，从而保障生产安全。它是铁路安全生产管理的重要手段。

### （二）安全生产监督检查的内容

针对检查的目的，铁路安全生产检查的内容可分为以下几个方面。

**1. 检查物的状况是否安全**

检查铁路生产设备、工具、安全设施、个人防护用品、生产作业场所以及生产物料的存储是否符合安全要求。

重点检查危险化学品生产与储存的设备、设施和危险化学品专用运输工具是否符合安全要求。检查在车站、车间、库房等作业场所设置的监测、通风、防晒、调温、防火、灭火、防爆、泄压、防毒、消毒、中和、防潮、防雷、防静电、防腐、防渗漏、防护围堤和隔离操作的安全设施是否符合安全运行的要求，通信和报警装置是否处于正常使用状态，危险化学品的包装物是否安全可靠，生产装置与储存设施的周边防护距离是否符合国家的规定，事故救援器材、设备是否齐备、完好。

**2. 检查人的行为是否安全**

检查是否有铁路违章指挥、违章操作，违反安全生产规章制度的行为。重点检查危险性大的铁路生产岗位是否严格按操作规程作业，危险作业是否执行审批程序等。铁路交通运营过程中还必须检查动火证、临时用电证、施工许可证等。

**3. 检查安全管理是否完善**

检查铁路安全生产规章制度是否建立健全，安全生产责任制是否落实，铁路安全生产管理机构是否健全，安全生产目标和工作计划是否落实到各部门、各岗位，安全教育是否经常开展。安全生产检查是否制度化、规范化，检查发现的事故隐患是否及时整改，实施安全技术与措施计划的经费是否落实，是否按"四不放过"原则做好事故管理工作。重点检查铁路所使用的危险化学品储存、运输、废弃处置的人员和装卸管理人员是否都经过安全培训并考核合格取得上岗资格，储存危险化学品装置是否按要求定期进行安全评价并对评价报告提出的整改方案予以落实，危险化学品的运输、装卸、出入库核查登记和剧毒化学品流向和储量记录，以及仓储保管与收发是否符合《危险化学品安全管理条例》的规定，是否制定了铁路事故应急救援预案并定期组织救援人员进行演练。

### （三）安全生产检查的形式

铁路安全检查的形式要根据检查的对象、内容和生产管理模式来确定，可以有多种多样的形式。铁路交通运营企业的安全检查形式主要有以下几种：

#### 1. 运营一线岗位的日常检查

铁路运营一线岗位员工每天操作前，对自己岗位进行自检，确认安全才操作，以检查物的状况是否安全为主。检查内容主要如下：

（1）设备状态是否完好、安全，安全防护装置是否有效。

（2）工具是否符合安全规定，个人防护用品是否齐备、可靠。

（3）作业场所和物品放置是否符合安全规定。

（4）安全措施是否完备，操作要求是否明确。

（5）检查中发现的问题应解决后再作业，如自己无法处理或无把握，应立即向班组长报告，待问题解决后才可作业。

#### 2. 安全人员日常巡查

铁路专业安全工程师、安全员等专兼职安全管理人员每日、每班深入现场进行巡视，检查安全生产情况，主要内容有：

（1）作业场所是否符合安全要求。

（2）操作人员是否遵守安全操作规程，是否有违章违纪行为。

（3）协助生产岗位的员工解决安全生产方面的问题。

#### 3. 专业安全检查

铁路有些检查内容的专业技术性很强，需由懂得这方面知识的专业技术人员进行，如锅炉压力容器、起重机械、电扶梯等特种设备的安全检查，电气设备的安全检查，消防安全检查等。这类检查往往还要依靠一些专业仪器来进行，检查的项目、内容一般由相应的安全技术法规、安全标准作出规定。这些法规、标准是专业安全检查的依据和安全评判的依据。专业安全检查可以单独组织，也可以结合定期综合性检查进行。

#### 4. 季节性安全检查

不同季节的气候条件会给铁路安全生产带来一定的影响，比如：春季潮湿气候会使电气绝缘性能下降而导致触电、漏电起火、绝缘击穿短路等事故；夏季高温气候易发生中暑；秋冬季节风高物燥易发生火灾；雷雨季节易发生雷击事故。季节性检查是检查防止不利气候因素导致铁路事故的预防措施是否落实，比如：雷雨季节前，检查防雷设施是否符合安全标准；夏季检查防暑降温措施是否落实、线路防三折；冬季检查机车、锅炉防寒防冻等。事故主要发生在一线岗位上，一线岗位日常检查和安全人员日常巡查的周期短、检查面广，能够及时发现一线岗位上的不安全问题，对预防事故有重要作用，应认真做好。

### （四）检查工作的组织领导

铁路安全检查要取得成效，不流于形式，不出现疏漏，必须做好检查的组织领导工作，使检查工作制度化、规范化、系统化。

#### 1. 明确检查职责

铁路安全检查的面广、内容多、专业性强，有不同的检查主体和检查周期，如果职责不清检查工作就难以落实。

要通过制度明确规定各项检查的责任人。比如，铁路岗位日常检查工作可纳入岗位安全操作规程，由操作工负责。安全人员日常巡查工作在安全人员岗位责任制中具体规定。铁路专业安全检查的职责可按"管生产必须管安全，谁主管谁负责"的原则，按设备设施的管辖确定检查职责，如设备维修部门分管的起重设备的专业检查由设备维修部门负责。

#### 2. 有可行的检查方案

铁路检查要有专业方案，具体规定检查的目的、对象、范围、项目、内容、时间和检查人员，以保证检查工作高效、有序进行，避免漏检。检查方案由检查的组织者制定，检查的具体项目、内容、要求、方法等专业技术方面的内容应先编制安全检查表。检查时对照检查表逐项检查，做出检查记录，保证检查质量，提高工作效率，以避免漏检。检查人员要熟悉业务，在现场检查中能识别危险源和事故隐患，并掌握相应的安全技术标准。

#### 3. 做好跟踪验证

要做好铁路整改和分析总结工作，整改中发现的问题要定出具体的整改意见（包括整改内容、期限和责任人），并对整改结果进行复查和记录。要根据检查所了解的情况、发现的问题进行分析、研究、评估，以便对总体的安全状况、事故预防能力有一个正确的认识，制定进一步改善安全管理、提高铁路安全防护能力的具体措施。

### （五）安全检查表

安全检查表是安全检查的工具，是一份检查内容的清单。使用检查表进行检查有利于提高检查效率和保证检查质量，防止漏检、误检。

#### 1. 检查表的种类

1）按检查的内容分类

（1）检查安全管理状况的检查表。这类检查表还可细分为安全制度建设检查表、安全教育检查表、事故管理检查表等。主要检查安全生产法规贯彻执行情况，检查管理的现状、管理的措施和成效，以便发现管理缺陷。

（2）检查安全技术防护状况的检查表。按铁路专业还可分为车务安全检查表、机务安全检查表、工务安全检查表、电务安全检查表、车辆安全检查表、电气安全检查表、消防安全检查表、职业危害检查表等。主要检查职业安全标准执行情况；检查运输生产设备、作业场所、行车岗点是否符合安全要求；检查危险源是否采取了有效的安全防护措施，安全防护设施是否运转正常，使危险源得到可靠的控制，以便发现物的不安全状况。

2）按检查范围分类

按检查范围划分，检查表可分为全公司的检查表，路局公司的检查表，站段的、车间的、班组的、岗位的检查表。

3）按检查周期分类

按检查周期划分，检查表可分为日常检查的检查表和定期检查的检查表。

**2. 检查表的编制**

铁路安全管理状况检查表是依据国家安全生产法规，并结合铁路企业安全生产规章制度来编制的，检查内容就是法规对企业安全生产管理的要求，即检查企业安全生产的各项管理工作是否都按法规的要求做好。铁路安全技术防护状况检查表的编制，是一项专业性很强的工作。要编制一个能全面识别检查对象各种危险性的检查表，需做好以下工作：

（1）组织熟悉检查对象情况的人员，包括铁路设备、工艺方面的专业技术人员、管理人员、操作人员共同参与编制工作。

（2）全面详细地了解检查对象的结构、功能、运行方式、工艺条件、操作程序、安全防护装置，以及常见故障和已发生事故的过程、原因、后果。

（3）以铁路检查对象为一个系统，按其结构、功能划分为若干单元，逐个分析潜在危害因素，将危险源逐一识别出来并列出清单。

（4）依据铁路安全技术法规、铁路职业安全卫生标准、技术规范的要求，对识别出来的铁路危险源逐一确定危害控制的安全要求、安全防护的措施以及危险状况识别判断的方法。

（5）综合铁路危险源分布状况和危险源危害控制的要求列出检查表。安全检查时就是将列出的全部危险源进行逐一检查，查看其安全防护措施是否符合安全要求，不符合的予以整改。编制出的检查表还需经实践检验，不断完善。

### （六）安全检查技巧

要达到铁路安全检查的应有效果，就必须在"懂、活、新、细、严、狠、恒"上下功夫。

**1. 懂，即要懂业务**

检查组成员必须是铁路安全管理、安全生产技术方面的内行。常言道"行家一伸手，就知有没有""内行看门道，外行看热闹"。

**2. 活，即方法要活**

安全检查要能及时发现问题，并找出铁路存在问题的关键，其中很重要的一点，就是检查的方式方法要灵活多变，做到常规检查与突击检查、专项检查与全面检查、平时检查与节日检查、纵向检查与横向检查交替进行，不固守一种模式，以增强检查的实效性。

3. 新，即人员要新

检查组成员要进行不断调整，采用铁路各检查组之间相互交流和经常补充替换的办法，保证每一次检查都有新人出现，从而能在检查中打破常规的思维定式，体现新思想、新办法、新要求。

4. 细，即检查要细

铁路要坚持做到不检查则已，要检查就要做到认认真真、仔仔细细，远与近兼顾、重点与一般兼顾、条件好的地方与条件差的地方兼顾，横向到边，纵向到底，不留死角，全面覆盖。

5. 严，即要严谨分析

对查出的问题，要进行科学严谨的分析，找出存在问题的根源，分析问题可能带来的后果，提出防范再次出现类似问题的办法，让大家掌握知识，学到经验，吸取教训。

6. 狠，即要狠抓整改

对铁路查出的事故隐患，要落实整改措施、整改时间、整改标准和整改责任人，建立整改反馈和复查考核制度，狠抓整改不放松，不达目标不罢休，绝不让安全隐患有藏身之处，用制度和机制来提高安全检查的执行力。

7. 恒，即要持之以恒

铁路安全工作的长期性、复杂性、艰巨性和反复性，决定了安全检查必须做到持之以恒，切不可忽冷忽热，想起来就做一次，工作闲下来就抓一回，上级督促安排了就动一下。如果这样就难以达到警钟长鸣的目的，难以形成稳定的安全生产环境。

【复习思考题】

1. 简述运输安全管理体系的内容。
2. 简述我国安全管理的方针。
3. 简述铁路安全保障系统的内涵。
4. 简述铁路安全保障系统的结构。
5. 简述安全管理的手段。
6. 简述行车安全监察的职权。

# 项目五 铁路运输安全系统分析

## 项目概述

本章主要是使学生认知城市轨道交通运营企业安全管理模式，熟悉城市轨道交通运营企业安全文化；熟知并掌握城市轨道交通运营企业安全管理运作；重视城市轨道交通运营企业职工健康安全管理。

## 教学目标

### 1. 能力目标

阐述城市轨道交通运营企业安全管理模式；能掌握城市轨道交通运营企业安全管理运作。

### 2. 知识目标

熟悉安全系统理论；掌握城市轨道交通运营安全管理模式基本要素；掌握轨道交通安全管理体系的原理；熟悉信息管理技术的应用。

### 3. 素质目标

具有能够宣传城市轨道交通安全文化的理念；保证安全文化建设的健康发展；重视职业健康安全，树立法治意识。

## 任务一　运输安全系统分析方法

安全系统分析是安全系统工程的重要组成部分，而安全系统工程是系统工程在安全领域中的具体运用。本节就安全系统分析、系统工程和安全系统工程等有关问题做总体概述。

### 一、安全系统有关概念

#### （一）系统与工程

系统是由相互作用和相互依赖的若干组成部分结合成的具有特定功能的有机整体，而且系统本身又是它所从属的一个更大系统的组成部分。如铁路运输安全系统主要由行车安全、客运安全、货运安全、人身安全及路外安全等子系统组成。同时，它又是铁路运输生产系统中的一个子系统。处于一定环境中的系统，具有集合性、相关性、目的性和环境适应性等特性。基于这种认识的系统思想和系统方法，就是按照事物本身的系统特性，将面临的问题置于系统形式中加以考察、研究的思路和方法。系统思想和系统方法应坚持整体性、综合性、动态性、层次性、有序性和环境适应性等原则。

工程是利用和改造客观世界为人类服务的实践。从经济和社会的发展看，工程可分两大类：一类是造物工程，如土木工程、电子工程、机械工程、水利工程等；另一类是办事工程，如希望工程、运输工程、安全工程等，即服务于特定目标的各项工作的总体，通过精心设计和组织，周密计划和安排为完成某项任务提供决策、计划、方案和工作程序等。运输安全工作的复杂性决定了要把安全生产及其管理作为一项艰巨的工程来对待，就是要像工程设计那样设计安全工作，像工程建设监理那样监控安全生产，像工程施工和验收那样保证安全质量，即实现安全工作工程化。

#### （二）系统工程

系统工程是运筹学、系统论、控制论、信息论、计算技术和现代管理科学等相互渗透发展起来的一门以大规模复杂系统为研究对象的应用学科。它把自然科学和社会科学中某些思想、理论、方法、策略和手段等根据总体协调的需要，有机地联系起来应用于实践，以实现系统整体优化为目的。钱学森在《组织管理的技术——系统工程》一文中指出："把极其复杂的研制对象称为系统，……系统工程则是组织管理这种系统的规划、研究、设计、制造、试验和使用的科学方法，是一种对所有系统都具有普遍意义的科学方法。"

系统工程打破了各学科之间的界限，沟通了自然科学和社会科学的联系，使人们能够摆脱传统方法的束缚，为综合运用现代科技成就提供了最有效的方法和思路，为解决庞大复杂的系统性问题开辟了新的途径。其特点可归纳为以下几点：

（1）研究方法的整体性，即把研究对象看作一个整体，同时，把研究过程也看作一个整体，按系统工程的三维结构，即时间维序（工作阶段）、逻辑维序（思维步骤）和知识维度整体配合研究解决问题。

（2）应用学科的综合性，即综合运用多学科理论和管理工程技术，揭示并协调系统各要素之间以及系统与外部环境之间的关系，为实现系统整体功能最优化，提供决策、计划、方案和方法。

（3）组织管理科学化，即运用数学方法和计算机技术定量（或定量与定性相结合）分析、评价系统构成和状态，以达到最优设计、最优控制和最优管理的目标。

### （三）安全系统工程

安全系统工程是系统工程在安全领域中的实际应用。任何系统的设计、制造、施工、运行、维护等都有安全与否的问题，系统中的人员、设备、环境等都需要强化安全管理，才能实现系统的整体功能和预定目标。安全系统工程就是以系统工程的理论和方法为指导，运用运筹学、控制论、信息论、概率论与数理统计及电子计算技术，科学分析、评价系统安全状况，预测并控制系统中的隐患和事故，为调整设计、工艺、设备、操作、管理、生产周期和费用投资提供决策依据，从而实现系统安全优化管理、预防或减少事故发生的目的。安全系统工程是一门综合性组织管理工程技术，是安全科学的一个重要分支。

## 二、安全系统工程的主要内容

安全系统工程的主要内容包括安全系统分析、安全系统评价、安全预测和安全系统管理。

### （一）安全系统分析

安全系统分析，主要是从运营事故的预防和预测角度出发，通过对运营事故的发生原因、概率及各种隐患表现的定性或定量分析，识别系统的安全性和危险性。为确定出哪种危险能够通过系统修改设计或改变控制系统进行预防提供依据。安全系统分析是安全系统工程的核心，分析结果关系到整个安全工作的成效。

我国铁路运营安全系统分析的方法主要采用安全检查表法、排列图法、因果分析图法、事故树分析法和事件树分析法等。

**1. 安全检查表法**

安全检查表法是将系统中的检查对象加以剖析，界定检查范围，拟定检查项目表格，通过一定的方式获得系统安全状况的检查结果。

**2. 排列图法**

排列图全称主次因素排列图，可用于确定系统安全的关键因素，以便明确主攻方向和工作重点所在。

排列图（见图5-1）由两个纵坐标，一个横坐标，几个直方图和一条曲线组成。左边纵坐标表示频数，右边纵坐标表示累积频率（0~100%），横坐标表示事故原因或事故分类，一般按影响因素的主次从左向右排列。直方图的高低表示某个因素影响的大小，曲线表示各因素影响大小的累计百分数（累积频率）。按主次因素的排列，可分为3类：累积频率在0~80%的因素，称A类因素，显然是主要因素；累积频率在80%~90%的因素，称B类次主要因素；累积频率在 90%～100%的因素，称 C 类次要因素。

例如，某站 2016 年共发生调车事故 137 件，按调车系统安全分析需要，可绘制成不同的排列图，如事故发生原因排列图、事故发生的调车区排列图、事故发生的工种排列图等。事故发生原因排列图如图 5-1 所示，为方便制图，可将计算过程表格化，如表 5-1 所示。

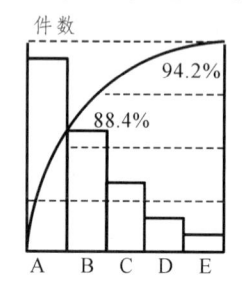

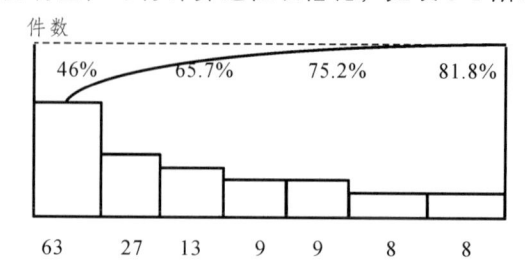

图 5-1 事故发生原因排列图

表 5-1 事故原因统计表

| 事故原因 | 频数 | 累积频数 | 相对频率（%） | 累积相对频率（%） |
|---|---|---|---|---|
| 撞车 | 63 | 63 | 46.0 | 46.0 |
| 抢扳道岔 | 27 | 90 | 19.7 | 65.7 |
| 漏撒鞋 | 13 | 103 | 9.5 | 75.2 |
| 编站修 | 9 | 112 | 6.6 | 81.8 |
| 错办信号 | 9 | 121 | 6.6 | 88.4 |
| 漏钩 | 8 | 129 | 5.8 | 94.2 |
| 溜走及其他 | 8 | 137 | 5.8 | 100 |

注：相对频率=频数/事故总数×100%，累积相对频率=累积频数/事故总数×100%。

### 3. 因果分析图法

运输事故的发生，常常是由多种复杂因素影响所导致的，可通过因果分析图（见图 5-2）对引发事故的重要因素分层（枝）加以分析。

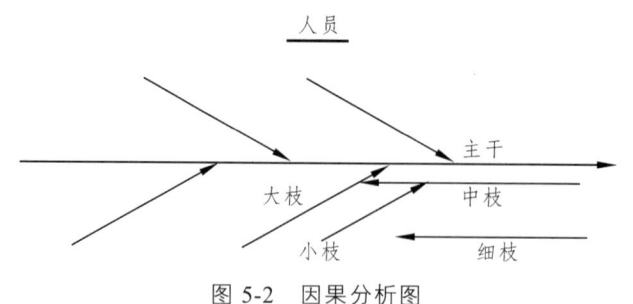

图 5-2 因果分析图

#### 4. 事故树分析法

事故树分析亦称事故预测技术，是将导致事故发生的所有基本原因事件（基本事件）找出，把它们通过逻辑推理方式用逻辑门连接起来，运用定性分析或定量分析的方法得到导致事故发生的基本事件的最小组合及预防事故发生的各种有效方案，这为事故的预防工作提供了较为全面、可靠的依据。

#### 5. 事件树分析法

事件树分析是根据实际工作需要，选出希望或不希望的事件作为开始事件，按照逻辑推理方式，推论其发展结果。每一事件的发展趋势只有两种可能性，即失败或成功。把每一个结果都看作新的起始事件，不断推论下去，直到找出事件发展的所有可能结果为止。

运用事件树分析（ETA）方法可以实现以下目的：

（1）能够判断出事故是否发生，以便采取直观的安全方式；
（2）能够指出消除事故的根本措施，改进系统的安全状况；
（3）从宏观角度分析系统可能发生的事故，掌握事故发生的规律；
（4）可以找出最严重的事故后果，为确定故障树顶层事件提供依据。

### （二）安全系统评价

安全系统评价是在运营安全系统分析基础上，从运营事故指标和隐患指标两个方面，对运营安全保障系统的整体安全性、运营安全工作的薄弱环节及系统的主要矛盾和矛盾的主要方面进行比较、评价。

通过对系统的危险性进行定性和定量分析，得出系统发生危险的可能性及其程度的评价，以寻求最低事故率、最小损失和最优的安全投资效益。定性安全评价通过定性分析系统的危险性，能揭示系统中的危险因素并对危险性进行重要程度的分类。只有通过定量的评价才能发挥安全系统工程的作用，并根据评价的结果选择技术路线。当安全评价的结果表明需要改进系统的安全状况时，就必须采取安全措施，减少危害因素及其概率，重新进行安全评价，直到达到安全要求。

### （三）安全预测

安全预测是对运营系统未来的安全状况进行预测，预测有哪些危害及其危害程度，对运营可能发生的事故进行预防或预报，通过预测可以掌握一个企业或部门事故变化的趋势，协助人们认识客观规律，制定政策、发展规划与技术方案。安全预测根据预测对象，可分为宏观预测和微观预测。根据所应用的原理可分为白色理论预测、灰色理论预测和黑色理论预测。

### （四）运输安全系统管理

运输安全系统管理是经过安全系统分析和评价，在了解掌握运输安全薄弱环节的基础上，对运输安全所实施的全员、全要素、全过程的系统管理，包括安全总体管理、安全重点管理和安全事后管理。与主要凭经验的传统安全管理相比，运输安全系统管理在全面、动态和定量分析和评价的基础上，构建安全规范的管理体系方面迈出了一大步，更具有预见性和科学性。其防范措施的效果也更为显著。

## 任务二  安全检查表分析

### 一、安全检查表概述

安全检查表是安全系统分析中一种常用的分析方法。其基本任务是发现和查明系统的各种危险、隐患，监督各项安全法规、制度、标准的实施，制止违章行为，预防事故，消除危险，保障安全。在运输安全管理中，安全大检查是十分重要的。一般在年初（或年底）或节假日到来之前进行，但进行安全检查时由于缺乏细致的检查方法，易流于形式，出现疏忽和漏检。为了使安全检查工作能够正确、及时地发现问题和解决问题，需要一种按照系统工程思想进行检查的方法。安全检查表就是为此目的而编制的。实践表明，安全检查表是进行系统安全检查、预防事故、改善劳动条件的一种重要手段。

#### （一）安全检查表的含义

安全检查表是为系统地发现站、段、车间、班组、工序或机器、设备、装置、环境以及各种操作管理和组织措施中不安全因素而事先拟好的问题清单。它根据系统工程分解和综合的原理，事先把检查对象加以剖析，把大系统分割成若干个小的子系统，然后确定检查项目，查出不安全因素所在，以正面提问的方式，将检查项目按系统或子系统的顺序编制成表，以便进行检查和避免漏检查。

安全检查表不是检查项目的一本流水账，也不是所有问题的罗列，而是通过分析、筛选、简化，能发现问题、查找问题的一种工具。它针对性强，富有实效，对分析系统的安全状况有较好的指导作用，因而得到了广泛应用。

#### （二）安全检查表的内容及要求

安全检查表可以根据运输生产系统的路局、站段、车间、班组编写，也可按照专题编写，如以防暑降温、防寒过冬等编制季节性安全检查表。

**1. 安全检查表的项目及要求**

安全检查表的检查项目，应列出所有可能导致事故发生的因素或状态，即要求所列检查项目系统、全面、完善。检查的项目越全面，检查的地方越彻底，漏掉的不安全的隐患就越少，安全的可靠性就越大。

**2. 安全检查表采用的方式**

安全检查表一般采用正面提问的方式，要求发问明确，回答清楚，并以"是"或"否"来回答。"是"表示符合要求；"否"表示还存在问题，有待进一步改进。所以，在每个提问后面也可以设整改措施栏，将整改措施简要填写在此栏内。每个检查表均需注明检查时间、检查者、直接负责人等，以便分清责任。

3. **检查依据**

为了使提出的问题有依据，可以收集有关此项问题的规章制度、规范标准中所规定的要求，分别简要列出它们的名称和所在章节，附于每项提问后，以便查对。

（三）安全检查表的分类

安全检查表的类型繁多，分类的方式不一，绝大多数是按用途分类的。根据铁路运输业的特点，按其用途可分为下列几种类型：

（1）运输设备、机械装置、设施定期安全检查表。由于铁路运输系统是一个庞大的联动机，部门复杂、设备繁多，所以应该按车务、机务、电力、车辆、水电、房建等部门，根据各自的设备情况，制定相应的安全检查表，供进行日常巡回检查或定期检查时使用。

（2）铁路运输生产用安全检查表。保证铁路运输安全，做到四通八达，畅通无阻是铁路全体员工的奋斗目标。为达到此目标，需要采取各种手段和措施，对铁路行车工作、货运工作和客运工作制定相应的安全检查表，不定期地进行检查，发现问题，采取措施，预防事故的发生。

（3）消防用安全检查表。铁路运输部门的货场、仓库、油库等要害部位，防止火灾发生是一个十分重要的问题。如果防火工作做得不好，措施不力，一旦发生火灾，将会造成惨重的损失。因此，在上述要害地点必须建立严格的防火制度，设立必要的消防器材，制定切实可行的具体措施，并经常或定期进行检查，发现问题，及时解决。

（4）专业性安全检查表。这种检查表由专业机构或职能部门编制和使用，主要用于进行定期的安全检查或季节性检查，如对电气设备、锅炉及压力容器、特殊装置与设施等的专业性检查。

（5）设计审查用安全检查表。如果在设计时能够设法把不安全因素消除掉，则可以取得事半功倍的效果。因此，在设计之前，应为设计人员提供相应的安全检查表。表中还应列出应该遵循的有关规程、标准。这样既可以扩宽设计者的知识面，而且能使他们乐于采纳这些标准中所列的数据要求，避免与安全人员意见不同时发生争议。设计人员事先参照安全检查表进行设计，比设计完成后再照检查表修改要省事得多。

（四）安全检查表的优点

（1）能够事先有充足的时间编制和讨论检查表。这样可以做到系统化、完整化、不漏掉任何可能导致危险的关键因素，可以克服目的性不明确、走过场的安全检查方法，起到提高检查质量的效果。

（2）安全检查表采用提问方式，给人的印象深刻，有问就有答，能使人知道如何做才是正确的，因而可起到安全教育的作用。

（3）可以和生产责任制相结合。由于不同检查对象有不同的检查表，易于分清责任，检查表还可以注明对改进措施的要求，隔一段时间可以重新检查改进。

（4）安全检查表简明易懂，容易掌握，既适合我国现阶段使用，又可以为进一步使用更先进的安全系统工程方法，进行事故预测和安全评价打下基础。

（5）可以根据已有的规章制度、规程、标准化要求及检查执行、遵守的情况，得出准确的评价。发现违章违纪的，应立即纠正或采取必要措施。

## 二、安全检查表的编制

### （一）安全检查表的编制方法

**1. 经验法**

找熟悉被检查对象的人员和具有实践经验的人员，以三结合的方式（工人、工程技术人员、管理人员）组成一个小组。依据人、物、环境的具体情况，根据以往积累的实践经验以及有关统计数据，按照规程、规章制度等文件的要求，编制安全检查表。

**2. 分析法**

根据已编制的事件树的分析、评价结果来编制安全检查表。通过事件树进行定性分析，求出事件树中的最小割集，按最小割集中基本事件的多少，找出系统中的薄弱环节，以这些薄弱环节作为安全检查的重点对象，编制成安全检查表。还可以通过对事件树的结构重要度分析、概率重要度分析和临界重要度分析，分别按事件树中基本事件的结构重要度系数、概率重要度系数和临界重要度系数的大小，编制安全检查表。

经验法编制的安全检查表，检查项目十分冗长、繁杂，既费人力，又花时间，工作效率低，加上检查的方式、方法落后，使用效果不如分析法编制的。

分析法编制的安全检查表，经过事件树的定性、定量分析来确定检查项目，因而检查表较为精练和完善。虽然检查项目可能不多，但每一检查项目都是保证系统安全的关键环节，所以分析法是发展的方向。

### （二）安全检查表的编制步骤

（1）确定被检查对象，组织有关人员。
（2）熟悉被分析的系统。
（3）调查不安全因素。
（4）搜集与系统有关的规范、标准、制度等。
（5）明确规定的安全要求。
（6）根据具体情况和要求确定编制方法，编制安全检查表。
（7）通过反复使用，不断修改、补充完善。

### （三）安全检查表的格式

安全检查表的格式是由它的性质决定的。它是以问与答的形式出现的，一般由两部分内容组成。

（1）标明安全检查表的名称和被检查系统名称（单位、工种）、检查日期、检查者等。
（2）顺号、检查项目（即检查内容，要求逐条编号）、检查结果、整改措施等内容。

## （四）应注意的问题

（1）检查表中所列项目，应简明扼要，突出重点，抓住要害。
（2）各类安全检查表都有其适用对象，不宜通用。
（3）各级安全检查项目应各有侧重。
（4）对危险部位应详细检查，确保一切隐患在可能造成严重后果之前就被发现。
（5）要落实安全检查实施人员。
（6）检查中发现的问题要及时处理或向上级反映。

## 三、安全检查表的实例

调车作业安全检查表如表 5-2 所示。

表 5-2　调车作业安全检查表

| 顺号 | 检查项目 | 检查结果 是 | 检查结果 否 | 整改措施（备注） |
|---|---|---|---|---|
| 一 | 作业前 | | | |
| 1 | 接班前班组长是否从行动、外表方面检查了职工的思想、精神状态 | | | |
| 2 | 接班前班组长是否检查了职工的着装、工具等上岗准备情况 | | | |
| 3 | 作业前是否召开了安全预想会，并布置了安全注意事项 | | | |
| 4 | 作业前是否明确分工并强调了作业纪律 | | | |
| 二 | 作业中 | | | |
| 1 | 是否做到了不穿皮鞋、高跟鞋、拖鞋、红色衣服和不戴有色眼镜上岗 | | | |
| 2 | 接受调车作业任务时是否做到计划清楚、任务明白 | | | |
| 3 | 传达调车作业计划时参加作业的人员是否都在场，并无不清楚现象 | | | |
| 4 | 顺线路行走时，是否不走枕木头和道心 | | | |
| 三 | 车辆运行中 | | | |
| 1 | 是否做到不站在车钩上 | | | |
| 2 | 是否做到手不抓车门滑条、篷布绳索，脚不踏轴箱 | | | |
| 3 | 是否做到不骑、坐车帮 | | | |
| 4 | 是否做到不跨越车辆（对口闸除外） | | | |

## 任务三　事件树分析

### 一、事件树分析概述

#### （一）事件树分析的定义

事件树分析（简称 ETA）起源于决策树分析（简称 DTA），是一种按事故发展的时间顺序由初始事件开始推论可能的后果，从而进行危险源辨识的方法。

一起事故的发生，是许多原因事件相继发生的结果，其中，一些事件的发生是以另一些事件首先发生为条件的，而一事件的出现，又会引起另一些事件的出现。在事件发生的顺序上，存在着因果的逻辑关系。事件树分析法是一种时序逻辑的事故分析方法，它以一初始事件为起点，按照事故的发展顺序，分阶段一步一步地进行分析，每一事件可能的后续事件只能取完全对立的两种状态（成功或失败，正常或故障，安全或危险等）之一的原则，逐步向结果方面发展，直到达到系统故障或事故为止。所分析的情况用树枝状图表示，故称事件树。它既可以定性地了解整个事件的动态变化过程，又可以定量计算出各阶段的概率，最终了解事故发展过程中各种状态的发生概率。

#### （二）事件树分析的功能

（1）ETA 可以事前预测事故及不安全因素，估计事故的可能后果，寻求最经济的预防手段和方法。

（2）事后用 ETA 分析事故原因，十分方便明确。

（3）ETA 的分析资料既可作为直观的安全教育资料，也有助于推测类似事故的预防对策。

（4）当积累了大量事故资料时，可采用计算机模拟，使 ETA 对事故的预测更为有效。

（5）在安全管理上用 ETA 对重大问题进行决策，具有其他方法所不具备的优势。

### 二、事件树定性与定量分析

#### （一）事件树定性分析

事件树定性分析在绘制事件树的过程中就已开始，绘制事件树必须根据事件的客观条件和事件的特征做出符合科学性的逻辑推理，用与事件有关的技术知识确认事件可能状态，所以在绘制事件树的过程中就已对每一发展过程和事件发展的途径做了可能性的分析。

事件树画好之后的工作，就是找出发生事故的途径和类型以及预防事故的对策。

**1. 找出事故连锁**

事件树的各分枝代表初始事件一旦发生其可能的发展途径。其中，最终导致事故的途径即为事故连锁。一般地，导致系统事故的途径有很多，即有许多事故连锁。

事故连锁中包含的初始事件和安全功能故障的后续事件之间具有逻辑关系。显然，事故连锁越多，系统越危险；事故连锁中事件树越少，系统越危险。

**2. 找出预防事故的途径**

事件树中最终达到安全的途径指导我们如何采取措施预防事故。在达到安全的途径中，发挥安全功能的事件构成事件树的成功连锁。如果能保证这些安全功能发挥作用，则可以防止事故。一般地，事件树中包含的成功连锁可能有多个，即可以通过若干途径来防止事故发生。事件树定量分析是指根据每一事件的发生概率，计算各途径的事故发生概率，比较各途径概率值的大小，做出事故发生可能性序列，确定最易发生事故的途径。一般地，当各事件之间相互统计独立时，其定量分析比较简单。当事件之间相互统计不独立时（如共同原因故障、顺序运行等），则定量分析变得非常复杂。这里仅讨论前一种情况。

（二）事件树定量分析

**1. 各发展途径的概率**

各发展途径的概率等于自初始事件开始的各事件发生概率的乘积。例如，图 5-3 中，事件树中发展途径的概率计算如下：

$P(S1) = P(非A) \times P(B) \times P(C) \times P(D1)$

$P(S2) = P(非A) \times P(B) \times P(C) \times P(非D1)$

$P(S3) = P(非A) \times P(B) \times P(非C)$

$P(S4) = P(非A) \times P(非B) \times P(D2)$

$P(S5) = P(非A) \times P(非B) \times P(非D2)$

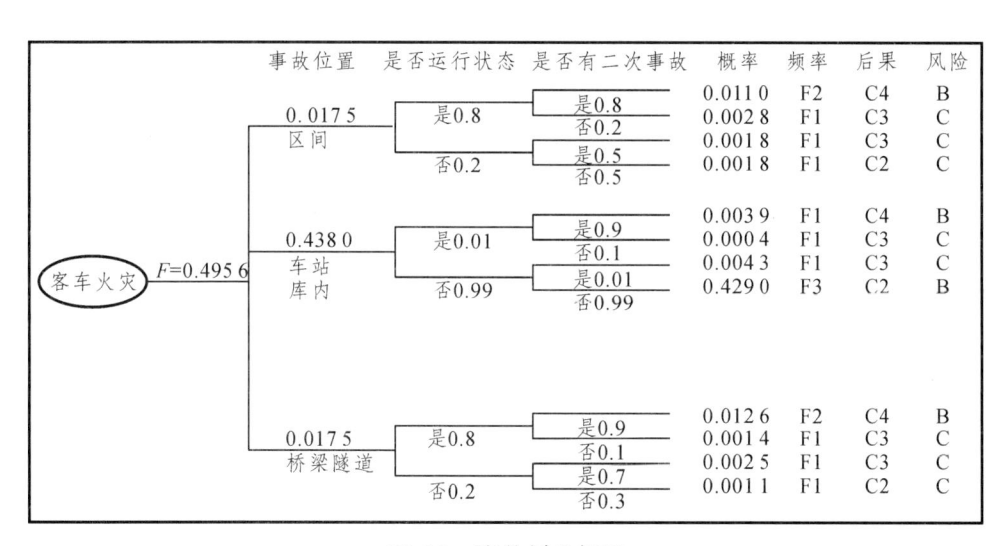

图 5-3 事件树分析图

### 2. 事故发生概率

事件树定量分析中，事故发生概率等于导致事故的各发展途径的概率和。对于图 5-3 所示的事件树，其事故发生概率为：

$$P = P(S2) + P(S3) + P(S5)$$

定量分析要有事件概率数据作为计算的依据，而且事件过程的状态又是多种多样的，一般都因缺少概率数据而不能实现定量分析。

### 3. 事故预防

事件树分析把事故的发生发展过程表述得清楚而有条理，为设计事故预防方案、制定事故预防措施提供了有力的依据。

从事件树上可以看出，最后的事故是一系列危害和危险的发展结果，如果中断这种发展过程就可以避免事故发生。因此，在事故发展过程的各阶段，应采取各种可能措施，控制事件的可能性状态，减少危害状态出现的概率，增大安全状态出现的概率，把事件发展过程引向安全的发展途径。

采取在事件不同发展阶段阻截事件向危险状态转化的措施，最好在事件发展前期实现，从而产生阻截多种事故发生的效果。但有时因为技术经济等原因无法控制，这时就要在事件发展后期采取控制措施。显然，要在各条事件发展途径上都采取措施才行。

## 任务四　事故树分析

### 一、事故树的分析程序

虽然根据对象系统的性质、分析目的的不同，事故树分析的程序也不同，但是，一般都有下面 10 个基本程序。有时，使用者还可根据自己的实际水平以及自己的需要和要求，来确定分析程序。

#### （一）熟悉系统

要求确实了解系统情况，包括工作程序、各种重要参数、作业情况，必要时画出工艺流程图和布置图。

#### （二）调查事故

要求在过去事故实例、有关事故统计基础上，尽量广泛地调查所能预想到的事故，即包括已发生的事故和可能发生的事故。

### (三）确定顶上事件

所谓顶上事件，就是我们所要分析的对象事件。分析系统发生事故的损失和频率大小，从中找出后果严重，且较容易发生的事故，作为分析的顶上事件。

### （四）确定目标

根据以往的事故记录和同类系统的事故资料，进行统计分析，求出事故发生的概率（或频率），然后根据这一事故的严重程度，确定我们要控制的事故发生概率的目标值。

### （五）调查原因事件

调查与事故有关的所有原因事件和各种因素，包括设备故障、机械故障、操作者的失误、管理和指挥错误、环境因素等，尽量详细查清原因和影响。

### （六）画出事故树

根据上述资料，从顶上事件起进行演绎分析，一级一级地找出所有直接原因事件，直到所要分析的深度，按照其逻辑关系，画出事故树。

### （七）定性分析

根据事故树结构进行化简，求出最小割集和最小径集，确定各基本事件的结构重要度排序。

### （八）定量分析

根据各基本事件发生的概率，计算顶上事件发生的概率，并进行概率重要度和临界重要度分析。

### （九）提出安全改进方案（分析结果评价）

（1）当事故发生概率超过预定的目标值时，要研究降低事故发生概率的所有可能途径，可从最小割集着手，从中选出最佳方案。

（2）利用最小径集，找出根除事故的可能性，从中选出最佳方案。

（3）求各基本原因事件的临界重要度系数，从而对需要治理的原因事件按临界重要度系数大小进行排队，或编出安全检查表，以求加强人为控制。

事故树分析方法原则上包括以下9个步骤，但在具体分析时，可以根据分析的目的，投入人力、物力的多少，人的分析能力的高低，以及对基础数据的掌握程度等，分别进行不同步骤。如果事故树规模很大，也可以借助电子计算机进行分析。

事故树分析程序框图如图5-4所示。

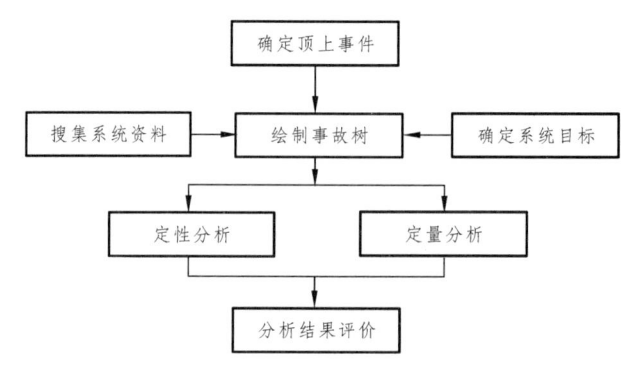

图 5-4　事故树分析程序框图

## 二、事故树编制过程

### （一）确定顶上事件

顶上事件就是所要分析的事故。选择顶上事件，一定要在详细分析系统情况、有关事故的发生情况和发生可能，以及事故的严重程度和事故发生概率等资料的情况下进行，而且事先要仔细寻找造成事故的直接原因和间接原因。然后根据事故的严重程度和发生概率确定要分析的顶上事件，将其扼要地填写在矩形框内。

顶上事件也可以是在运输生产中已经发生过的事故，如调车冲撞、挤道岔、机车冒进信号、车辆的制动梁脱落、燃轴、道口火车与汽车相撞事故、巡道人员被车辆压死等事故。编制事故树，找出事故原因，制定具体措施，防止事故再次发生。

### （二）调查或分析造成顶上事件的各种原因

顶上事件确定之后，为了编制好事故树，必须将造成顶上事件的所有直接原因事件找出来，尽可能不要漏掉。直接原因事件可以是机械故障、人的因素或环境原因等。

要找出直接原因可以采取对造成顶上事件的原因进行调查，召开有关人员座谈会，也可根据以往的一些经验进行分析，确定造成顶上事件的原因。

### （三）画事故树

在找出造成顶上事件的各种原因之后，就可以用相应事件符号和适当的逻辑门把它们从上到下分层连接起来，层层向下，直到最基本的原因事件。这样就构成一棵事故树。

用逻辑门连接上下层之间的事件原因时，若下层事件必须全部同时发生，上层事件才会发生时，就用"与门"连接。逻辑门的连接问题在事故树中是非常重要的，含糊不得，它涉及各事件之间的逻辑关系，直接影响以后的定性分析和定量分析。

### （四）认真审定事故树

画成的事故树图是逻辑模型事件的表达。既然是逻辑模型，那么各事件之间的逻辑关系就应该严密、合理，否则在计算过程中将会出现许多意想不到的问题。因此，对事故树的绘制要十分慎重。在制作过程中，一般要进行反复推敲、修改，除局部更改外，有的甚至要推倒重来，有时还要反复进行多次，直到符合实际情况，比较严密为止。

"列车冒进信号"事故树举例如图 5-5 所示。

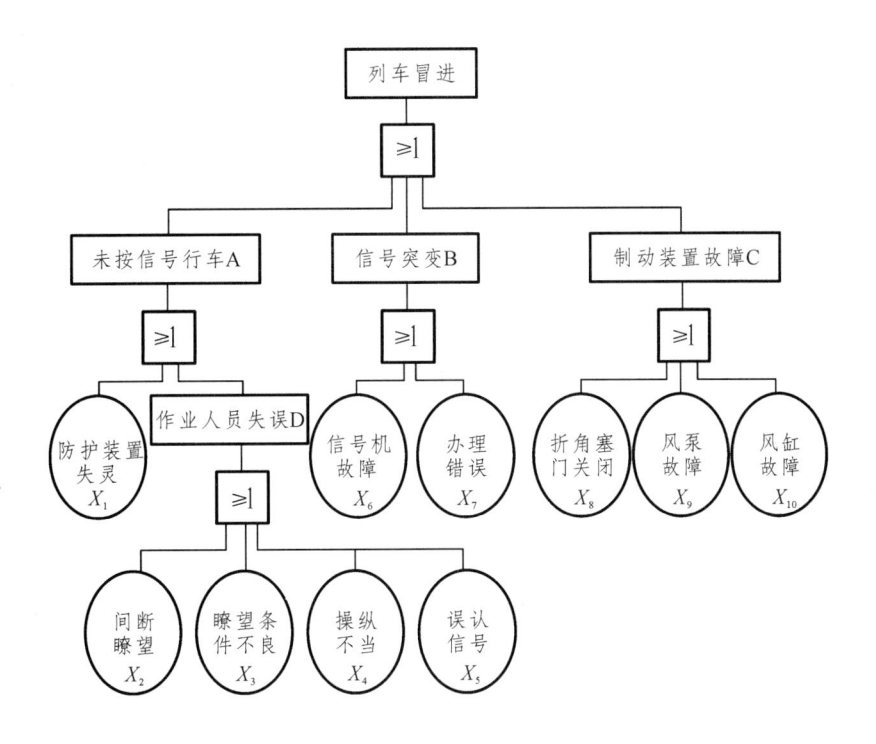

图 5-5　列车冒进信号事故树

首先确定顶上事件为列车冒进信号，写在矩形框内。列车冒进信号取决于机车乘务员未按信号指示行车、信号突变升级、列车制动装置故障 3 个事件，其中只要有一个发生就会导致顶上事件发生，我们将它们写在第二层，并用或门与第一层连接起来。

机车乘务员未按信号指示行车是乘务员作业失误、机车安全防护装置（3 大件等）失灵所致，把这两个条件写在第三层，并与第二层用与门连接起来。乘务员作业失误有 4 种情况：一是间断瞭望（瞌睡、做影响瞭望的其他工作）；二是瞭望条件不良（气候、地形条件影响视线），看不清信号，臆测行车；三是操纵不当（超速等）；四是误认信号。这 4 种情况有一个发生，就会导致乘务员作业失误，因此把它们写在第四层，并用或门与第三层连接起来。

信号突变升级可能是信号机故障，也可能是办理人员给错信号，这 2 个条件有一个发生，就会出现信号突变升级，将其写在第三层，并用或门与第二层连接起来。

列车制动装置故障有 3 种情况：一是列车中的折角塞门关闭，造成制动力不足；二是风缸故障；三是风泵故障。3 个条件中有一个发生，就使制动装置发生故障，将其写在第三层，并用或门与第二层连接起来。

旅客列车脱轨事故树举例如图 5-6 所示。

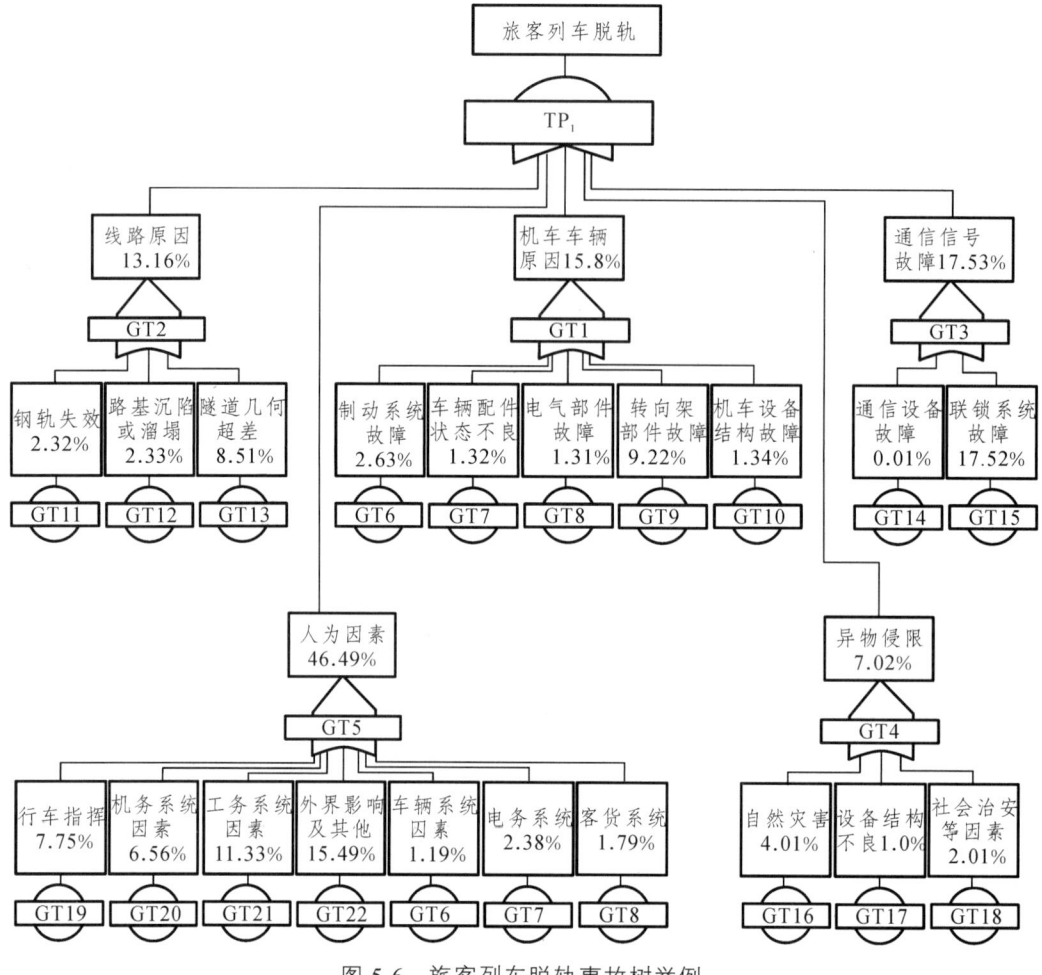

图 5-6 旅客列车脱轨事故树举例

【复习思考题】

1. 简述安全系统工程的内容。
2. 简述运输系统安全分析方法。
3. 简述检查表法的程序。
4. 举例绘出因果分析示意图。
5. 绘制调车作业安全检查表。
6. 简述事件树的绘制程序。
7. 简述事故树的分析程序框图。

# 项目六 铁路交通运营安全管理运作

## 项目概述

本章主要是使学生认知铁路交通运营企业安全管理模式，熟悉铁路交通运营企业安全文化；熟知并掌握铁路交通运营企业安全管理运作；重视铁路交通运营企业职工健康安全管理。

## 教学目标

**1. 能力目标**

阐述铁路交通运营企业安全管理模式；能掌握铁路交通运营企业安全管理运作。

**2. 知识目标**

熟悉安全系统理论；掌握铁路交通运营安全管理模式基本要素；掌握铁路安全管理体系原理；熟悉信息管理技术的应用。

**3. 素质目标**

具有能够宣传铁路交通安全文化的理念；保证安全文化建设的健康发展；重视职业健康安全，树立法治意识。

# 任务一　安全生产责任制管理

建立健全和贯彻实施安全生产责任制，就是要将企业安全纳入铁路运营管理活动的各个环节，实现全员参与，全面、全过程的安全管理，保证铁路交通运营安全优质高效。

## 一、铁路交通运营企业各级管理者的责任

### （一）企业负责人安全职责

（1）企业负责人是安全生产的第一责任人，对公司安全生产工作负全责；支持分管安全工作的公司领导开展工作，督促分管其他工作的公司领导做好分管范围内的安全工作。

（2）根据国家法律法规的要求，建立健全公司安全组织体系，强化公司整体安全生产的管理。

（3）审核公司的年度安全生产规划、计划和资金预算，确定年度公司整体安全生产指标。

（4）监督其他公司领导和公司部门负责人安全生产责任制落实情况。

（5）组织建立和落实公司应急体系并监督运作情况。

（6）定期主持召开公司安全工作委员会会议，听取安全生产工作情况汇报，分析当前的安全生产工作形势，研究改进措施，做出决定。决定事项应有正式文字记载，并检查决定执行情况。

（7）组织对危险性以上事故的调查处理，落实事故管理"四不放过"原则，坚决贯彻重大事故行政责任追究的有关制度，发生重特大事故时按规定向上级汇报。

### （二）主管安全工作主要负责人安全职责

（1）贯彻执行国家、地方政府及公司安全生产的方针、政策、法律、法规和制度，负责组织开展公司整体安全生产工作。

（2）负责制订并落实年度安全工作计划，并考核各部门安全指标的实际完成情况，决定安全工作的重要奖惩。

（3）组织监管各级安全检查，督促公司各部门消除安全隐患，主持研究重大安全隐患的治理措施，并组织落实。

（4）组织拓展适应公司发展的安全生产管理模式，不断提高安全生产管理水平。

（5）负责审批安全规章制度，组织制定重大安全措施，不断改善作业环境。

（6）负责建立健全安全生产管理机构，加强安全技术队伍的建设。

（7）根据国家的有关规定及实际工作要求，组织安全评价检查，并对评价检查结果进行通报。

（8）组织审查公司采购的消防设备、器材，劳动防护用品生产厂家资质，并按照规定对配备、使用情况进行监督检查。

（9）组织召开公司安全会议，听取有关部门负责人汇报，定期分析安全生产工作情况，

研究改进措施，做出决定。决定事项应有正式文字记载，并检查决定执行情况。

（10）组织对险性事故的调查处理，落实事故管理"四不放过"原则，坚决贯彻重特大事故行政责任追究的有关制度，发生重特大事故时必须向上级及时汇报。

### （三）企业其他主要负责人安全职责

（1）贯彻执行国家、地方政府及公司安全生产的方针、政策、法律、法规和制度，负责组织开展主管部门的整体安全生产工作。

（2）组织修订和审批分管部门的安全生产规章制度、规定、安全技术规程，并组织实施。

（3）负责落实职责管辖范围内各项工作中的安全措施。

（4）定期召开分管部门的安全会议，分析分管部门安全生产动态，及时解决存在的安全隐患。

（5）组织制订分管部门的年度安全工作计划，并逐条落实到具体生产工作中。

（6）组织专业技术员工学习、执行国家法律法规、行业标准、技术规范。

（7）组织编制安全生产技术规程，审定新产品、新工艺、新技术和引进技术、设备的安全技术要求。

（8）严格执行"三同时"制度，审查新建、改建、扩建、技术改造项目，以及自制机械设备、工具的技术设计，确保符合国家的有关规范和技术要求。

（9）组织制定重点设备关键装置的安全控制方案，并监督实施。

（10）对事故调查及事故隐患整改提供技术支持。

## 二、铁路交通运营企业其他人员的主要责任

### （一）安全管理部门负责人安全职责

（1）贯彻执行国家、地方政府及公司安全生产的方针、政策、法律、法规和制度，负责组织开展本部门的整体安全生产工作。

（2）结合公司制定的应急预案及事故处理程序，组织制定部门内部应对突发事件的组织程序。

（3）组织监管公司安全检查，及时整改检查中发现的问题，对存在重大安全隐患的设备设施要停止使用。

（4）协同企业管理部对员工进行安全教育培训。

（5）负责对特种设备的监督管理，对特种作业人员的资质监督检查。

（6）组织开展各种安全活动，制订安全活动计划。

（7）组织制定公司安全管理制度，监督检查执行情况。

（8）负责制定员工劳动防护用品的发放标准，并监督实施。

（9）监督指导基层安全管理工作，及时召开公司专（兼）职安全人员会议。

（10）负责部门内部岗位安全责任制的落实，并负责考核一般事故、安全事件的调查处理，落实事故管理"四不放过"原则，坚决贯彻重特大事故行政责任追究的有关制度，发生重特大事故时必须向上级领导及时汇报。

## （二）设备管理部门负责人安全职责

（1）贯彻执行国家、地方政府及公司安全生产的方针、政策、法律、法规和制度，负责组织开展本部门的整体安全生产工作。

（2）贯彻国家和上级部门关于设备检修、维护保养的安全规定和标准，做好主管业务范围内的安全工作。

（3）结合公司制定的应急预案及事故处理程序，组织制定部门内部应对突发事件的组织程序。

（4）组织监管部门安全检查，及时整改检查中发现的问题，对存在重大安全隐患的设备设施要停止使用。

（5）制定部门内部安全管理制度和安全技术规程，告知员工安全隐患，明确安全措施，并负责检查落实。

（6）协助事故调查组进行由设备原因引发的事故的调查处理，按时填报事故报表。

（7）制定所辖设备的应急抢险预案，建立专业应急救援队伍，并组织救援队伍开展日常训练。

（8）对本部门的安全工作进行定期总结，针对发现的问题，及时进行改进。

（9）参加公司安全工作的考核评比，对在部门安全生产中有贡献者提出奖励意见，对事故责任者和违章人员提出处罚意见。总结安全生产先进经验，开展安全技术研究，推广安全生产先进技术及现代安全管理方法。

（10）负责制定并落实部门内部各岗位安全责任制，确保完成部门的安全指标。

## （三）行车组织部门负责人安全职责

（1）贯彻执行国家、地方政府及公司安全生产的方针、政策、法律、法规和制度，负责组织开展本部门的整体安全生产工作。

（2）结合公司制定的应急预案及事故处理程序，组织制定部门内部应对突发事件的组织程序。

（3）负责制定地铁行车组织工作的安全操作规程和安全管理制度。

（4）对本部门的安全工作进行定期总结，针对发现的问题，及时进行组织改进。

（5）负责部门内部岗位安全责任制的落实，并确保完成部门安全指标。

（6）组织对部门所管辖范围内一般事故、安全事件（涉及单个部门）的调查处理，落实事故管理"四不放过"原则，坚决贯彻重特大事故行政责任追究的有关制度，发生重特大事故时必须向上级领导及时汇报。

## （四）客运组织部门负责人安全职责

（1）贯彻执行国家、地方政府及公司安全生产的方针、政策、法律、法规和制度，负责组织开展本部门的整体安全生产工作。

（2）结合公司制定的应急预案及事故处理程序，组织制定部门内部应对突发事件的组织程序。

（3）组织监管部门安全检查，及时整改检查中发现的问题，对存在重大安全隐患的设备设施要停止使用。

（4）负责制定车站行车组织工作的安全管理制度和安全操作规程。

（5）参加所辖车站的新建、改建、扩建及大修、技术改造工程项目的安全"三同时"监督审查。

（6）对各种直接作业环境进行安全监督，检查各项安全管理制度的落实情况。

（7）参加公司安全工作的考核评比，对在部门安全生产中有贡献者提出奖励意见，对事故责任者和违章人员提出处罚意见。总结安全生产先进经验，开展安全技术研究，推广安全生产先进技术及现代安全管理方法。

（8）协助人事部门对车站值班员及站务员进行安全技能培训考核，对员工进行安全教育，确保员工充分了解工作中存在的危险；确保员工熟练使用消防器材；确保员工执行公司的安全管理规定。

（9）对本部门的安全工作进行定期总结，针对发现的问题，及时进行组织改进。

（10）负责部门内部岗位安全责任制的落实，组织对部门所管辖范围内一般事故、安全事件（涉及单个部门）的调查处理，落实事故管理"四不放过"原则，坚决贯彻重特大事故行政责任追究的有关制度，发生重特大事故时必须向上级领导及时汇报。

### （五）人事管理部门负责人安全职责

（1）贯彻执行国家、地方政府及公司安全生产的方针、政策、法律、法规和制度，负责组织开展本部门的整体安全生产工作。

（2）结合公司制定的应急预案及事故处理程序，组织制定部门内部应对突发事件的组织程序。

（3）在公司管理总体规划中突出"安全第一、预防为主"的安全生产方针。

（4）负责监督并考核岗位责任制落实情况，重点检查以岗位责任制为核心的班组各项制度的执行情况。

（5）负责公司的服务器、计算机等信息设备和公司办公自动化网络的安全管理。负责公司各种网上信息安全保密管理，防止各类病毒造成的严重后果。

（6）按规定及时缴纳劳动保险和意外伤害保险。

（7）负责公司特种人员安全技术培训和考核工作。

（8）组织新员工进行岗前体检，不得将有禁忌症的工人分配到所禁忌的岗位工作。

（9）负责公司员工的安全培训，及时组织新员工（包括实习、代培人员）的安全教育和考核，经"三级安全教育"考核合格后，方可分配上岗。

（10）负责组织公司员工工伤认定、上报、处理工作。把安全工作业绩纳入干部晋升、员工晋级和奖励考核的重要内容。参与安全部门组织的事故调查处理工作，负责部门内部岗位安全责任制的落实，并确保完成部门的安全指标。

## 三、其他人员安全职责

### （一）各级安全员安全职责

（1）贯彻国家的安全法律法规。执行国铁集团、铁路局集团公司、段站的各项安全制度，同时做好本部门人员的安全教育工作。

（2）结合公司制定的应急预案及事故处理程序，制定实施部门内部应对突发事件的组织程序，并定期组织演练。

（3）负责修订部门所辖区域内有关安全管理制度和安全操作规程，并检查执行情况。

（4）组织实施部门安全检查，及时整改检查中发现的问题，对存在重大安全隐患的设备设施要停止使用。

（5）按照安全技术规范、标准的要求，参加本区域内新建、改建、扩建工程项目的设计、竣工验收和设备制造、工艺条件变更方案的"三同时"审查，监督装置检修、停工、开工的安全措施的落实。

（6）负责本部门所辖区域内消防器材、劳动防护用品和急救器具的管理。

（7）参加本区域内各类事故的调查处理，负责统计分析，按时上报。

（8）建立健全本部门各种安全管理档案资料的整理、保存工作。

（二）班组长安全职责

（1）班组长负责本班组的安全生产工作，是安全生产法律、法规和规章制度的直接执行者。

（2）贯彻执行本单位对安全生产的规定和要求，督促本班组的工作人员遵守有关安全生产规章制度和安全操作规程。

（3）切实做到不违章指挥，不违章作业，遵守劳动纪律。

（三）其他人员安全职责

（1）各级工程技术人员、职能科室和生产一线人员，在各自的职责范围内应对铁路安全运营工作负相应的责任。

（2）贯彻国家的安全法律法规，执行国铁集团、铁路局集团公司、段站的各项安全规章制度。

（3）负责评审本专业安全操作规程，明确安全隐患及采取的安全措施，并监督各相关岗位的执行情况。

（4）负责本专业系统、设备安全隐患的改造。

（5）按照安全技术规范、标准的要求，参加本专业新建、改建、扩建工程项目的设计、竣工验收和设备制造、工艺条件变更方案的"三同时"审查，监督装置检修、停工、开工的安全措施的落实。

（6）协助上级开展各项安全活动及安全宣传工作，对本室安全管理工作提出合理化建议。

（7）正确佩戴、使用劳动防护用品和消防器材。

## 四、建立、健全和贯彻执行安全生产责任制

（一）修改完善

（1）提高各级管理者对安全运营的思想意识，增强其贯彻执行安全生产责任制的自觉性。

（2）要根据本企业、部门、班组及岗位的实际情况制定并修改完善，既明确、具体，又

具有可操作性。

（3）在执行过程中，要随着生产的发展和科学技术水平的提高，不断地修改和完善。

## （二）检查修订

认真总结安全生产工作的经验教训，按照不同人员、工作岗位和生产活动情况，明确规定其具体的职责范围。对各级安全生产责任要定期、不定期进行检查，尤其在企业结构发生变化时应及时修订岗位安全职责。

## （三）全员参与，认真总结

制定和贯彻执行过程中，要发动全员参与讨论，广泛听取大家的意见。在制度审查批准后，要使全体工作人员都知道，以便监督检查。对执行好的单位和个人，应当给予表扬。对不负责或由于失误而造成人员伤亡事故的单位和个人，应予以批评和处置。

# 任务二　安全生产目标制管理

铁路安全目标管理是目标管理在安全管理方面的应用，它是指铁路企业内部各个部门以至每个职工，从上到下围绕企业运输安全生产的总目标，层层展开各自的目标，确定行动方针，安排工作进度，制定实施有效组织措施，并对安全成果进行严格考核的一种管理制度。安全目标管理是参与管理的一种形式，是根据铁路企业安全工作目标来控制企业运输安全生产的一种民主的科学有效的管理方法，是我国铁路企业实行安全管理的一项重要内容。

## 一、安全目标管理的步骤

铁路安全目标管理的实施过程可分为 4 个阶段，即安全管理目标的制定、建立安全目标体系、安全管理目标的实施、目标的评价与考核。

## 二、安全管理目标的制定

安全管理目标是实现铁路企业安全化的行动指南。目标管理是以铁路各类事故及其资料为依据的一项长远管理方法，是以现代化管理为基础理论的一门综合管理技术，必须围绕铁路企业生产经营目标和上级对安全生产的要求，结合运输生产的经营特点，做科学的分析，按如下原则制定安全目标：

### （一）突出重点，分清主次，不能平均分配、面面俱到

铁路安全目标应将重大事故、惯性事故及频发事故作为重点管理。同时注意次要目标对重点目标的有效配合。

## （二）安全目标具有先进性，即目标的适用性和挑战性

也就是说，铁路制定的目标一般略高于企业实施者的能力和水平，使之经过努力就可以完成，应是"跳一跳，够得到"，但不能高不可攀，令人望目标兴叹，也不能低而不费力，容易达到。

## （三）安全管理目标的制定使铁路目标的预期结果做到具体化、定量化、数据化

如负伤率比去年降低百分之几，以利于进行同期比较，易于检查和评价。

## （四）铁路安全目标既要体现综合性，又要有实现的可能性

制定的铁路企业安全管理目标，既要保证上级下达指标的完成，又要考虑企业各部门、各项目部及每个职工的承担目标能力。目标的高低要有针对性和实现的可能性，以便铁路各部门、各项目部及每个职工都能接受，都能努力去完成。

## （五）坚持安全目标与保证目标实现措施的统一性

为使铁路目标管理具有科学性、针对性和有效性，制定目标时必须有保证目标实现的措施，使措施为目标服务，以利于目标的实现。

## 三、建立安全目标管理体系

铁路安全目标管理涉及企业各个部门、各项目部及各单位，是关系铁路安全生产全局的大问题，为此应建立安全目标管理体系。

### （一）安全目标体系

铁路安全目标体系就是安全目标的网络化、细分化，是铁路安全目标管理的核心。它按铁路企业管理层次由总目标、分目标、子目标构成一个自上而下的目标体系。国铁集团需要达到的安全目标为总目标，各路局公司为完成国铁集团的安全目标而分解制定路局的企业目标，车机工电辆等部门为完成路局目标而提出段站子目标，班组和个人为完成段站子目标提出孙目标。

### （二）安全目标的内容

安全目标的内容有：安全管理水平提高目标、安全教育达到程度目标、伤亡事故控制目标、事故隐患整改完成率目标、现代化科学管理方法应用目标、安全标准化班组达标率目标、企业安全性评价目标、负责人任职安全目标、各项安全工作目标。

为实现企业安全生产总目标，应将总目标分解到各职能部门和段站，做到横向到边，纵向到底，纵横交错，形成网络。横向到边就是把铁路企业安全总目标分解到机关各职能部门；纵向到底就是把铁路企业总目标由上而下按管理层次分解到路局公司、段站、班组直到每个职工（见图6-1），实现多层次安全目标体系。

```
              ┌──────────────┐
              │  公司安全目标  │
              └──────┬───────┘
                     │
     ┌──────────┐    │
     │ 保证措施  │──→┌──────────────┐
     └──────────┘    │  部门安全目标  │
                     └──────┬───────┘
                            │
          ┌──────────┐      │
          │ 保证措施  │──→┌──────────────────┐
          └──────────┘    │ 班组、工段安全目标 │
                          └──────┬───────────┘
                                 │
               ┌──────────┐      │
               │ 保证措施  │──→┌──────────────┐
               └──────────┘    │  个人安全目标  │
                               └──────┬───────┘
                                      │
                    ┌──────────┐      │
                    │ 保证措施  │←────┘
                    └──────────┘
```

自上而下的层层分解 ←                    → 自下而上的层层保证

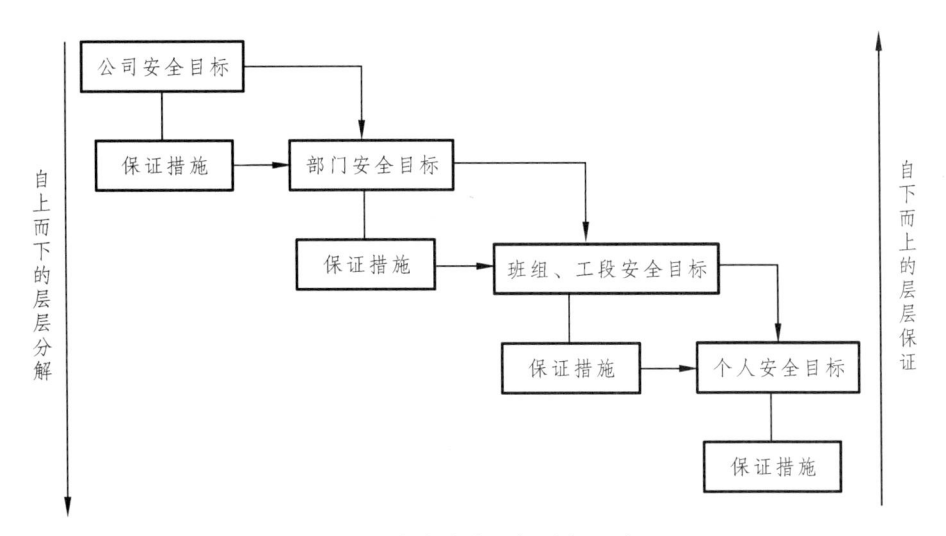

图 6-1 安全生产目标分解层次

## 四、安全目标管理的实施

铁路企业安全目标管理是一项长期任务，必须始终不渝地进行决策、实施、检查、整改、总结、提高的循环管理。实施目标管理要做到如下方面：

（1）要把铁路企业的安全目标列为领导任期内的目标，作为企业稳定生产秩序的既定方针。

（2）要赋予铁路安全部门一定的职权，能保证对各职能部门实施安全目标监督检查的功能和作用。

（3）要求铁路各职能部门对自身安全工作发挥主观能动作用，自觉地对安全管理工作进行密切的配合与协调。

（4）要明确铁路各级安全责任制，实行安全一票否决原则，以保证措施的贯彻落实。

（5）要动员铁路人人参与管理，要有每个人的责任目标，一级抓一级，层层落实，共同保证安全目标的实施。

## 五、安全目标管理的注意事项

### （一）加强各级人员对安全目标管理的认识

铁路企业领导对安全目标管理要有深刻的认识，要深入调查研究，结合本单位实际情况，制定企业的总目标，并参加全过程的管理，负责对目标实施进行指挥、协调；加强对中层和基层干部的思想教育，提高他们对安全目标管理重要性的认识和组织协调能力，这是总目标实现的重要保证；加强对员工的宣传教育，普及安全目标管理的基本知识与方法，充分发挥员工在目标管理中的作用。

### （二）企业要有完善的、系统的安全基础工作

铁路企业安全基础工作的水平，直接关系着安全目标制定的科学性、先进性和客观性。

如：要制定可行的伤亡事故频率指标和保证措施，需要企业有完善的事故管理资料和管理制度；控制作业点需要全面的监测监控数据。只有建立和健全了安全基础工作，才能建立科学的、可行的安全目标。

### （三）安全目标管理需要全员参与

铁路安全目标管理是以目标责任者为主的自主管理，是通过目标的层层分解、措施的层层落实来实现的。将目标落实到每个人身上，渗透到每个环节，使每个员工在安全管理上都承担一定的目标责任。因此，必须充分发动员工，将铁路企业的全体员工科学地组织起来，实行全员、全过程参与，以保证安全目标的有效实施。

### （四）安全目标管理需要责、权、利相结合

实施铁路安全目标管理时要明确员工在目标管理中的职责，没有职责的责任制只会流于形式。同时，要赋予他们在日常管理中的权力。安全权限的大小，应根据目标责任大小和完成任务的需要来确定。还要给予他们应得的利益，责、权、利的有机结合才能调动广大铁路员工的积极性和持久性。

### （五）安全目标管理要与其他安全管理方法相结合

铁路安全目标管理是综合性很强的科学管理方法，它是铁路企业安全管理的"纲"，是一定时期内铁路企业安全管理的集中体现。在实现安全目标过程中，要依靠和发挥铁路各种安全管理方法的作用，如建立安全生产责任制、制订安全技术措施计划、开展安全教育和安全检查等。只有将两者有机结合，才能使铁路企业的安全管理工作长治久安。

## 任务三  安全技术与质量标准化管理

### 一、安全信息技术管理

#### （一）企业安全档案管理

铁路企业安全档案管理系统，主要记录铁路企业安全管理、安全使用及安全操作的法律法规、规章制度、安全事故和发生过的一些重大人身伤亡事故，以及安全信息查询等。该模块主要针对铁路企业事故档案、奖惩档案和设备档案等业务进行严格的流程化管理，自动生成各种登记表、注册表、统计表等，生成设备参数统计表，随后进入审核流程，所有流程流转校验无误后，系统自动添加到数据库中存档。其中，有关铁路企业事故档案分为人为因素导致的事故、环境因素导致的事故、管理缺陷导致的事故和异常报告等各种档案的综合管理，要求评价危险或损失程度、分析事故原因、追究事故责任、研究事故预防等，整合事故的处理意见和合理的防范对策，并贯彻落实解决措施。

## （二）企业安全动态信息发布

动态实时发布国铁集团、铁路局公司、段站有关安全管理的各种新闻、通报、快报及相关公告信息。安全管理人员可从该系统中及时获取有关安全的动态信息，也方便上级部门及时获取和掌握危险源的安全管理动态，提高安全工作意识和管理水平。

## （三）企业安全管理基本情况

针对铁路不同性质的企业，应有不同的安全管理内容。通常包括：作业场所温度控制、湿度控制、供氧控制、通风控制、危险源控制、卫生区管理、作业人员环境、设备物体危害、违章性管理、该部门安全管理目标及年度全部工作计划等。这些是实施铁路安全管理工作的关键环节。

## （四）铁路专业技术及安全管理人员的经验管理

铁路专业技术及安全管理人员的经验管理是将安全专业技术及安全管理人员的经验融入安全管理的过程。安全管理本质上可视为诸多管理过程及要素的集合，不仅包括安全教育、安全培训、安全评价等多个过程，也包括管理者、一线员工、外部专家等多种要素。在安全管理过程中将安全专业技术及安全管理人员的经验融入安全管理过程，通过实践经验知识的融入，输出了具有经验价值的安全效果。

基于经验知识的安全管理概念的定义和理解，本质就是一种"由经验知识内容，通过经验知识活动，创造经验知识价值"的过程，而"输入""安全管理过程"以及"输出"，正对应着安全学习日志意义上的"经验内容""经验活动"以及"经验价值"，它们之间存在着天然的联系。

## （五）企业安全检查活动管理

铁路企业安全检查活动管理包括：安全检查表、检查通知、工作总结、整改计划和机组检查5项基本内容，也是企业安全管理过程中的关键环节。

## （六）铁路企业安全日常工作管理

企业安全日常工作管理包括与企业安全相关的安全简报、安全通报、安检通知书、安全活动纪录、安全帽管理、试验台账、安全工作分析等。该模块主要针对日常工作中的隐患，填写数据，系统自动生成安监通知书，可及时通知责任人进行处理，有效消除隐患。

## （七）铁路企业安全管理人员管理

铁路企业安全管理人员管理包括：安全管理人员的基本情况简介、值班情况、职责的划分、值班情况记录，以及请假、病假等管理。

对铁路安全管理人员的管理，一方面，可以保证安全管理工作顺利进行，防止人员不足导致事故的发生；另一方面，也可以有效利用人力资源，以免造成浪费，给铁路企业增加经济上的负担。

## （八）基于 GIS 系统的空间信息管理

铁路企业安全管理，把 GIS 系统应用到现代企业安全管理中，其主要可以实现以下功能：

（1）在功能上满足用户对基础数据录入、查询、修改及统计、报表的需要，并且为计算机成图系统提供数据接口，全部数据或查询结构数据能在电子地图上显示出来。

（2）用户可通过 GIS 系统定位要求查询位置信息，显示该区域的危险源分布、地理环境等信息。

（3）与图像监控系统结合，配合图像监控系统直观地查看监控点相关信息。

（4）在电子地图上直观了解案发地周围环境、案情、人员分布等相关信息。

（5）作为企业安全管理的一个重要的组成部分，可以用于辅助应急指挥，自动计算出控制案情。

（6）扩大的最佳路径，便于安全应急。

## （九）基于联动机制的铁路安全应急决策管理

铁路联动就是指多个相关部门的联合行动。在整合和利用企业现有条件的基础上，采用现代信息等先进技术，建立集通信、指挥和调度于一体，高度智能化的应急决策系统。应用该应急决策方式必须具备一定的基础，在铁路企业内部需成立相应的应急决策组、通信组、救援组、消防组等，在铁路企业外部必须与公安部门、消防部门及政府部门建立预设的联动方式。

利用该方式的应急决策，一方面避免了铁路企业安全管理的重复投资、重复建设，造成资源的浪费；另一方面可以使铁路离散的数据库和信息资源得以相互联动和共享，有效地预防和控制事故的发生。

# 二、质量控制与标准化管理

## （一）质量、安全与标准化的关系

根据历年来的经验教训，以及对许多铁路安全事故发生的内在原因进行分析得知：如果我们从质量管理的角度去认识安全问题，用质量管理理论和方法来解决安全问题，将会更加有效地避免铁路安全事故的发生。

### 1. 质量与安全的地位

从大量的铁路安全事故本身原因来看，我们发现这样一个事实：安全事故多发生在铁路运营组织过程中，而且许多安全问题的根源就是质量问题。如驾乘人员在驾驶过程中，违反操作规程、安全操作规程，就可能发生安全事故；有些员工对发生的质量问题处置不当，这也是造成铁路安全事故的主要原因之一。处置不当与违规操作虽然不同，但都属于工作质量问题。质量和安全不是一对矛盾的两个方面，也不是同一范畴的不同层次的概念，不存在"谁在第一位"的问题。即使在哲学范畴内，"质量第一"和"安全第一"也是相对的。铁路交通运营企业的质量与数量，具体地说是与满意度、满意率、完好率、准点率等比较而言的，也就是说，质量和数量这对矛盾中，质量占着第一的地位。安全和生产是一对矛盾，也就是说，与生产相比较，应当把安全放在第一的地位。质量与安全有密切关系。例如列车部件脱落事故，就是典型的维护质量问题引发的安全事故。又比如某铁路施工单位在胶济线因不按设计施工，挡土墙施工质量存在严重的质量问题而引发的安全事故。还比如某铁路施工单位在既有线路改造施工中，因架设的接触网导线未达到标准高度，致使导线挂车影响行车问题，正是因为作业人员工作质量问题而引发的行车安全事故。以上事故均是工作质量问题导致的铁路安全事故。铁路工作质量是安全最基本、最起码、最重要的要求。这个问题不解决，安全问题就得不到根本解决。

**2. 安全与体系标准的关系**

在不安全的条件下，操作者会紧张，心理压力加重，必然影响其操作的规范性，也就必然危及工作质量。正因如此，ISO9000 质量管理体系标准才将基础设施和工作环境作为重要的质量管理体系要素。在 ISO9004—2000 质量管理体系业绩改进指南标准中，明确规定管理者应当"营造适宜的工作环境"，包括考虑"安全规则和指南""人类工效""热度、湿度、光线、空气流动""卫生、清洁度、噪声、振动和污染"等。其目的是使铁路管理规范化、程序化、制度化，为保证质量、安全提供人性化的工作环境。

在一些铁路项目管理中，存在为了赶进度，为了节约成本，而违规生产和违章操作的现象。在赶进度的时候，忽视对铁路材料、设备的检验，忽视铁路生产工艺，交叉施工不注重接口、节点施工的协调和把关，相互抢点，野蛮施工，以保开通为目的，严重忽视产品质量、工程质量和工作质量管理的基本环节，抱着"以后整改"的心态，这也是造成各类铁路安全事故的根本原因。安全问题均与工作质量有直接或间接关系。质量管理是一个系统工程，需要一个体系。铁路安全管理也是一个系统工程，完全可以参照建立和保持质量管理体系的方法建立、实施和保持安全管理体系。铁路交通运营企业建立的健康、安全与环境（HSE）管理体系，就是运用了质量管理的理论和方法。如在安全运输生产条件不具备的情况下，员工有拒绝生产的权力，还应有监督他人特别是领导干部违反铁路安全管理规章制度的权力。特别是发现铁路重大安全隐患时，安全监督员应有权暂停运行，并应对一些严重影响铁路安全或可能造成重大安全事故的过程进行记录，保证生产严格按照 HSE 管理体系要求实施各项安全管理工作。

**3. 质量与安全的共性**

1）全员参与

铁路全面质量管理的基本要求就是全员参与，也就是上至铁路总经理，下至普通员工，人人关心服务质量，人人做好本职工作。安全，首先是人的安全，每个员工都存在安全的不确定因素，公司要求所有员工都遵守规章制度，特别是安全规则，才可能避免安全事故发生。

2）领导重视

质量管理体系的八项基本原则，第二项就是"领导的作用"，如果铁路各级领导不重视安全工作，就是极大的安全隐患。各级领导不下决心，安全隐患就不能从根本上消除，铁路安全事故就可能随时发生。

3）影响兴衰

质量和安全对铁路都具有生死兴衰的作用，某铁路施工单位在过去几年里，因连连发生重大安全事故，导致投标停牌，给企业的发展带来了致命的打击，短期内是很难翻身的。

4）双管齐下

质量与安全都必须从技术和管理两方面下功夫。如果铁路技术和管理不到位，就存在相应的质量和管理问题。就像一台年久失修的列车，既不能保证车辆本身质量要求，也不能保证行车的工作质量，更不能保证驾车、乘车人员的人身安全。

5）按章办事

质量和安全都强调标准化作业，即按规章制度办事。违反铁路规章制度和操作规程，不仅可能引发质量问题，而且可能引发安全事故。因此，质量工作和安全工作都必须严格执行铁路标准化作业流程，每个员工做的每件事情，都必须严格按铁路规章制度和操作规程办事，遵守作业标准。

6）持续改进

不管是质量还是安全，一旦出了问题，都可能造成严重后果。谁也不希望铁路事故发生，特别是不希望重复发生。不管质量事故还是安全事故，都应及时总结事故经验教训，持续改进。

**4. 安全就是质量**

1）统一管理

对于铁路交通运营企业来说，安全就是质量，质量工作和安全工作关系密切，两者完全可以相互借鉴，联合开展工作，尤其应对某些双方都要管的工作进行统一部署和安排。例如：运营现场的整洁文明，列车运行的平稳安全，从质量管理角度看，环境是影响服务质量的一个重要因素，因此要做好环境保障工作；从安全角度看，乱堆和乱放、疾驰和紧急制动，正是事故隐患之一，因此也要整顿。

2）相互支持

工程技术管理部门和安全管理部门要互相学习，互相支持。如环保管理的 5S 理论（整理、整顿、清扫、清洁、素养）和质量改进所采取的一些统计技术等，安全工作也可以采纳。在安全管理中，采用的安全现场监督管理、安全检查服务、专兼职安全员制度、安全标准作业现场、安全一票否决等，质量管理工作也可借鉴。在进行铁路服务质量整顿时，安全监督人员可以参与进来，反之亦然。当然，这就要求质量管理人员要掌握安全监督必要的知识和技能，安全监督人员也应有必要的质量管理能力。

（二）安全生产标准化

安全生产标准化是指安全生产工作的规范化和标准化。铁路安全标准化工作在形式要求、基本内容、考评办法等方面做出了比较一致的规定。同时，为调动铁路企业的积极性和主动性，结合企业安全生产工作的共性，制定出操作性较强的铁路安全生产工作规范。铁路企业采取自我检查、自我纠正、自我完善这一动态循环的管理模式，能更好地促进铁路企业安全绩效的持续改进和安全生产长效机制的建立。

1. **安全标准化建设内容**

   1）作业标准化

   作业标准化包括操作作业标准化、检修作业标准化、行车作业标准化、调车作业标准化、客运作业标准化等。

   2）作业现场标准化

   作业现场标准化包括现场安全设施标准化、设备着色标准化、要害部位管理标准化、安全标志标准化。

   3）安全管理标准化

   安全管理标准化包括安全检查标准化、安全教育标准化、安全宣传标准化、安全活动标准化、安全会议标准化、安全制度标准化、防护用品标准化。

2. **安全标准化标准制定**

   根据岗位作业内容，全面系统地考虑铁路技术、设备、环境等作业条件，合理地编制程序，即"对该项工作应先干什么、后干什么的具体规定"。

   按铁路作业内容和技术、设备、环境条件，规定作业"怎么干"及"干到什么程度"的工作质量标准。

   运营过程实际情况千变万化，应针对具体情况制定切合实际的安全作业标准。要本着全员参加的原则，充分调动、发挥每个成员的积极性和聪明才智，积极参与制定铁路本工种、本岗位的作业标准。在标准中要包括纠正不良操作习惯的条款。

3. **安全生产标准化体系**

   1）安全教育体系

   在铁路实际工作中，许多人由于长期形成的不良习惯，一时难以纠正。比较常见的问题有：

   （1）不知道正确的操作方法。

   （2）虽然知道正确的操作方法，但有时为了个人或局部的利益而省略了一些必要的步骤。

   （3）按自己的习惯操作。

   为了克服这些问题，要建立铁路安全教育体系，可以从4个方面进行教育和培训。

   （1）安全思想教育。

   （2）安全知识教育。

   （3）安全技能教育。

   （4）安全态度教育。认真推行标准化作业，按科学的作业标准来规范人的行为。

   2）安全检查体系

   （1）基本任务：发现和查明各种危险、隐患，监督铁路安全生产各项标准的实施，制止违章指挥、违章作业，违反劳动纪律，制定隐患整改措施。

   （2）组织形式：实行公司（段站）、车间、班组三级检查制度。

   （3）检查内容：分为综合性检查、季节性检查、专业性检查及日常检查。

   （4）隐患整改：各级检查组织和人员对查出的隐患，要逐项分析研究并落实整改措施，做到定项目、定时间、定人员。

3）安全奖惩体系

任何好的标准的贯彻执行，都要有好的行为来保证。为此，建立严格的铁路安全奖惩体系，把铁路安全标准执行的情况直接与部门、班组和个人的经济利益挂钩，使每个员工明白违反标准作业要受到经济处罚，形成"安全生产光荣，违章可耻"的良好氛围。

（1）安全奖惩体系的组织，由公司安全生产委员会、经济责任制委员会、标准化建设委员会组成。

（2）安全奖惩标准的制定，由单位根据实际情况制定具体的扣分或扣款标准。

（3）奖惩标准的实施，由公司组织检查，由主管部门进行考核和奖惩。

### 4. 安全生产标准化建设的效果

铁路安全责任制、安全技术操作规程及设备维护保养制度等得到落实，促进了安全管理，减少了人为失误和违章现象。物的不安全状态得到控制，不良环境有了明显改善，建设了一个安全、文明、舒适的铁路作业现场。调动了全员安全生产的积极性和自觉性，实现了铁路"要我安全"向"我要安全""我会安全"的转变，从而达到群防、群治、群控的目的。通过着标准装、上标准岗、干标准活，职工的作业质量有了提高，改变了多年形成的不良作业习惯，把安全、操作、技术三大规程按作业程序和安全要求紧密衔接起来，作业有程序、动作有标准，从传统的经验安全管理迈向铁路现代安全管理。

**【复习思考题】**

1. 简述铁路企业负责人岗位责任制的内容。
2. 简述铁路目标管理体系的内容。
3. 简述铁路信息技术管理的内容。
4. 铁路质量标准化的内涵？
5. 如何实现铁路质量标准化的目标？
6. 简述铁路安全生产监督检查的内容。

# 项目七 铁路运输安全技术

## 项目概述

本章主要是使学生熟悉铁路运输安全技术的特征，掌握车务、机务、电务、工务、车辆、供电安全技术的组成。

## 教学目标

### 1. 能力目标

阐述车务、机务、电务、工务、车辆、供电安全技术的组成；掌握车务、机务、电务、工务、车辆、供电安全技术的应用。

### 2. 知识目标

熟悉车务、机务、电务、工务、车辆、供电安全技术的基本知识；掌握车务、机务、电务、工务、车辆、供电安全技术的关键条件；熟悉车务、机务、电务、工务、车辆、供电安全技术的运用措施。

### 3. 素质目标

达到熟练掌握车务、机务、电务、工务、车辆、供电安全技术的理论素质；具有良好的车务、机务、电务、工务、车辆、供电安全技术综合实践能力。

# 任务一　车务安全技术

## 一、行车工作的基本原则

行车工作必须坚持集中领导、统一指挥、逐级负责的原则。局与局间由国铁集团，段站区段由铁路局集团公司，一个调度区段内由本区段列车调度员统一指挥。

## 二、行车基本闭塞法

行车基本闭塞法包括自动闭塞、自动站间闭塞、半自动闭塞。

电话闭塞法是当基本闭塞设备不能使用时所采用的代用闭塞法。

## 三、列车的分类和等级

列车按运输性质可分为旅客列车、混合列车、行包快运专列、军用列车、货物列车、路用列车。每类列车又分为不同的等级，如旅客列车分为直达特快旅客列车、快速旅客列车、普通旅客列车等；货物列车分为五定班列、快运货物列车，以及直达、直通、区段、摘挂、超限、重载、保温和小运转列车等。

## 四、编组列车的一般要求

（1）列车应按《铁路技术管理规程》、列车编组计划和列车运行图规定的编挂条件、车组、重量或长度编组。

（2）列车重量应根据机车牵引力、区段内线路状况及其设备条件确定。编组超重列车时，编组站、区段站得到机务段调度员的同意，在中间站应得到司机的同意，并均须经列车调度员准许。

（3）列车长度应根据运行区段内各站到发线的有效长，并须预留30米的附加制动距离确定。超长列车运行办法，执行铁路局相关规定。

（4）军用列车的编组，按有关规定办理。

（5）冷藏车组应尽量挂于货物列车中部或后部。

## 五、调车作业的有关规定

调车作业计划是规定车列如何解体、编组、取送、甩挂等作业的具体行动计划。调车工作应根据调车作业计划进行。

### （一）编制调车作业计划的要求

（1）符合列车编组计划、列车运行图和《铁路技术管理规程》的规定，保证调车作业和人身安全。

（2）合理运用技术设备和先进工作方法，最大限度地实现解体照顾编组，解体照顾送车，使解、编、取、送作业密切配合。力争做到调车钩数少、调动辆数少、占用股道少、行程短、作业方便、调车效率高。

（3）做到及时、准确、完整。即及时编制、下达计划；保证计划无漏洞、无差错，尽量不变或少变计划；要求调车作业通知单字迹清楚，项目齐全。

### （二）编制调车作业计划的依据

（1）阶段计划规定的各项调车作业的顺序和起止时分。

（2）到达列车确报，包括车种、车号、品名、载重、到站、收货人和特殊标记等。

（3）调车场、货场线路固定用途、容车数和停留情况。

（4）调车区现有车辆及其分布情况。

### （三）调车作业标准及要求

（1）车站的调车工作应按车站的技术作业过程及调车作业计划进行，并要固定作业区域、线路使用、调车机车、人员、班次、交接班时间、交接班地点、工具数量及存放地点。

（2）车站的调车工作由车站值班员（调度员）统一领导，调车作业由调车长单一指挥。调车领导人应正确及时编制、布置调车作业计划，调车领导人与调车指挥人必须亲自交接计划，调车指挥人必须亲自向司机及其他人员交递和传达计划。

（3）调车作业时，调车作业人员必须正确及时地显示信号，机车乘务员要认真确认信号并鸣笛回示，不足两人不准进行调车作业。

（4）调车作业中，调车有关人员要认真执行要道还道制度，单机运行或牵引车辆运行时，前方进路的确认由机车司机负责，推进车辆运行时，前方进路的确认由调车指挥人负责。

### （四）调车作业中有关人员作业的规定

（1）扳道人员扳动道岔要认真执行"扳道四程序"。没有计划或计划不清、线路上停有压标车辆、溜放车组间隔离不够或前慢后快有侧面冲突危险时，不得扳动道岔。遇两台机车同时接近一个进路道岔时，必须先停止一台，再放行另一台。

（2）信号操纵人员应根据控制台显示掌握机车车辆动态，按照规定的操作程序准备进路和监督作业。

（3）原则上不得利用单班单司机值乘的本务机进行调车作业。遇应急处置等特殊情况确需利用其调车作业时，须发给司机调度命令和附有示意图的调车作业通知单。

### （五）调车作业速度相关规定

**1. 调车作业速度规定**

在空线牵引运行时 40 km/h，推进运行时 30 km/h；调动乘坐旅客或爆炸品、压缩气体、液化气体、超限货物的车辆时 15 km/h；接近被连挂的车辆时 5 km/h。在接发列车时，应按《车站行车工作细则》规定的时间停止影响列车进路的调车作业。

2. 调车速度的补充规定

（1）进入停有机车车辆线路的道岔后，应根据停留车位置，正确掌握速度，调车最高速度不得超过 20 km/h；本务机作业时，最高速度不得超过 15 km/h。

（2）单机连挂车辆，接近被连挂车辆三车距离时，显示连结信号后再显示稍行移动信号。推进挂车时，如遇距停留车辆不足十车距离，显示五车距离信号；不足五车距离，显示三车距离信号；不足三车距离，显示稍行移动信号。使用手信号旗（灯）时，十车距离内，不显示减速信号。

调车作业要准确掌握速度，司机接到"十、五、三车"距离信号时，应将速度分别降至 17 km/h、12 km/h、7 km/h 以下。司机应依据调车指挥人显示的信号，及时调整速度。没有司机回示，应立即显示停车信号。信号不明时，立即停车。

（六）调车机车作业规定

（1）专调机车、区域调度机车原则上不得超出规定的作业范围进行作业，遇事故救援等非正常处置按有关规定办理。

（2）禁止两台及其以上调车机车（本务机车调车作业时除外）重联担任调车作业任务。

## 六、车站接发列车作业

接发列车作业直接关系着安全正点和运输效率。不间断地接发列车，严格按列车运行图行车，是车站的基本任务之一。国铁集团根据我国铁路不同的行车闭塞方法、人员配备和作业方法等情况，在充分考虑正常情况下的作业方法和非正常情况下的特定措施的前提下，结合不同闭塞法、不同联锁类型和不同的劳动组织形式，制定了《接发列车作业标准》。《接发列车作业标准》是以重复特征的作业程序、作业方法以及有关事项为对象，以科学技术和实践经验的综合为基础，以铁道行业标准的形式发布的统一规定，由作业程序与岗位作业技术要求构成。

（一）车站接发列车的基本原则和程序

车站应坚持安全、迅速、准确、不间断地接发列车，严格按运行图行车的基本原则。

（1）接发列车时需办理的作业如下：

① 办理区间闭塞；

② 准备接车或发车进路；

③ 开放和关闭进站信号或出站信号；

④ 接、交行车凭证（不使用自动闭塞、站间自动闭塞和半自动闭塞时）；

⑤ 迎送列车及指示发车。

车站值班员在办理闭塞时应确认区间空闲，并应严格按《车站行车工作细则》规定时机开闭信号机。车站值班员下达准备接发进路命令时，必须简明清楚，正确及时，讲清车次和占用线路，并要有人复诵，核对无误。接发列车应在正线或到发线上办理，并应遵守以下原则：客运列车、挂有超限货物车辆的列车，应接入固定线路；特快旅客列车应在正线通过，其他通过列车原则上应在正线通过；原规定为通过的客运列车由正线变更为到发线接车，特快旅客列车变更进路时，必须经列车调度员准许，并预告司机。

（2）在正常情况下，列车运行采用区间（或闭塞分区）间隔行车的方法，即同一时间和同一区间（或闭塞分区）内的一条正线上，只准许有一列列车运行，以防止同向列车尾追或对向列车正面冲突。为实现铁路行车上这一要求的技术设备，称为闭塞设备。因此，当列车进入区间前，两站间办理闭塞手续，是车站接发列车工作的首要作业程序。

（3）列车到达、出发或通过所需占用的一段站内线路称为列车进路。为保证列车运行的安全，列车到达或出发之前，车站值班员应正确发布准备列车进路的命令，及时停止影响列车进路的调车工作。只有在闭塞手续办理完毕，列车进路确已准备妥当以后，才能开放进站或出站信号。在列车进入或开出车站之后，应及时关闭信号。

（4）在采用自动闭塞、站间自动闭塞或半自动闭塞的区段，列车占用区间的许可是出站信号机的进行显示，因而在接发列车时，不必交接行车凭证。在其他闭塞区段，列车必须取得规定的行车凭证，才能向区间发车。

（5）列车进出车站时，接发列车工作人员应在规定地点接送列车，注视列车运行情况和货物装载状态，发现有危及人身、货物或行车安全的情况，应采取有效措施妥善处理。

（6）车站发车人员只有在确认列车取得占用区间许可，发车进路准备妥当，影响进路的调车工作已经停止，列车技术作业已经办理完毕以后，方可按规定时刻显示发车指示信号，准许列车由车站出发。

（7）列车到达或出发之后，车站值班员应及时将到、发时刻通知邻站和向列车调度员报告，并登记行车日志。

（8）所有各项接发列车工作都要在车站值班员的统一指挥下进行。

（二）接发列车作业标准

2003年10月1日实施的《接发列车作业标准》包括《双线自动闭塞集中联锁（设信号员）接发列车作业标准》（TB/T 1500—2003）、《双线自动闭塞集中联锁（未信号员）接发列车作业标准》（TB/T 1501—2003）、《单双线半自动闭塞集中联锁（设信号员）接发列车作业标准》（TB/T1502—2003）、《单双线自动闭塞集中联锁（未信号员）接发列车作业标准》（TB/T 1503—2003）、《单双线半自动闭塞色灯电锁器联锁接发列车作业标准》（TB/T 1504—2003）、《单双线电话闭塞无联锁接发列车作业标准》（TB/T 1506—2003）6个标准。《接发列车作业标准》的实施，不仅完善了接发列车作业组织，提高了接发列车作业安全和作业效率，而且促进了接发列车作业管理的现代化。

为确保接发列车作业安全，车站接发列车作业必须按照《接发列车作业标准》的规定办理，并使用规定用语。而随意简化甚至颠倒或遗漏作业程序及用语，势必危及行车安全。

（三）接发列车人员人身安全

为保证接发列车人员的人身安全，应做到以下几点：

（1）对停留车辆进行防溜时，如遇两端为敞车、棚车、冷藏车等类型的车辆，应使用人力制动机紧固器和铁鞋进行防溜，禁止使用人力制动机防溜。

（2）对车门开放、篷布绳索松弛的车辆进行整理时，不得攀爬车顶，必须攀爬车顶整理时应将车辆调至无接触网区进行。

（3）遇天气不良或雷雨天气时，接发列车应提前出务，站在距接触网支柱较远处。必须横越线路时，应远离接触网支柱并严格执行"一站、二看、三通过"的作业程序。

（4）对停站上水的客运列车，要提醒上水员、列车员不要用水管冲刷车厢；上水时要先插管、后开阀门，上水完毕要先关闭阀门，然后拔掉水管。水管口不得朝向接触网及带电部分。

#### （四）各铁路局公司《行车组织规则》制定的原则

各铁路局公司应根据《铁路技术管理规程》规定的原则，结合各铁路局行车设备的实际情况和生产实践经验，以及针对《铁路技术管理规程》规定须由各铁路局公司进一步补充的规定，制定《行车组织规则》。

## 任务二　机务安全技术

机务段是铁路运输系统的主要行车部门，主要负责铁路机车的运用、综合整备、整体检修（一般为中修、段修）。

### 一、机车运用管理

（1）机车运用管理包括确定机车牵引交路和机车运转制；选用乘务制度和乘务员换班方式；设置基层管理机构；按照运输需要配置机车，编制机车周转图和机车运用计划，力求达到机车各项运用指标；组织机车整备作业，以供应质量良好的机车；严格按列车运行图行车，安全正点地完成列车牵引作业和调车作业。

（2）机务段一般设置在重要的铁路枢纽城市或重要的货运编组站附近，主要担当旅客列车、货运列车、行包列车或转运任务的动力牵引任务。

（3）目前我国铁路已经淘汰了蒸汽机车，以内燃机车和电力机车为主。

（4）主要行车工种：机车乘务员、学习司机、地勤司机、机车钳工、机车电工、制动钳工、内燃机装试工。

（5）管理机制：分为国铁集团运输局机务部、铁路局公司机务处、机务段、机务运转/检修/整备/监控车间/折返段、班组/指导组。

### 二、乘务制度

#### （一）包乘制

由固定的几个乘务机班组成机车组轮流值乘一台（双节重联时为一组）机车。机车组包管包用这台机车，除了值乘，还要负责机车的日常检查和保养，以及中间技术检查，并参加机车修理作业。包乘制有利于加强乘务员对机车的责任心，便于乘务员熟悉机车的性能特点，掌握机车的状态。但包乘制使机车的运用受到限制，不能充分利用机车生产时间，机车交路也不能很长，从而降低了机车的利用率和乘务员的劳动生产率。

### （二）轮乘制

没有固定的机车组，机车由许多乘务机班轮流使用，各乘务机班可以在任一台机车上值乘。由于机车的运用不受固定机车组的约束，机车生产时间能够充分利用，也可延长交路。轮乘制和长交路结合，更能获得良好的技术经济效果。采用轮乘制时，必须建立严格的制度，明确乘务员的职责。机车的日常检查、保养和维护工作一般由专职人员负责。

### （三）乘务员换班方式

柴油机车和电力机车的每一乘务机班一般设乘务员二人，即司机、副司机各一人，固定编组，也有只设司机一人的，此类机车往往有司机报警装置。乘务员值乘机车的换班方式按照乘务员一次连续工作时间确定：交路适宜，在折返段换班；交路短时，到外段后立即折返；交路长时，在中途站换班，有时要换班数次，接力运行。

## 三、安全技术指标

机车运用指标：衡量机车运用质量的尺度，也是改进机车运用工作的依据。主要有以下几种指标：回段机车的全周转时间为上次入段时起至本次入段时止；循环运转机车的全周转时间为上次乘务员到达换班站时起至本次乘务员到达换班站时止。缩短机车全周期时间可以减少运行机车台数，提高机车运用效率。

全周转时间：机车每周车各部件的日常检查和给油保养。机务段、折返段和有整备作业的车站配置必要的整备设备。

转一次所消耗的时间，包括纯运转时间、中间站停留时间、机务段和折返段所在站停留时间。

技术速度：机车牵引车列不计入中间站停留时间的平均运行速度，即机车走行公里除以机车纯运转时间所得的商。提高技术速度可以缩短机车全周转时间。

旅行速度：机车牵引车列自始发到终点计入中间站停留时间的平均运行速度。为了提高效率，应使旅行速度尽量接近技术速度。

日车公里：运行机车在一昼夜内走行的公里数，即所有牵引车列的机车（包括本务机车、重联机车和单补机车）走行公里的总和，除以上述机车总台日（一台机车运用24小时称为一个机车台日）数所得的商，或按支配机车计算，称支配日车公里，即各类机车总走行公里之和除以支配机车台日所得的商。日车公里综合反映机车生产时间的有效利用程度和运行速度两方面的状况。提高日车公里数是机车运用的重点工作之一。

列车平均重量：又称平均牵引总重，是机车牵引每一车列的平均总重量，即列车总重吨公里除以本务机车走行公里所得的商。提高列车平均重量，使之接近机车规定的牵引定数，以此充分发挥机车的生产能力是铁路运营的重要工作。

货运机车日产量：货运机车在一昼夜内平均每台生产的总重吨公里，即扣除补机吨公里的货运总重吨公里除以货运机车台日所得的商。货运机车日产量综合了日车公里和牵引重量两方面的因素，反映了机车的实际生产能力，提高机车日产量的途径就是要让机车多拉快跑。

## 四、机车检修

机车经过一定时期的运用，各部件都会发生磨耗、变形或损坏，为了使机车在良好状态下稳定可靠地运行，延长使用期限，必须进行有计划的检查和检修。

机车检修制度是指为使机车在良好技术状态下稳定可靠运行，延长使用期限而做出的按计划进行检查和检修的规定。世界各国铁路机车的检修制度不尽相同，大多数国家采用以计划预防检修为主的制度。中国铁路机车采用预防性的定期检修制，逐步实行状态修、换件修和主要零部件的专业化、集中修制。在定期检修制中，根据机车的检修规程所包含的内容，分大修、中修、小修和辅修。机车大修是全面的恢复性修理，大修后的机车，基本上需要达到新车的水平；中修主要是修理走行部，因此必须把机车架起推出走行部进行修理；小修主要是对内燃、电力机车的有关设备进行测试和维护等；辅修属于临时性的维修和养护。

机车的定期检修除大修在机车工厂进行外，其余的检修都在机务段内进行。

状态修制，是机车在工作寿命期内，按照规定的状态值和运行设备检测的参数进行比较，只要运行参数仍在规定的限界内，就不做检修。当运行参数超出规定的限界时，按照规定工艺对设备进行检修，使其恢复到规定的限界值内再继续运行。采用状态修制是在确保安全运行的前提下充分利用设备及部件寿命的检修制度。零部件专业化集中检修制是由于铁路机车大量采用具有新技术含量的部件后提出的检修制度，它使先进、昂贵的检测设备和高水平检修人员的利用更为合理和有效。

中国机车的检修制度除日常检查外，在两次定修（洗修）间有一次技术检查。段修分为定修和架修。电力机车定修周期2.5万~3.5万千米，架修30万~35万千米；柴油机车定修周期1.5万~2万千米，架修15万~24万千米；厂修周期：电力机车120万~140万千米，柴油机车45万~72万千米。

## 五、《列车运行监控记录装置》的机车运行资料分析

列车运行监控记录装置简称监控装置，缩写为LKJ，是我国铁路研制的以保证列车运行安全为主要目的的列车速度监控装置。该装置在实现列车速度安全控制的同时，采集记录与列车安全运行有关的各种机车运行状态信息，促进了机车运行管理的自动化。

监控装置以轨道电路及机车信号作为列车运行指令信息源，以预置于主机的方式获取运行线路参数信息，采用计算机智能处理对列车运行速度进行安全监控。

LKJ2000型监控装置的特点：

（1）车载存储线路数据；
（2）采用连续平滑速度模式曲线控制；
（3）实时计算取得速度控制值；
（4）主要控制过程全部采用计算机实现；
（5）提高可靠性设计；
（6）提高安全性设计；

（7）采用图形化屏幕显示器。

## 六、机车"三项设备"运用管理的规定

三项设备包括：机车无线列调电话、机车行车监控记录装置（简称"监控"）、机车信号机。三项设备直接关系列车的运行安全，必须全程开机，不得擅自关闭或解除其作用。如今货车还将列车的列尾装置加上并称为机车四项设备。列尾装置的作用同样等同于前三项。为保证设备的正常使用，各铁路局公司应根据实际编制《行车安全装备使用、维修管理实施细则》，并建立局、段和基层单位各级干部的定期检查、抽查制度。机务段、机务折返段对入段机车的"三项设备"实行检测，确保设备良好投入运行，防止设备不良出库；建立"三项设备"故障、临修分析考核制度；对列车运行中擅自关闭及违章使用"三项设备"的人员，建立严格考核处理制度。

## 七、机车乘务员待乘休息管理的基本要求

担当夜间乘务工作并一次连续工作时间超过6h的乘务员，必须实行班前待乘休息制度。乘务员待乘卧床休息时间不得少于4h，待乘人员必须在规定时间持IC卡到达待乘室签到，按指定房间休息，待乘室值班人员按规定办理待乘人员的入、出待乘室手续；段、车间值班干部每天必须检查乘务员待乘休息情况，并实行IC卡写卡的检查管理制度，铁路局公司应对管内各待乘室的管理工作进行不定期抽查。

## 八、旅客列车乘务制度

旅客列车乘务制度是机务段为旅客列车组织乘务员的制度。乘务制度分包车制和轮乘制两类。包车制是将乘务员按方向、线路、区段和车次（或按每一辆客车）固定下来，适用于长途旅客列车。这种制度有利于乘务员熟悉所负责的列车和沿线车站、区段的技术设备情况；易于掌握客流动态，便于加强备品和用具的管理工作；也便于乘务组班次的安排以及分配工作和休息时间；但须在列车上挂供乘务员休息用的宿营车。轮乘制一般是乘务人员不按方向、线路、区段和车次固定包车到底，而是比较灵活地安排乘务人员的工作。实行轮乘制，列车可不挂宿营车，从而增加旅客的坐席数量。目前，我国铁路一般采用三班制，三班乘务员固定使用一次列车，轮流值乘。换班方式主要有：外段驻班制、立即折返制、中间换班制和随乘制等。

统计不同乘务制度的服务质量，对完善铁路旅客运输具有重要作用。

# 任务三 工务安全技术

工务段实行段、车间、班组三级管理制度，下设若干线路车间、桥梁车间、重点维修车间、综合机修车间、运输车间等专业车间。段部设线路技术、安全、桥隧技术等若干专业科

室，以及人事、财务、教育、行政等若干后勤科室。

线路车间：负责铁路线路及相关设备的日常保养与维修，以及铁路巡道，铁路道口的看守。

桥梁车间：负责桥梁、隧道、涵洞的保养与维修。

重点维修车间：负责铁路线路的大中维修施工作业。

综合机修车间：负责机具检修、配件修理、辅助加工等。

每个车间下设若干作业班组。

## 一、铁路线路的类别

铁路线路分为正线、站线、段管线、岔线及特别用途线。

## 二、相关规定

### （一）线路标准轨距和曲线线路加宽、超高限度

轨距为钢轨头部踏面下16mm范围内，两股钢轨工作边之间的最小距离，直线轨距标准规定为1 435 mm。曲线线路轨距加宽限度：半径小于350m，大于或等于300m的加宽5mm；半径小于300m的加宽15mm。曲线外轨最大超高：双线地段不得超过150mm，单线地段不得超过125mm。

### （二）机车车辆上部限界最高、最宽的限度

机车车辆无论空重状态，均不得超出机车车辆限界，其上部高度自钢轨顶面的距离不得超过4 800mm；其两侧最大宽度不得超过3 400mm。

### （三）道岔"查照间隔"和"护背距离"的限度

道岔查照间隔（辙叉心作业面至护轨头部外侧的距离）不得小于1 391mm；护背距离（辙叉翼作业面至护轨头部外侧的距离）不得大于1 348mm。测量位置按设计图纸规定。

### （四）铁路线间距的基本规定

铁路线间距为区间及站内两相邻线路中心线间的标准距离。《铁路技术管理规程》规定：双线区间直线地段最小线间距为4 000mm，三线及四线区间的第二线与第三线的线间距为5 300mm。客运专线线间距最小为4 400mm。

## 三、施工作业施工组织

（1）进行线路、桥隧等设备施工时，应根据工作内容和影响行车安全的程度，按下列规定指定专人担任施工领导人：

① 影响路基稳定的开挖路基、开挖建筑物基坑、整治路基病害，加固或改建桥隧建筑物，拆铺便线便桥和临时架空结构，更换或铺设防水层，整修隧道衬砌等较复杂的作业，应由职务不低于领工员的人员担任。

② 需办理封锁手续，设置移动停车信号防护，线路开通后需限制列车速度的作业，应由职务不低于领工员（分队长）的人员担任。

③ 需办理封锁手续，设置移动停车信号防护，线路开通后不限制列车速度的作业及区间卸砂石料车作业，应由职务不低于工长的人员担任。

④ 需办理慢行手续，设置移动减速信号防护，限制列车速度的作业，应由职务不低于领工员（分队长）的人员担任。

⑤ 设置作业标防护的作业和使用轻型车辆及小车时，应由工（班）长或经段队批准并经考试合格的人员担任。

⑥ 在特殊情况下，上述作业可由段（队）长指派能胜任的人员担任。

（2）对营业线的设备改造、大修、中修及可能影响行车安全的维修施工要全部纳入施工"天窗"，并办理封锁施工手续。大型养路机械施工作业和线路大中修施工"天窗"不应少于180min。

（3）在线路、道岔上施工，影响信号、通信或接触网设备的正常使用时，必须由信号、通信或接触网工区派员配合进行。

（4）凡未办理验交的线路、桥隧等设备，由施工单位负责巡查养护，保证行车安全。设备管理部门对施工单位的施工安全进行全过程监督，发现质量不合格及施工安全隐患要责令施工单位立即纠正，危及行车安全时有权责令其停工。

（5）区间线路上施工，车站与施工地点用电话联系的程序规定如下：

施工领导人应通过驻站联络员与车站值班员保持密切联系，掌握列车运行时刻，有效利用列车间隔时间，计划好施工作业的数量和进度，安排好劳动力、工具和材料，设好防护后方可施工。在作业过程中应密切注意来车"预报""确报"等信号。

预报：车站对施工区间办理闭塞时，驻站联络员应立即向工地防护员发出预报；如是通过列车，则应提前一个车站（即邻站向本站发车时）发出预报。

确报：车站向施工区间发车时，驻站联络员应立即向工地防护员发出确报。如施工地点距车站较近或施工条件较复杂，而需提前预报、确报时，施工领导人应事先与驻站联络员商定明确，并通知全体防护员及施工人员。

变更通知：预报、确报有变化时，驻站联络员应向工地防护员发出变更通知。

工地防护员接到驻站联络员发出的预报、确报、变更通知后，均应立即按规定信号（用喇叭、信号旗等）向施工领导人重复鸣示，直至对方以相同信号回答时为止。同时应加强警戒，注意瞭望，监视来车与工地情况。如设有中间联络防护员时，应以上述相同方式准确及时地将信息传达给对方。

驻站联络员与工地防护员应至少每3~5min通话一次。如通信联系中断，工地防护员应立即以停车信号防护，并通知施工领导人停止作业，机具下道，尽快将线路恢复到允许放行列车的条件，恢复工作未完不得撤除防护人员。

无论是开工、收工或转移作业地点，均应及时告知驻站联络员。

驻站联络员应加强与车站值班员的联系，双线区段反方向来车时，驻站联络员要及时通知工地防护员转报施工领导人。

（6）在电气化铁路线路上作业，应遵守下列规定：

① 起道高度单股不超过30mm，且隧道、桁架桥梁内不超过限界尺寸线。

② 拨道作业，线路中心位移不得超过±30mm；一侧拨道量年度累计不得大于120mm，并不得侵入限界。

③ 起道或拨道量超出上述规定时，须事先通知接触网工区予以配合。

④ 爆破作业有碍接触网及行车安全时，应先停电后作业。

⑤ 在接触网支柱不侵入建筑物接近限界的条件下，桥梁上一侧拨道量年度累计不得大于60mm，且应满足线路中心与桥梁中心的偏差，钢梁不大于50mm，圬工梁不大于70mm，线路允许速度120~160km/h时，钢梁、圬工梁不得大于50mm。

## 任务四　电务安全技术

电务段是铁路系统的一个重要机构，负责管理和维护列车在运行途中的地面信号与机车信号及道岔正常工作。电务段的职责是维护信号设备，使信号正常显示，维护转辙机及道岔使道岔扳动正常，确保列车正常运行。

### 一、管理设备

（1）室外设备分为站内、区间信号机及机构；各种信号设备电缆盒；地下电缆；轨道导接线、引接线；转辙机及道岔；客运专线的应答器。内燃机车，电力机车，动车组运行控制设备。

（2）室内设备为机械室的组合架、电源屏、控制台等（自动闭塞区段在室内还有计算机联锁设备）；客运专线列控设备、CTC和联锁系统等微电子设备。

### 二、信号种类

信号分为八显示和十显示两种，即有8种信号含义或者10种信号含义。8种的信号为"绿灯、红灯、红黄灯、绿黄灯、双黄灯、黄2灯、黄灯、白灯"；10种的信号再加上"红黄闪、双黄闪"2种。调度所根据线路的状况、机车的类型，确定某一区段最高限速，并通过地面信号和机车信号来控制机车的安全运行。地面信号与机车信号的显示是一致的。

### 三、信号机的基本类型

信号机按类型分为色灯信号机、臂板信号机和机车信号机。信号机按用途分为进站、出站、通过、进路、预告、遮断、驼峰、驼峰辅助、复示、调车信号机。

### 四、集中联锁设备应保证的基本条件

联锁设备分为集中连锁（继电联锁和计算机联锁）和非集中联锁（臂板电锁器联锁和色灯电锁器联锁）。

集中联锁设备应保证：当进路建立后，该进路上的道岔不可能转换；当道岔区段有车占用时，该区段的道岔不可能转换；列车进路向占用线路上开通时，有关信号机不可能开放（引导信号除外）；能监督是否挤岔，并于挤岔的同时，使防护该进路的信号机自动关闭；被挤道岔未恢复前，有关信号机不能开放。同时，集中连锁设备，在控制台上应能监督线路与道岔区段是否占用，进路开通及锁闭，复示有关信号机的显示。

## 五、信号机的显示距离规定

各种信号机及表示器在正常情况下的显示距离：进站、通过、遮断信号机不得少于1 000mm；高柱出站、高柱进路信号机不得少于800mm；预告、驼峰、驼峰辅助信号机不得少于400mm；调车、矮型出站、矮型进路、复示信号机不得少于200mm。

## 六、道口自动信号的技术要求

道口自动信号应在列车接近道口时，向公路方向显示停止通行信号，并发出音响通知；如附有自动栏杆（门），栏杆（门）应自动关闭。在列车全部通过道口前，道口信号应始终保持停止通行状态，自动栏杆（门）应始终保持关闭状态。道口自动通知设备，应在列车接近道口时，以音响和控制盘表示灯通知道口看守人员。

## 七、管理通则

（1）信号设备维护工作由维修、中修、大修、测试四部分组成。任何维护工作都必须严格实行岗位责任制和质量验收制，贯彻质量第一的原则。

（2）信号设备维护工作，必须贯彻预防与整修相结合，以预防为主的原则。广泛采用监督、检测、记忆、判断等手段，监视运用中设备状态，早期诊断设备故障，为逐步实现控制修创造条件。

（3）为提高信号设备维护质量，减少对运输的影响，现场固定设备实行集中修与分散维护相结合，以集中修为主；信号器材实行入所修与现地修相结合，以入所修为主。加强集中修与入所修是现阶段信号维修工作改革的重点。

（4）信号设备的维修、中修与大修都应按周期有计划地进行，贯彻机械强度与电气特性并重的原则。

（5）切实加强安全生产管理。电务段应建立自上而下的安全网，明确生产安全责任制。

（6）铁路局公司、电务段的值班调度必须执行昼夜值班制度，及时掌握安全生产情况，做到反应迅速，信息畅通。

## 八、质量管理

信号维护工作的质量管理是通过系统的质量管理活动实现的，以使设备质量、工作质量、运用质量稳步提高。

设备质量是指各项设备及电路达到应具备的技术条件和质量标准；工作质量是反映维修人员在生产活动中具有的技术水平、工作态度和认真负责的程度；运用质量是指信号设备在使用过程中应具有的效果。设备质量、工作质量是运用质量的基础；运用质量是设备质量与工作质量的综合反映。

## 九、技术管理

（1）电务部门各级组织应认真贯彻执行铁路技术管理规程、部颁技术标准以及规章命令。铁路局可根据具体情况制定技术实施细则及操作规程。

（2）信号设备的各种电路均必须符合"故障—安全"原则。各种监测、遥信、报警电路均必须构成独立电路系统，不准借用信号联锁条件。

（3）大、中维修均需采用部颁的标准器材，除信号专用器材应采用部属工厂产品外，一般产品也应采用国家铁路局指定的生产厂家的产品。器材在使用前必须按规定标准进行电气性能、机械外观的检查试验，电子器件应使用经过老化筛选的元件。

新器材的存放期一般不得超过2年，否则应开盖检查（或返厂），质量合格后，方准使用。

（4）电务段每年应根据联锁图表，对管内各站联锁关系进行一次检查核对。电气集中站按信号联锁电路检查表的要求进行，试验中发现的问题应及时解决，无权处理的问题应及时上报。

# 任务五　车辆安全技术

## 一、客货车辆的基本类型

车辆按用途分为客车、货车及特种用途车（如试验车、发电车、轨道检查车、检衡车、除雪车等）。

## 二、基本规定

### （一）旅客列车安装轴温报警器的基本规定

编入特快旅客列车、快速旅客列车、旅客快车的客车应安装轴温报警装置。

### （二）车辆轮对基本限度

车辆轮对内侧距离为 1353±3 mm；车轮轮辋厚度客车≥25 mm，货车≥23mm；车轮轮缘厚度≥23mm；车轮轮缘垂直磨耗高度≤15 mm；车轮踏面圆周磨耗深度≤8 mm；车轮（滚动轴承）踏面擦伤及局部凹下深度≤1 mm，其中本属客车出库≤0.5 mm，途中运行客车≤1.5 mm；车轮（滚动轴承）踏面剥离长度一处时：客车≤30mm、货车≤50mm，二处时（每一处）：客车≤20mm、货车≤40mm。

### (三）列车自动制动机试验的基本规定

列车自动制动机试验主要包括：全部试验、简略试验、持续一定时间的全部试验。

### （四）列车中关门车的限制规定

编入货物列车的关门车数不得超过现车总辆数的 6%，超过时要计算每百吨列车重量换算闸瓦压力，不得低于 280kN。列车中关门车不得挂于机车后部三辆之内；在列车中连续连挂不得超过二辆；列车最后一辆不得为关门车；列车最后第二、三辆不得连续关门。旅客列车不准编挂关门车；运行途中临时故障准许关闭一辆，但列车最后一辆不得为关门车。

### （五）红外线轴温探测设备设置的基本原则

在干线上，应设红外线轴温探测网，轴温探测站的间距一般按 30km 设置。铁路局公司设红外线轴温监控中心，车辆处设监测中心及红外线轴温行调复示终端，列检所设复示中心。

# 任务六　牵引供电安全技术

电力牵引供电系统是指从电力系统或一次供电系统接受电能，通过变压、变相或换流（将工频交流变换为低频交流或直流电压）后，向电力机车负载提供所需电流制式的电能，并完成牵引电能传输、配电等全部功能的完整系统。牵引供电系统的性能直接影响列车牵引功率的发挥和牵引传动控制系统的性能。

## 一、系统组成

电力牵引供电系统主要由牵引变电所和接触网组成。牵引变电所将电力系统通过高压输电线送来的电能加以降压和变流后输送给接触网，以供给沿线路行驶的电力机车。有些国家的电气化铁路有时由专用发电厂供电。

电力牵引供电系统按照向电力机车提供的电流性质分为直流制和交流制。交流制又分为工频单相交流制和低频单相交流制。工频指工业标准频率，即 50 Hz 或 60 Hz；低频指低于工业标准频率的频率，应用最多的即 50 Hz 的 1/3。

## 二、牵引变电所

直流制牵引变电所用主变压器降压并把三相交流电变换为 6 相或 12 相，然后用整流器整流。工频单相交流制在牵引变电所只进行降压，主要设备是降压变压器，称为主变压器。牵引变电所按主变压器绕组接线方式，分为三相、单相和三相-二相牵引变电所。

## 三、供电方式

直流制电气化铁路接触网普遍采用两边供电方式,在相邻的两个牵引变电所供电的接触网中间设置分区亭,将接触网连通。运行中的电力机车由两边的牵引变电所同时供电。这种供电方式可降低接触网中的电能损失,减小接触网的电压降,当一个牵引变电所停电时,电力机车运行不致中断。交流制电气化铁路则常采用一边供电方式,接触网在分区亭处断开。分区亭只在一边牵引变电所停电时接通,由另一边牵引变电所越区供电。同时分区亭还有上下行末端并联的功能。

## 四、防干扰设施

为了减少接触网电流的电磁感应对沿线通信电路的干扰,在交流制电气化铁路邻近城镇的区段将接触网每 2~4 km 划成一个吸流分段,设置回流线和吸流变压器。这时,电力机车的电流沿回流线流回牵引变电所,从而使沿轨道和大地流回的电流减少。回流线和接触网的电流近似相等,方向相反,这就大大减轻了电气化铁路对沿线通信电路的干扰。

## 五、相关规定

### (一)接触网工作电压的限度值

工作电压正常情况 20~27.5 kV,非正常 19~29 kV。

### (二)接触网导线最大弛度限度

接触网带电部分与固定接地物的距离不少于 300 mm,距机车车辆及货物的距离不少于 350mm。

### (三)电气化线路道口限界架的高度规定

限界架的高度不得超过 4.5m。

### (四)人员与牵引供电设备带电部分的安全距离规定

人员与牵引供电设备带电部分的距离不得少于 2m。

# 任务七　高速铁路运营安全保障技术

## 一、基于预防和事故避免的高速铁路安全的监控及检测技术

高速铁路安全监控和检测的内容涉及高速铁路运营相关的所有方面,可以分为高速铁路设施设备(固定设备和移动设备)、环境(自然环境和社会治安环境)、人员等。高速铁路

安全的监控和检测，应依靠先进可靠的检查监测工具和手段，采取人机结合、动态检测和静态监控结合的方式，实现对主要行车设备、主要行车岗位、安全关键部位全方位、全过程的检查监测、信息反馈、考核评估，加快形成监控有力、反应灵敏、闭环管理的监控和检测保障技术体系。

（一）对高速铁路设备运行状态的监控与检测技术

高速铁路设备包括固定设备和移动设备两种。对固定设备和移动设备进行监控的目的是随时掌握设备的运行状态，及时发现运行中可能出现的影响运营安全的因素和隐患。

### 1. 列车运行控制技术

高速铁路的核心是高速度。实现高速度的核心技术之一就是列车运行控制。

列车运行控制技术主要以通信和信号为支撑，采用技术手段对列车运行方向、运行间隔和运行速度进行控制，使列车能够安全运行且提高运行效率。列车运行控制系统地面设备和车站联锁设备主要实现联锁控制功能，并生成列车控制所需的基础数据，通过车—地信息传输通道将地面控制信息传送给列车，经列车运行控制车载设备进行处理后，生成列车速度控制曲线，监督控制列车安全、高速运行。

列车运行控制系统主要由地面设备和车载设备组成。地面设备主要检查列车在区间的位置，形成速度信号，向列车传送允许速度、线路参数等信息。车载设备主要由天线、信号接收单元、制动控制单元、司机控制台显示器、速度传感器等组成。车载设备根据接收到的地面信息、列车特性，计算列车制动模式曲线，控制列车运行状态。

各国研制生产的列车运行控制系统（ATP/ATC）有10余种，如德国的LZB系列和FZB系列、法国的TVM系列、日本的ATC系列。在时速350km及以上的高速铁路上，我国采用的是基于GSM-R（铁路无线通信）的CTCS-3列控系统。该系统由车载子系统和地面子系统组成，可以实现移动闭塞。列车位置及列车移动授权由GSP和GSM-R传输解决，列车完整性检查和定位校核分别由车载设备和点式设备实现，使室外设备减至最少。

### 2. 列车状态监测与诊断技术

列车状态监测与诊断技术主要应用于对列车各部分状态进行监测并进行故障诊断。监测的主要设备有轴温、车门、轮对、牵引电机等。利用该技术可以及时通报司机采取必要的防范措施，并可以通过无线通信系统，通知前方的维修部门做好检修更换的准备工作。

高速列车实现全列车自动诊断，动车和拖车都装有数据采集和诊断计算机，对牵引动力、制动系统、走行部分、轴温、列车火灾以及车门、空调、照明等进行监测。一旦出现危及行车安全的隐患和故障时，会发出报警信息，问题严重时还会自动控制列车减速，甚至停车。例如，德国的ICE列车的诊断系统，不仅可以检测机车车辆、电气及机械方面的故障，而且可以实现列车故障诊断单元在发车前对每个系统进行可靠性和功能测试，有效地缩短整备时间。

### 3. 机车车辆诊断和实时检测技术

高速运行的机车车辆的状态，直接关系到行车安全与否。机车车辆的故障诊断和实时检测技术能够及时探测高速运行时转向架的疲劳破坏状况、接触部件运动破坏状况、车体结构、振动噪声、轴温状态、弓网接触压力、接触面几何状态、温度、滑动速度、磨损以及受电弓的结构状态、轮轨噪声、轨道变形、振动加速度等状态值。另外，将列车分离状况、车内温度、烟雾探测等情况通报给司机，使其采取必要的防范措施，并通知前方的维修部门做好检修、更换的准备。

### 4. 桥梁、隧道、重要立交道口的监测技术

高速铁路采用了桥梁、隧道、重要立交道口等建筑结构，这些结构的状态对列车安全运行起着重要的作用，所以必须对这些结构及设备、设施进行监测，采用传感器件和信号处理技术，对桥、隧道、线路的一系列参数进行测量和分析，以提供报警信号，使之通过信息通道及时传到综合调度中心，防止突发事件引起重大的行车事故。

### 5. 车站、站场状态的监测技术

车站及站场是列车与旅客相对密集的地方，为保障安全运营，应该设立相应的车站、站场状态的监测系统，实时监测站场状态，及时发现潜在的事故隐患，避免事故的发生。另外，在车站站台也要设置相应的监测系统，保证列车进站时或经过车站时，站台上旅客、工作人员及物品的安全。

### 6. 轨温监测技术

在现场设置钢轨及大气温度传感器，建立轨温监测报警系统，实时掌握钢轨温度，确定轨温控制标准，科学地进行轨温预报，也是保障高速铁路安全运营的关键技术之一。轨温监测系统由设置在现场的钢轨温度传感器、大气温度、温度传感器、设置在养路工区（工务段）的信息处理器、显示器、道床状态信息输入设备（报警器、记录仪等）组成。同时在线路选定地点附近设气象信息采集点，以便对比决策。

### 7. 牵引供电设备的安全监测技术

牵引供电设备的安全监测技术有利于减少供电系统事故隐患，降低事故概率，缩短故障查找和检修时间，确保供电系统可靠运行。实现在线监测的关键技术包括个性化信号采集处理模块（传感器、信号采集及处理、嵌入式微机处理系统、远程通信）、后台智能专家系统和远程诊断及设备状态监测（调度中心）。

## （二）对环境的监控与检测技术

高速铁路运营系统处于开放的环境状态，环境中的各个因素都会影响高速铁路运营状态的安全性。环境因素包括自然环境和社会治安环境两种。加强对环境状态的监控和检测，随时了解环境的变化，对安全预防和避免事故具有重要的意义。

### 1. 自然环境的监控和检测技术

自然环境监测与灾害预测报警技术是高速铁路运营安全保障技术体系中不可缺少的重要技术手段之一。它主要是对自然灾害及沿线环境进行监测，在要监测的地区设置相应的监测

设备和预警系统，并将信息传送给有关场所。监测的信息主要有雨量、风速、风向、地震、洪水、落石、着雪量、泥石流等。防灾用的监测设备预先设定基准值，一旦达到基准值，系统会自动报警。

1）雨量及洪水监测技术

雨量及洪水监测系统由数据采集设备、监测终端设备以及监测主机设备构成。数据采集设备主要包括雨量计、水位仪、防撞监视仪、冲刷测量仪、洪水测量仪等。数据采集设备测得的数据通过通信线路传输并显示在监测终端上。调度人员根据此降雨状况发出警戒命令，限制列车运行速度。

2）地震监测技术

地震监测系统主要对地震进行监测并采取紧急措施以减少事故损失。系统由振动加速度传感器和中心监视设备两部分组成。振动加速度传感器检测加速度值和P波，具有自动报警、显示加速度波形的功能，同时能够分析处理监测数据。例如，日本东海道新干线在沿线的14个地方设置了地震预报系统，在沿线的25个变电所设置了地震计，一旦监测到危害可能性大的地震，变电所内的断路器会自动断开，停止送电，使列车紧急停车。

3）强风监测技术

强风监测技术是在铁路沿线设立监测点，安装风速、风向传感器和采集单元，实时采集风速、风向数据，数据超过报警值便发出报警；用户确认报警信息和现场情况后，及时采取应对措施，如减速、停车或躲避等。

4）落石监测技术

在易发生危害性落石滑坡的地方安装落石监测仪，当落石砸到检测网上时，监测线路被切断，使现场的红色信号灯闪亮，安装在车站上的报警装置发出报警信号，从而阻止列车驶入相应地区。

5）泥石流监测技术

在泥石流易发生区及其周围设置雨量计、风速计，在有滑坡的地方增设滑坡计等；同时设置测量通过颗粒的组合成分等仪器，根据不同地区的情况确定适当的标准值，数据超过一定值时就会报警或预报险情。

**2. 社会治安环境的监控和监测技术**

加强防护网、立交道口、沿线绿化等工程建设，健全护路联防联控机制，强化治安综合治理，完善区段巡查看护制度，采取物防、技防、人防相结合的综合防护措施，着力构建全天候、立体化的治安防范保障体系。

1）安全防护工程技术

为杜绝机动车辆等异物侵入运营线路，高速铁路基本上采取的是"全封闭、全立交"的安全防护方式。安全防护技术包括安装高标准的栅栏，做好线路绿化，完善道口防护设施，提高道口防护能力，加固上跨铁路立交桥防护设施，实现站区全封闭管理等。同时，应健全护路防控责任制。以铁路公安部门为主，工务、车务等单位配合，建立分工明确、职责清晰的护路联防责任体系。公安部门重点抓好线路治安巡查、路外宣传等工作，切实发挥沿线治安防范的主体责任；工务部门重点抓好栅栏、绿化等安全防护工程建设和日常管理；车务部门重点加强站区管理。进一步明确公安民警、工务巡线人员、护路联防人员的巡护范围、工作标准和职责要求，健全联防联控制度，加强日常管理和考核，确保各项巡查措施落到实处，进一步完善线路巡查制度，形成制度化、规范化的护路管理机制。

2）铁路入侵检测技术

铁路入侵检测技术是指在铁路视频监控环境下，让计算机在不需要人参与的情况下，通过对视频序列的处理，实现对入侵行为的自动检测和分析，并针对危害行为报警。铁路入侵检测的核心技术包括实现铁路入侵物体的定位与跟踪、对入侵行为进行识别和分析、生成报警信息等内容。

### （三）对人员的监控与检测技术

人员是指对高速铁路运营安全产生直接影响的人员，包括提供服务者、被服务者及其他人员。一些人员的行为与交通密切相关时，应加强对其行为的监控与检测，这是保证高速铁路运营安全的重要内容。

提供服务人员的行为，可通过交通行业相关的作业标准、规范等约束，并采用一定的设备，监控提供服务人员的工作状态。

对被服务人员的监控与检测，主要是在客运站内、高速列车上，需要一定的监控和检测设备（主要采用红外线、超声波检测、电视监控等设备）完成。如对旅客、行李、货物等进行检查的安全检查系统。该系统的主要功能是防止将易燃、易爆、危险品带到车站内，带上运输工具，防止无关人员进入站内和登上高速列车。再如，对车站隔离区、车站出入口进行管理和安全监控，对重要设施和区域进行监控、检查的安全保卫系统，其主要功能是防止旅客或非旅客炸毁列车，防止无关人员进入隔离区、登上列车、进入轨道，保障车站设施安全，维护候车室正常秩序。

## 二、基于维护、维修的移动设备和固定设备的安全检测技术

高速列车的普遍开行加剧了轨道等设施装备的恶化，使养护维修工作量增加，但随着行车密度的提高，养护维修作业时间越来越少，如何提高养护维修的针对性和作业效率是维修技术要解决的关键问题。基于维护、维修的移动设备和固定设备的安全检测技术应以确保高速铁路的线桥隧涵、牵引供电、通信信号等固定设备质量为重点，更新维修理念，采用先进维修手段，创新维修方式，加强设备精修细修，全面提升设备质量，确保动态达标。

设施装备维修技术的主要功能有：对线路状况进行监测及管理，管理线路的日常维护及保养，安排施工，工务设施检修、故障履历管理，维护计划管理，通过集中对全线的信号及相关的控制设备的状态，合理安排维修，保证系统正常运转。一旦出现故障，及时采取有效措施，使危害降至最低程度，并作为制订维修计划和安排综合维修天窗的主要依据。在发生事故灾害时，提供紧急救援方案。负责线路维修计划、慢行区段指定以及受灾情况修复作业安排，在轨检车定期检测数据的基础上，对测试数据及线路巡视人员的检查报告等进行管理。

基于维护、维修的移动设备和固定设备的安全检测技术应注意以下几点：

一是树立全新的维修理念。工务部门要树立零误差的维修理念，严格执行线路维修标准，提高线路质量；电务部门要树立零故障的维修理念，通过精修检修，提高设备安全可靠性；供电部门要树立零缺陷的维修理念，加强对牵引供电设备的日常检查和维修，消除设备的主

要缺陷。

二是优化检修资源配置。增加并统筹大型养路机械资源,做到科学布局、集中管理、统一调度使用,最大限度地发挥大机效能;动态优化维修机具配置,做到大机和小型机群成对配套,维修能力与作业量相互匹配。

三是推行新的维修方式。工务系统要大力推进"检养修"分开,加快构建以专业修、集中修、机械修为主,临时补修为辅的维修模式;电务系统要大力推行"值班修"分离的维修模式,全面实行状态修、集中修和专业修,大力提升设备维修标准化和规范化水平。供电系统要进一步完善委管体制,加大监管力度,加强质量监督考核,确保接触网设备动态达标。

四是强化关键部位质量控制。组建线路、道岔、曲线、钢轨打磨等专业维修队伍,充实管理人员和专业技术力量,提高关键部位的维修质量;加大设备投入,配备专用维修设备,特别是各类检测、监控、维修设备,满足设备日常检测维修的需要;加大技术攻关力度,研制轻量化、高精度、适合现场作业需要的小型工装机具,提高日常维修作业的效率和质量。

基于维护、维修的移动设备和固定设备的安全检测技术主要有:无损检测技术(转向架、滚动轴承、钢轨)、轨道几何形位不平顺检测技术、高速综合检测列车、大型养路机械设备、动车组的检测与维修、综合维修天窗、通信信号系统维修技术。

## (一)无损检测技术

无损检测(Non-destructive Testing,NDT)是一门新兴的综合性应用技术。它以不损害被检测对象的使用性能为前提,应用多种物理原理和化学现象,对各种工程材料、零部件和结构件进行有效检验和测试,借以评价其完整性、连续性、安全可靠性及某些物理性能。周期性地对高速铁路机车车辆各零部件进行无损检测,对于保证列车安全运行有着十分重要的作用。

**1. 机车车辆转向架无损检测**

列车车轴的无损检测方法主要有磁粉检测法和超声波检测法。车轮动态检测方法主要有超声波检测法、电磁超声检测法、振动加速度检测法和光学图像检测法等。

**2. 机车车辆滚动轴承无损检测**

为了预防由轴承引起的事故,我国铁路干线上都安装了大量的红外线轴温探测系统,并形成了探测网络,以便及时发现温度过高的轴承,防止燃轴、切轴和脱轨事故。在高速铁路中,一些新技术与新装备不断地应用到滚动轴承早期故障的预报检测中。

**3. 铁路钢轨无损检测**

主要采用手推式和全自动式轨道检测车相结合的方式对钢轨进行检测,采用的无轨检测手段主要是超声波检测法、磁粉检测法和涡流检测法。机车车辆无损检测基本方法主要有超声波检测法、磁粉检测法和涡流检测法。

## (二)轨道几何形位不平顺检测技术

由钢轨、轮枕和道砟组成的轨道结构是一个不完整的、易变形的结构,这种结构的变形即轨道不平顺，它是导致机车车辆和轨道产生振动、破坏的原因。轨道几何形位检测分静态和动态检测，检测设备主要是轨检车。我国轨检车的车载计算机系统对检查的数据进行处理，向用户提交轨道Ⅲ、Ⅳ级超限报告表、曲线摘要报告表、区段总结报告表、轨道质量指数报告表和轨道几何不平顺波形图。若建立轨道不平顺职能专家辅助决策系统，用于指导现场的综合养护和修缮，需要利用这些未进行处理的、以原始采样间隔保存的数据。这些数据包含了很多有用的信息，是建立轨道状态恶化预测模型不可缺少的数据源。

### （三）高速综合检测列车

综合检测列车是实施定期检测、综合检测和高速检测的重要手段，实现对轨道、接触网、通信信号等基础设施的综合检测。综合检测列车上安装了以下系统：轨道几何状态检测系统，轮轨动力学检测系统，接触网状态检测系统，轨道电路特性、列车控制系统状态检测系统，无线场强检测系统。综合检测列车主要装备：录像装置、架线间隔测定装置、ATC 测定装置、列车无线设备测定装置及测定台；轴重恒压测定轴、轴箱测定加速度计；轨道高低变位和车辆摇动测定装置、线路状态监视装置、轮重恒压数据处理装置和录像装置；架线磨耗偏位高低测定装置、集电状态监视装置、受电弓观测装置、数据处理装置、供电回路测定装置、车次号地面设备测定装置。

### （四）大型养路机械设备

大型养路机械设备是轨道综合维修的主要作业手段，按周期、有计划地对线路进行综合性修理，已恢复良好的线路技术状态。大型养路机械设备包括三枕捣固综合作业车、正线和道岔综合作业捣固车、高精度连续式捣固车、高效清筛机、路基处理车、线路大修列车、96 头钢轨打磨车等大型养路机械设备、道岔清筛机、移动式焊轨车和大容量的物料运输车等大型养路机械设备。

### （五）动车组的检测与维修

高速运行的动车组停站时间非常短，在停站时无法通过人工检查或监视各种设备和部件的工作状态、故障情况。动车组设备在设计阶段就已考虑到自动诊断和故障、工作状态的监测。为提高高速铁路动车组的使用寿命及性能，提高其经济效益，必须采用先进的维修技术对高速铁路动车组进行维修。国外高速动车组的检修制度以可靠性、舒适性为中心，实行计划定期检查和整备与监测预报状态修理相结合；单元部件换检修和寿命管理、主要元部件实行专业化集中修理相结合的维修制度。动车组的检修在动车组检修基地和运用所中进行。检修基地负责全部修程的检修任务。运用所负责动车组的日常检查和少数部件更换。国家铁路局直接管理动车组检修基地，并以检修基地为中心，辐射各个运用所，形成统一管理的检修网络。我国现已建立了北京、上海、武汉、广州4个动车检修基地，建成了北京、北京西、上海南、沈阳、青岛、广州东6个动车组运用所，并发展了哈尔滨、大连、济南、西安、成都、郑州、汉口、长沙、新深圳、福州、南昌、杭州、南京等运用所。

### （六）综合维修天窗

建立完善的"天窗"维修管理办法。运输调度部门要树立保"天窗"就是保安全、保能力、保效率的思想，科学调度，精心铺面；设备维修单位要优化生产组织、劳动组织和作业方式，提高作业能力和作业效率，尤其是夜间作业能力，用足用好"天窗"点。要区别不同线路情况和作业内容，合理安排"点"内"点"外作业，缓冲施工与运输的矛盾，满足设备动态达标的要求。

### （七）通信信号系统维修技术

高速铁路的通信信号系统采用了大量的新设备、新技术，科技含量高，容易受到外界影响，其维修技术要求更高。信号设备维修实行电务段、维修车间、维修供区三级管理模式。大修由铁路局委托专业公司或施工企业进行；硬件日常维修由信号工区负责，软件维护和升级由设备供应商负责。通信设备维修工作分为大修、日常维修两部分。电务段负责通信设备的运用管理，铁通公司等通信企业负责通信设备维修工作。

## 三、高速铁路运营安全管理技术

### （一）规章制度和标准管理

交通安全法规管理是安全管理的重要组成部分。依法规范组织和个人在生产活动中的行为，坚持"安全第一、预防为主"的基本方针，强化安全管理、安全监察和安全技术培训是安全生产的保证。高速铁路规章制度保障体系应以确保运营安全为重点，以基本规章为依据，分系统、分层次建立和完善各项规章制度办法，形成科学严密、统一规范、动态优化、具体可行的规章制度保障体系。科学严密，就是结合新技术、新设备大量运用的实际，从理论到实践，从技术标准到作业标准，深入进行科研论证，确保各项规章制度经得起运营实践的检验。统一规范，就是以基本规章为基准，建立覆盖各专业、各层面的专业规章、技术文件、作业标准和作业程序，形成统一、规范、完备的规章制度体系。动态优化，就是根据铁路运输生产组织的变化要求和运输安全工作的实际需要，即使废止、修订、补充完善各项规章制度和办法，确保各项规章制度具有较强的时效性和指导性。具体可行，就是依据基本规章制度，每个层次、各个系统制定出明确、具体、细化的规章制度，确保落实到一线、落实到岗位。

#### 1. 完善各项规章制度

铁路有关部门应结合高速铁路运营安全面临的新情况、新变化，对技术管理规定、技术管理办法等规章制度进行充实和完善。各专业部门要对专业规章规程进行废修补。各铁路局、站段要结合本单位实际，对《铁路行车组织规则》《车站行车工作细则》《铁路段管细则》进行细化和完善，确保各项规章制度和管理办法严密规范。

#### 2. 建立规章制度动态优化机制

明确国铁集团、铁路局、站段三级规章制度的管理范围、管理责任和归口部门，实现规章制度的分层分级管理；进一步完善规章制度的起草、评审、公签、批准和发布程序，确保规章制度的严肃性和权威性；建立规章制度的动态完善制度，保证各项规章在动态中优化、在发展中完善。

### （二）高速铁路安全教育管理

高速铁路的运营除了需要高可靠性的设备和运行控制手段之外，人的因素也是不容忽视的。因为所有的设备和控制仪器都需要靠人来掌握，所有的法规章程都靠人来执行。建立健全高速铁路安全教育保障体系，是减少人的不安全因素、提高运营安全水平的有效途径之一。

**1. 建设培训基地**

建设铁路职工培训基地，集中全路培训资源，重点组织好高级专业管理人员和先进装备运用操作人员的培训；建设铁路局或高速铁路运营公司的系统培训基地，重点对行车主要工种、特种作业人员进行培训；建设完善站段实训基地，强化对一线职工实际操作技能和应急处置能力的培训。同时，充分利用社会培训资源，加强部校战略合作，建设铁路高技能人才培训基地，形成功能完善、布局合理的职工培训网络。

**2. 开发培训教材**

高速铁路管理部门联合有关高等院校，编写分别适用于高等院校教学、职工培训和职工应知应会需要的3大教材体系。通过开发课件、装备先进的模拟培训设备等手段，增强培训效果。

**3. 建设高素质师资队伍**

培养高素质铁路职工培训师资队伍，尤其要重视和加强基层站段职教队伍建设，优化和改善职教队伍的文化结构、专业结构、知识结构和年龄结构，为提高职工实作技能培训质量打下坚实的基础。

### （三）高速铁路安全监督检查

高速铁路安全监督检查保障体系应严格遵循我国现行的安全管理体制"企业负责、行业管理、国家监察、群众监察"来建立。强化国家铁路局安全监察司行业监管机构的职能，强化铁路局和铁路安监司特派员办事处两级安全监督检查力量的整体功能，加强站段的安全监督检查力量，强化安全生产的外部监督，使安全监察更贴近运输现场。各级安全监察部门应加强对问题整改情况的检查，及时处理各类安全隐患和问题。

## 四、应急救援与调查技术

安全保障技术的作用是保护列车安全，避免事故发生，尽管高速铁路为保证行车安全采取了各种措施，但仍可能有不可预见的事故发生。因此，除了采取各种防患于未然的措施之外，还应具备各种应急救援、事故处理、灾后恢复等设备和能力，建立一套完整的事故应急处理系统，对减少人员伤亡、减轻事故损失具有非常重要的意义。

## （一）高速铁路交通事故应急救援技术

高速铁路交通事故应急救援技术的作用是科学规范灾害事故发生时的救援抢修、突发事件出现时的应急处置方法和程序。在高速铁路运营系统遭遇自然灾害或突发事件时，通过应急救援技术及系统向上级报告、向下级发出救援命令，指挥组织救援并协调地方救援力量，防止人员伤亡和财产损失的扩大，减少对运输秩序的影响，尽快恢复正常的运营秩序。

## （二）高速铁路交通事故调查和处理技术

高速铁路交通事故的应急处置技术，要依据《安全生产法》《铁路法》《铁路交通事故调查处理规则》《铁路交通事故应急救援和调查处理条例》等相关法律法规处理。其目的是通过对事故应急处置的调查研究，科学分析事故的致因因素，对事故责任进行追究，总结事故发生的规律和教训，提出有针对性的措施，防止类似事故再次发生。

## （三）高速铁路交通事故预防技术

建立高速铁路交通事故预防的网络体系，实现对列车、乘务人员、线路和车站的实时监控，对事故易发地段进行重点预防、专业预防，并将采集的灾害信息传递给高速列车调度和控制中心。

# 五、货运安全保障技术

我国部分高速铁路存在客货混跑的运营模式。为了保障高速铁路运营安全，迫切需要先进的技术装备来保障货运的安全。

## （一）货车质量保障技术

加强货车厂修、新造车辆的质量把关，完善质量检查验收和召回赔偿制度，提高货车生产制造质量。加强货车日常检修，严格货车检修标准，加强检修工艺线建设，完善质量责任追究制度，全面提高货车段检修质量。加强货车运用维护，重点抓好装卸车作业标准化。加强列检作业，随时处理货车质量问题。加大车辆检查整修力度，集中整治不良货车，大力压缩破损货车。建立货车质量联保控制机制，确保车辆状态良好。

## （二）货车装载加固技术

优化装载加固方案，建立方案库，实现信息化管理。改进装载加固手段，提高装载加固效率和质量。加强特种货物承运管理，重点抓好散堆装、易脱落、会窜滚、可旋转和阔大货物，以及危险化学品的全过程装载运输管理，加强在途和保留货物列车监控，确保运输万无一失。

## （三）货运安全监控网络

利用车辆运行安全监控系统5T系统，不断提高货车运行状况实时监控质量。采用超偏载检测装置、轨道衡、危险货物检测仪等安全检测设备来保障货物的安全状态，实现信息联网、集中控制，充分发挥安全监控网络的作用。

【复习思考题】

1. 简述车务安全技术的组成。
2. 简述机务安全技术的组成。
3. 简述工务安全技术的组成。
4. 简述电务安全技术的组成。
5. 简述车辆安全技术的组成。
6. 简述牵引供电安全技术的组成。
7. 简述高速铁路安全保障技术。

# 项目八 高速铁路安全保障体系

## 项目概述

本章介绍了电气化铁路的组成,使学生了解我国电气化铁路的地位和发展;学会分析高速铁路事故形态及原因,熟悉电气化铁路劳动安全知识;熟知触电急救知识应采取的措施,掌握高速铁路安全保障体系。

## 教学目标

### 1. 能力目标

阐述电气化铁路的组成;熟练掌握高速铁路事故形态及原因分析。

### 2. 知识目标

熟悉高速铁路安全保障体系;掌握电气化铁路劳动安全知识。

### 3. 素质目标

树立强化电气化铁路"安全第一、预防为主、综合治理"的思想意识和理念;具备高速铁路事故突发事件的防范意识和应急处理能力。

# 任务一  电气化铁路概述

## 一、电气化铁路的概念

电气化铁路是指采用电力牵引的铁路。在电气化铁路上，运行电力列车（由电力机车牵引的列车和电动车组成），在铁路沿线设有电力机车和电动车（简称电力机车动车）供电的电力牵引供电系统。电气化铁路如图 8-1 所示。

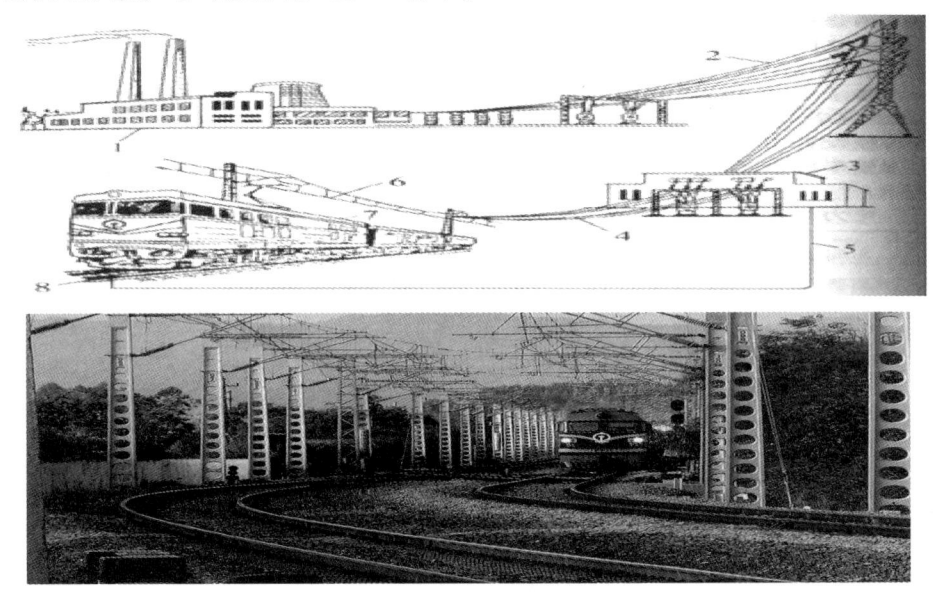

图 8-1  电气化铁路

电气化铁路的主要特点：① 电力机车效率高。② 功率大。③ 加速快和爬坡能力强，特别适用于山区铁路。此外，电力机车不污染环境，司机劳动条件好，旅客在旅途中也可免受煤烟和废气困扰。

## 二、世界各国电气化铁路发展概况

1825 年，世界上第一条铁路在英国建成。而后，1879 年 5 月 31 日在德国柏林举办的世界贸易博览会上，由西门子和哈尔斯克公司展出了世界上第一条电气化铁路，迄今已有 120 多年的历史。目前，世界上共有 68 个国家和地区修建了电气化铁路，总里程已达 258 566km，约占世界铁路总营业里程（约 1 200 000 km）的 22.5%，承担世界铁路总运量的 50%以上。也就是说，仅占世界铁路总营业里程不到 1/4 的电气化铁路承担着世界铁路总运量一半以上的运输任务。

经过 60 年的努力，我国电气化铁路走出了一条从无到有、从低吨位到重载、从普速到高速的探索创新之路。通过原始创新、集成创新和消化吸收再创新，我国电气化铁路不仅总里程跃升世界第一，在技术水平和建设质量上也达到世界领先水平。截至 2022 年年底，我国铁路总计 146 000 km，位居世界第二位；高速铁路 45 000 km，位居世界第一位；我国电气化铁路里程近 100 000 km，电气化率 65%以上，成为世界电气化铁路第一位的国家。

### 三、我国电气化铁路的发展及规划

2008 年中国拥有了第一条时速 350 km 的高速铁路——京津城际铁路。

2009 年中国拥有了世界上一次建成里程最长、运营速度最快的高速铁路——武广客运专线。

2017 年 6 月 26 日，具有完全自主知识产权、达到世界先进水平的中国标准动车组被正式命名为"复兴号"，在京沪高铁正式双向首发。我国在京沪高铁上开行的复兴号 CR400 系列上档时速 400 km、标准时速 350 km。

2018 年 7 月 1 日起，全国铁路将实行新的列车运行图，16 辆长编组"复兴号"动车组首次投入运营。

目前正在筹建的从哈尔滨至海南三亚的沿海高速铁路渤海湾大通道 5 700 km，投资 2 200 亿元，途经 11 个省市，号称"保卫国家"的战备铁路。

## 任务二　高速铁路事故形态及原因分析

我国对于高速铁路的定义主要分为两部分：一是根据《高速铁路设计规范》（TB10621—2014），中国高速铁路是设计速度每小时 250 km（含预留）以上、列车初期运营速度每小时 200 km 以上的客运专线铁路；二是根据《中长期铁路网规划（2016 年）》，中国高速铁路网由所有设计速度每小时 250 km 以上新线和部分经改造后设计速度达标每小时 200 km 以上的既有线铁路共同组成。

### 一、高速铁路的特点

高速铁路具有 3 大优势：

一是高速铁路速度快省时间，安全系数高，乘坐空间大，舒适方便，价格适宜，迎合了现代社会出行的需求，因而受到人们的青睐，成为世界各国振兴铁路的强大动力。

二是高速铁路运输系统是铁路大面积吸纳现代高科技成果进行技术创新的产物。它推动铁路科学技术和装备登上一个崭新的台阶，增强了铁路的竞争力。

三是高速铁路不仅运输能力大，有年运输量达亿人次以上的优势，又有减少环境污染的优势，因而特别适宜于大运量的城市间、城市群和城郊的高频率运输。旅行时间的节约，旅行条件的改善，旅行费用的降低，再加上国际社会对人们赖以生存的地球环保意识的增强，使高速铁路在世界范围内呈现出蓬勃发展的强劲势头，除欧洲、北美洲外，大洋洲、亚洲诸国和地区，也正在计划进一步加快高速铁路的建设。总之，发展高速铁路是科技进步的必然，是时代发展的需要。

## 二、世界高速铁路的发展

自1964年日本成功建成世界第一条高速铁路——东海道新干线以来,高速铁路以其速度快、运能大、效益高、全天候、节能、环保、安全等显著特点,在世界各国得到迅速发展。目前,日本、德国、法国、西班牙、意大利、瑞典、韩国、英国、荷兰、比利时、丹麦、瑞典、中国等国家和地区已拥有不同长度、不同速度的高速铁路。从世界范围来看,一些发达国家,如美国、德国、法国、日本、俄罗斯等,在长期的历史积淀基础上,通过持续的创新,形成了各具特色的铁路系统和发展模式。

高速铁路作为一种安全可靠、快捷舒适、运载量大、低碳环保的运输方式,已经成为世界交通业发展的重要趋势。

## 三、国内外部分高速铁路安全事故教训

### (一)"埃舍德"事故

1998年6月3日,德国发生了"埃舍德"高铁事故。这场灾难导致101人丧生,是世界高铁发展史上迄今为止唯一因列车自身问题导致重大人员伤亡的事故。自此之后,欧洲的高速铁路发展一度放缓。而与此同时,这次事故极大地促进了高速铁路安全技术的发展和运营管理水平的提升。

"埃舍德"高铁事故调查结果表明,"埃舍德"事故是由一系列原因导致的。其导火索是列车第二节车厢的双层金属车轮表面因疲劳出现裂纹,导致行驶过程中断裂。遗憾的是,虽然事发前已有8名职员将有缺陷车轮在行驶中发出的噪声和震荡向有关部门发出投诉,但运营方却并未足够重视,直到事发当日列车出发前最后一次检测时,值班检修师仍然未能发现这一故障。

资料显示,德国"埃舍德"事故后,高铁工程师们已将那种箍着钢条的双壳钢轮彻底摒弃,转而采用整块钢材切割而成的单壳钢轮。之后,工程师又改变了钢轮安放的位置,将其从车厢下挪到两节车厢之间。因为经过计算,这样的改变能减少钢轮的磨损,从而让高铁变得更加安全。

### (二)我国"4·28"特大事故剖析

**1. 事故概况**

2008年4月28日4时38分,由北京开往青岛的T195次旅客列车运行至济南铁路局管内胶济下行线王村至周村东间290.8 km,因超速机后9至17位车辆脱轨,并侵入上行线。4时41分,由烟台开往徐州的5034次旅客列车运行至胶济上行线290.85 km处,与侵入限界的T195次列车第15.16位间发生冲突,造成5034次列车机车及机后1至5位车辆脱轨。事故导致72人死亡,416人受伤,中断胶济上下行线行车21小时22分。

**2. 事故定性**

根据《铁路行车事故处理规则》第八条,"4·28"事故构成铁路交通特别重大事故。

3. 事故教训

济南胶济线发生的"4·28"重大事故，不仅给人民的生命财产造成重大损失，也对铁路的改革与发展造成严重的影响，对铁路信誉带来严重的冲击。此次重大事故的原因是调度系统一系列的不当处理和无效指挥，反映出调度安全基础管理仍然十分薄弱，亟待进一步加强。

（1）调度系统在4·28事故中需要吸取的教训：
① 调度命令拟写存在漏洞；
② 急处理失当，错过多次防止事故时机；
③ 调度命令漏传；
④ 当班领导对问题处理不当。

（2）其他方面应该吸取的教训：
① 文电管理亟待加强；
② 机车发现异状后的汇报程序需要规范；
③ 车站值班员责任心、业务素质亟待加强。

## （三）我国"7·23"甬温线特大铁路事故剖析

1. 事故概况

2011年7月23日20时30分5秒，甬温线浙江省温州市境内，由北京南站开往福州站的D301次列车与杭州站开往福州南站的D3115次列车发生动车组列车追尾事故，造成40人死亡，172人受伤，中断行车32小时35分，直接经济损失19 371.65万元。

2. 事故定性

经调查认定，"7·23"甬温线特别重大铁路交通事故是一起因列控中心设备存在严重设计缺陷、上道使用审查把关不严、雷击导致设备故障后应急处置不力等因素造成的责任事故。

3. 事故教训

（1）通号集团及其下属单位在列控产品研发和质量管理上存在严重问题：列控中心设备设计存在严重缺陷，设备故障后未导向安全。
（2）相关部门在设备招投标、技术审查、上道使用上存在问题。
（3）上海铁路局及其下属单位在安全和作业管理及故障处置上存在问题。

# 四、高速铁路事故形态分析

高速铁路的事故发生与各国的实际情况有很大关系，像日本等由众多岛屿组成的国家，事故的发生往往与天气状况有着密切联系，而像美国、法国等大陆国家，行车事故往往因速度过快，铁路和公路的交接部发生问题。

我国高速铁路事故形态主要是列车脱轨、列车冲突、火灾3种类型。

（一）车辆脱轨

### 1. 外物支垫造成的脱轨

外物支垫造成的脱轨包括因机车车辆配件折损或脱落、大件货物坠落、线路障碍（进路、行车及养路设备、塌方落石、人为设置障碍等）、道口障碍（各种车辆堵塞等），以及自然灾害（水害、冰害、雪害）等造成顶起或垫起车辆或轮对导致的脱轨。

下面仅就车辆责任造成的支垫脱轨问题做一简要分析：

（1）车辆配件破损脱落造成垫（挤）车轮而脱轨。如车辆切轴，制动梁或均衡梁折断脱落，车钩或缓冲器破损脱落，手闸、车门、平车渡板脱落等。

（2）车辆大型配件折断或脱落支起车辆脱轨。如车辆中梁、侧梁、枕梁、牵引梁、横梁或摇枕等折断，或制动梁、下拉杆等脱落，容易在运行中将车辆或转向架顶起来，使车轮离开钢轨而导致脱轨。

### 2. 车轮自行脱轨

车轨自行脱轨可能是线路不良造成的，如线路施工故障、断轨、路基有"三角坑"、线路水平与轨距超限、曲线及道岔、辙岔不良等；少数是因车辆及车辆轮对故障、列车超速运行和货物偏载等造成的。

（1）车轮轮缘严重磨耗、垂直磨耗或缺损造成脱轨；

（2）车轮裂损及踏面缺损造成脱轨；

（3）车轮内侧距离过大、过小造成脱轨；

（4）切轴或断轴造成脱轨；

（5）转向架不良造成脱轨。

### 3. 高速铁路防脱轨措施

（1）对线路的检查。

高速线路是全封闭的，每天早晨第一列空载列车（往返各一列）以较低速度行驶做开道检查，在安全保障方面起重要作用。

（2）动力转向架三爪万向轴的失衡与断裂监测。

三爪万向轴由于疲劳而引起断裂，通过测量同一转向架的两台牵引电机转速差来确定。当转速差达到极限值时，立即发出信号切断相关转向架电机柜的电源，并向司机发出信号，司机停车目测检查并处理后，以80km/h的速度回到停车点。

（3）转向架蛇行失稳的监控。

当发现其横向加速度超标时，就发出信息通过列车信息传输网，要求司机按照运营规程减速，然后再次加速。

（4）防滑装置的安全保护。

对于每辆拖车有一台防滑装置负责两个转向架四根轮轴的防滑保护，当主防滑器出现故障时，即向后备防滑装置发出救援要求并自动替代执行防滑功能，同时发出故障编码。如果拖车防滑装置中的两套防滑器全部出现故障，司机将得到一个信号，告知故障的防滑器位置。

此时，司机应立即停车并根据运营规程的指示排除故障。

（5）轴温监测。

沿线在地面安装了轴温监测器，监测所有路过车辆的轴箱温度及其变化。

## （二）列车冲突

### 1. 列车冲突的原因

列车冲突主要是由人为过失或设备中的技术缺陷所引起的，主要包括：① 信号和列车控制系统；② 制动系统；③ 运营人员的资格和培训；④ 运营规则和做法。

（1）人为过失一直是导致列车严重冲突的原因。这些人为过失包括列车操作人员不遵守信号和其他行车指令的故障，或者调度员发出不正确指令。

（2）在运营规则和规章中，缺乏对给定情况的适用指导。在采用新技术的高速铁路系统中由于对新的运营规程只有有限的经验，缺少适用的指导也是可能的。

（3）列车制动系统的故障削弱了列车按信号显示或按列车控制指令停车的能力。最常见的制动事故实例是列车未作正常的发车前制动试验，接着就带着不起作用的制动机发车运行。

（4）信号系统误动作造成假进路信号。这类事故少见，因为信号工程师为设计付出的努力，使信号系统本质上是故障安全的或者能提供足够的冗余度。

（5）错搬道岔或避车道，使列车转向错误的轨道而导致碰撞。此类事故易发生在不与信号系统联锁的用人工手动道岔的地方。

### 2. 高速铁路防止列车冲突的措施

防范列车相撞的功能完全由信号系统承担。在高速线路上，信号系统完成如下任务：① 在司机室内不间断地显示信号系统允许的速度；② 检查列车实际速度与信号系统允许速度是否吻合；③ 在超过允许速度情况下实现自动停车。

在下列情况下信号系统可以根据运行规则发出限速或紧急制动命令。

（1）一辆车从桥上滑落或道路塌陷、滑坡造成一块山石滑落（条件是桥梁或危险区安装了监测仪）。

（2）洪水多发区安设的水位监测装置报警。

（3）安装在路旁的轴温报警器报警。

另外，高速列车的拖车和动力车设计了两端具有可变形部位，以吸收万一撞车时产生的部分容量，确保旅客及司机位于不可变形的安全部位。此时旅客、司机受到的加速度将远远小于两个刚性的车厢相撞时所产生的加速度。

## （三）列车火灾

### 1. 列车火灾原因分析

1）机车方面

电力机车因电网或电气系统故障产生电弧或火花，被润滑油或变压器污染的部分，又碰到这种点火源，使整流器的触头在油中短路、动力电路短路等。

2）旅客列车方面

旅客列车因电气故障、采暖设备状态不良、旅客违章携带危险品以及旅客吸烟不慎等引起火灾。

从以上分析可以看出：① 列车火灾事故，无论是客车、机车，在车站、区间、厂库和隧道中都会发生。② 设备故障、人为失误、旅客违章携带危险品、吸烟不慎及坏人破坏都会造成火灾。据统计，有一半以上的火灾事故是人为因素造成的。③ 其他列车事故，如列车脱轨、冲撞等均有可能诱发火灾。

**2. 列车防止火灾措施**

（1）严格选择防火材料。

客车尤其是高速客车，都尽量采用不燃、难燃材料，尽量降低单位地板面积的可燃材料重量指标。

（2）提高结构的抗火性。

提高高速客车结构的抗火性，使火灾初期结构不变形，给疏散旅客提供保证。

除按常温核算结构的强度和刚度外，还根据经验按 350℃和持续 15min 的条件核算强度、刚度。

（3）改进结构设计，设法隔断火源，以避免火灾发生。

① 车体、转向架的布置应便于清洗、清扫，尤其是车内的布置，应避免有不便清扫的死角。车顶设置的检查门，除便于检查外，还应便于清扫灰尘。暖气管道、送风口管道处的灰尘也应便于清扫。

② 电气柜和车外电器箱用金属制作，防止水、雪侵入，并远离热源、火源、油源，保证绝缘和不产生火花。与旅客接触的电器设备饰面或箱罩表面温度不得超过 60℃。电缆最好走金属管、铠装管，尤其是经过热源处，易被鼠、虫咬处，要加防护套。

③ 采暖装置设温度控制器。电加热器设过热保护装置。电加热器在座椅下或侧墙处设防护板。若没有煤炉、油炉、气炉时，其周围和烟道附近均要设防火板。

④ 垃圾箱最好为金属制品，并设有能自行封盖的箱盖，以避免垃圾起火时火焰扩散。

⑤ 列车制动时，闸瓦发出的火星应避免飞溅到车体非金属部位和电器设备上。

（4）设挡火墙、挡火板，防止或减缓火焰的蔓延。

① 设挡火墙。除客室端间壁设计为挡火墙外，座车车顶部位三处应设金属圆头板（挡火板），卧车应每间隔一个设计为挡火墙，且挡火墙与车顶、侧墙连接处设有金属挡火板，以免火焰从挡火墙与钢结构间的缝隙穿过。

② 挡火板。高速客车风道里一般设有活动挡板或火灾时能自动切断通风。

（5）改进门、窗结构设计，为火灾时疏散旅客提供条件。

（6）火灾报警与灭火。

高速客车应装设火情监测装置和自动报警装置，以及时发现火情，及早灭火。易起火处所最好设有自动灭火装置，以及时扑灭小火。

（7）火灾试验。

## 五、高速铁路安全面临的新问题

（1）地面信号显示与线路状态辨认困难。
（2）列车牵引功率大，制动困难。
（3）设备标准高，可靠性要求高，技术要求高。
（4）列车-线路系统作用强度大，技术要求高。
（5）克服空气阻力难。
（6）列车密度大，行车组指挥难。
（7）弓网关系复杂，稳定供电难。
（8）隧道"活塞效应"大，防灾难。
（9）设备维护要求高，检修难。
（10）障碍物、侵入物与列车的冲撞及自然灾害的袭击后果严重。
（11）突发事故应急处理难。

## 六、我国高速铁路安全性的保障

（1）技术和设备先进可靠，完全符合国际公认的安全标准，并经过了充分联调联试和试运行。
（2）系统设计严格遵循故障导向安全的理念，当设备发生故障时，系统自动采取降速慢行、关闭信号、停车等故障导向安全的措施。
（3）建立了一整套完善的运营管理、安全管理、设备维护、应急措施等管理制度体系和运行机制。
（4）建立了一支经过不同层次技术培训、适应高铁岗位要求的运营管理及维护队伍。
（5）装备了功能全面、精确可靠的防灾报警监控和视频监控系统，对异物侵线、大风、地震、雨雪等自然灾害及治安综合情况进行实时监测监控，通过列控系统和调度指挥及时进行防范。

中国的高速铁路是以一整套高科技体系来保障的：核心支持——无砟轨道安全；供电——高铁运行的"血液"；软件支撑——高精度的运营控制系统；自然灾害侵袭——防灾安全监控系统护驾。

## 七、我国高速铁路安全管理的方针对策

"安全第一、预防为主、综合治理"是我国高速铁路安全生产工作的方针，安全第一是目的；预防为主是方法；综合治理是措施。

高铁安全生产工作，必须坚持标本兼治，治标是治本的基础和前提，治本是治标的最终结果。高铁建设和安全运营要着眼建立源头治本的长效机制。以人为本，强化高铁安全管理，做到标本兼治。

（1）强化高铁源头质量控制。严把高铁车辆设计、施工关，严把产品准入与认证关，优化和规范新线开通条件，抓紧规范高铁技术管理。

（2）强化高铁运营初期安全控制。必须留有充分的安全冗余，同时必须采取超常规措施，确保运营初期安全平稳。运营初期要集中排查整治设备缺陷，强化应急处置工作，加强检查

指导。

（3）强化高铁设备安全控制。尽快规范完善高铁维修体制，加强高铁信号系统安全管理，确保动车组运行安全，提高供电安全管理水平，加强高铁线路设备检测和整治，加强防灾系统建设和管理。

（4）强化高铁行车安全控制。要加强调度指挥工作，加强非正常行车的组织指挥，严防异物侵限，全面加强高铁治安综合治理工作。

（5）健全高铁安全管理机制。要加强组织领导，铁路各级领导要切实承担起安全第一责任人的责任，提高安全管理的执行力。要推行高铁标准化管理，夯实安全生产基础。

（6）加大培训力度。要加强高铁队伍建设，加大培训力度，提高培训实效。

（7）加强高铁应急救援体系建设。要加强高铁应急救援体系建设，全面提升高铁应急救援能力。

（8）严格责任追究。要严格高铁事故管理和责任追究，严格执行"四不放过原则"，即"事故原因不查清不放过、责任人员未处理不放过、整改措施未落实不放过、有关人员未受到教育不放过"，以此来确保高铁可持续发展。

## 任务三　电气化铁路劳动安全

### 一、电气化铁路基础知识

#### （一）电气化铁路的特点

电气化铁路虽然一次投资较大，但是电气化后完成的运量大，运输收入多，运输成本低，所需投资能在短期内得到偿还（视运量大小，一般为 5~10 年，有的只需 2~3 年）。运输成本的降低，主要是电力机车动车直接利用外部电源、构造简单、摩擦件少、购置费低、使用寿命长，因而包括能源费、维修费、折旧费的机务成本低；机车车辆周转快，设备利用率高；客运电力机车动轴少、轴重轻，因提速而增加的工务成本也较少；空调客车、冷藏车日起触网供电，较加挂发电车节省费用和运力。

#### （二）电气化铁路发展

从 1958 年开始修建第一条电气化铁路，中国电气化铁路从无到有、由弱变强，运营里程突破 12 万千米（电气化铁路比重达 80%），电气化铁路里程和高铁里程稳居世界第一，发展十分迅猛，形成了一张世界上规模最大的电气化铁路网和最发达的高铁网。目前我国铁路营业里程覆盖 99% 的 20 万人口及以上城市，铁路电气化率、复线率分别居世界第一位、第二位。2022 年，中国铁路电气化率达到 80%。

## （三）电气化铁路的组成

电气化铁路是当代最重要的一种铁路类型，沿途设有大量电气设备为电力机车（含动车组和非动车组）提供持续的动力能源。电力机车本身不带能源，所需电能由电力牵引供电系统提供。牵引供电系统主要是由牵引变电所和接触网（或供电轨）两大部分组成。变电所设在铁道附近，它将从发电厂经高压输电线或高压输电缆送过来的电流送到铁路上空的接触电网或铁轨旁边的供电轨道中，接触网或供电轨则向电力机车直接输送电能，电力机车利用车顶的受电弓从接触网获得电能，牵引列车运行。电气化铁路最早来源于有轨电车，后经过多年的发展演变不断地拓展运用至其他种类的铁路系统中。

牵引供电制式按接触网的电流制分为直流制和交流制两种。直流制是将高压、三相电力在牵引变电所降压和整流后，向接触网供直流电，这是发展最早的一种电流制，到 20 世纪 50 年代以后已较少使用。交流制是将高压、三相电力在变电所降压和变成单相后，向接触网供交流电。交流制供电电压较高，发展很快。我国电气化铁路的牵引供电制式从一开始就采用单相工频（50 Hz）25 kV 交流制，这一选择有利于今后电气化铁路的发展。

# 二、电气化铁路安全知识

## （一）安全基本要求

我国电气化铁路采用单相工频交流制供电，架设在铁路线路上空的接触网带有 25 kV 的高压电，接触网附近也存在高压电。因此与非电气化铁路相比，电气化铁路对人身安全和作业安全提出了更高的要求。

凡在电气化铁路工作的从业人员，以及广大旅客、押运人员和沿线居民，必须熟知电气化铁路安全的有关规定，并且必须严格执行。

## （二）人身安全常识

### 1. 安全电压、低压、高压和跨步电压的概念

安全电压是指对人体不会引起生命危险的电压，它是根据人体电阻确定的。人体电阻一般在 800 Ω~1 MΩ。流经人体不致发生生命危险的电流一般不会超过 50mA，按照欧姆定律可推测人体安全电压应小于 40V。我国规定 36V 以下为安全电压，在某些特殊场合规定 12V 为安全电压。

低压是指电压在 250V 及以下的电压，如 380/220V 三相四线制居民生活用电线路、直流 220/110V 电源等。

高压是指对地电压在 250V 以上的电压，如 10 kV 电力线路、25 kV 接触网线路等。

跨步电压是指电气设备或电力系统一相发生接地短路时，电流从接地处四散流出，在地面上形成不同的电位分布，人走近短路点时，两脚之间的电位差。

当跨步电压达到 40V 以上时，人有触电危险，特别是人被跨步电压击倒后加大了人体的触电电压，从而造成意外和死亡。

发现有跨步电压危险时，应单足或并双足跳离危险区，亦可沿半径垂直方向小步慢慢退

出（见图 8-2）。

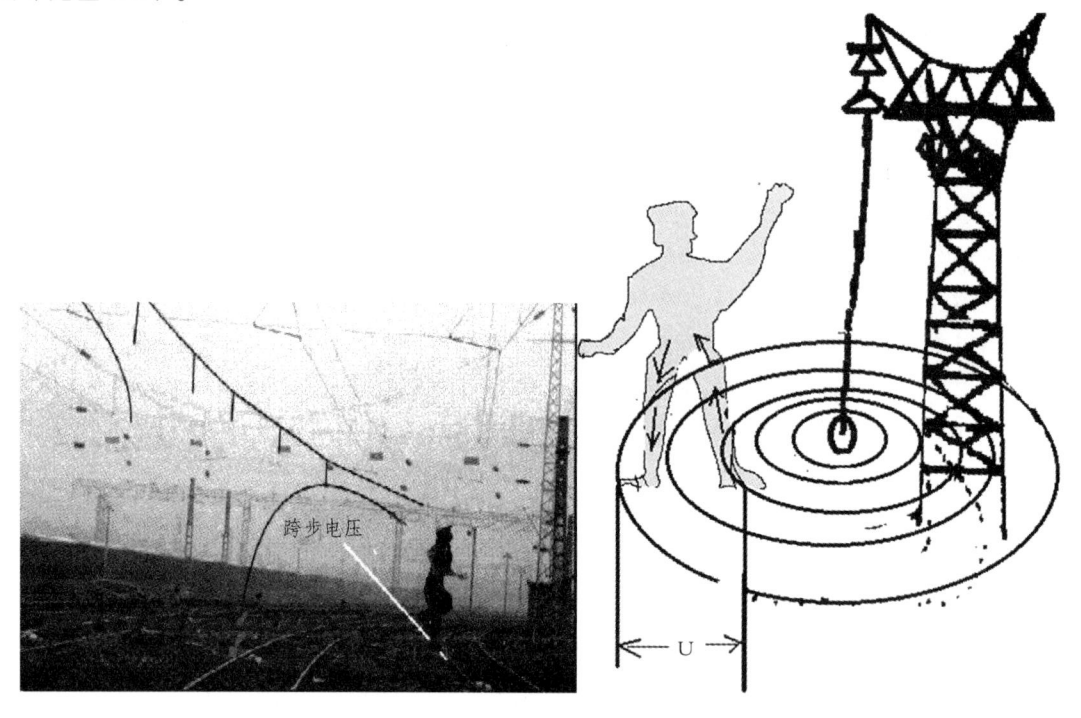

图 8-2 跨步电压

发生高压接地故障时，在切断电源前，任何人与接地点的距离，室内不得小于 4m，室外不得小于 8m。接触网断线接地不得小于 10m。必须进入上述范围作业时，作业人员要穿绝缘靴。实践证明，穿着绝缘靴是防护跨步电压的一种有效措施。

**2. 有关人身安全的一般规定**

（1）在电气化区段内，任何人不准登上机车车辆顶部或翻越车顶通过线路。在旅客站台、行人较多的电气化区段的所有接触网支柱应悬挂或涂有"禁止攀登""切勿靠近""有电危险"等警告牌。禁止在支柱上搭挂衣物、攀登支柱或在支柱旁休息（见图 8-3）。

（2）手持木杆、梯子等工具通过接触网时，必须水平通过，不准高举超过安全距离。押运、随车装卸、通勤通学等人员，在电气化铁路区段内，禁止搭乘坐在车顶或装载的货物上。机车司机、运转车长及连接员，除做好宣传工作之外，当列车驶进电气化区段前，还需注意货物装载状态，要设法排除超出限界的树枝、棒竿等，紧固飘动的篷布，关闭油罐车顶上盖等。

（3）为提醒人们对高压带电体的注意，在电气化铁路沿线接触网支柱上应标示"高压危险，严禁攀登"的警告语；电气化铁路上使用的内燃机车，应在通往车顶的梯子处标示"高压危险"的警告牌；在电力机车、牵引变压器的一侧（高压侧）应设置安全防护栅网。

图 8-3　安全警示标

（4）各种车辆和行人，通过电气化铁路平交道口时，必须遵守以下规定：

① 汽车和兽力车通过电气化铁路平交道口时，货物的装载高度（从地面算起）不得超过 4.5m 和触动道口限界门的活动横板、吊链。装载高度超过 4.5m 的货物应绕行立交道口和进行倒装。

② 在装载货物高度超过 4.5m（从地面算起）的车辆通过电气化铁路平交道口时，严禁随车人员在货件上坐立。如需搭乘卸车人员时，应下车步行，待车辆驶过道口后，再上车乘坐。

③ 当行人持有木棒、竹竿、彩旗和皮鞭等高长物件，通过道口时，不准高举挥动，须使上述物件保持水平状态通过道口，以免高长物件碰触带电体，致使高压电伤人。

（5）在接触网支柱及接触网带电部分 5m 范围内的金属结构上均需装设接地线。

（6）为保证人身安全，除专业人员按规定作业外，任何人员所携带的物件（包括长竿、导线等）与接触网设备的带电部分需保持 2m 以上的距离。

（7）在修建靠近接触网的房屋、建筑及设备时，严禁借助铁塔支柱搭脚手架或在铁塔支柱上上下。

（8）在带电的接触网下禁止的作业：攀登机车、客车、棚车、冷藏车及罐车的车顶，在车顶上站立、行走或从事任何作业，开闭罐车顶上的罐盖，在冷藏车顶上开闭冰箱盖检查冷藏冰盐情况。

（三）作业安全的基本要求

（1）电气化区段上水、保洁、施工等作业，不得将水管向供电线路方向喷射，站车保洁不得采用向车体上部喷水的方式洗刷车体。在接触网线路上给机车、车辆上水时，必须先接通水管，后打开阀门；拔下水管前必须先关闭阀门。

（2）遇雷雨天气，严禁在接触网下使用铁质伞。

（3）进入有装卸车、接触网支柱、无遮雨棚支柱及高柱信号机的线路，不得探身过远，以防刮伤。

（四）应急处置

（1）电气化铁路附件发生火灾时，须遵守下列规定：

① 距牵引供电设备带电部分不足 4m 的燃着物体，使用水或灭火器灭火时，牵引供电设备必须停电。

② 距牵引供电设备带电部分超过 2m 的燃着物体，使用沙土灭火时，牵引供电设备可不停电，但须保持灭火机具及沙土等与带电部分的距离在 2m 以上。

（2）遇车顶扒乘人员、货物位移、倾斜、篷布绳索脱落等突发情况需上车进行处置时，应按下列程序办理：

① 现场处理人员应立即通知车站值班员。

② 车站值班员接到通知后应立即报告列车调度员、车站值班干部以及供电单位网工区，并在"行车设备检查登记簿"内登记，将通知的时间、通知的方式、被通知人的姓名登记清楚。

③ 列车调度员已发布停电命令时，现场供电人员应做好接地防护措施。

④ 以上条件得到车站值班员确认以及供电人员已接地的登记后，方可通过具备录音装置的通信设备通知。

⑤ 现场处理人员，用语为："××供电单元停电、已采取接地的安全措施"，现场处理人员应复诵。

⑥ 现场处理人员未得到车站值班员"XX供电单元停电、已采取接地的安全措施"的电话通知或书面通知前，不准实施处理车顶扒乘人员、货物整理等作业。

（3）在接触网支柱及接触网带电部分 5m 范围内的金属结构上均需装设接地线。

（4）天桥及跨线桥靠近跨越接触网的地方，必须设置安全栅网。因天桥、跨线桥等跨越接触网的地方，距离带电部分较近，容易发生触电事故，为了确保人身安全，应设置安全栅网屏蔽感应电流。

（五）电流对人体的伤害

电击是由于电流通过人体时造成的内部器官在生理上的反应和病变。电流的大小不同，人体的反应也不同，如针刺感、昏迷感、昏迷、心室颤动、呼吸困难或停止现象。

电击后人体的伤害程度与通过人体电流的强度、电流持续的时间、电流的频率、电流通过人体的路径以及触电者的身体健康状态有关。

触电是人体触及带电体、带电体与人体之间电弧放电时，电流经过人体流入大地或进入其他导体构成回路的现象。

常见的触电方式有两种：直接接触触电和间接接触触电。

**1. 直接接触触电**

直接接触触电是指人体直接接触到带电体或者人体过分地接近带电体而发生的触电现象，也称正常状态下的触电。

## 2. 间接接触触电

间接接触触电是指人体触及正常情况下不带电的设备外壳或金属构架，而因故障意外带电发生的触电现象，也称非正常状态下的触电现象。

触电抢救原则如图 8-4 所示。

图 8-4　触电抢救原则

跨步电压触电也属于间接触电伤害。触电急救知识现场处置触电事故尽快使触电者脱离电源：抢救时必须注意，触电者身体已经带电，直接把他（她）脱离电源，对抢救者来说极其危险。因而应立即断开就近电源开关。救援措施：若距电源开关太远，当没有条件采取上述方法切断电源时抢救者可用干燥的、不导电的物件，如利用干燥的木棒、竹竿、扁担、塑料制品、橡胶制品、皮制品挑开触电者的电源，或用干燥的绝缘棉衣、棉被将触电者推离带电设备，使触电者迅速脱离电源。

## 三、电气化铁路劳动安全"八防"措施

### （一）防止车辆伤害

（1）横越线路必须"一站、二看、三通过"。必须横越正线时，应"一站、二问（问行车室是否有车通过）、三看、四通过"。

（2）线路上作业必须按规定设置防护，穿好黄色防护服（背心），注意瞭望，安全避车。

（3）行车作业人员要严格执行部颁人身安全标准。

（4）严禁扒乘机车车辆。

（5）严禁钻车底。

（6）严禁在钢轨上、车底下、枕木头、道心内、棚车顶上坐卧、站立或行走（凡有规定则除外）。

### （二）防止高处坠落

（1）在高处作业时，必须戴好安帽，按规定使用安全（绳、网）。

（2）脚手架必须按规定搭设，作业前必须确认机具、设施和用品完好。

（3）禁止随意攀登石棉瓦等屋（棚）顶。

（4）禁止在六级及以上大风时进行登高作业。

（5）严禁患有禁忌症人员登高作业。

（6）登高扫、抹、擦、吊、架设、堆物时，作业下必须设置防护。

### (三)防止触电伤害

(1)维修电器设备人员,必须持证操作,按规定穿戴好防护用品。

(2)电器设备、线路必须保持完好,禁止使用未装触电保护器的各种手持式电动工具和移动设备。

(3)必须严格按规定在高压线下作业。

(4)电力设备作业必须按规定执行工作票和监护制度,挂"禁止合闸,有人作业"牌。

(5)电气化铁路区段作业人员必须严格执行《电气化铁路有关人员电气安全规则》。

### (四)防止起重伤害

(1)起重作业人员必须持证操作。

(2)严禁多人或无人指挥。

(3)严禁在吊物下方站立和行走,应按规定操作。

### (五)防止物体打击

(1)进入作业区必须按规定使用安全帽等劳动保护用品。

(2)高处和双层作业时,不得向下抛掷料具,无隔离设施时,严禁双层同时垂直作业。

(3)列车通过时,必须面向列车避车,防止落物击伤。

(4)搬运重、大、长物件,必须有专人指挥,动作协调。

### (六)防止机具伤害

(1)不懂电器和机械的人员严禁使用、摆弄机电设备。

(2)机电设备应完好,必须有可靠有效的安全防护装置。

(3)机电设备停电、停工休息时必须拉闸关机,电箱按要求上锁。

(4)机电设备应做到定人操作、定人保养、检查。

(5)机电设备应做到定机管理、定期保养。

(6)机电设备应做到定岗位和岗位职责。

(7)机电设备不准带病运转。

(8)机电设备不准确超负荷运转。

(9)机电设备不准在运转时维修保养。

(10)机电设备运行时,操作人员严禁将头、手、身伸入运转的机械行程范围内。

防止机具伤害、物体打击的防护如图 8-5 所示。

图 8-5 防止机具伤害、物体打击的防护

## （七）防止炸药、锅炉、压力容器爆炸伤害

（1）必须严格按有关规定进行作业和贮存。

（2）作业人员必须持证操作；无压设备、设施严禁有压运行。

## （八）防止中毒、窒息

（1）有毒物品的运输、装卸、贮存，必须严格按照《铁路危险货物运输安全监督管理规定》执行。

（2）使用有毒物品的场所，作业前必须采取通风、吸尘、净化、隔离等措施，并正确使用劳动防护用品。

（3）对有毒作业场所，要定期监测，作业人员要定期体检。

# 任务四  高速铁路安全保障体系

高速铁路安全包括技术安全性和非技术安全性。技术安全性包括车辆、线路和运行控制等方面，而非技术安全性主要依赖科学管理。如2008年奥运会开幕前发生在胶济铁路上的事故就属于典型的运输管理问题，与监控技术无关。2012年甬温高铁追尾事故既有技术性问题，又有非技术性管理的问题。

## 一、京沪高速铁路安全保障体系

从北京南站到上海虹桥站，全长 1 318 km，途经 244 座桥梁、22 座隧道，全线共设北京、天津、济南、蚌埠、南京、无锡、苏州、上海等 21 个客运车站，属于双线客运专线，总投资 2 209.4 亿元，是目前世界上一次建成线路最长、标准最高的高速铁路，也是新中国成立以来一项投资规模最大的建设项目。

京沪高铁实际历时 2 年 7 个月完成铺轨，而国外高铁建设工期差不多要 10 年。按照时速 380 km 的设计要求，京沪高铁线路建成百年内，沉降要控制在 5 mm 以内。新中国成立以来建设里程最长、投资最大、标准最高的京沪高铁开通，实现了京沪两地单日往返。与此同时，由于京沪高铁列车行车速度快，跨越地域线路长，列车安全运行问题受到广泛关注。

高速列车的安全性究竟如何？我国高铁安全保障技术体系如何构建？对运营速度最快、运营环境之复杂堪称世界之最的京沪高速铁路来讲，迎来的是一次次巨大的新的考验：铁路技术、营运管理、基础设施、行车环境，无一不与铁路行车的安全性有关。

### （一）京沪高速铁路主要自主创新技术

（1）首次实现全线无砟轨道，避免了可能存在的路基下沉问题，保证铁路线长时间安全运行。

（2）首次全线以桥代路，既保证了运行效率，又节约了土地。

（3）采用全程智能化操作。

（4）量子技术首次应用于京沪高铁,实现了世界铁路史上首个高密防控安全技术的典例。

## （二）京沪高铁采用了"最高安全标准"

它用"三个全"——全封闭、全覆盖和全天候,来概括京沪高铁的运营管理体系。

（1）京沪高铁实行了"全封闭"的线路建设标准,铁路全线安设最高标准的防护网,来阻挡行人以及一些大型牲畜的进入,所有的交叉道口都采取立交方式,杜绝平交道口的存在。

（2）在安全防护上,监测系统做到了"全覆盖",全线均设置了视频监控系统,沿途24个车站全部安装先进的安全检查系统。

（3）人员保障上,做到了"全天候"运行,按照每千米一个人的标准,安排安保人员在运营时段不间断地对线路进行巡守和防护。

# 二、高速铁路行车安全保障体系

## （一）高速铁路安全保障体系的特点

高速铁路的安全保障体系是一个由若干子系统组成的综合系统,包括高速列车、轨道和线路基础等。就列车安全性而言,包括7个方面:运行安全性、气动安全性、结构安全性、制动安全性、故障导向安全性、运营维护安全性,以及防火安全性等。

（1）列车在高速运行时可能遭遇的突发情况可谓不胜枚举,要保证列车在正常运行时不脱轨,出现意外故障时能及时停下来。无论列车的速度多快,控制好它的"脚",是保障列车运行安全的基本要求。

高速铁路速度高,行车密度大,地面信号已不能满足要求,列车信号以机车信号为主,列车速度控制大多是计算机自动控制。

由于高速铁路行车速度快,列车在运行中对线路产生的冲击力,车辆在运行中受到的空气阻力和经过隧道时的"活塞效应"力及其他各种作用力将大幅度提高,由此将带来一系列新问题。

高速列车在运行中即使发现轨道上侵入障碍物,采取急刹车也要一定的距离,而侵入障碍物只要超过一定的重量易使列车发生倾覆,所以必须及早探测障碍物的存在,以便采取清除措施。

（2）衡量列车运行安全性的一个重要指标是"脱轨系数"。

国际标准规定,无论运行速度多快,脱轨系数都不得大于0.8。而我国CRH380A动车组实测中的脱轨系数小于0.13,远低于国际标准。中国研制的速度级别更高的CRH380A反而比我们引进的速度级别低一些的原型车更加安全。据了解,目前已在武广、京津等高铁线路上投入使用的250 km时速的CRH2型高速列车,起初试验时的脱轨系数只有0.73,而CRH2C型高速列车在以350 km时速运行时,这一系数降低到0.34。脱轨系数大大降低,显示了安全性能的提升。

（3）行车安全从"脚"开始。

列车的"脚"就是"转向架",相当于汽车的底盘,这是连接列车车厢和铁轨的部件。整个系统由车轮、减震、传动、制动装置等组成,是决定车辆行驶安全的关键部件。高速列车的轨道实际上并非绝对平整，而是存在非常细微的起伏。当列车高速运行时，轨道在纵向和横向上的这种不平整会加大列车的振动，而两车高速交汇时产生的瞬间气流变化则会导致这种振动加剧，使列车失稳，影响安全。

为了保证转向架的安全性，设计师们不仅给转向架安装了一系列减震装置，还按照超常载荷进行了疲劳强度设计。1 000万次的疲劳强度试验表明，CRH380A的转向架安全系数大于2.7。列车只有在行驶超过$26 \times 10^4$ km后，才需要更换一次制动闸片。这一距离相当于在全长1 318 km的京沪高铁上跑100个来回。

为防止转向架上的轴承因温度过高导致类似汽车的"抱死"现象发生，设计人员在车轮轴承、电机轴承、齿轮箱轴承上都安装了温度传感器，一旦超温，车辆控制系统就自动限速和"脱轨"相比，高速列车更需要克服的是向上的升力。一般而言，飞机时速达到270~280 km时就可以起飞了。

（4）紧急制动。

如果说防止脱轨主要靠轮和轨之间的合作，那么制动就需要动力系统的配合了。从某种程度上说，紧急制动是抵御一切可能风险的最终选择。我国新一代高速动车组采用了电制动与气制动相结合的双制动系统，共设置了7级制动模式。根据国际标准，以300 km的速度运行时，紧急制动距离要求小于3 800 m，以350 km时速运行时，要求小于6 500 m。由于很好地利用了电制动，这一目标得到了较好的实现。而且由于运用了电制动模式，制动件的损耗大为降低。

试验表明，在电气复合制动和空气制动模式下，列车以300 km时速运行时实行紧急制动，制动距离为3 786 m，小于标准要求的3 800 m。而且，制动盘热容量充足，能满足动车组在任何状态下的安全平稳停车。

（5）车辆结构。

影响车辆结构安全的另一大挑战来自两列车迎面"交会"。当动车组以每小时300 km速度运行出现两车交会或高速通过隧道时，车体会受到一个巨大的"挤压力"，相当于拇指大小的面积承受6 kg的压力，这无疑对车体结构的可靠性提出了重大考验。

我国CRH380A的设计，充分考虑了列车各个关键部位可能出现的疲劳和磨损，以及抗压性和气密性等各种因素。这被称为"结构安全可靠性"，即"结构承受载荷的能力和长时间运行的结构的抗疲劳断裂的能力"。

中国动车组"结实"的不光是车体。据介绍，包括车窗玻璃和门等在内，都按照90对次的列车交会速度，经过了20万余次的模拟试验。高铁动车的挡风玻璃共有6层，包括3层无机玻璃、2层软塑料，以及1层厚度为2~3 mm的防飞溅层。"飞来的物体即便将5层全部击碎，最后也会被防飞溅层像网一样兜住。"而司机前方使用的球面防弹玻璃，更是不怕撞击。

（6）"聪明脑"和"智慧眼"。

"中国列车运行控制系统（CTCS）"的系统相当于列车的"大脑"，包括C0~C4 5个层级。

自主开发的C0系统已装备在我国近2万台机车或动车组上。C2系统已经完成国产化，在我国200 km时速的线路上安装了200多台，迄今为止还未接到过一例因设备原因的事故报告。

"中国列车控制系统是世界上安全等级最高的，中国是继德国、日本、法国之后第四个系统掌握该项技术的国家。"控制的实现还离不开有效的指令传输。安装在 CRH380A 上的这套信号（指令）传输网络，采用一种环形指令网络，从司机室发出指令，通过光纤和电缆两路独立的数字传输系统往两侧独立发送。如果一条通路出现故障，断开了，另一条仍能开展工作。

"故障导向安全性"预警系统的作用是"自诊断、自预警"，以保证"当万一出现故障时，让它不扩散"。高铁轨道都是通电的，如果前方轨道被人为破坏或者被泥石流等突发地质灾害冲毁，轨道就会断电，列车上能提前监测到，并停车避让。车上还装了其他检测设备，可监测车体横向振动加速度，预防脱轨。

（7）运营管理：全封闭、全覆盖、全天候。

机车本身没问题，如果出问题就会停下来。高铁的安全主要是轨道工程质量。目前采用的无砟轨道要求是很严格的，绝对是按毫米级来做的。

### （二）高速铁路安全保障体系的结构

高速铁路安全保障体系总体上分为 3 个层次：

第一层是执行层。该层的基本任务是处理日常业务，维持高速铁路运输系统在安全行车状态下的正常运转，并收集原始的行车安全信息。

第二层是战术决策层。这一层所收集到的丰富的原始资料，经过综合加工为日常行车安全保障工作的综合管理提供决策支持。

第三层是战略层。依据战术决策层提供的各类能反映高速铁路行车安全概貌的主题信息，从宏观上掌握和控制全局的安全状况，用以支持高速铁路发展的战略决策。

### （三）高铁环境安全因素

从我国铁路运行条件来看，高铁沿线环境存在的安全隐患不容忽视，共包括 9 个方面的问题：

一是高铁沿线安全保护区范围内存在大量非法违法建筑物、构筑物及生产、经营场所；

二是高铁线路两侧 200 m 范围内，还存在易燃易爆等危险品生产、经营场所；

三是高铁线路两侧 1 000 m 范围内，还存在采矿、采石及爆破作业场所；

四是部分上跨高铁的道路桥梁限速、限重等标志不齐，机动车辆超重、超速、超限行驶严重，存在坠落高铁线路的危险；

五是高铁部分地段存在挖砂取土、打井取水现象，损坏线路基础，造成铁路路基、桥墩沉降，危及桥梁安全；

六是跨越、穿越高铁线路、站场或在邻近高铁线路的地区施工不与铁路运输企业协商，不遵守铁路施工安全规范；

七是损毁、移动高铁线路两侧防护围墙、栅栏，拆盗、割盗铁路行车设施设备，机动车辆超重、超限、超速通行下穿铁路道路桥涵、公铁并行路段等；

八是部分上跨高铁的道路桥梁和公铁并行路段的防护桩等，还未按照国家有关规定移交地方道路管理部门管理，无法落实养护、维修、管理责任；

九是高铁线路安全保护区尚未由地方政府依法划定，安全保护区标桩还不能埋设。

## （四）高铁安全技术发展研究

（1）采用现代技术，强化技术设备的安全功能。

新型牵引方式、轻型高速车辆、高性能稳定的线路结构、先进的通信信号设备、运行调度指挥自动化系统等现代技术的应用。

（2）重视人的作用，实现人机系统的完美结合。

高速铁路技术设备先进，具有很高的自动化程度和科学严密的联控特性，在很大程度上可以代替人的部分活动，特别是对于操作人员疏忽大意或违反作业程序的误动作，能给予有效的防止。

（3）针对高速线路的不同特点，采取重点安全防护措施。

高速线路所处自然环境、地形特征、运营条件不同，对保证高速列车行车安全也提出了不同要求。根据各自特点，在铁路修建和运营时有重点地采取了各种安全防护措施。

（4）加强安全监督，健全维修体制。

对设备的正常工作、人员的操作状况、外界影响变化因素实行有效的监控。

（5）制定安全法规，创造保证高速列车运行安全的良好环境。

为了排除外界不安全因素对高速列车行车安全产生干扰，除了在高速铁路修建时采用高架线路，取消平交道口，在一定距离设置行人、牲畜通道，沿线广设防护栅栏等外，对于人为蓄意破坏高速铁路技术设施及直接影响正常安全运行的行为，在有关法律和法令中都有严厉的处置规定。

（6）掌握规律，开展高速行车安全技术的研究。

铁路科研机构应广泛建立高速列车安全保障体系，包括人、机、环境及管理等各种问题的试验研究和开发，并为此投入了大量资金。

【复习思考题】

1. 简述电气化铁路的组成。
2. 简述我国电气化铁路的地位和发展前景。
3. 简述高速铁路事故形态及原因。
4. 简述旅客列车火灾的原因。
5. 简述电气化铁路劳动安全。
6. 何为跨步电压？
7. 常见的触电方式有几种？
8. 简述触电急救知识。
9. 简述高速铁路安全保障体系。
10. 京沪高铁采用了哪些"最高安全标准"？
11. 为什么说高铁沿线环境存在的安全隐患不容忽视？
12. 高速铁路安全保障体系的特点？

# 项目九 铁路客运安全

## 项目概述

本章主要是让学生认识旅客安全运输的重大意义,掌握铁路旅客运输基本任务;学会分析铁路旅客运输组织及造成客运事故的原因、责任;掌握旅客安全运输基本措施。

## 教学目标

### 1. 能力目标

阐述铁路旅客运输基本任务;掌握铁路旅客运输组织及造成客运事故的原因、责任及基本措施。

### 2. 知识目标

熟悉铁路旅客运输组织的内容;掌握确保旅客安全运输基本措施。

### 3. 素质目标

树立铁路旅客运输"安全第一、预防为主、综合治理"的思想意识和理念;具有良好的铁路旅客运输职业安全道德,做懂法、守法、执法的模范。

# 任务一　铁路客运劳动安全基础知识

## 一、铁路旅客运输基本任务

铁路旅客运输是以旅客为运送对象的铁路运输,是我国当前旅客运输的主要形式。其基本任务是:满足旅客旅行的需要,安全、迅速、准确地输送旅客和附带的行李、包裹、邮件,并使旅客在旅途中感到舒适和得到文化、生活上的良好服务。

形成铁路旅客的基本条件是旅行者及其持购的铁路车票。铁路旅客分直通客流、管内客流和市郊客流,并分别开行不同标准的列车。旅客运输的规模及性质反映了工农业发展情况和人民物质、文化生活水平。

## 二、客流和列车分类

各国客流分类不尽相同。中国按旅客乘车距离分为直通客流、管内客流和市郊客流3种。与之相适应而开行的旅客列车为直通旅客列车、管内旅客列车和市郊旅客列车。

## 三、铁路旅客运输组织

铁路运输组织重点是探索铁路旅客运输设备的合理布置,旅客运输生产过程的合理组织和科学管理的方法,新技术在旅客运输中的运用,寻求提高旅客运输能力的途径。其研究内容主要包括:① 铁路客运设备及其运用;② 铁路客流预测方法及客流计划的编制;③ 旅客列车的运行组织;④ 客运站工作组织;⑤ 旅客列车的乘务工作组织;⑥ 行李和包裹的运输组织;⑦ 市郊铁路旅客运输组织等。

## 四、高速铁路运输组织的特点

高速铁路运输组织的特点是高速度、高密度、高正点率。其中,高速度、高密度是高速铁路吸引旅客的重要因素。高速铁路作为一种新型的交通方式,具有运输能力大、安全舒适、快捷准时、能源消耗低、污染轻的优势,已经成为人们出行首选。

## 五、旅客安全运输的重大意义

(1)保证旅客和行李、包裹运输的安全是客运职工的首要职责,不仅关系到铁路自身的发展,而且事关人民群众生命财产安全,事关党和政府的形象和声誉;不仅关系到铁路建设和运营的良性循环,而且事关人民群众生活水平的提升,事关社会公共服务体系的完善和社会文明进步的进程。

(2)安全是一切工作的前提,安全是核心,安全是效益。这是党中央、国务院对铁路工作最基本的要求,是广大人民群众最热切的期待,也是铁路部门最重大的政治责任。

(3)安全运输是我国铁路运输组织的基本原则,也是衡量运输质量的重要标志。

(4)铁路企业必须贯彻安全生产的方针:安全第一、预防为主。执行逐级安全生产责任制，树立"安全运输，人人有责"的思想。

## 六、旅客运输相关法律依据

### （一）《安全生产法》

党和国家安全生产的方针：坚持安全第一、预防为主、综合治理的方针。
安全第一：首要位置、安全优先。
预防为主：防患于未然、消灭于萌芽状态。
综合治理：用经济、法律、行政手段，人管、法制、技防多管齐下。

### （二）《刑法》

铁路运营安全事故罪：铁路职工违反规章制度，致使发生铁路运营安全事故，造成严重后果的，处3年以下有期徒刑；造成特别严重后果的，处3年以上7年以下有期徒刑。

### （三）《铁路法》

第五条　铁路运输企业必须坚持社会主义经营方向和为人民服务的宗旨，改善经营管理，切实改进路风，提高运输服务质量。

第十条　铁路运输企业应当保证旅客和货物运输的安全，做到列车正点到达。

第十三条　铁路运输企业应当采取有效措施做好旅客运输服务工作，做到文明礼貌、热情周到，保持车站和车厢内的清洁卫生，提供饮用开水，做好列车上的饮食供应工作。

第七十一条　铁路职工玩忽职守、违反规章制度造成铁路运营事故的，滥用职权、利用办理运输业务之便谋取私利的，给予行政处分；情节严重、构成犯罪的，依照刑法有关规定追究刑事责任。

另外，还有《铁路运输安全管理条例》、《铁路技术管理规程》、《铁路200～250km/h既有线技术管理办法》、《铁路客运专线技术管理办法》（200～250km/h部分）、《铁路客运专线技术管理办法》（300～350km/h部分）、《铁路交通事故调查处理规则》等法律。

# 任务二　旅客安全运输基本措施

## 一、铁路旅客运输安全的内容

铁路旅客运输安全的内容包括：人身安全、火灾、爆炸、电器安全、旅客人身伤害、设备安全、行车事故、食物中毒、自然灾害、其他。

## 二、造成客运事故的主要原因

造成客运事故的主要原因大体可分为3个方面：人为因素、设备因素、社会或自然灾害。很多事故的发生都是以上几种因素综合在一起的表现。

### （一）人为因素

人为因素方面主要有两类：一类是乘客未遵守安全乘车规则导致事故发生；另一类是由于工作人员工作措施不当或疏忽引发事故。像胶济线发生的"4·28"特大事故，导致72人死亡，416人受伤，中断胶济上下行线行车21小时22分，不仅给人民的生命财产造成重大损失，也对铁路的改革与发展带来了严重的影响，对铁路信誉带来严重的冲击。分析产生此次重大事故的原因，是调度系统一系列的不当处理和无效指挥。

### （二）设备因素

设备因素方面，铁路客运系统是一个大的联动机，由很多专业系统组成，设备包罗万象，任何一个系统设备尤其是与行车有关的设备发生故障，都可能导致铁路客运无法正常运转，甚至造成巨大的生命财产损失。像"7·23"动车组列车追尾特大事故，造成40人死亡、172人受伤，中断行车32小时35分，究其直接原因就是LKD2-T1型列控中心设备存在严重设计缺陷和重大安全隐患。

### （三）自然灾害或社会因素

铁路是一种跨越不同自然区域的大型线状延伸工程构筑物，因而极易遭受自然灾害的侵袭。随着路网密度的增大，将有更多线路进入自然条件更为复杂恶劣的地域。地震、霜冻、大雪、奇寒、酷热、浓雾、雷击、泥石流、山崩、瘟疫等灾害，都可能导致铁路客运无法正常运转，甚至造成巨大的生命财产损失。比如像"7·9"事故，因成昆线依达铁路大桥被泥石流冲塌，正在通过的442次列车2台机车、1辆行李车和1辆客车坠入大渡河内，造成130人失踪和死亡，146人受伤，线路中断15天。

## 三、铁路企业责任（客运部门责任）

### （一）车站责任

（1）车站设备设施损坏。
（2）客流组织引导标志存在问题。
（3）站台乘降组织不力。
（4）车站作业违章：检票不及时、漏检。

### （二）列车责任

（1）车门管理不善：漏锁车门、错开车门。
（2）列车设备故障。
（3）列车人员违章或简化程序。

另外，可能还有机务段责任、车辆段责任、工务段责任、电务段责任。

## 四、客运岗位职责

### （一）客运值班员岗位职责

客运值班员属于车站客运一班工作人员的班组长，岗位职责如下：

（1）负责本班组领导工作，根据车站工作布置，提出完成任务的具体措施，质量良好地完成任务。

（2）认真执行规章、命令、指示，按照作业标准检查、指导班组完成各项客运工作，妥善处理班中发生的问题。

（3）正确处理客运业务问题，接待旅客来访，处理旅客投诉意见。

（4）及时与车站信号楼值班员联系，掌握本班列车运行情况。

（5）安排班组各岗位劳动力，负责站台、候车室旅客候车乘降组织工作，确保旅客候车、乘降组织安全、有序。

（6）负责站车交接工作，处理有关业务问题，协调站车及各岗位工作关系。

（7）及时妥善处理列车移交和站内发生的旅客意外伤害事故。

（8）抓好班组基础管理，不断提高技术业务素质和班组管理水平。

（9）抓好班组建设，严格落实班组自控互控运作及考核机制。

（10）督促上水员做好上水工作。

（11）督促保洁公司及时做好卫生清扫。

（12）督促行李员搞好站台行包装卸工作，确保列车安全正点。

（13）完成领导交办的其他任务。

### （二）客运员岗位职责

（1）熟知本职业务，遵章守纪，执行命令，听从指挥，坚持全面服务，重点照顾，文明礼貌地为旅客服务。

（2）按作业标准要求，组织好旅客购票、候车、进出站秩序，宣传旅行常识，搞好安全检查，负责查验车票、维护乘降秩序和解答问询。

（3）掌握列车运行情况及到、开时刻和停靠站台，按时显示车次方向牌，有秩序地组织旅客检、收票，正确统计上、下车人数。

（4）认真执行接送车制度，组织旅客通过地道、天桥、平过道口上下车，从指定出入口进出站，严格旅客扒车、钻车、横越股道和在列车前面上下，安全迅速地组织旅客乘降，确保旅客人身安全、列车正点。

（5）负责军用人员列车的接送，正确查验军用人员的乘车中转凭证，确保军用人员运输安全。

（6）坚守岗位，尽职尽责，严格查堵，及时清理站台，严禁闲杂人员在站内逗留，防止易燃易爆危险违禁品进站上车，确保旅客运输安全。

## 五、旅客安全运输基本措施

（1）保持设备状态良好（车站建筑物、站台面、车辆升降台、消防设备）。
（2）加强禁带危险品的宣传和查堵：安全检查、联合检查、重点突击检查（车站、列车）。
（3）安检工作原则：安全第一、严格检查、文明执勤、热情服务。

# 任务三　旅客运输作业安全标准

## 一、通用安全标准

（1）职工接班前，充分休息，精力充沛，班前班中禁酒。
严禁脱岗串岗、私自替班换班，按规定使用劳保用品，禁止穿高跟鞋等上岗作业，新岗转岗调岗必须落实培训，学头工必须签订师徒合同。
（2）接班点名时，开展安全预想活动。
（3）职工沿线路行走，严禁走道心、枕木头和侵入限界。横越线路时，不准脚踏钢轨面、道岔等所。通过平交道时，一站二看三通过。
（4）轨道作业时，随时注意线路列车通过情况。
（5）严禁钻爬车底、跨越车钩、以车代步。
（6）从业人员上线作业，精力集中，严守两纪（不准打电话），严格落实安全检查确认制度和呼唤应答制度。
（7）岗位作业人员，必须经过劳动安全教育培训，考试合格才可上岗。特殊工种必须持证上岗。
（8）严格执行电气化作业安全标准：
① 车站在旅客列车上水作业时，必须先接水管、后开阀门，关闭阀门，再拔水管的作业程序。
② 严禁带电冲刷机车、车辆上部，洗刷列车外车皮，冲洗站台立柱面。
③ 接触网未停电时，严禁攀登车顶或使用长竿疏通烟筒或调整通风口。
④ 除专业人员外，其他人员与牵引供电带电部分距离，不得少于 2 000 mm。

## 二、普通列车客运安全作业标准

（1）坚持"安全第一、预防为主"的原则。
（2）客运乘务人员上下车，要握紧扶手，不得从车窗上下列车，严禁飞乘飞降。
（3）列车乘务员从反面下车作业或区间停车作业，必须专人防护。
（4）高站台作业时，必须确保翻板卡牢，防止反弹造成伤害。上下车时，注意车门与站台缝隙，防止坠落。停车车门立岗时，站于两车相连接处，组织旅客顺序上车，防止旅客拥挤坠落站台。

（5）在折返站看车时，看车人员必须坚守岗位，不得喝酒打牌，不得在禁烟区或铺上吸烟。

（6）客运乘务人员，在折返站停留外出时，必须严格请销假制度，列车长掌握外出人数、去向、时间，外出人员严禁饮酒。

（7）保持为旅客服务设备状态良好，夜间应有良好照明。

（8）对消防设施必须定期检查。暑运、春运、五一、十一之前要普遍检查设备良好。冬季列车应及时清除升降梯积冰、积水，做好防滑措施。

## 任务四　客运工作人员及人身安全

### 一、客运工作人员人身安全规定

（1）站、车应对客运人员定期进行业务知识和技术安全教育。新职人员需经考试合格，方可正式担任工作。

（2）客运人员必须执行客运安全作业规定。

（3）顺线路走时，走路肩，不走轨心、枕木头、轨面，并随时警觉前后列车。禁止在运行的线路上抢越机车、车辆。

（4）乘务员上下车时，要握紧扶手，严禁飞乘飞降。

（5）严禁摸黑开关电器设备，防止触电。

（6）严格执行电气化区段作业安全规定。

### 二、旅客列车防止发生旅客人身伤害

（1）列车始发前，列车长必须组织"三乘联检"，对检查的问题，三方确认，及时整修。

（2）旅客放行前，提前打开车门，放下踏板，弹簧入槽，清理车梯处杂物。

（3）旅客放行时，认真执行验票制度，对"老幼病残孕"重点旅客重点帮扶，重点提示。

（4）认真执行车门管理制度，"停开、动关锁、出站四门瞭望"，确保车门安全。

（5）车内安全、警示标示齐全，电茶炉必须有"小心烫伤"警示，厕所、车厢端门有"小心挤伤"警示。

（6）列车广播要及时进行安全乘车宣传。

（7）及时疏导顺序上下车，避免旅客挤摔伤。

### 三、客运安全典型事故案例分析

本章以上海局徐州站"9·7"事故为例进行分析。

#### （一）事故概况

2013年9月7日21时36分，由贵阳开往烟台的K1202/3列车进徐州站7道停车后，一名手提灭火器的旅客于某从本列车7号车厢下车，沿7号站台向北进入轨道间奔跑。在车站

及列车工作人员劝阻过程中，该名旅客于 21 时 51 分从列车反面 5 号、6 号车厢连接处爬上车顶，在劝说无效的情况下，车站向调度所申请接触网停电。22 时 34 分，列车调度员下达 74011 号调度命令"准许徐州枢纽 01 单元停电"，车站值班员通过车站广播员通知了现场人员。22 时 44 分，徐州车站派出所接警民警接到车站"已经停电了，只有五分钟的处置时间"的通知后登上车顶处置中，4 名民警被接触网感应电击伤，其中 1 人经抢救无效死亡，3 人不同程度受伤。

（二）原因分析

**1. 安全措施不落实**

徐州站组织处置旅客攀爬车顶时，违反《铁路技术管理规程》第 158 条：在设有接触网的线路上，严禁攀登车顶及在车辆装载的货物之上作业；如确需作业时，须在指定的线路上，将接触网停电接地后，方准进行。

违反《上海铁路局电气化铁路安全实施细则》（上铁安发〔2006〕16 号）第 9 条："在接触网未停电、接地的情况下，从业人员严禁攀登机车、车辆顶部或站在货物上进行任何作业"等规定，在接触网停电后未采取接地措施的情况下，盲目通知工作人员登车顶处置攀爬旅客，造成感应电伤害事故的发生。

**2. 应急预案不完善、培训不到位**

徐州站制定的《徐州站非正常行车应急处置预案》缺乏处置突发情况的组织体系、信息管理要求，也没有明确应急响应的程序、内容及形式。

对处置车顶扒乘人员的安全注意事项照抄路局文件规定，没有组织处置旅客攀爬车顶的演练项目。

事发当日，现场多名专业管理干部对接触网停电后还存在感应电，必须采取接地措施的要求不掌握，现场询问车站值班员，对车顶攀爬人员应急处置预案要求不清楚，电气化知识和应急培训不到位。

**3. 安全风险意识不强**

徐州站对电气化铁路登顶作业存在的安全风险缺乏足够认识，在处置车顶攀爬人员时，车站应急调度中心未确定应急处置方案，没有为现场人员提供技术支持和专业指导。

车站应急管理领导小组成员接到报告后，安全敏感意识不强，仅通知相关车间、科室人员到岗应急处置，没有认真履行组织指挥职责，造成现场处置混乱，关键环节失控。

**【复习思考题】**

1. 简述旅客安全运输的重大意义。
2. 简述铁路旅客运输的基本任务。
3. 简述铁路旅客运输组织的组成内容。
4. 分析造成客运事故的原因、责任。
5. 简述旅客安全运输基本措施。
6. 如何树立铁路旅客运输"安全第一、预防为主"的思想意识和理念？

# 项目十 铁路施工安全管理

## 项目概述

本章主要是让学生认识铁路施工中存在的危险有害因素；掌握铁路工程易发和多发事故的类别；学会分析施工、监理单位安全质量责任；掌握铁路工程项目部安全管理要点。

## 教学目标

### 1. 能力目标

阐述铁路施工中存在的危险有害因素；能掌握铁路工程项目部安全管理要点。

### 2. 知识目标

熟悉铁路工程项目部安全管理要点；掌握铁路建设工程质量安全事故应急预案的程序。

### 3. 素质目标

树立铁路施工"安全第一、预防为主、综合治理"的思想意识和理念；具有良好的铁路施工职业安全道德，做懂法、守法、执法的模范。

# 任务一　铁路施工中存在的危险有害因素

## 一、安全管理在施工过程中的地位和作用

在铁道工程施工中，安全才能生产、生产必须安全。由于施工企业生产设备的临时性，工作环境的多变性，人机作业的流动性，所以存在着多种危险因素，直接从事施工操作的人和相关人员随时随地处于危险因素之中。做好安全管理工作，实现安全生产是工程施工的核心，是工程顺利的基础，是工程效益的保障。

铁道工程安全生产管理，应贯彻"安全第一、预防为主、综合治理"的方针，始终把安全放在首要位置；千方百计预防事故的发生，做到防患于未然，将事故消灭在萌芽状态；标本兼治，重在治本：思想认识，制度保证，技术支撑，监督检查，事故处理。

从事铁道工程建设活动必须坚持先勘察、后设计、再施工的原则，严格执行基本建设程序，保证各阶段合理的工期和造价，加强全过程安全质量风险管理。

## 二、铁路施工中存在的危险有害因素

铁路施工受地质与水文等诸多因素影响。铁路沿线情况错综复杂，且周边环境不确定因素多，施工过程特别是架设桥梁、隧道施工容易引起坍塌、冒顶、涌砂、涌水、透水、电力线、电信线破残造成停电、停止通信，甚至引发触电等事故。

在铁路建设施工阶段，采用明挖、暗挖、盾构等施工方法和辅助工法进行基坑或区间隧道开挖时，易发生不均匀沉降、地面塌陷或隆起，其主要原因是地层周围岩土体的原始应力变化和受扰动或受剪切破坏的重塑土的再固结。因此，选择错误的施工方法和围护方案会造成附近地下管线断裂或引起周围建筑物的开裂、倾斜甚至倒塌。

铁路建设施工期间现场施工管理及安全防护措施中存在的不安全因素，也会对铁路施工产生影响，甚至引发安全事故。如：施工机械噪声、振动过大，会妨碍对话，影响信号联络，进而妨碍作业安全，还会使作业人员感到不适；作业人员长期吸入作业产生的粉尘、废气和烟雾，会引发矽肺病或缺氧症；未妥善处理开挖出的弃土、在基坑顶部堆放弃土及增加其他附加荷载，可能造成坍塌事故；施工降水不当可能造成地面不均匀沉降；机械设备失检、电气设备过载、施工机具违章操作等会造成机具控制失灵、调件坠落、塔架倒塌、设备损害、起火触电等风险。

## 三、铁路高架桥工程施工存在的危险有害因素

### （一）施工现场安全管理制度不完善

随着铁路建设的快速发展，铁路高架桥工程施工项目的数量越来越多，对促进城市的发展有着极大的作用。当然，为保证铁路高架桥施工的安全性，需要针对施工现场制定相应的安全管理制度。但是，就当前铁路高架桥工程的施工现场管理制度运行情况来看，有很多管理环节不够完善，而管理制度的欠缺又会对施工现场的安全管理效率带来极大的影响，甚至会引发施工安全事故。

## （二）没有做好施工现场危险源分析工作

危险源主要是能够引发危险的源头，在铁路高架桥工程施工之前，需要做好施工现场的危险源分析工作，确保铁路高架桥工程施工的安全性。但是，从铁路高架桥工程施工的现场危险源分析工作来看，很多危险源以及危险因素都未能明确，也经常会出现工作人员忽略一些危险源的现象，而这些危险源以及相关的危险因素，都将会给铁路高架桥的工程施工安全产生极大的影响。

## （三）施工人员的安全意识不强

施工人员是铁路高架桥工程施工的主体，虽然近些年来机械自动化的发展极为迅速，在铁路高架桥工程施工中也得到广泛的应用，但是，后台操作还是需要人工完成，而且很多施工环节采用机械是无法完成的，必须有相关人员对其施工才能完成。然而，当下铁路高架桥工程施工人员的安全意识却有待增强，缺乏安全风险意识、危险因素的分析，再加上安全防范技能不高等，势必会对施工的安全管理质量产生极大的影响，甚至引发人身安全事故。

## （四）施工现场监督工作不全面

铁路高架桥工程施工的过程中，监督管理人员要对施工现场进行监督管理，确保施工现场各方面施工工作严格按照规范操作进行，是工程施工安全管理的重要组成部分。但是，从铁路高架桥工程施工现场监督工作分析可知，监督工作不够全面，一方面是因监督管理人员的监督管理意识偏低，很多环节都未能按照规范操作进行；另一方面则是施工现场监督规范制度不全面，对此必须采取有效的完善措施。

## 四、铁路工程易发和多发事故的类别（五大伤害）

（1）高处坠落。人员从临边、洞口、预留洞口等处坠落；从脚手架上坠落；龙门架（井字架）物料提升机和塔吊在安装、拆除过程坠落；安装、拆除模板时坠落；结构和设备吊装时坠落。

（2）触电。对或靠近施工现场的外电线路没有或缺少防护，在搭设钢管架、绑扎钢筋或起重吊装过程中，碰触这些线路造成触电；使用各类电器设备触电；因电线破皮、老化，又无开关箱等触电。

（3）物体打击。人员受到同一垂直作业面的交叉作业中和通道口处坠落物体的打击。

（4）机械伤害。主要是垂直运输机械设备、吊装设备、各类桩机等对人的伤害。

（5）坍塌。施工中发生的坍塌事故主要有：现浇混凝土梁、板的模板支撑失稳倒塌，基坑边坡失稳引起土石方坍塌，拆除工程中的坍塌，施工现场的围墙及在建工程屋面板质量低劣坍落。

# 任务二　铁路建设工程施工安全管理责任

## 一、铁路建设单位安全质量责任

铁路建设单位对工程项目管理负总责。

建立健全安全质量责任制和管理制度。设置安全质量管理机构，配备与建设规模相适应的安全质量管理人员，对勘察、设计、施工、监理、监测等单位进行安全质量履约管理。

在初步设计阶段，组织开展城市轨道交通工程安全质量风险评估（含建设工期、造价对工程安全质量影响性评估）并组织专家论证，同时按照有关规定组织专家进行抗震、抗风等专项论证。

建设单位在开展发包勘察设计、施工、监理及其他铁路建设业务时，应考察承包单位的安全生产情况，选择综合素质好、具有相应资质等级的单位。

建设单位在工程招标资格审查时，应检查施工企业的安全生产许可证原件，审查拟任项目负责人、专职安全管理人员的安全记录和安全培训合格证。

建设单位及时向设计、施工、监理、监测等单位提供气象水文和地形地貌资料，工程地质和水文地质资料，施工现场及毗邻区域内的建筑物和构筑物、地下管线、桥梁、隧道、道路、轨道交通设施等（以下简称"工程周边环境"）资料；依法将施工图设计文件（含勘察文件）报送经认定具有资格的施工图审查机构进行审查。施工图设计文件未经审查或审查不合格的，不得使用。

建设单位及时组织勘察单位向设计单位进行勘察文件交底，在施工前组织勘察，设计单位向施工、监理、监测等单位进行勘察、设计文件交底。

建设单位委托工程监测单位和质量检测单位进行第三方监测、质量检测。

建设单位应将建设工程安全作业环境及安全施工措施费用，通过工程承包合同拨付施工企业，不得挪作他用。

建设单位不得明示或者暗示施工单位购买、租赁、使用不符合安全施工要求的安全防护用具、机械设备、施工机具及配件、消防设施和器材。

建设单位不得对勘察、设计、施工、工程监理等单位提出不符合建设工程安全生产法律、法规和强制性标准规定的要求，不得压缩合同约定的工期。

## 二、铁路勘察、设计单位安全质量责任

勘察、设计单位从事铁路工程勘察、设计业务，必须具有相应资质，不得转包或者违法分包所承揽的工程勘察、设计业务。

勘察、设计单位对工程项目的安全质量承担勘察、设计责任。

勘察、设计单位的主要负责人对本单位勘察、设计安全质量工作全面负责。项目负责人应当具有相应执业资格和铁路工程勘察、设计工作经验。项目负责人对所承担工程项目的勘察、设计安全质量负责。从事工程勘察、设计的执业人员应当对其签字的勘察、设计文件负责。

勘察、设计单位必须建立健全安全质量责任制和管理制度，设置或明确安全质量管理机构，对工程勘察、设计的安全质量实施管理。

勘察单位提交的勘察文件应当真实、准确、可靠，符合国家规定的勘察深度要求，满足设计、施工的需要，并结合工程特点明确说明地质条件可能造成的工程风险，必要时针对特殊地质条件提出专项勘察建议。

设计单位提交的设计文件应当符合国家规定的设计深度要求，并应根据工程周边环境的现状评估报告提出设计处理措施，必要时进行专项设计。

设计单位应当对安全质量风险评估确定的高风险工程的设计方案、工程周边环境的监测控制标准等组织专家论证。

### 三、铁路施工单位安全质量责任

施工单位从事铁路工程施工活动，必须具备相应资质，依法取得安全生产许可证，不得转包或者违法分包。施工单位对工程项目的施工安全质量负责。

施工单位主要负责人对本单位施工安全质量工作全面负责，项目负责人对所承担工程项目的施工安全质量负责。

施工单位主要负责人、项目负责人和专职安全生产管理人员应当依法取得安全生产考核合格证书。项目负责人应当具有相应执业资格和城市轨道交通工程施工管理工作经验。建筑施工特种作业人员应当持证上岗。

施工单位必须建立健全安全质量责任制和管理制度，加强对施工现场项目管理机构的管理。项目安全质量管理人员专业、数量应当符合相关规定，并满足项目管理需要。

施工总承包单位对施工现场安全生产负总责。

总承包单位依法将工程分包给专业分包单位的，专业分包合同应当明确各自的安全责任。总承包单位和专业分包单位对专业分包工程的安全生产承担连带责任。

总承包单位和专业分包单位依法进行劳务分包的，总承包单位和专业分包单位应当对劳务作业进行管理。

施工单位应当按照合同约定的工期要求编制合理的施工进度计划，不得盲目抢进度、赶工期。施工单位不得以低于成本的价格竞标。

施工单位应将安全措施费用用于施工安全防护用具及设施的采购和更新、安全施工措施的落实、安全生产条件的改善等，不得挪作他用。

施工单位应当按照有关规定对危险性较大分部分项工程（含可能对工程周边环境造成严重损害的分部分项工程，下同）编制专项施工方案。对超过一定规模的危险性较大分部分项工程专项施工方案应当组织专家论证。

专项施工方案应当根据设计处理措施、专项设计和工程实际情况编制，并经施工单位技术负责人和总监理工程师签字后实施，不得随意变更。

工程施工前，施工单位项目技术人员应当就有关施工安全质量的技术要求向施工作业班组、作业人员做详细说明，并由双方签字确认。

施工单位应当指定专人保护施工现场地下管线及地下构筑物等，在施工前将地下管线、地下构筑物等基本情况、相应保护及应急措施等向施工作业班组和作业人员做详细说明，并在现场设置明显标识。

施工单位应当对工程支护结构、围岩以及工程周边环境等进行施工监测、安全巡视和综合分析，及时向设计、监理单位反馈监测数据和巡视信息。发现异常时，及时通知建设、设计、监理等单位，并采取应对措施。

施工单位应当按照施工图设计文件和施工技术标准施工，落实设计文件中提出的保障工程安全质量的设计处理措施，不得擅自修改工程设计，不得偷工减料。施工单位应当按照规定和合同约定对建筑材料、建筑构配件、设备等进行检验。未经检验或检验不合格的，不得使用。

建筑起重机械安装完成后，施工单位应当委托具有相应资质的检测检验机构进行检验，经检验合格并经验收合格后方可使用。施工单位应当按规定向工程所在地建设主管部门办理建筑起重机械使用登记手续。

施工单位应当按照有关规定对管理人员和作业人员进行安全质量教育培训，并将教育培训情况记入个人工作档案。教育培训考核不合格的人员，不得上岗。

施工单位在提交工程竣工验收报告时，应当向建设单位出具质量保修书，明确保修范围、保修期限和保修责任等。保修范围、保修期限应当符合国家有关规定。

施工单位应当为施工现场从事危险作业的人员办理意外伤害保险。

施工单位安全施工措施费用，应当用于施工安全防护用具及设施的采购和更新、安全施工措施的落实、安全生产条件的改善，不得挪作他用。

施工单位在施工危险部位，设置明显的安全警示标志（现场入口处、施工起重机械、临时用电设施、脚手架、出入通道口、电梯井口、孔洞口、桥梁口、隧道口、基坑边沿、爆破物及有害危险气体和液体存放处等）。

施工单位应当在施工现场建立消防安全责任制度，确定消防安全责任人，制定用火、用电、使用易燃易爆材料等各项消防安全管理制度和操作规程，设置消防通道、消防水源，配备消防设施和灭火器材，并在施工现场入口处设置明显标志。

特种作业人员（垂直运输机械作业人员、安装拆卸工、爆破作业人员、起重信号工、登高架设作业人员）必须按照国家有关规定经过专门的安全作业培训，并取得特种作业操作资格证书后，方可上岗作业。

## 四、铁路监理单位安全质量责任

监理单位从事铁路工程监理业务，必须具备相应资质，不得转让所承担的工程监理业务。监理单位不得与被监理工程的施工单位以及建筑材料、建筑构配件和设备供应单位有隶属关系或者其他利害关系。

监理单位对工程项目的安全质量承担监理责任。监理单位主要负责人对本单位监理工作全面负责。项目总监理工程师对所承担工程项目的安全质量监理工作负责。项目总监理工程师应当具有相应专业的注册监理工程师执业资格和城市轨道交通工程监理工作经验。

建筑材料、建筑构配件和设备未经注册监理工程师签字，不得在工程上使用或安装，施工单位不得进行下一道工序的施工。

监理单位在实施监理过程中，发现施工单位有下列情况之一的，应当要求施工单位立即整改。情况严重的，应当要求施工单位暂时停止施工，并及时报告建设单位。

（1）工程施工不符合工程设计和标准规范要求的。

（2）不按批准的施工组织设计专项施工方案或施工监测方案组织施工或监测的。

（3）未落实安全措施费用的。

（4）施工现场存在安全质量隐患的。

（5）项目主要管理人员不到位或资格、数量不符合要求的。

（6）其他违法违规行为。

施工单位拒不整改或者不停止施工的，监理单位应当及时向建设单位报告，建设单位应当责令施工单位整改或停止施工，施工单位仍不整改或不停止施工的，建设单位应当向工程所在地建设主管部门报告。

### 五、铁路工程监测、质量检测单位安全质量责任

从事铁路工程第三方监测业务的工程监测单位（以下简称"监测单位"），应当具有相应工程勘察资质，并向工程所在地建设主管部门办理备案手续。监测单位不得转包监测业务，不得与所监测工程的施工单位有隶属关系或者其他利害关系。

从事铁路工程质量检测业务的质量检测单位，应当具备相应资质。质量检测单位不得转包检测业务，不得与所检测工程项目相关的设计单位、施工单位、监理单位有隶属关系或者其他利害关系。

监测单位对工程项目的安全质量承担监测责任。监测单位主要负责人应当对本单位监测工作全面负责。项目监测负责人对所承担工程项目的安全质量监测工作负责。项目监测负责人应当具有相应执业资格和铁路工程监测工作经验。

监测单位必须建立健全安全质量责任制和管理制度，加强对施工现场项目监测机构的管理。项目监测人员专业、数量应当满足监测工作的需要。

质量检测机构应当按照工程建设标准和国家有关规定进行质量检测。在检测过程中发现有结构安全检测结果不合格、严重影响使用功能等情况，应当及时向建设、监理单位反馈。

监测、质量检测单位应当按规定对监测、检测人员进行安全质量培训，培训考核合格后方可上岗。

# 任务三 安全施工管理交底管理

## 一、安全管理

### （一）一般要求

（1）施工单位建立健全安全生产责任制，完善安全生产各项规章制度及操作规程，明确安全生产第一责任人和直接责任人，明确安全生产管理目标。

（2）施工单位设立项目安全管理机构，配备足够数量具有任职资格的专职安全生产管理人员。

（3）驻地监理部应配备安全监理工程师。

（4）专业分包和劳务分包需业主批准，具有相应资质和安全生产许可证。

（5）施工单位项目部在工程开工前对施工现场周边的建（构）造物地下管线和架空高压线进行调查，核实现状。

（6）施工单位项目部应保障安全措施费的正确使用，满足施工现场的安全生产要求。

（7）施工单位要加强外来人员管理，无关的人员一律不得进入施工现场。

### （二）安全教育

（1）新进场工人、变换工种工人和复工工人上岗前必须进行三级安全教育。

（2）现场安全管理和特种作业人员应持证作业。

（3）施工单位项目部上岗前对作业人员进行安全技术交底。

（4）特种作业人员必须进行专门的技能培训，并取得特种作业人员操作资格证。

（5）施工承包单位项目部应组织专项安全培训。

（6）施工承包单位项目部应落实班前安全活动。

（7）监理应对施工承包单位项目部的三级安全教育、安全技术交底、专项安全培训进行旁站，并形成旁站记录。

### （三）安全检查

（1）施工单位项目部必须建立安全检查制度，针对工程特点组织定期安全检查。

（2）监理工程师应对施工现场进行日常的巡检，对施工过程中危险性较大的工序进行旁站。

（3）安全有检查，有整改，有落实，有复检。

### （四）安全宣传

（1）施工区域张挂安全宣传标语、安全提示标语等。

（2）制定阶段性的安全宣传内容。

（3）每日施工的重大危险源及安全注意事项公布。

（4）安全生产曝光牌。

### （五）施工方案

组织编制总体施工组织方案和专项施工方案。七项分部分项工程应当在施工前单独编制安全专项施工方案。

（1）基坑支护与降水工程[开挖深度超过5m（含5m）]。

（2）土方开挖工程[开挖深度超过5m（含5m）的基坑土方开挖]。

（3）模板工程（滑模、爬模、大模板等；水平混凝土构件模板支撑系统及特殊结构模板工程等）。

（4）起重吊装工程。
（5）脚手架工程（高度超过24m的落地式钢管脚手架等）。
（6）拆除、爆破工程（采用人工、机械拆除或爆破拆除的工程等）。
（7）其他危险性较大工程（隧道工程施工、6m以上的边坡施工等）。

### （六）施工组织

（1）人员、机械设备、物资。
（2）工艺流程和操作程序执行。
（3）信息沟通渠道，保证应急。

### （七）安全防护

（1）正确佩戴劳护用品（安全帽、安全带、防护用品等）。
（2）高空作业有坠落危险的，用密目安全网封闭。
（3）2m以上高处作业、临边作业人员必须正确系挂安全带。
（4）基坑边、楼梯口、梯段边等临边处必须设置牢固的防护栏杆。
（5）井口、电梯井口应设可靠的防护，每高10m设一道安全网。
（6）密闭空间内作业必须采用合理的通风措施。
（7）动火作业要办理动火手续并有专人防护。
（8）有禁忌的作业（如高空作业等）人员进场前要进行体检。

### （八）应急预案

（1）重大危险源应在现场公示并制定专项管理方案。
（2）建立施工现场生产安全事故应急救援预案，建立事故应急救援组织。
（3）施工现场出现应急情况或发生事故时，启动应急救援预案，组织抢救，排除险情。

### （九）特殊天作业要求

（1）夏季施工的"六防"（防中暑、防食物中毒、防触电、防雷、防火、防汛）工作。
（2）雨季施工防汛工作。
（3）冬季作业安全工作。
（4）大风天作业（特别是吊装作业、高空作业）。

## 二、临时用电

施工前编制施工现场临时用电专项方案，并经技术负责人和监理审批。

### （一）外电防护措施

在建工程（含脚手架）的外侧边缘与架空线路的边线之间必须满足如表10-1所示的安全距离。

表 10-1 在建工程安全距离

| 电压等级 | <1 kV | 1~10 kV | 35~110 kV | 220 kV | 330~500 kV |
|---|---|---|---|---|---|
| 安全距离 | 4m | 6m | 8m | 10m | 15m |

起重机的任何部位或吊物边缘与外电架空线路边缘应满足水平安全距离（见表10-2）。

表 10-2 起重工程安全距离

| 电压等级 | <1 kV | 10 kV | 35 kV | 110 kV | 220 kV | 330 kV | 500 kV |
|---|---|---|---|---|---|---|---|
| 垂直距离 | 1.0m | 3.0m | 4.0m | 5.0m | 6.0m | 7.0m | 8.5m |
| 水平距离 | 1.0m | 2.0m | 3.5m | 4.0m | 6.0m | 7.0m | 8.5m |

施工现场开挖沟槽边缘与外电埋地电缆沟槽边缘之间的距离不得小于0.5m。

### （二）配电线路

架空电线必须满足：专用电杆、电缆敷设方式、深度符合要求、五芯电缆。

### （三）保护方式

施工现场临时用电应采用TN－S系统，按照规定设置防雷接地装置。

### （四）配电箱与开关箱

临时用电必须符合三级配电两级保护，做到一机一闸一漏一箱，责任人明确。

### （五）现场照明

照明回路必须具有单独的开关箱、灯具金属外壳必须做保护接零，在隧道、潮湿场所电源电压不应大于36V。

### （六）变配电装置

配电室通风、开关、接地等应符合规定要求。

### （七）用电安全管理

专职电气管理人员应加强对施工现场的配电设施、电线电缆等进行巡查，施工人员在现场发现电气故障时不得自行处理，应由专业人员进行维修和处理。

## 三、机械设备

机械设备进场管理流程如图10-1所示。

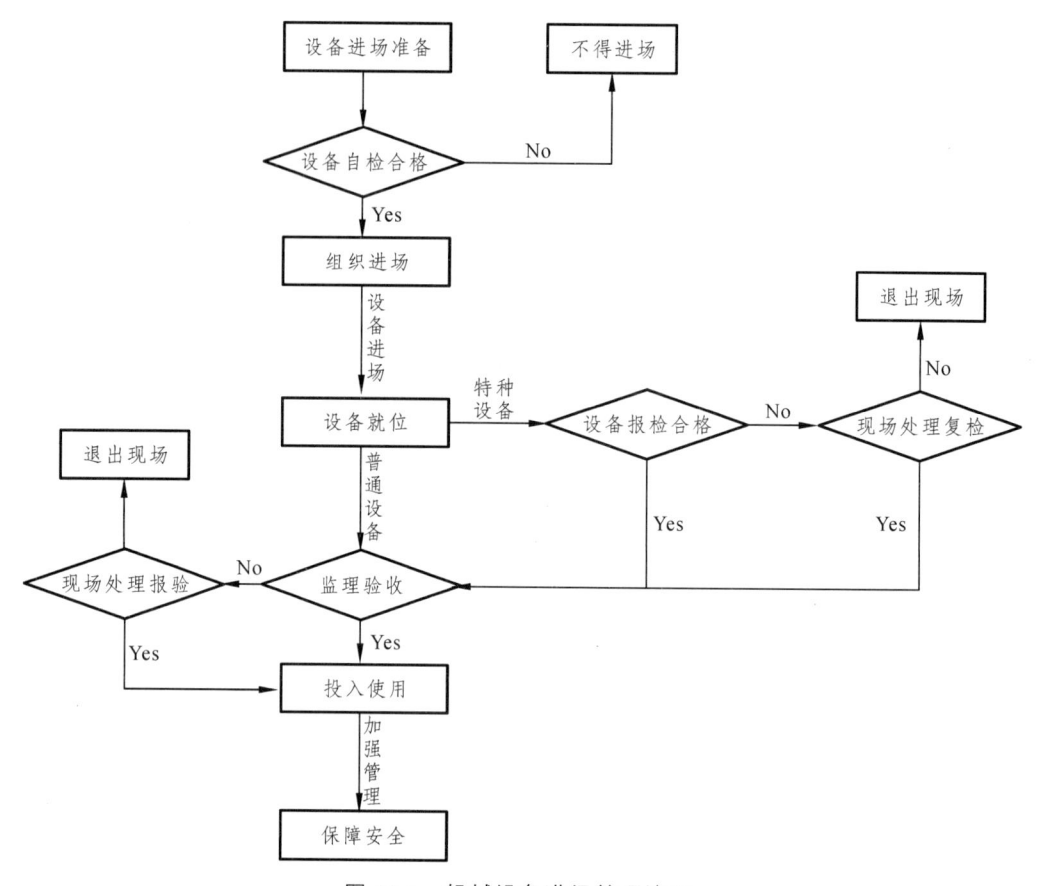

图 10-1　机械设备进场管理流程

### （一）起重设备

起重设备现场检测、安装拆卸由专业单位进行起重，设备应与架空电线始终保持安全距离，定期对起重设备以及附件进行检查、维修、保养。操作人员必须持有相关资质证书，塔式起重机应有齐全的保护装置。

### （二）非标起重设备

有完整的设计图纸、计算书、工艺文件、制作材料的材质符合要求；安装完毕的设备必须进行调试验收；建立起重设备安全技术档案。

### （三）施工机械设备

打桩机械必须符合相关要求；搅拌机、土石方机械、场内机动车辆、钢筋加工机械须空气压缩机、圆盘锯、其他施工机械工具及维修工具。

## 四、主要工序工法作业

### （一）脚手架作业

（1）施工前单独编制安全专项施工方案，并按相关规定进行审批程序。
（2）开工前对作业人员进行专项安全技术交底。
（3）脚手架底部必须设纵横扫地杆。
（4）脚手架作业层设置脚手板与防护栏杆。
（5）钢管脚手架的剪刀撑设置必须符合要求。
（6）钢管脚手架杆件间距与搭接必须符合要求。
（7）脚手架的卸料平台必须符合要求。

### （二）模板作业

（1）模板工程必须具有专项安全施工方案。
（2）支撑系统材质符合国家现行规范标准。
（3）模板支撑系统必须符合要求。
（4）支拆模板作业时应符合要求。
（5）模板验收应具备验收手续，作业前进行安全技术交底。
（6）作业面的孔洞、临边防护必须严密。

### （三）爆破作业

（1）爆破工程施工，编制专项安全技术方案，报公安部门审批。
（2）根据现场实际情况编制相应的应急预案。
（3）爆破施工承包单位项目部具有相应的资质，爆破作业人员培训考核合格持证上岗操作。

### （四）焊接

（1）施工现场电焊（割）作业实行动火申请审批手续。
（2）电焊机电源线路以及专用开关箱设置必须符合要求。
（3）高空焊接作业必须系安全带和有可靠作业平台。
（4）乙炔瓶应具有防止回火的安全装置，气瓶间距不小于5m。
（5）施焊场所10m范围内无堆放易燃易爆物品。
（6）操作人员持证上岗，正确穿戴防护用品。

### （五）钢结构与网架安装

（1）施工搭设的各类脚手架必须编制专项的施工方案。
（2）钢结构以及网架吊装时，做好安全防护措施。
（3）搭设移动式脚手架、操作平台时，符合标准。
（4）移动式脚手架的拖移应用专项方案已经技术交底。

（5）平台上作业时，不得多人集中在同一跨中。

（6）起重机吊运构件时应架设在平整坚实地面上。

（7）安装现场附近有架空电线时，安全距离符合标准。

（六）起重吊装作业

（1）大型起重吊装工程，必须编制专项施工方案，制定相关的安全保证措施，并对作业人员进行安全技术交底。

（2）盾构机的吊装和桥梁梁板拼装必须符合要求。

（3）起重吊装操作人员、指挥人员、司索工必须持证作业。

（4）起重吊装作业人员交接班前对设备进行检查，保证各部件的安全可靠。

（5）操作人员必须严格按照安全操作规程和"十不准吊"的规定操作。

（6）吊钩严禁补焊，无裂纹破损，保险扣完好。

（7）钢丝绳具有质量证明文件，钢丝绳应无扭结、弯折、变形的现象。

（8）吊装作业期间必须专人指挥，有专门通信设备和统一的信号。

（七）高处作业

（1）高处作业：高处基准面 2m 以上（含 2m）进行的作业。

（2）对从事高处作业的人员必须经过体格检查，不得酒后作业。

（3）高处作业的环境、通道保持畅通，不得堆放与操作无关的物件。

（4）高处作业有稳固的立足点，无防护边缘上的作业设置可靠安全防护措施，系挂安全带。

（5）凡遇恶劣气候，大雾、暴雨、雷雨和 6 级以上大风时，停止露天高处作业。

（八）水上作业

（1）施工前制定专项安全施工方案，报告港航监督管理部门，并按要求落实安全防护措施。

（2）严格执行水上交通安全的法律法规，按规定设置临时码头、航行标志，在航道及重要位置应设立警示标志和警戒信号灯，不得随意影响正常通航航道。

（3）在作业范围内必须合理配置数量足够的救生器材。

（4）船只靠岸或两船间通行，应设置跳板、扶手、安全网等防护措施。

（5）桩基施工船只和起重船只应在作业前对船体进行加固。

## 五、支护桩及连续墙施工

（一）人工挖孔桩

（1）人工挖孔桩施工前必须编制专项安全施工方案。

（2）起重设备各部件与操作平台应连接牢固稳定，起重钢丝绳完好，挂钩必须具有安全卡环，提升设备应具有防坠装置。

（3）地面应配有孔内送风的专用设备，班前应对施工的桩孔抽水通风，并采用毒气检测仪器和活体进行气体检测后作业人员方可进入作业。

（4）孔口应至少高出地面 20cm，孔口周边 2m 范围内不得堆放机具杂物和堆土。

（5）桩孔内作业照明必须采用安全电压，灯具符合防爆要求，孔内电缆必须固定并有防破损措施。

（6）孔内作业时，孔口必须有人监护配合，同一人在孔内连续作业不得超过 2 个小时。

（7）施工承包单位项目部应为作业人员配置劳动保护用品，作业人员上下孔应采用爬梯，严禁乘吊桶上下。

（8）停止作业时孔口必须加盖防护网，保护洞口并做好警示。

### （二）钻孔灌注桩与连续墙

（1）桩机设备进场时，项目部应向监理报验，对桩机进行全面检修后方可进行施工。

（2）桩机设备用电必须设置专用的开关箱，箱内应安装防止过载、短路、漏电的保护装置，机械设备、开关箱的保护接零和接地必须符合标准。

（3）电缆应架空和敷设在不易被车辆碾压，管材、工件碰撞的地方。电缆接头必须绑扎牢固，不得置于泥浆、水中。电工应每周对电缆的破损情况进行检查。

（4）机械设备必须安装平稳、牢固，设备传动部件安装防护罩。

（5）桩机停钻时，必须将钻头提出孔外，置于钻架上。连续墙挖槽施工停止时，应将挖槽机械提升到导墙位置。

（6）对于已埋设护筒未开钻，已成桩未拔除护筒的孔口应设护筒顶盖或临边防护措施。

## 六、明挖施工

### （一）施工方案

（1）基坑施工前编制专项安全施工方案，施工前进行专项安全技术交底。

（2）基坑土石方进行爆破开挖时，编制爆破方案。

（3）爆破工程必须由具有相应资质的公司承担。

（4）施工承包单位项目部必须根据工程特点，编制具有针对工程特点的应急预案，现场配备应急物资，定期对预案进行演练。

（5）施工承包单位项目部必须制定支护变形和对毗邻建筑物及重要管线、道路的沉降观测方案和措施。

### （二）临边防护

基坑（槽）开挖深度不足 2m，应按规定放坡。超过 2m 时，应有临边防护措施。

### （三）开挖与支护

（1）基坑开挖必须自上而下分层、分段依次开挖，应在土方挖至其设位置后及时施工横撑或锚杆。

（2）支护横撑上不得堆放材料或其他重物。

（3）坑外降水，应有防止邻近建筑物危险沉降措施。

### （四）坑边荷载

（1）暂时转运土方、材料、机具、模板堆放距坑边距离不得小于 0.8m，且高度不得大于 1.5m。

（2）施工机械设备距坑边距离不符合规定要求时，应有地面加固措施与防护措施。

### （五）作业环境

（1）基坑应设人员上下专用通道，通道有防滑措施，保持施工通道通畅。

（2）基坑内作业人员必须有安全可靠的立足点，垂直交叉作业时必须有隔离防护措施。

（3）基坑内作业环境应具有足够的照明。

## 七、暗挖施工

### （一）施工方案

（1）暗挖隧道施工应编制专项安全施工方案、安全技术交底。

（2）爆破作业必须有专项施工方案。

### （二）开挖管理

（1）作业面开挖的坡度应设置合理，及时处理渗流。

（2）开挖作业时，作业人员应对作业面的安全状态进行看护检查。

（3）各项工程工序按操作规程进行施工，要及时支护，严禁超挖作业。

（4）隧道开挖后，应对洞内以及沿线各项指标进行监测。

### （三）机械设备

（1）施工承包单位项目部应建立机械设备维修保养台账。

（2）洞内装土应有人指挥，作业人员不得进入挖掘机回转半径内。

（3）门式起重机、井架提升系统必须经验收合格，起吊过程必须有持证司索工专门指挥。

### （四）劳动保护

（1）进场施工工人必须按工种配发劳动保护用品。

（2）爆破作业后应对洞内进行通风除尘。

（3）在洞口以及施工作业区域应悬挂安全警示标志，做好临边防护。

（4）洞内应保持通道畅通，上下楼梯应符合要求。

### （五）照明、电气、排水及通风

（1）洞内应照明充足，作业面照明应按规定采用 36V 安全电压。

（2）洞内电线架空高度应符合要求，电缆不得拖地和浸泡水中。

（3）现场通风量应按照设计计算。

## 八、隧道盾构法施工操作

### （一）隧道盾构法施工

盾构施工应编制内容包括供电、变电、照明、通信联络、隧道运输、起重作业、通风、人行通道、给排水的安全管理措施的施工组织设计。施工承包单位项目部应编写各施工子方案，具体如下：

（1）盾构机下井、安装、调试方案，盾构隧道掘进施工方案，地面建筑（构造）物、管线监测方案、消防方案、事故应急救援预案。

（2）特殊情况下的施工作业专项方案如桩基托换，地面加固，大坡度区段施工，压气及常压开仓检查，刀具更换，小半径区段施工，过重点建筑物、管线密集区等。

（3）施工临时用电组织设计、竖井基坑开挖支护方案、联络通道暗挖施工方案、爆破作业方案、起重设备安装方案等按本标准相关章节要求进行。

盾构施工中加强竖井临边防护，开挖支护，施工现场临时用电以及起重设备管理。

根据盾构类型、地质条件和工程实际，制定盾构机安全技术操作规程，对操作人员进行上岗前技术培训。隧道施工前必须进行安全技术交底。

### （二）下井、安装和调试

（1）盾构机的组装吊运必须制定安全吊装专项方案。组装前，必须由监理对盾构主要部件及相关设备进行验收。

（2）盾构机的吊装必须由具有资质的专业队伍负责，吊装过程设专人指挥，并对使用的起重索具进行检查。

（3）盾构机调试时严禁非专业操作人员操作电器设备。

（4）电缆的拆除、连接必须断电作业。

### （三）盾构掘进

（1）盾构始发前对洞口进行加固，对刀具等进行检查。

（2）盾构隧道掘进遇到设备故障等情况时，必须暂停施工。

（3）盾构机作业区及隧道内应配备一定数量的消防设备。

（4）动火作业时严格执行动火审批制度，监护作业。

（5）气压施工人员应进行专门的体格检查和培训。

（6）气压作业区与常压作业区之间、地面各相关部门之间均应保持可靠的通信联系。

（7）地面空气机站和气压作业区应保证有来自不同变电系统的双电源供应，保证施工安全。

（8）必须对盾构机及后配套设备进行日常和定期保养与维修。

### （四）隧道运输

（1）水平运输的轨道应保持平稳、顺直、牢固。

（2）运输牵引设备的牵引能力应满足牵引隧道最大纵坡和重量的要求，设置限速标志。

（3）运输设备应符合规定。

（4）垂直运输按起重设备检查标准进行，垂直运输通道上不得有妨碍运输畅通的障碍物。

## （五）开仓与刀具更换

（1）开仓必须在确保安全的前提下进行，更换作业尽量选择在中间竖井、过站车站或地质条件较好、地层较稳定的地段进行。

（2）常压或加压开仓以及更换刀具作业前必须有安全技术措施。

（3）开仓作业前必须经监理审批，操作人员必须根据程序确认表做好记录。

## （六）管片堆放与拼装

（1）管片堆放场地基坚实、平整，管片堆场有排水措施。

（2）拼装管片时，拼装机作业范围内不得有人和障碍物。

（3）拼装管片时操作人员必须具备操作资格证。

## （七）安全防护与监测保护措施

（1）选用适用的通风方式、通风设备及洞内温控措施。

（2）所有作业场所必须设置照明、警示、通信、排水、消防设施。

（3）作业位置与场所必须保证作业通道的畅通。

（4）车架段施工通道须符合以下要求：

① 针对施工可能对周边环境产生影响，应制定技术和监控量测方案措施，控制地表沉降，保证地下管网和周边建（构）筑物的安全；

② 在可能存在可燃性或有害气体区段，盾构掘进前，应使用仪器进行检测，同时增加通风设备，加强通风。

# 九、高架桥施工

## （一）一般规定

（1）大型桥梁施工必须编制工程安全专项施工方案，制定安全技术措施。

（2）桥梁施工前，施工承包单位项目部应对进入施工现场的机械设备进行全面的检查，按国家有关规定进行检测，并向监理提交相关资料，由监理组织验收。

（3）跨线桥施工应沿线布设安全网，限高标志，警示标志。

（4）遇台风、暴雨、雷暴和六级以上大风等恶劣天气时，应停止高空作业、起重吊装、架梁安装等施工作业。

## （二）基础工程

（1）进行承台开挖施工时，应放坡或采用钢板桩（包括砼板桩），基坑上边缘临时堆土和材料机具不得影响基坑开挖和坑壁稳定，距基坑边缘距离应不小于基坑深度。

（2）挖掘机等机械在坑顶配合施工时，应与基坑保持不小于1m的安全距离。

（3）基坑四周必须采取防护措施，应设立人员上下的爬梯通道。

## （三）墩台施工

（1）墩台施工相关的高大模板方案、脚手架方案。
（2）施工前搭建作业平台，铺好脚手板，并在平台外侧设护栏和安全网。
（3）高墩养护时，操作人员必须系安全带，输水管道和其他设备绑扎牢固。

## （四）上部构造

（1）采用支架现浇上部结构施工，必须符合要求。
（2）悬臂浇注法施工，应符合要求。
（3）预制梁板安装和整孔吊装必须符合要求。
（4）节段拼装与悬臂拼装必须符合要求。

## （五）预应力张拉

（1）预应力张拉必须编制安全专项施工方案，并对作业人员进行安全技术交底。
（2）张拉钢筋的两端必须设置挡板。
（3）张拉作业前必须对张拉设备进行检查，千斤顶、压力表等必须按规定进行检测标定，锚具与夹具必须通过试验检验。
（4）张拉作业时作业人员必须遵守安全操作规程，配备防护用品。

# 十、轨行区及其他施工

## （一）施工管理

（1）作业人员进入轨行区间的单位和个人必须服从现场调度的指挥。
（2）轨行区内的各项工程必须严格按施工方案施工。
（3）作业人员应从规定的出入口进出工地，不得单独进入线路区间、车站轨行区。

## （二）车辆管理

（1）作业人员未经允许不得登乘工程机车、轨道车，严禁攀爬运行中的机车车辆。
（2）施工承包单位项目部应对现场施工用轨道平板车在使用前进行严格检查。

## （三）施工区域防护

（1）施工承包单位项目部在轨行区内使用任何易燃、易爆物品前，必须经驻地监理工程师或项目工程师许可。
（2）作业人员应在确定车辆不会移动及不会进行调车作业后，方可在车辆间、车辆与车挡间工作或穿行。
（3）严禁作业人员躺在道床上休息，在线路或附近工作或行走时应穿着反光衣。
（4）本交底未涉及的其他作业或安全要求，按照国家、行业相关规范要求和工程需要制定相应的施工组织设计或专项方案，履行相关审批程序。

（5）严格按照施工方案落实安全措施。

## 任务四　工程项目部安全管理要点

### 一、健全安全管理体系，完善管理制度，明确管理责任

目前铁路施工企业项目安全管理体系还跟不上科学发展、安全发展的需要，制度还需完善，责任还需进一步细化、明确。

#### （一）机构配备方面

一般工程项目部都设有安全领导小组，配备安全总监和安质部，但架子队和劳务班组仅配备兼职安全员，且多数未经培训并取得上岗证，更谈不上有安全管理经验，导致施工现场安全监控不力。

施工安全仅靠项目部安质人员巡视是不够的，因为架子队和劳务班组是安全的基础，安全基础抓扎实是整个项目安全生产的基础。建议在劳务班组也配备专职安全员，并定期对他们进行安全知识培训和考核，使安全机构人员配备跟上项目安全管理的需要。

#### （二）安全管理制度方面

项目部制定安全管理制度要遵循国家安全法规和行业安全标准，完善以下制度：安全生产责任制度、安全生产教育制度、安全生产例会制度、安全生产检查制度、伤亡事故管理制度、安全生产奖惩制度、施工现场安全管理制度、劳保用品发放使用制度、安全技术措施及计划管理制度、特殊作业安全管理制度、环境保护及工业卫生工作管理制度、交通安全管理制度、劳务人员健康检查制度。

#### （三）安全管理责任方面

项目部要建立安全生产责任体系，除项目经理为第一责任人全盘负责外，安全总监、各部（室）负责人、架子队长、班组长、安全员、具体操作人员都要有详细的责任分工。要责任到人，相互配合、各司其职，形成纵向到底、横向到边的安全责任保证体系，使各项安全工作有人抓、有人管、有人做，让大家明白自己在责任体系中应该做哪些事，负多大责任。

### 二、安全防范工作的重点是抓预防、抓源头

安全是个系统工程，预防工作是龙头，是过程控制的保障，要从施工准备阶段开始，从源头着手抓预防。

首先要根据工程项目专业特点，选择有资质、有经验且近3年内无安全事故记录的劳务

队来承担施工，干过同类工程的队伍应优先录用。因为这样的劳务队有一定的安全基础，出事故的概率会小很多。

其次是农民工进场后、上岗前的安全教育培训工作一定要进行，不能走过场，且要有计划、有落实、有考核。

安全教育培训，使安全意识达到全员入脑的程度，让每个工人都能熟练掌握安全操作技能，自觉遵守劳动纪律，严格按安全操作程序施工，做到不伤害别人，也不被别人伤害，并最终达到约束控制劳动者的不安全行为，消除或减少人主观上的安全隐患。

特别要强调的是，特殊工种持证上岗和高、险、难作业工人须经身体检查合格后方可作业的规定要成为铁的纪律。

项目在编写和优化施工方案的同时要编写施工方案。

对长大隧道、高空作业、深水基坑要编制专项安全施工方案，必要时请有关专家对方案进行评审。

开工前施工负责人应向全体施工人员进行入场前的安全技术交底，并逐级签发安全交底任务单，将项目《安全包保责任书》逐级签发到每个工人，一级保一级，从而有效规避企业部分安全风险。

此外，项目要给全体施工人员投保意外伤害保险，可转移部分风险损失。总之，安全源头工作做好了，安全预防工作就完成了一大半。

## 三、铁路施工过程的安全控制

过程安全控制是安全工作的关键。多数安全事故都发生在施工过程中，所以过程安全控制是安全工作中的难点和重点。

安全的控制对象有劳动者、劳动手段与劳动对象以及劳动条件，因此项目部要依法、依规制定科学有效的、能够给予劳动者劳动安全、身体健康的保障措施。

坚持全员、全过程、全方位、全天候的"四全"动态管理，还要积极改善施工工艺，改进设备性能，改善劳动条件，规范物的状态，以消除和减轻其对劳动者的威胁以及避免财产损失。

专职安全员要全程跟班监控，及时纠正违规、违章作业行为，及时发现和消除安全隐患。

项目经理要把安全控制工作放在首位来抓，要亲自巡查现场安全管控事宜，定期组织召开安全例会，分析总结安全现状，完善安全措施，落实整改工作。

对容易发生伤亡事故的重点管控部位，如隧道掌子面施工、桥梁高空作业、临时用电、深基坑防护、吊装作业等必须有相应的安全防护措施和规章制度作保障。

项目部要把安全措施费用专款专用，确保安全防护及劳保用品及时发放到位，并强制性要求劳务班组按规范做好防护措施和正确使用劳保用品。

项目每个月要有安全工作总结评比，对安全工作先进单位和个人给予奖励。

对因工作疏忽造成安全事故或存在安全隐患的单位和个人给予处罚，严重者重罚，罚得其心痛、长记性。

对存在安全隐患的工点，要立即责令停工，限期整改到位后方可复工。

"宁做恶人，不做罪人；宁听骂声，不听哭声"，只有用铁的手腕对待违规、违章作业，才能扼住隐患苗头。

### 四、安全事故应急预案，做到有备无患

项目进场后，要主动与地方医院、消防单位取得联系，必要时邀请他们共同参加应急演练活动。此举在于万一工地发生事故，会得到他们的理解和支持，避免媒体舆论给企业造成负面影响。如若发生事故，要积极面对，及时组织抢险，将事故损失降到最低限度，并按"四不放过"的原则对事故进行调查处理。

一些项目发生安全事故往往只是封锁消息，私下处理了事，以致事故原因得不到深查，事故责任人未受到应有的处理，责任人和职工群众未从事故中吸取教训、接受教育，事故的教训也未得到很好的总结，这样极其不利于企业的安全发展。

铁路工程项目安全防范工作涉及面广，工作内容多，是一项系统工作。当前铁路所面临的安全管理和安全技术创新问题还有待在今后安全工作实践中摸索、总结、提高。

# 任务五　铁路工程关键节点风险管控

## 一、关键节点风险管控原则

关键节点是指铁路工程开（复）工或施工过程中风险较大、风险集中或工序转换时容易发生事故和险情的关键工序、重要部位。关键节点风险管控要坚持全面识别、重点管控、各负其责、强化落实的原则。要将开展关键节点施工前的条件核查作为关键节点风险管控的重要手段。

### （一）规范开展关键节点风险管控

应严格依据《铁路建设管理办法》《铁路工程建设工法管理办法》《铁路工程部管理办法》等制度规定和标准规范，对铁路工程施工关键工序和重要部位实施风险管控。

### （二）强化关键节点风险管控责任落实

各地铁路工程质量安全监管部门和建设单位等参建各方要高度重视关键节点风险管控工作，全面落实企业主体责任和政府监管责任，不断加强关键节点施工前条件核查，严格控制施工风险。

## 二、明确关键节点风险管控内容

要按照铁路工程自身风险和周边环境特点及危险程度确定关键节点风险管控的具体内容。关键节点风险管控内容主要包括：勘察和设计交底的完成情况；专项施工方案编制、审批和专家论证情况；监测方案编制审批及落实情况；施工安全技术交底情况；安全技术措施落实情况；周边环境核查和保护措施落实情况；材料、施工机械准备情况；项目管理、技术人员和劳动力组织情况；应急预案编制审批和救援物资储备情况；相关工程质量检测资料；

法规、标准及合同约定的其他情况。

铁路工程质量安全风险类别的重点包括以下几个方面：

## （一）工程施工风险

### 1. 明挖法施工风险

主要从工程及水文地质、围护结构施工、基坑降水、支撑架设及拆除、土方开挖、主体结构施工等方面进行风险分析，重点分析永久结构、围护结构（围护桩、连续墙等）、边坡、支撑构件（锚索、围檩、钢支撑）、模板支架的稳定性，以及基坑进水、基底隆起的风险。

### 2. 盾构法施工风险

主要从工程及水文地质、盾构吊装、盾构始发和到达、盾构开仓及换刀、管片拼装、电瓶车运输、联络通道施工等方面进行风险分析，重点分析进出洞土体的稳定性、开仓过程中土体稳定性及有害气体、盾构进水的风险。

### 3. 矿山法施工风险

主要从工程及水文地质、竖井开挖、隧道开挖、爆破作业、联络通道施工、初支及二衬结构施工等方面进行风险分析，重点分析冒顶、片帮、涌水、模板支架坍塌的风险。

### 4. 高架段施工风险

主要从工程及水文地质、基础施工、墩身施工、架桥机架设作业、桥面铺装作业、预应力张拉等方面进行风险分析，重点分析模板支架稳定性。

### 5. 轨行区及机电安装施工风险

主要分析轨行区吊装、铺轨、安装、装修等作业以及机电设备吊装、运输及安装调试作业的操作风险。

### 6. 其他施工风险

主要分析工程施工过程中（含施工前场地"三通一平"及房屋拆迁、管线拆改迁、临时建筑物搭建、临时电路架设等前期工作）可能造成的设备倾覆、起重伤害、机械伤害、触电、脚手架垮塌、物体打击、高空坠落、火灾、车辆伤害、爆炸伤害（锅炉、容器、瓦斯、炸药）等风险。

## （二）自然环境与周边环境风险

### 1. 自然环境风险

自然环境风险主要包括：天气灾害风险、地震灾害风险、地质灾害风险以及河湖海洋灾害风险等。

**2. 周边环境风险**

周边环境风险主要包括：工程邻近的建（构）筑物、地下管线、桥梁、隧道、道路、轨道交通设施等风险。

## 三、严格执行关键节点风险管控程序

关键节点风险管控由建设、监理、施工、勘察、设计、第三方监测等单位相关负责人参加，按以下程序进行：

（1）施工单位根据《关键节点分类清单》编制《关键节点识别清单》，报监理单位审批。

（2）施工单位对照经监理单位批准的《关键节点识别清单》，对关键节点施工前条件自检自评，符合要求的报监理单位。

（3）监理单位对关键节点施工前条件进行预核查，通过后报建设单位。

（4）建设单位（或委托监理单位）依据相关制度规定和标准规范组织开展关键节点施工前条件核查。

（5）通过核查的，方可进行关键节点施工；未通过核查的，相关单位按照核查意见进行整改，整改完成后建设单位重新组织核查。

## 四、强化风险管控保障措施

### （一）明确核查人员工作职责

参加关键节点施工前条件核查的人员应具备相应职业资格，按照《铁路工程部管理办法》和相关标准规范对涉及的施工条件逐项进行核查，形成明确核查意见和书面核查记录（包括影像资料），并对签署的核查意见负责。

### （二）加强督促检查

铁路工程质量安全监管部门要督促参建单位做好关键节点风险管控工作，对因关键节点风险管控不到位而引发事故的责任单位和责任人，要依法进行处理、处罚。

### （三）强化风险管控重点防护措施

（1）铁路工程地质情况具有难见性，应尽快收集完整地铁沿线相应的水文、地质、地下管线、地下障碍物、土质特性等勘探资料；从系统总平面布置到每一个局部结构都要按照相关规程规范和技术标准进行详细设计，并按规定进行讨论、评审、审核、批准。

（2）施工期间应制定并执行安全生产责任制，明确安全生产管理机构、职能部门和从业人员的安全职责；制定事故管理及隐患排查等安全生产管理制度；制定动土、动火、断路、吊装、进入受限空间等安全作业规程和作业许可制度。同时，加强多工种同时施工时场地和专业的配合协调等。

（3）依据铁路工程相关设计在施工前选择适当的施工方法、辅助工法、结构材料和加固保护措施，制定切实可行的《施工组织计划》《施工安全风险控制措施》和《安全操作与安全作业规程》，经报上级和安全监理确认后实施。在施工中根据施工单位和第三方监测所发现的新情况，及时做出相应的设计变更或应急处置，经安全监理确认后实施。在施工中要进行详细技术交底，确保施工安全。应聘请具有专门技术等级要求的技术人员，对大型设施吊装、主要模板工程、施工主体变形、地表沉降、地下水位变化、建筑物沉降进行严密观测，并根据观测数据调整施工方案，确保施工周边建筑物安全。

（4）由于铁路工程施工的隐蔽性、复杂性和岩土工程的不确定性，应针对地铁工程施工中可能发生的各类事故制定《电铁工程施工突发事故应急预案》。在险情发生时采取有效控制和实施抢险，防止事故蔓延，挽救生命和财产的安全，最大限度降低损失。成立常设的抢险组织，并定期组织演练。

（5）应发挥铁路工程安全监理单位的作用。安全监理应结合铁路工程实际，根据国务院《建设工程安全生产管理条例》《建筑工程施工安全监督导则》和《建设工程监理规范》（GB50319—2000）的要求，制定《铁路工程安全生产监理工作的要点》，细化铁路工程监理的安全管理工作，强化监理第二道安全防线的作用。

（6）工程实施前，应对参与工程施工的全体职工（包括外包工）进行专业技能和安全教育培训；并要求作业人员熟悉应急预案，在施工中严格遵守有关安全操作规程和安全作业规程。

（7）施工期间应根据《安全标志》（GB2894—2008）和《安全标志使用导则》（GB2894—2008）的规定，制作并设置安全警示标志和警示说明。在施工、维修、吊装等作业现场设置警戒区域和临时交通等警示标志；在易燃易爆、有毒有害场所的醒目位置设置警示标志；在可能产生职业危害的场所设置公告栏，公布有关职业危害防治的规章制度、操作规程、职业危害事故应急救援措施和作业场所职业危害因素检测结果。

（8）施工期间应妥善保管建筑材料、易燃易爆危险化学品等；完善隧道施工照明、排水及通风；减少施工机具产生的噪声、振动、粉尘以及施工机械产生的废气和烟雾，确保施工期间从业人员的安全与健康。根据设计要求，采取有效减振、降噪措施，合理排弃废土和污水，减少铁路施工对周边环境的影响。

（9）工程施工期间，应在重要建（构）筑物四周设置监测点，严密注视它们的位移和沉降。当位移和沉降量或变化频率超过规定的报警值时，应立即采取有效的加固措施，可采取对建筑物地基土进行跟踪注浆的措施，且必须对称均匀注浆。同时可采取改变基坑开挖顺序、加快支撑速度等技术措施，避免建筑物发生沉降、开裂。

（10）施工前对铁路管线埋藏情况必须要探明，确切弄清铁路管线的标高、埋深、走向、规格、容量、用途、性质、完好程度等。在编制工程施工组织设计时，把保护地下管线工作列为施工组织设计的主要内容之一，并在施工总平面布置图上标明影响施工和受施工影响的地下管线。施工期间主要应防止作业机械对管线的损伤，基坑开挖阶段主要应防止开挖引起地表沉降造成管线断裂、破损。应定期观测管线的沉降情况，发现沉降量达到极限值时，及时对管线下地基进行注浆，防止管线过量沉降。对已确定受施工影响较大的管线，应根据具体情况进行加固或改移。施工过程中对可能发生意外情况的地下管线，事先制定应急措施，配备好抢修器材，以便在管线出现险兆时及时抢修，做到防患于未然。施工过程中发现管线现状与交底内容、样洞资料不符或出现直接危及管线安全等异常情况时，立即通知建设单位和有关管线单位到场研究，商议补救措施，在未做出统一结论前，不得擅自处理或继续施工。

（11）各种铁路施工方法和辅助工法的选择不仅需要考虑工程的地质情况、结构类型、设计要求、受力条件和荷载特性，还要综合考虑施工单位的机械配备情况、工程的经济效益以及当地周围的环境等各方面因素。选择施工方法和辅助工法的基本原则是要保持围岩稳定，充分调动和发挥围岩的自承载能力。

（12）在进行支撑支护时，应严格遵循设计和施工规范，加强各工序间的衔接，加快各分部开挖和初期围护施工进度，做到随挖随撑，及时施加轴向预应力，并根据监测对支撑附加应力，以此减小围护结构变形。支撑类型与规格的选用必须符合设计要求、设计轴力及《基坑工程设计规范》（DBJ08—61—1997）的要求。支撑施工时应连接牢固，发现变形，松动或支撑体系出现故障时，必须及时处理，以免围护结构失稳。

（13）要制定特殊气候条件或特殊作业条件下施工的措施，确保在安全的前提下进行特殊条件下的施工。

（14）要积极构建专家参与的中介安全服务平台，充分发挥社会安全中介机构或专家的力量，以保障铁路工程安全施工。

## 任务六　铁路建设工程施工安全红线

### 一、营业线施工

#### （一）A 类红线

（1）未与运营单位签订安全协议。
（2）无路局施工计划或超计划施工。
（3）施工项目负责人未按规定到现场把关。
（4）施工单位未按规定设置驻站联络员和现场防护员。
（5）大型机械邻近既有线施工未做到一机一人专职防护，来车时未提前停止作业。
（6）自轮运转设备上道未做到"三项设备"性能良好。
（7）靠近既有线的材料、机具未按规定堆放造成侵限。
（8）达不到开通条件，冒险放行列车。

#### （二）B 类红线

（1）有关施工人员未经营业线施工安全培训，考试合格后持证上岗的。
（2）施工组织方案没有专项安全措施、安全预案内容。
（3）施工准备不充分或准备过头。
（4）防护员未带齐防护备品，靠近既有线施工未设置安全防护警戒带（绳）。
（5）作业人员未穿戴安全劳动防护用品。
（6）作业人员未按规定时间下道。

（7）劳务工没有正式职工带领单独上道作业。
（8）自轮运转设备装载料具未按规定装载加固。
（9）既有线进行基坑、土方、管道、电缆沟开挖没有设备管理单位人员配合、监督，无防护措施。

## 二、隧道施工安全红线

### （一）A 类红线

（1）未规范编制应急预案，未开展应急培训和演练。
（2）没有制定、实施超前地质预报实施细则。
（3）没有制定监控量测实施细则、安排专业测量人员和认真实施监控量测。
（4）擅自变更隧道施工方案、变更审批手续不规范、安全防范措施不当。
（5）隧道地质情况与设计不符，没及时提请设计变更继续进行施工。
（6）未严格按照工艺标准控制。
（7）未对进（出）洞施工、不良地质、可能突泥涌水、瓦斯和初支侵限、二衬厚度不足等地段制定专项施工方案并按规定组织审查和审批。
（8）隧道洞门工程、边坡存在安全隐患。
（9）火工品存储、运输及使用等环节存在严重漏洞。

### （二）B 类红线

（1）国家规定的特种作业人员，未经专业培训和考核合格取得操作证后上岗。
（2）临时设施未避开不良地质处所，不符合防洪、防火、防雷、防风及安全卫生和环境保护要求。
（3）开工报告未经审核批准擅自开工；施工前未向施工人员交底。
（4）专职安全人员不到位或未按规定履行职责。
（5）用电设备未实行"一机一闸一漏一箱"，用一个开关直接控制二台及以上的用电设备。
（6）隧道工程施工现场作业环境恶劣，通风和照明条件不足。
（7）洞内堆放易燃物品。

## 三、移动模架及运架梁施工安全红线

### （一）移动模架施工

#### 1. A 类红线

（1）移动模架横移、纵移过程中，未设专人监视系统的平衡状态。
（2）千斤顶工作不平稳，系统打开后左、右不对称，行走速度不均匀。
（3）未防止对前支腿墩柱产生过大力矩。
（4）混凝土钢筋—预应力张拉区无明显标志，构件两端站人。

（5）预应力孔道压浆时，压浆设备不良，可能造成喷浆伤人。

### 2. B 类红线

（1）对液压系统运行情况，未设专人看护。
（2）每套移动模架，未设置高度不低于 1.0 m 永久性栏杆、安全网等防护设施。
（3）特殊工种未经过安全培训，未持证上岗作业。
（4）操作人员擅自离开工作岗位或将机械交给其他无证人员操作。
（5）夜间作业未设置充足的照明。
（6）机械上的各种安全防护装置未做到完好齐全。
（7）拆除临时用电设备和线路，未安排电工，无人监护。施工临时用电现场未做到一机一闸一漏和三级保护。
（8）未实行脚手架搭设验收和使用检查制度，防护栏杆未绑扎牢固；发现问题未及时处理。
（9）高空作业未按规定穿戴防护用品。

## （二）运架梁施工

### 1. A 类红线

（1）各型架桥机及配套设备如运梁车、架桥机、导梁、吊具等在出厂前、进场后未办理施工许可，取得许可证。
（2）运梁过程中提梁、移梁、落梁时，项目部（工区）安质部长或以上管理人员未在施工现场进行把关。
（3）架桥机架梁作业时，未确保抗倾覆稳定系数小于 1.3。

### 2. B 类红线

（1）运梁车在高压输电线路下运行、架桥机在高压输电线路下架桥作业时，高压输电线路距架桥机的最小安全距离不满足要求。
（2）运梁车走行经过的桥涵和路基、便道等其他工况，不满足运架梁荷载安全要求。
（3）运架梁施工超速作业、夜间施工、五级及以上大风（暴雨）天气作业。

# 任务七　铁路施工质量事故分析

## 一、铁路工程质量事故的概念

铁路工程质量事故，是指由于建设、勘察、设计、施工、监理等单位违反工程质量有关法律法规和工程建设标准，以致工程产生结构安全、重要使用功能等方面的质量缺陷，造成人身伤亡或者重大经济损失的铁路事故。

## 二、铁路工程质量事故等级的划分

根据工程质量事故造成的人员伤亡或者直接经济损失，工程质量事故分为4个等级：

（1）特别重大事故，是指造成30人以上死亡，或者100人以上重伤，或者1亿元以上直接经济损失的事故。

（2）重大事故，是指造成10人以上30人以下死亡，或者50人以上100人以下重伤，或者5 000万元以上1亿元以下直接经济损失的事故。

（3）较大事故，是指造成3人以上10人以下死亡，或者10人以上50人以下重伤，或者1 000万元以上5 000万元以下直接经济损失的事故。

（4）一般事故，是指造成3人以下死亡，或者10人以下重伤，或者100万元以上1 000万元以下直接经济损失的事故。

本等级划分所称的"以上"包括本数，所称的"以下"不包括本数。

## 三、铁路建设工程施工安全控制的重点

（1）营业线施工、隧道施工、移动模架施工、运架梁施工，制定红线范围，进一步完善责任追究制度。

（2）营业线、隧道和移动模架及运架梁施工要求所有参建单位，必须遵守安全生产的法律、法规、规章，建立安全生产保障体系，健全安全生产责任制，并在工程实施中各负其责。

（3）各单位、直管项目部对违反红线范围的，必须予以最严格的责任追究。

## 四、工程质量事故分析的一般步骤

### （一）事故调查

（1）主要调查事故的内容、范围、性质，同时收集为进行事故原因分析和确定处理方法所必需的资料。调查一般分为基本调查与补充调查两类。

（2）基本调查是指对建筑物现状和已有资料的调查，重点查清该事故的严重性与迫切性。前者是指事故对结构安全的影响程度，后者是指若不及时处理，是否会导致事故恶化而产生严重后果。

（3）补充调查是在基本调查后，不能正确分析事故时进行的。主要内容有：补充勘测地基情况，测定建筑物中所用材料的实际强度与有关性能，鉴定结构或构件的受力性能，以及对建造物的裂缝和变形进行较长时间的观测检查等。

### （二）原因分析

事故原因的分析应当建立在调查的基础上，其主要目的是分清事故的性质、类别及其危害程度，并为事故处理提供必要的依据。因此，原因分析是事故分析与处理中的一项最重要

的工作。在分析大量事故实例后不难发现，不少事故的原因错综复杂，只有经过周详的分析，去伪存真，才能找到事故的主要原因。

### （三）事故处理

（1）对事故进行调查并分析了产生的原因后，才能确定事故是否需要处理和怎样进行处理。其目的是消除缺陷或隐患，以保证建筑物正常、安全使用，或创造必要的施工条件。

（2）对事故进行处理时，不能无根据地蛮干，以免给工程留下隐患，或使事故恶化，但也不要过于谨小慎微，把问题搞得很复杂，以致造成不必要的损失。

## 五、处理工程质量事故应注意的事项

### （一）正确确定处理范围

除了事故直接发生部位（如局部倒塌区）外，还应检查事故部位对相邻建筑结构的影响，正确确定处理的范围。

### （二）注意综合治理

首先，要防止原有事故的处理引发新的质量问题；其次，注意处理方法的综合应用，以取得最佳效果。如构件承载力不足，不仅可选择补强加固，还可考虑结构卸荷、增设支撑、改变结构方案等多种方案的综合应用。

### （三）注意消除事故的根源

这不仅是一种处理方向和方法，而且还是消除事故再次发生的重要措施。例如超载引起的事故，应严格控制施工或使用荷载；地基浸水引起的墙体倾斜、裂缝，应消除浸水原因等。

### （四）选用最合理的处理方案

选择好处理的时间，对质量事故一般应及时处理，但是并非所有的事故都是处理越早越好，相反有些事故，因为匆忙处理，而不能取得预期的效果，甚至造成事故的反复处理。例如，地基不均匀沉降造成的事故，只要不会发生倒塌等恶性事故，就可先观察一段时间，待沉降相对稳定后再处理。

### （五）加强事故处理的检查验收工作

为确保事故处理的工程质量，必须从准备阶段开始，进行严格的质量检查验收。处理工作完成后如有必要，还应对处理工程的质量进行全面检验，确认处理效果。

# 任务八　铁路建设工程质量安全事故应急预案

## 一、应急预案管理原则

应急预案管理应当遵循综合协调、分级负责、属地为主、企地衔接、动态管理的原则。应急预案应当符合有关法律、法规、规章和上级预案的规定，符合工作实际和工程项目实际情况。

## 二、预案编制和内容

（1）应急预案体系包括综合应急预案、工程项目应急预案和现场处置方案。各类应急预案编制内容各有侧重。

① 建设主管部门应当编制本部门综合应急预案。综合应急预案是对铁路建设工程质量安全事故应对工作的总体安排，主要规定工作原则、组织机构、预案体系、事故分级、监测预警、应急处置、应急保障、培训、演练与评估等，是应对铁路建设工程各类质量安全事故的综合性文件。

② 建设单位应当编制本单位综合应急预案，并按照影响工程周边环境事故类别编制工程项目应急预案。工程项目应急预案是指针对某一类型或某几种类型铁路建设工程质量安全事故而预先制定的工作方案，主要规定应急响应责任人、风险防范和监测、信息报告、预警响应、应急处置、人员疏散组织和路线、可调用或可请求援助的应急资源情况以及实施步骤等，体现自救互救、信息报告和先期处置特点。

③ 施工单位应当编制所承担工程项目的综合应急预案，并按工程事故、影响周边环境事故类别编制工程项目应急预案，同时制定事故现场处置方案。现场处置方案是指针对某一特定铁路建设工程事故现场处置工作而预先制定的方案，主要规定现场应急处置程序、技术措施及实施步骤；侧重细化企业先期处置，明确并落实生产现场带班人员、班组长和调度人员直接处置权和指挥权；严格遵守安全规程，科学组织有效施救，确保救援人员安全，并强化救援现场管理。现场处置方案是工程项目应急预案的技术支持性文件。

（2）编制应急预案应当在开展风险评估、应急资源调查和能力评估的基础上进行。

建设主管部门、建设单位、施工单位编制的应急预案应当相互衔接，并与所涉及的其他部门和单位应急预案相衔接。

## 三、应急资源管理信息系统

应急组织机构、应急救援队伍、应急装备物资储备清单、应急集结路线图等应急资源信息应当及时更新，确保信息准确有效。建设主管部门、建设单位、施工单位可根据实际需要建立应急资源管理信息系统，实现应急资源信息的及时更新与管理。

## 四、预案评审和发布

### （一）预案评审

建设主管部门、建设单位、施工单位应当对各自编制的综合应急预案组织评审。工程项目应急预案和现场处置方案可视情况组织评审。

评审人员应当包括城市轨道交通工程安全生产或应急管理方面的专家，预案涉及的其他部门和单位相关人员。

评审人员与应急预案编制单位不得存在隶属关系。

### （二）评审的主要内容

（1）应急预案是否符合有关法律、行政法规等，是否与有关应急预案进行了衔接。
（2）主体内容是否完备，组织体系是否科学合理，责任分工是否合理明确。
（3）风险评估及防范措施是否具有针对性。
（4）响应级别设计是否合理，应对措施是否具体简明、管用可行。
（5）应急保障资源是否完备，应急保障措施是否可行，评审后应形成书面评审意见。

### （三）预案发布

应急预案发布前，编制单位应当征求预案涉及的其他部门和单位意见。应急预案应经编制单位主要负责人或分管铁路工程质量安全的负责人审批。审批方式根据实际情况确定。

应急预案发布后，编制单位应当将预案送达预案涉及的其他部门和单位。

## 五、预案备案

### （一）预案备案的要求

应急预案编制单位应当在综合应急预案印发后 20 个工作日内，向有关单位备案：
（1）建设主管部门综合应急预案报送本级人民政府和上一级行政主管部门备案。
（2）建设单位综合应急预案报送建设主管部门备案。
（3）施工单位综合应急预案报送工程所在地建设主管部门和建设单位备案。

### （二）应急预案备案应提交的材料

（1）应急预案文本及电子文档。
（2）应急预案评审意见。

## 六、演练和培训

### （一）应急演练

应急预案编制单位应当建立应急演练制度，根据实际情况采取实战演练、桌面推演等方式，组织开展联动性强、形式多样、节约高效的应急演练。

（1）建设主管部门、建设单位、施工单位应当制订应急预案演练计划，结合实际情况定期组织预案演练。建设主管部门每 3 年至少组织一次综合应急预案演练；建设单位、施工单位应当有针对性地经常组织开展应急演练，每年至少组织一次，视情况可加大演练频次。

（2）建设主管部门、建设单位、施工单位应当对应急预案演练进行评估，并针对演练过程中发现的问题，对应急预案提出修订意见。评估和修订意见应当有书面记录，并及时存档。

### （二）应急预案培训

建设单位、施工单位应当定期开展应急预案和相关知识的培训，至少每年组织一次，并留存培训记录。应急预案培训应覆盖预案所涉及的相关单位和人员。建设主管部门应当监督检查培训开展情况。

## 七、评估和修订

应急预案编制单位应当建立定期评估制度，分析评价预案内容的针对性、实用性和可操作性，实现应急预案的动态优化和科学规范管理。

对组织指挥体系与职责、应急处置程序、主要处置措施、分类分级标准等重要内容进行修订的，应当按本办法规定进行评审和备案。

**【复习思考题】**

1. 简述铁路施工中存在的危险有害因素。
2. 简述铁路工程易发和多发事故的类别（五大伤害）。
3. 试述施工、监理单位安全质量责任。
4. 铁路安全施工管理交底的内容是什么？
5. 铁路工程项目部安全管理要点有哪些？
6. 简述铁路工程关键节点风险管控程序。
7. 简述铁路建设工程质量安全事故应急预案的程序。

# 项目十一　铁路运输事故及应急救援体系

## 项目概述

本章主要是使学生了解铁路运输事故的主要类型，学会分析铁路运输典型事故危险有害因素的辨识，掌握预防重大事故发生的安全技术措施；了解铁路运输事故的调查处理，掌握事故应急救援体系。

## 教学目标

### 1. 能力目标

熟悉铁路运输事故的主要类型；学会分析铁路运输典型事故危险有害因素的辨识；掌握预防重大事故发生的安全技术措施。

### 2. 知识目标

熟悉铁路运输典型事故危险有害因素；掌握铁路运输事故等级；掌握事故应急救援体系。

### 3. 素质目标

树立铁路运输"安全第一、预防为主、综合治理"的思想意识和理念；具有良好的铁路运输职业安全道德，做安全懂法、守法、事件预防的模范。

# 任务一　铁路运输事故类型

## 一、铁路企业事故分类

掌握铁路运输危险有害因素的类别、辨识及其可能导致的事故。

按《铁路企业伤亡事故处理规则》将铁路企业事故划分为以下类别：① 物体打击；② 提升、车辆伤害；③ 机械伤害；④ 起重伤害；⑤ 触电；⑥ 淹溺；⑦ 灼烫；⑧ 火灾；⑨ 高处坠落；⑩ 坍塌；⑪ 冒顶片帮；⑫ 透水；⑬ 爆破；⑭ 火药爆炸；⑮ 瓦斯煤尘爆炸；⑯ 其他爆炸；⑰ 煤与瓦斯突出；⑱ 中毒和窒息；⑲ 其他伤害。

## 二、铁路交通事故的等级

按照《铁路交通事故调查处理规则》，铁路机车车辆在运行过程中发生冲突、脱轨、火灾、爆炸等影响铁路正常行车的事故，包括影响铁路正常行车的相关作业过程中发生的事故，或者铁路机车车辆在运行过程中与行人、机动车、非机动车、牲畜及其他障碍物相撞的事故，均为铁路交通事故（以下简称"事故"）。

铁路交通事故的等级分为特别重大事故、重大事故、较大事故和一般事故4个等级。

（1）有下列情形之一的，为特别重大事故：

① 造成30人以上死亡。

② 造成100人以上重伤（包括急性工业中毒，下同）。

③ 造成1亿元以上直接经济损失。

④ 繁忙干线客运列车脱轨18辆以上并中断铁路行车48小时以上。

⑤ 繁忙干线货运列车脱轨60辆以上并中断铁路行车48小时以上。

（2）有下列情形之一的，为重大事故：

① 造成10人以上30人以下死亡。

② 造成50人以上100人以下重伤。

③ 造成5 000万元以上1亿元以下直接经济损失。

④ 客运列车脱轨18辆以上。

⑤ 货运列车脱轨60辆以上。

⑥ 客运列车脱轨2辆以上18辆以下，并中断繁忙干线铁路行车24小时以上或者中断其他线路铁路行车48小时以上。

⑦ 货运列车脱轨6辆以上60辆以下，终段线路时间同上。

（3）有下列情形之一的，为较大事故：

① 造成3人以上10人以下死亡。

② 造成10人以上50人以下重伤。

③ 造成1 000万元以上5 000万元以下直接经济损失。

④ 客运列车脱轨2辆以上18辆以下。

⑤ 货运列车脱轨6辆以上60辆以下。

⑥ 中断繁忙干线铁路行车 6 小时以上。
⑦ 中断其他线路铁路行车 10 小时以上。

（4）一般事故分为：一般 A 类事故、一般 B 类事故、一般 C 类事故、一般 D 类事故。有下列情形之一，未构成较大以上事故的，为一般 A 类事故：

① 造成 2 人死亡。
② 造成 5 人以上 10 人以下重伤。
③ 造成 500 万元以上 1 000 万元以下直接经济损失。
④ 列车及调车作业中发生冲突、脱轨、火灾、爆炸、相撞，造成下列后果之一的：繁忙干线双线之一线或单线行车中断 3 小时以上 6 小时以下，双线行车中断 2 小时以上 6 小时以下。

## 三、铁路运输事故主要类型

### （一）行车事故

凡在行车工作中，因违反规章制度、违反劳动纪律或技术设备不良及其他原因，造成人员伤亡、设备损坏，影响行车及危及行车安全的，均构成行车事故。行车事故分为列车事故和调车事故。

（1）列车事故分为以下情况：列车与其他调车作业的机车、车辆等互相冲撞而发生的事故；调车机车进入区间（跟踪、越出站界调车除外）发生的事故；客运列车在中途站进行摘挂（包括摘挂本务机车）或转线作业发生的事故，以及客运列车或客列车摘下本务机车后的列车，被其他列车、机车、车辆冲撞造成的事故。

（2）调车事故是指列车以调车方式进行摘挂或转线而发生的事故。

不论是列车运行事故还是调车事故，都是机车、车辆和列车在线路上运行过程中发生的事故。由于铁路运输生产过程的特点，旅客和货物必须依附并伴随着列车的运行而共同移动才能实现位移，行车事故往往会直接牵连或波及旅客和货物的安全。有相当一部分的客运事故和货运事故都是因为行车事故引起的。

行车事故主要有冲突（包括列车冲突、调车冲突和其他冲突）、脱轨（包括列车脱轨、调车脱轨和机车车辆脱轨）、列车火灾、电气化铁路接触网触电以及机车车辆伤害等。

铁路对行车事故按其造成的设备损坏程度、人员伤亡情况以及对行车影响的程度，分为特别重大事故、重大事故、大事故、险性事故、一般事故 5 个等级。

### （二）客运事故

铁路客运事故包括旅客伤亡事故和行李包裹事故两类。其中，旅客伤亡事故是旅客在运输过程中发生的人身事故，分为死亡、重伤和轻伤 3 种；行李包裹事故分为火灾、被盗、丢失、破损、票货分离或票货不符、误交付和其他 7 种，并按损失程度分为重大事故、大事故和一般事故 3 类。

### （三）货运事故

铁路货运事故是指货物在铁路运输过程中（含交付完毕后点回保管）发生丢失、短少、变质、污染、损坏以及严重的办理差错，按损失程度分为重大事故、大事故和一般事故 3 类。

### （四）路外伤亡事故

路外伤亡事故包括道口事故在内，是铁路机车车辆在运行过程中与行人、机动车、非机动车、牲畜及其他障碍物相撞造成的事故。

## 四、铁路运输典型事故危险有害因素的辨识

### （一）机车车辆冲突事故的主要隐患

机车车辆冲突事故的隐患主要来自车务、机务两方面。车务方面主要是作业人员向占用线接入列车，向占用区间发出列车，停留车辆未采取防溜措施导致车辆溜逸，违章调车作业等；机务方面主要是机车乘务员运行中擅自关闭"三项设备"盲目行车，作业中不认真确认信号盲目行车，区间非正常停车后再开时不按规定行车，停留机车不采取防溜措施。

### （二）机车车辆脱轨事故的主要隐患

机车车辆配件脱落，机车车辆走行部构件、轮对等限度超标，线路及道岔限度超标，线路断轨胀轨，车辆装载货物超限或坠落，线路上有异物侵限等。

### （三）机车车辆伤害事故的主要隐患

作业人员安全思想不牢，违章抢道，走道心、钻车底；自我保护意识不强，违章跳车、爬车，以车代步，盲目图快，避让不及，下道不及时；作业防护不到位，作业中不加保护措施，线路上作业不设防护或防护不到位等。

### （四）电气化铁路接触网触电伤害事故的主要隐患

电化区段作业安全意识不牢，作业中违章上车顶或超出安全距离接近带电部位；接触网网下作业带电违章作业；接触网检修作业中安全防护不到位，不按规定加装地线，或作业防护、绝缘工具失效；电力机车错误进入停电检修作业区。

### （五）营业线施工事故的主要隐患

施工组织缺乏安全意识和防范措施，施工安全责任制不落实，施工人员缺乏资质；施工前准备工作滞后，施工中安全防护不到位，施工后线路开通条件不具备，盲目放行列车；施工监理不严格，施工质量把关不严，施工监护不落实等。

## 五、预防重大事故发生的安全技术措施

### （一）防止机车车辆冲突脱轨事故的安全措施

严格执行行车作业的标准化，认真落实非正常行车安全措施，加强机车车辆检修和机车出库、车辆列检的检查质量，提高线路道岔养护质量，加强货物装载加固措施和商检检查作

业标准等。对车辆转向架侧架、摇枕实行寿命管理，凡使用年限超过25年的配件全部报废；车辆入厂、段修转向架除锈后进行翻转分解探伤，重点检查；加强制动梁端轴分解探伤检查等安全措施。

加强停留机车车辆的防溜措施。编组站、区段站在到发线、调车线以外线路上停留车辆，应连挂在一起，并须拧紧两端车辆的手制动机，或以铁鞋牢靠固定。中间站停留车辆，无论停留线路是否有坡道，均应连挂在一起，拧紧两端车辆的手制动机，并以铁鞋牢靠固定。车站对停留车辆防溜措施执行情况每天要实行定期检查。机车在中间站停留时，乘务员不得擅自离开机车，并保持机车制动。

### （二）防止电气化铁路接触网触电伤害事故的安全措施

电气化铁路上网作业前必须先停电后作业，并落实接地和作业区段安全防护措施，作业人员防护设施和绝缘工具必须检测可靠良好；车站对作业区段的进路、道岔要落实锁闭，防止电力机车错误进入停电检修作业区。在列车发生火灾爆炸等事故及车辆顶部和货物发生异常情况时，必须先断电后处理，并及时将肇事车辆调入无电线路，待处理妥当，人员撤离后方可恢复供电。

### （三）防止机车车辆伤害事故的安全措施

提高安全意识和自我保护意识，确保作业人员班前充分休息；班中严格遵章作业，线上施工作业确保2人以上，加强安全防护，来车按规定提前下道等。健全道口安全管理制度，认真落实道口员岗位责任制，加强瞭望和防护，提前立岗；完善道口报警和防护安全设施；开展治安联防，加强与地方的安全联控，共同落实道口安全防范措施。

### （四）防止营业线施工事故的安全措施

施工实行分级管理，分别由负责部门领导（干部）负责施工计划安排、组织实施、安全防范、现场指挥和质量验收，实行全过程组织实施和监督把关，落实责任，确保安全。严格按施工计划组织施工，实行施工组织单一指挥；按规定距离设置防护信号，保证施工联系畅通，加强施工中相关工作的联系协调，严格落实施工安全措施。施工后必须严格确认具备放行列车的开通条件，方可按允许以运行速度放行列车。原则上施工后放行第一趟列车不安排旅客列车；线路允许速度必须根据运行条件逐步提高，严禁盲目臆测放行列车。施工机具、设备必须统一管理，专人负责检修、保养及使用，保证状态良好。机具、设备下道必须存放稳妥，严禁侵入限界；机具、设备上道使用，必须落实专人防护措施。

### （五）铁路运输安全设计技术

铁路运输安全设计技术方法有强化运输设备的安全性（如平交道口改立交，铺设重型钢轨、采用自动闭塞、电气集中、调度集中，增加各类道口信号的装备率等）、隔离（如采用物理分离、护板和栅栏等）、闭锁（防止某事件发生或防止人、物等进入危险区域）等。

### （六）铁路运输安全监控与检测技术

铁路运输安全监控与检测技术有铁路列车检测（主要有轨道电路、查询应答器、卫星系统以及车上检测感知器等）、铁路列车超速防护、铁路车辆探测系统（有轴箱发热探测器、热轮探测器、脱轨/拖挂设备检测器、临界检查器）等。

### （七）铁路运输事故救援技术

铁路运输事故救援技术包括事故调查处理与救护救援两部分。

## 任务二　铁路交通事故调查处理

### 一、事故调查处理的原则

铁路交通事故调查处理应坚持以事实为依据，以法律、法规、规章为准绳，认真调查分析，查明原因，认定损失，定性定责，追究责任，总结教训，提出整改措施。

### 二、事故调查处理

#### （一）事故报告的主要内容

（1）事故发生的时间、地点、区间（线名、千米、米）、事故相关单位和人员。
（2）发生事故的列车种类、车次、部位、计长、机车型号、牵引辆数、吨数。
（3）承运旅客人数或者货物品名、装载情况。
（4）人员伤亡情况，机车车辆、线路设施、道路车辆的损坏情况，对铁路行车的影响情况。
（5）事故原因的初步判断。
（6）事故发生后采取的措施及事故控制情况。
（7）具体救援请求。

事故报告后出现新情况的，应当及时补报。

#### （二）事故调查处理措施

（1）特别重大事故由国务院或者国务院授权的部门组织事故调查组进行调查。重大事故由国务院铁路主管部门组织事故调查组进行调查。较大事故和一般事故由事故发生地铁路管理机构组织事故调查组进行调查；国务院铁路主管部门认为必要时，可以组织事故调查组对较大事故和一般事故进行调查。根据事故的具体情况，事故调查组由有关人民政府、公安机关、安全生产监督管理部门、监察机关等单位派人组成，并应当邀请人民检察院派人参加。事故调查组认为必要时，可以聘请有关专家参与事故调查。

（2）事故发生后，列车司机或者运转车长应当立即停车，采取紧急处置措施；对无法处置的，应当立即报告邻近铁路车站、列车调度员进行处置。为保障铁路旅客安全或者因特殊运输需要不宜停车的，可以不停车。但是，列车司机或者运转车长应当立即将事故情况报告邻近铁路车站、列车调度员，接到报告的邻近铁路车站、列车调度员应当立即进行处置。

（3）事故造成中断铁路行车的，铁路运输企业应当立即组织抢修，尽快恢复铁路正常行车。必要时，铁路运输调度指挥部门应当调整运输路径，减少事故影响。

（4）事故发生后，国务院铁路主管部门、铁路管理机构、事故发生地县级以上地方人民政府或者铁路运输企业应当根据事故等级启动相应的应急预案。必要时，成立现场应急救援机构。

（5）现场应急救援机构根据事故应急救援工作的实际需要，可以借用有关单位和个人的设施、设备和其他物资。借用单位使用完毕应当及时归还，并支付适当费用；造成损失的，应当赔偿。有关单位和个人应当积极支持、配合救援工作。

（6）有关单位和个人应当妥善保护事故现场以及相关证据，并在事故调查组成立后将相关证据移交事故调查组。因事故救援、尽快恢复铁路正常行车需要改变事故现场的，应当做出标记、绘制现场示意图、制作现场视听资料，并做出书面记录。任何单位和个人不得破坏事故现场，不得伪造、隐匿或者毁灭相关证据。

### （三）铁路交通事故调查报告的内容

（1）事故概况。

（2）事故造成的人员伤亡和直接经济损失。

（3）事故发生的原因和事故性质。

（4）事故责任的认定以及对事故责任者的处理建议。

（5）事故防范和整改措施建议。

（6）与事故有关的证明材料。

### （四）铁路交通事故调查报告的期限

（1）特别重大事故的调查期限为60日。

（2）重大事故的调查期限为30日。

（3）较大事故的调查期限为20日。

（4）一般事故的调查期限为10日。

事故调查期限自事故发生之日起计算。

### （五）事故单位责任

因货物装载加固不良造成事故，定货物承运单位责任；属托运人自装货物的，定托运人责任，货物承运单位监督检查失职的，追究货物承运单位同等责任。因调车作业超速连挂和"禁溜车"溜放等造成货物装载加固状态破坏而引发的事故，定违章作业站责任；因押运人员在运输途中随意搬动货物和降低货物装载加固质量而引发的事故，定押运人员所在单位责任，货物承运单位管理失职的，追究同等责任；货检人员未认真履行职责的，追究货检人员所在单位同等责任。因卸车质量不良造成事故，定卸车单位责任，同时追究负责检查的单位责任。

### （六）铁路作业人员事故责任

铁路作业人员在从事与行车相关的作业过程中，不论作业人员是否在其本职岗位，由于违反操作规程、作业纪律，或铁路运输生产设备设施、劳动条件、作业环境不良，或安全管理不善等造成伤亡，定责任事故。具体情形按以下规定办理。

（1）乘务人员及其他作业人员在企业内候班室、外地公寓、客车宿营车等处候班、间休期间，因违章违纪、设备设施不良等造成伤亡，定有关单位责任。

（2）作业人员在疏导道口、引导或帮助旅客上下车、维持站车秩序过程中被列车撞轧而伤亡的，定作业人员所在单位责任。

（3）事故发生过程中，作业人员在避险或进行事故抢险时因违章作业再次发生伤亡，应按同一件事故定责；事故过程已终止，在事故救援、抢修、复旧及处理中又发生事故导致伤亡的，按另一件事故定责。

（4）铁路运输企业所属监管铁路发生的责任伤亡事故，定该企业责任事故。

（5）作业人员在工作或间歇时间擅自动用铁路运输设备设施、工具等导致伤亡的，定该作业人员所在单位责任事故，同时追究设备设施配属（或管理）单位的责任。

（6）作业人员因患有职业禁忌症而导致行为失控，造成伤亡的，定该作业人员所在单位责任。

（7）两个及以上铁路运输企业在交叉作业中发生伤亡，定主要责任单位事故；若各方责任均等，定伤亡人员所在单位责任，同时追究其他相关单位责任。若各方责任均等且均有人员伤亡，分别定责任事故。

### （七）发生人员伤亡的事故界定

（1）人员在事故中失踪，至事故结案时仍未找到的，按死亡统计。

（2）事故受伤人员因正常手术治疗而加重伤害程度的，按手术后的伤害程度统计。

（3）事故受伤人员经救治无效，在7日内死亡，按死亡统计；经医疗事故鉴定委员会确认为医疗事故的，或7日后死亡的，按原伤害程度统计。

（4）事故受伤人员在7日内由轻伤发展成重伤的，按重伤统计。

（5）未经医疗事故鉴定委员会确认为医疗事故的伤亡，按责任事故统计。

（6）相撞事故发生后，经调查确认为自杀、他杀的，不在伤亡人数中统计。

## 任务三　事故应急救援工作

为了减少事故损失，尽快开通线路恢复行车，铁路发生行车事故后，应积极组织救援。事故救援指隔离事故区域、抢救生命财产、防止事故扩大和蔓延、清理事故破坏现场、抢修损坏设备、开通线路恢复行车的一切有组织的行为。

## 一、事故救援原则

铁路重大行车事故救援属于灾害性应急管理范畴，决策管理层应按实施"准军事行动"的原则，做到：

（1）制订应急处理计划，即所谓"减灾预案"，内容包括应急状态下的物资装备、社会动员、通信联络、行动方案、组织指挥及培训演习等。

（2）建立应急处理机构，首先是有权威的灾害应急指挥中心，保证决策的及时、科学和合理；其次是组织专业救灾队伍，如抢险、消防、医疗救护等队伍并强化社会协作。

（3）保证应急通信系统的迅速、准确和畅通。

（4）保持决策指挥系统的警觉和稳定心理，克服形势危急造成的心理压力，迅速、准确、果断决策，紧张有序地实施各种应急措施，保证救援工作顺利进行。

（5）保证优先开通线路，恢复行车。

## 二、事故救援组织

我国铁路事故救援组织，由国铁集团机务局负责管理，在机务局长的直接领导下，对全路救援工作进行组织指导和监督检查；各铁路局机务处均设专人负责事故救援工作。在部（局）规划地点（主要干线上的技术站所在地）设置适当等级的救援列车，在无救援列车的技术站或较大的中间站，组织救援队。

### （一）事故救援列车

各局救援列车的增设、调整应报国铁集团审批，并在《行车组织规则》中公布。

救援列车为当地机务段独立车间一级单位，受机务段长的直接领导。

救援列车设主任一名，领导救援列车的全部工作。救援列车专业人员为救援工作的骨干力量，由机务段挑选身体健康、责任心强、具有一定技术业务水平的人担任，无特殊理由不得变动。救援列车职工应集中居住于救援列车附近的住宅，以保证迅速出动。休班时间应尽量在家休息，必须离开住宅时，应向主任说明去向。

救援列车的基本任务如下：

（1）担负本救援列车管辖区域的行车事故救援，及时起复机车车辆，清除线路上的障碍，开通线路，保证迅速恢复行车。

（2）负责本救援列车管辖区域内各救援队的技术训练和业务指导，以及工具备品的配置、改进、修理和补充工作。

（3）不断分析和总结救援工作的先进经验，改进事故救援方法。

### （二）事故救援队

在铁路局局长批准的无事故救援列车的车站上，组织事故救援队。救援队为不需要出动救援列车时处理轻微脱轨事故的组织。遇有重大、大事故，有必要时，救援队也应参加救援列车的救援工作。

1. **救援队的组织**

（1）设队长一名。根据具体情况由当地的机务段长、车务段长或车站站长担任队长，由铁路局任命。

（2）救援队员由车站、机务、车辆、工务、电务、供电、水电、卫生等部门挑选身体健康、责任心强、技术业务熟练，居住距车站较近的15~20名职工组成。

（3）队长应会同各单位共同制定救援队的召集办法，各单位可将救援队名单及召集办法挂于值班人员办公室，并报送铁路局。

（4）救援队的工具、备品、器材存放在车站的适当处所，由救援队长负责保管，除事故救援使用外，绝对禁止动用。因救援使用而缺损的备品工具，应向救援队所属单位提报，以便及时修理补充。

2. **救援队的任务**

救援队到达事故现场后，由队长指挥做好以下工作：

（1）积极抢救负伤人员或送附近医院抢救治疗。

（2）采取一切措施，起复机车车辆，清除线路上的一切障碍物，迅速恢复行车。

（3）如事故严重时，应于救援列车到达前做好救援准备工作。

（4）保护铁路财产及运输物资（行李、包裹、货物）的安全。

向事故现场派出救援队时，应利用当地一切可利用的交通工具运送人员、工具和材料。有关单位必须服从调动，不得借故拒绝。

3. **救援队的召集出动**

（1）救援队所在地设有电话所或电话总机的，救援队长所在单位接到救援调度命令后，立即用电话通知电话所领班，由电话员直接通知救援队有关单位。

（2）在无电话所的车站，由车站值班员直接通知有关单位。

有关单位接到出动调度命令后，立即通知救援队长并召集本单位的救援队员，在30min内迅速赶到指定的地点集合。救援队长赶到集合地点后，立即了解事故情况，提出初步救援方案，向列车调度员汇报，征得同意后携带救援工具和备品赶赴事故现场进行救援工作。

## 三、事故救援设备

在国铁集团指定地点，设事故救援列车、电线路修复车、接触网检修车，并经常处于整备待发状态。其工具备品应保持齐全整洁、作用良好。

机车、动车、重型轨道车上应备有复轨器。

救援队在车站的适当处所的备品室（库）内存放必备的起复救援工具、备品、器材，如人字形复轨器、海参形复轨器、25~30t的千斤顶、30t的横千斤顶、直径30~40mm的钢丝绳、0.75kg的手锤、4.5kg的大锤、短钢轨等。

## （一）救援列车的编组

（1）救援列车各车辆的编组位置，由救援列车主任根据担当区域及工作方便来确定。

平时应编成完整的车列，出动时挂上机车即能开行。轨道起重机应挂于救援列车的一端，不得挂于中间。所有车辆应全部连接完好并接通风管，制动机作用保持良好。救援列车工作完毕，所在站应按原编组顺序编组，并主动与调度所联系，迅速向原驻地回送。

（2）救援列车一般按下列顺序编组：① 轨道起重机及游车一辆。② 工具车一辆。③ 发电车一辆。④ 救护车一辆。⑤ 办公宿营车两辆（三等救援列车为一辆）。⑥ 炊事车一辆。⑦ 备品车一辆。⑧ 平板车一辆。⑨ 水槽车一辆。⑩ 装有拖拉机的棚车一辆。

## （二）救援列车的停放

（1）救援列车应停留在固定使用的段管线或站线上，该线路应两端贯通，不需转线即可直接发车进入区间。救援列车停留线两端的道岔应扳向不能进入该线的位置并加锁，钥匙由段（站）值班员或救援列车值班员保管。

（2）救援列车所在地点，应设有办公室及生产、生活用房屋，办公室应装值班电话。

## （三）电线路修复车

电线路修复车是指为了修复因自然灾害或其他原因造成的信号、通信线路损坏，装有工具、器材的专用车辆，可随时编入救援列车开往事故现场。

## （四）接触网检修车

接触网检修车是指为了修复电气化铁路发生接触网断线、电杆及铁塔倒伏、瓷瓶破损等而特设的专用车。

## （五）车辆脱轨的起复工具

复轨器是一种能使脱轨的机车、车辆的轮对复位到钢轨上的专用工具。

根据外形，可分为人字形复轨器、海参形复轨器、组装式复轨器以及 S–1 型铝合金双向复轨器；根据用途，可分为普通线路上用、岔区专用、桥上专用及端面复轨 4 种复轨器；根据材质，可分为铸钢、合金铝、钢板焊接式 3 类复轨器。

下面介绍几种复轨器的安装使用方法。

### 1. 手动简易复轨器

手动简易复轨器是起复脱轨车辆的简易工具，它适用于中间小站、隧道、站台处，起复载重 60t 及其以下发生脱轨的空重车辆。该起复器具有使用轻便、灵活、起复迅速、操作简便安全、便于携带、不需要动力机械等特点。

使用手动简易复轨器起复车辆的作业顺序：

（1）用顶起千斤顶，顶起脱轨车辆（轮对轴身下面顶起）。

（2）用横向移动千斤顶，将轮对推至对准钢轨上方。

（3）落下顶起千斤顶，将轮对落在轨面上复位。

（4）撤出手动简易复轨器。

## 2. 人字形复轨器

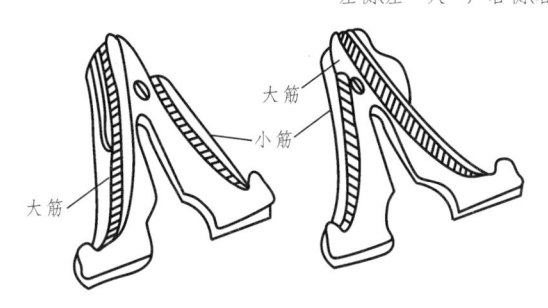

人字形复轨器两个为一组，左为"人"字形，右为"入"字形（见图11-1）。

图 11-1　人字形复轨器

人字形复轨器使用注意事项：

（1）人字形复轨器不要安装在钢轨接头处或腐朽的枕木上（若是枕木）。

（2）脱轨车轮距轨不得超过 240mm，否则，须用"拉"和"逼"的方法使车轮靠近基本轨。

（3）脱轨车轮至复轨器间须用石渣、铁板等物垫实。

（4）起复时，复轨器大筋处涂少量润滑油，以减少摩擦，增加车轮的滑落能力。

（5）人字型复轨器应妥善保管，以防丢失。

## 3. 液压复轨器（见图 11-2）

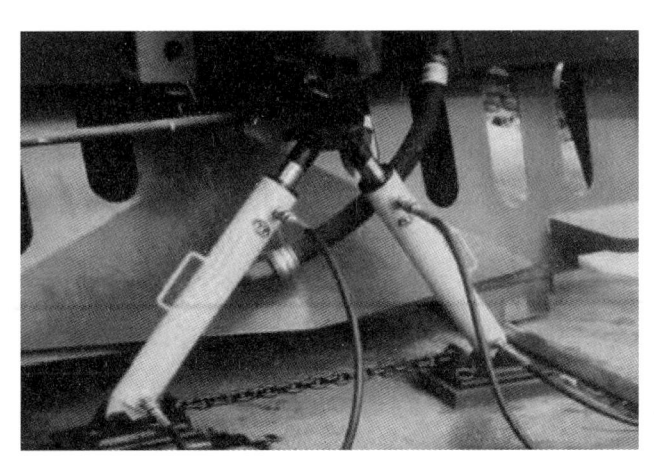

图 11-2　液压复轨器

液压复轨器使用方法：

（1）在脱轨轮对（牵引方向）的前端钢轨内、外侧相同位置安放复轨器，使其两端放于枕木上。钩螺栓由轨下穿过复轨器螺栓孔并钩于轨底部，用垫圈和螺母紧固。安装时应避开腐朽枕木、鱼尾板，拆除轨撑。

（2）普通道床用中间 3 个螺栓，整体道床用两端 2 个螺栓。

（3）脱轨轮对至复轨器间用石渣等物垫好，以机车齿轮箱能离开轨面为适宜，引导楞及顶部涂油。

（4）在60kg/m及以上轨型使用时，应在轨底座上加专用垫板，将复轨器小端安放于垫上，再紧固。

（5）脱轨轮对距基本超过240mm时，应先使其靠近基本轨，再行起复。

（6）起复过程中脱轨轮不可滑行。

### 4. 海参形复轨器

海参形复轨器由内侧用、外侧用两支合成一组，内侧的较矮，外侧的略高，用紧固螺栓固定。外侧复轨器，安放于脱落在线路外侧的车轮的前方；内侧复轨器，安放于脱落在两钢轨之间的车轮的前方。海参形复轨器体小轻便，适合于脱轨车轮距离钢轨较近的起复工作，如图11-3所示。

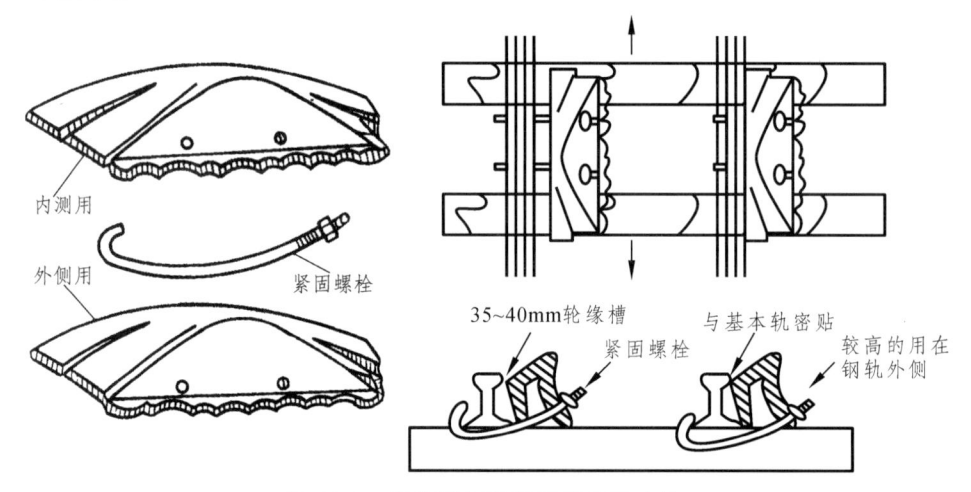

图11-3 海参形复轨器及其安装方法

1）安装方法

对脱轨在轨道外的车轮，用两只中较高的一只复轨器（外侧用）在钢轨外侧与钢轨靠紧。安装在轨道内侧的复轨器，应于钢轨内侧面留出35~40mm的轮缘槽。然后将紧固螺栓从钢轨底下穿过，一端钩在钢轨底上，一端从复轨器孔内穿出，拧紧螺母。

2）注意事项

两复轨器左、右必须相对，不得有靠前或错后；安放在线路中间内侧的复轨器，不论靠近哪一条钢轨，均须留出35~40mm的轮缘槽；不要在钢轨接头处和腐朽枕木上安装；海参形复轨器有效导轮面仅为150mm，当脱轨车轮轮缘距钢轨面大于150mm时，须使用逼轨器将车轮导至复轨器；车轮至复轨器间的径路要铺垫道碴，以减少车轮过多地轧伤轨枕；复轨器安装后，其顶部的滑动面要涂上少量的润滑油，增加车辆的滑落能力。

## 四、事故救援准备和事故现场组织指挥

事故发生后，要准确地判定是否需要请求事故救援，如果需要出动救援列车或救援队，应及时向列车调度员报告，并迅速做好事故救援的各项准备工作。为保证事故现场救援工作

的顺利进行，必须要有严密的事故现场指挥。

（一）事故救援工作的总体要求

事故救援工作的总体要求是：信息准确，决策果断，出动及时，精力集中，方案合理，指挥得当，起复稳健，开通迅速。

（二）事故救援报告

在区间发生事故时，由运转车长（无运转车长时为司机）立即报告路局列车调度员。如不可能，则报告最近车站值班员，转报路局列车调度员。在站内或段管线内发生时，由站、段长直接报告路局列车调度员。报告事项如下：

（1）事故发生的月、日、时、分；
（2）事故发生地点（线别、站名，或区间、千米、米）；
（3）列车车次、种类、机车型号、牵引辆数、吨数、计长、关系人姓名；
（4）事故概况及原因的初步判断；
（5）人员伤亡情况及机车、车辆、线路损坏情况；
（6）双线区间是否影响另一线；
（7）是否需要救护车、救援列车或起重机。

事故现场有关人员除按规定做好防护外，还应认真勘查事故现场，查清事故地点、原因和机车车辆颠覆脱轨详细情况、线路破坏程度等，详细报告列车调度员，还应提出救援意见。列车调度员要把事故情况和救援意见转告救援列车主任（救援队长），以便预先做出救援方案。救援列车主任或救援队除详细了解情况外，还应认真听取领导意见。

（三）事故救援准备工作

事故救援准备工作指正式救援队伍到达事故现场，进行机车、车辆起覆、清除线路障碍、修复行车设备、开通线路恢复行车之前所进行的一切组织、人力、物力、后勤等方面的工作。

（1）列车调度员切实做好列车运行调整，合理安排旅客列车停车站，事故区间两端站要预留数条空闲到发线，沿途各站要为救援列车运行创造条件；指示有关站把事故列车首尾未损坏的车辆从区间拉回车站，站内事故列车两端未损坏车辆及时转线；车辆破损严重时，应准备好数辆平车，以备装运破损车辆，为救援列车运行和实施救援方案做好准备。

（2）查清事故车辆所装货物品名、性质、数量，对危险货物、需要吊复或脱轨较远难以起复的车辆，要提前组织卸空。

（3）事故现场就近的通信工区，即时接通事故现场与列车调度员及两端车站的电话。

（4）根据现场救援需要，调动一切交通工具，向救援现场运送人员、物资、材料和机具。

（5）当发生数辆车辆颠覆、脱轨，严重的列车火灾、爆炸及线路损坏时，车站应迅速向事故所在地方领导或驻军汇报，并请求救援。

（6）铁路公安部门负责组织保护事故现场，并对现场进行勘查、记录、拍照、录像等。对与事故有关的机车车辆、铁路线路散落的配件加以特别保护，如需移动时，要详细记录原来的位置、方向、距离。

（7）救援列车主任在运行途中，根据已了解的事故现场情况，初步拟定救援起复方案，明确分工，救援人员各自做好必要的准备工作。

### （四）事故现场的组织指挥

事故救援的目的和原则是迅速开通线路恢复行车。行车事故现场情况复杂、涉及部门多、领导层次多、人员多、主意多，必须加强现场的救援组织指挥，做到严密细致、有条不紊、单一指挥、统一行动、迅速快捷、忙而不乱。

**1. 指挥权限**

在铁路局、机务段领导下，救援列车的起复工作由救援列车主任单一指挥，救援列车未到达之前，由救援队长指挥。

**2. 指挥原则**

（1）首先应立即组织救护伤员，以最快的速度将伤员送往就近医院，对死亡人员进行妥善处理。

（2）与有关领导共同进行现场勘查，确定救援起复方案。局领导未到达之前，可将方案电话报请领导，批准后迅速执行。

（3）装卸危险货物的车辆需卸车或移动时，有关单位应指派有办理危险货物经验的人员进行检查。

（4）救援中应保证优先开通正线。双线完全中断时，要尽快开通一线；干线和支线同时中断，优先开通干线。

（5）当救援中为尽快开通线路可能扩大物资设备的损失时，除国家贵重器材设备或稀有物资外，应在尽量减少损失的原则下，首先保证线路的开通。

（6）如事故严重、救援工作复杂，需要两列以上救援列车或轨道起重机时，由救援列车主任提请上级调动。

（7）救援方案确定后，及时通知所有参加救援人员，立即开始工作，任何人不得随意变更救援方案。如有不同意见，可向救援指挥人提出建议，所提建议未经批准，不得任意改变作业程序，更不得因重复调查事故原因或借口设备损坏等理由，耽搁救援工作。

（8）及时将救援进度与列车调度员联系，以便及时进行列车运行调整或必要时增派救援力量，减少损失，尽快开通线路，恢复列车运行。

（9）事故调查组应尽快对事故现场进行勘查，不得影响救援工作的进行。

### （五）有关部门的职责

发生行车事故急需救援时，各有关部门应分工负责，积极投入救援，协同配合，尽快恢复通车。

**1. 运输部门**

（1）迅速查明事故地点，双线是否影响邻线，是否需要救护车、救援列车及其他救援工具，并按《铁路行车事故处理规则》规定内容进行通报。

（2）立即按《铁路技术管理规程》《铁路行车事故处理规则》规定进行防护。

（3）发布区间封锁命令及救援列车、救援队出动命令。

（4）疏散事故列车中的旅客及良好车辆。

（5）事故列车两端车站值班员根据调度命令，迅速编制调车作业计划，并组织实施，为救援列车开行做好准备工作。

（6）指派胜任人员对事故现场应急电话进行值台，负责事故现场内外信息联络。

（7）组织救护力量抢救伤员，及时将伤员送往就近医院。

（8）组织力量迅速做好事故车辆内货物的卸车及事故现场的清理工作。

（9）确保救援列车在接到调度命令 30min 内从始发站发车，使救援列车尽快到达事故现场。

（10）根据现场的请求，及时调运救援器材和物资，保证救援需要。

2. **机务部门**

（1）列车在区间发生事故，本务机司机应立即按《铁路技术管理规程》《铁路行车事故处理规则》要求进行防护，并及时向车站值班员和列车调度员报告。

（2）机务段接到救援列车出动命令，应立即派出机车及乘务员担当牵引任务。

（3）救援列车接到调度命令后，20min 内召集准备完毕。

（4）途中运行的列车司机和邻近事故地点的驻站专用调小机车司机，必须听从命令，服从调度员指挥，并参加救援工作。

（5）组织水电段及时架设事故现场的照明。

（6）救援列车现场作业应严格执行安全操作规程及作业纪律，根据地形、地质情况架好支持梁，注意人身设备安全。

3. **车辆部门**

（1）详细检查、测量车辆损坏程度，并对脱轨车辆进行质量鉴定，确定是否能继续运行。

（2）组织车辆专业人员参加救援。

4. **工务部门**

（1）检查事故现场线路，如实绘制现场示意图。

（2）组织人力和轨道材料及配件，及时修复、更换损坏的道岔、钢轨、枕木及其他设备。

（3）根据救援的需要，起复一段抢修一段线路，给救援工作创造条件。

（4）按救援方案组织抢修线路设备，并检查确认线路开通和放行列车技术条件，千方百计尽快开通线路，恢复行车。

5. **电务部门**

（1）根据列车调度命令，电务调度通知电务段指派就近电务人员赶赴事故现场，安装救援应急电话两台，接通事故区间两端车站和列车调度，并负责守护。

（2）通信工区和电话所应有专人值班，确保救援电话畅通。

**6. 公安部门**

（1）组织公安干警和地方公安力量，或请求武警部队，共同维持秩序，做好现场警卫，严禁无关人员进入事故现场，保护国家和旅客财产安全。

（2）根据需要抽调人力抢救伤员。

（3）对事故现场及可疑对象摄影录像。

**7. 医疗部门**

（1）接到事故救护命令后，立即召集医务人员组成医疗小组事故现场，并携带急救用品赶赴现场。

（2）根据现场情况，请求附近医疗单位救护伤员，将重伤员及时送往就近医院抢救，以减少人员伤亡。

**8. 生活后勤部门**

（1）救援过程中的生活后勤工作，由局生活处负责统筹生管段和当地站段领导参加，组成生活后勤组。

（2）生活后勤组统一安排事故现场各系统救援人员的伙食，并指令事故发生地管辖单位及时组织人员在事故现场设立生活后勤服务点，确保事故现场救援人员的饮食供应。

为了尽快开通线路、恢复行车，最大限度地减少人员伤亡和财产损失，各有关部门应按上述要求积极主动、互相配合，做好救援工作，不得强调本部门的困难或借故推诿。延误求援和扩大事故损失应追究该部门领导和有关人员的责任。

## 五、事故应急救援程序

（一）使用机车、救援列车救援

（1）列车调度员接到救援申请，按规定发布调度命令封锁区间，并报告值班主任（值班副主任）。

（2）列车调度员根据情况确定使用内燃（电力）机车或救援列车担当救援，并将救援方案通知车站值班员和请求救援列车司机。担当救援的列车需要跨区段担当救援任务时，列车调度员须通知机车调度员（动车司机调度员）指派带道人员。

（3）列车调度员及时发布有关调度命令。担当救援的司机接到救援命令后，必须认真确认。命令不清、停车位置不明确时，不准动车。

（4）向封锁区间发出救援列车时，不办理行车闭塞手续，以列车调度员的命令，作为进入封锁区间的许可。

（5）救援列车的出发或返回，均应通知列车调度员及对方站（与本站为同一人办理时除外）。如事故现场设有临时线路所时，列车调度员（车站控制时为车站值班员）应于发车前，征得线路所车站值班员的同意。

（6）发生事故时，在事故调查组人员到达前，站长（副站长）应随乘发往事故地点的第一列救援列车（分部运行时挂取遗留车辆的机车除外）到事故现场，负责指挥列车有关工作。

（7）救援列车进入封锁区间后，在接近被救援列车或车列 2 km 时，要严格控制速度，同时使用列车无线调度通信设备与请求救援的列车司机进行联系，或以在瞭望距离内能够随时停车的速度运行（最高不得超过 20 km/h），在防护人员处或压上响墩后停车，联系确认，并按要求作业。

（8）使用机车救援动车组时，应进行制动试验，制动主管压力采用 600 kPa。具备升弓供电条件时，允许动车组升弓供电。当使用电力机车担当救援机车，如动车组升弓，由动车组司机通知救援机车司机，救援机车司机在通过分相区前通知动车组司机断电并降弓。

连挂前，司机须与列车调度员联系，在得到列车调度员已发布邻线限速 160 km/h 及以下的调度命令（妨碍邻线及组织旅客疏散时为已扣停邻线列车）的口头指示后，方可开始作业。

救援机车司机在救援作业过程中，要严格遵守有关限速规定，与动车组司机保持联系。救援运行中尽可能避免实施紧急制动。

（9）动车组由机车牵引继续运行时，列车调度员根据随车机械师提出的限速要求，向救援机车司机发布限速运行的调度命令。

（10）使用机车救援动车组时，动车组列控车载设备转入或退出隔离模式不发布调度命令。

（11）当故障列车处理后可继续运行时，列车调度员应根据司机请求，取消前发救援调度命令。

（二）动车组救援动车组

（1）列车调度员接到救援申请，按规定发布调度命令封锁区间，并报告值班主任（值班副主任）。

（2）列车调度员将救援方案通知车站值班员和请求救援的动车组司机。担当救援的动车组列车需要跨区段担当救援任务时，列车调度员须通知机车调度员（动车司机调度员）指派带道人员。

（3）列车调度员及时发布有关调度命令。担当救援的动车组司机接到救援命令后，必须认真确认。命令不清、停车位置不明确时，不准动车。

（4）向封锁区间发出救援动车组时，不办理行车闭塞手续，以列车调度员的命令，作为进入封锁区间的许可。

（5）救援列车的出发或返回，均应通知列车调度员及对方站（与本站为同一人办理时除外）。如事故现场设有临时线路所时，列车调度员（车站控制时为车站值班员）应于发车前，征得线路所车站值班员的同意。

（6）发生事故时，在事故调查组人员到达前，站长（副站长）应随乘发往事故地点的第一列救援列车到事故现场，负责指挥列车有关工作。

（7）在故障动车组前部救援时，担当救援的动车组按隔离模式进入区间，在接近被救援列车 2 km 时，以在瞭望距离内能够随时停车的速度运行，最高不超过 20 km/h，在距被救援列车不小于 300 m 处一度停车，与被救援列车联系确认后进行作业；在故障动车组尾部救援时，开放出站信号，担当救援的动车组按完全监控模式进入区间，在行车许可终点停车，与被救援列车联系确认后，按目视行车模式进入前方闭塞分区，以在瞭望距离内能够随时停车的速度运行，最高不超过 20 km/h，在距被救援列车不小于 300 m 处一度停车（行车许可终点距被救援列车不足 300 m 时除外），与被救援列车联系确认后进行作业。

连挂前，司机须与列车调度员联系，在接到列车调度员已发布邻线限速 160 km/h 及以下的调度命令（妨碍邻线及组织旅客疏散时为已扣停邻线列车）的口头指示后，方可开始作业。

（8）被救援动车组转入或退出隔离模式不发布调度命令。

（9）当故障动车组处理后可继续运行时，列车调度员应根据司机请求，取消前发救援调度命令。

### （三）启用热备动车组

（1）动车组故障无法及时修复时，应及时启用热备动车组。热备动车组定员少于故障动车组实际人数时，有条件时，使用定员能满足需要的其他动车组组织旅客换乘。

（2）跨局出动热备动车组时，由国铁集团调度向铁路局发布调度命令。

（3）有关单位在接到调度命令后，应迅速完成热备动车组出动前的各项准备工作，具备条件后及时发车。

（4）对担当换乘任务的动车组列车应优先放行，确保及时到位及返回归位。

（5）在站内组织旅客换乘时，应尽量安排在同一站台的两个站台面进行。

（6）在区间组织旅客换乘时，列车调度员组织担当换乘任务的动车组列车进入邻线指定位置停车。担当换乘任务的列车到达邻线指定位置停妥后，司机向列车调度员报告。列车调度员通过申请换乘的列车司机通知列车长组织旅客换乘。担当换乘任务的列车长确认旅客换乘完毕后通知司机，司机得到列车长通知，确认车门关闭，具备开车条件后起动列车，并向列车调度员报告。

## 任务四　铁路应急管理及应急预案

### 一、突发事故应急管理

铁路应急管理是指在应对突发事件发生的过程中，为使事件的危害降低至最小，且使其决策最终优化，通过信息采集、信息传输、信息处理、管理与控制决策等现代技术与方法，铁路各级单位建立一定的管理体制和机制，采取一系列应对措施对事件进行合理有效控制和处理的过程。

#### （一）应急管理的原则

造成铁路突发事件的因素多种多样，特别是高铁事故。各种原因造成的突发事件的解决方案也各不相同，但是它们都有一个共同点，那就是都需要基于同样的基本原则。基本原则是人们对突发事件规律认识的集合。

1. **以人为本的原则**

不管发生哪一类的突发事件，旅客的利益必然都会受到不同程度的损害，更有甚者会影响旅客的生命财产安全。所以，铁路部门要把保障旅客的合法权益作为工作的重点。保护旅客的利益，确保旅客的生命财产安全，是铁路部门一直以来坚持的信念。

要想做到真正意义上保障旅客的生命财产安全，就要把铁路应急管理工作当作一个重点来抓，并使之成为一种常态。要做到以人为本，同时也要兼顾旅客的权益和铁路职工的安全。在面对铁路突发事件时，要尽最大的努力来保障参与突发事件处理工作的一线员工的生命安全。只有这样，才是真正的以人为本。

2. **预防第一的原则**

要做到铁路的安全运营，还要树立预防第一的思想。提高对危机的预警意识，增强基础工作的落实，发现可能引发事故的危险要素要及时上报进行分析，将一切威胁扼杀在摇篮之中，只有这样才能够做到防患于未然，才能真正保障旅客的权益。然而在铁路运营过程中，发生紧急情况是难以避免的，但只有做到安全预警工作常抓不懈，才能在危险来临之时将损失降到最低程度。

一般来说，铁路应急管理分为 4 个阶段：应急预防、应急准备、应急响应、应急恢复。这 4 个阶段在完整的应急管理体系中是不可或缺的。但是在实际工作中，很多人都把注意力放在后 3 个阶段，而忽视了预防的重要性。但其实应急预防才是我们最应该关注的一个方面。做好这个方面的工作，才能有效地从源头去遏止事故的发生，从而规避旅客和运输部门的损失。

为了实现安全工作的防患于未然，建立健全安全监测，发展壮大救援队伍，保证充足的救灾物资储备，对员工进行定期培训，全方位地增强铁路的风险抵抗能力。

3. **快速响应的原则**

快速响应是指当铁路突发事件来临之后，有关工作人员能够以最快的速度判断当前发生的突发情况，并及时采取正确的行动来应对突发事件。高速铁路事故一旦发生，所造成的损失是不可估量的，如果不及时采取行动，将会造成不可挽回的损失。如果现场工作人员能够做到快速响应，那么将极大地挽回可能遭受的损失。

4. **统一指挥的原则**

铁路突发事件的发生往往十分突然，而且很难进行预测，还可能导致一系列的连锁反应，造成巨大的危害，应急处置工作也常常会牵动多地区和部门。为了有效应对突发事件，一定要有一个强有力的指挥系统作为保障，层层分级对突发事件进行监控。

5. **损失最小化原则**

铁路一旦发生突发事件，所造成的损害往往是不可避免的，但我们可以通过一定的手段使事故带来的损害最小化。要想做到这一点，有两个重点：一是要明确抢救的轻重缓急，把旅客的生命安全放在最重要的位置上；二是防止事态的进一步扩大，以防引发更为严重的人员财产损失；三是要根据现场的实际情况，充分调动一切可以利用的资源来应对事故。

**6. 协调应对原则**

铁路突发事件一旦造成了人员的死伤，就会涉及众多部门。因此，遭遇事故时各个部门之间如何协调配合也非常重要。

**7. 尽快恢复路线畅通原则**

突发事件发生后，有可能影响高速铁路的正常运营。高铁的运营每中断一秒钟，都将对铁路部门造成重大的经济损失。因此，在突发事件发生后，相关部门应当尽快解决事故，争取尽早恢复铁路线的畅通无阻。

**8. 公开处置原则**

铁路发生事故是关系到人民切身利益的大事，会引发社会、媒体的强烈关注。在处理突发事件时，我们要坚持公开处置，将事故救援的进展情况及时透明地展现在公众面前。

### （二）铁路应急管理内容

铁路应急管理是为了应对铁路突发事件而进行的一系列有计划、有组织的管理活动，其涉及内容十分丰富。从不同的角度分析，铁路应急管理内容的分类也不同。从突发事件的性质分析，铁路应急管理是对自然灾害事件、运营技术事件、公共卫生事件和社会安全事件的应对处置管理。从管理主体分析，高铁应急管理分为国铁集团、铁路局和站段3个不同管理部门的突发事件管理。从管理体系分析，高铁应急管理主要是对体制、机制、法制和应急预案的管理，其中应急预案管理主要是应急救援资源和方法的管理。从突发事件管理过程分析，高铁应急管理分为预防、准备、响应和恢复4个阶段的管理。

预防是指在高铁紧急事件发生之前对可能导致事故的风险因素进行分析，降低风险转化成事故的可能性，以降低风险可能造成的损失。

准备是指在进行应急处置之前所做的各种应急准备工作，指各种为应对突发事故所做的应急演练，应急预案和相关安全条例的制定等一系列事前准备工作。

响应是指当事故已经发生，各有关部门采取的实际对于事故的救援活动，这是应急管理中最为重要的一个环节。响应阶段的成功，对最终救援的结果，起着至关重要的影响。

恢复是指当应急响应阶段完成之后，所实施的一系列保障和善后工作，使铁路运营从事故造成的中断中尽快恢复过来，恢复正常的生产运营秩序。

### （三）铁路应急管理机制

铁路应急管理机制的主要结构如图11-4所示。

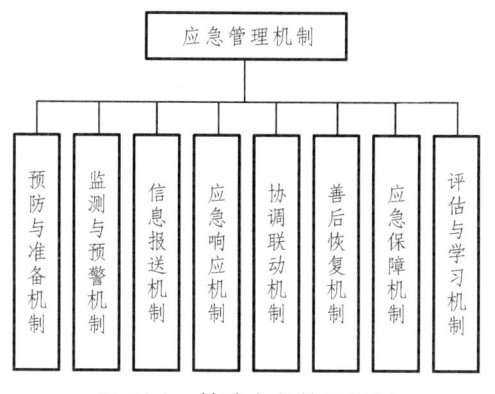

图 11-4 铁路应急管理机制

## 二、铁路应急预案体系

铁路应急预案属于在微观层面对铁路应急管理体系的研究,也是其工作中十分重要的组成部分。它是一项综合性救援方案文件,详细具体地阐明了各类铁路事故情况下管理组织机构的应急救援办法,具有很强的综合性。

### (一)铁路应急预案体系的内容

铁路是一个大而杂的系统。国铁集团、铁路局、站段组成的三级应急预案体系已初步建立。铁路局应急预案具有比较强的专业性,它是从各局的具体情况出发,结合突发事件的处理经验而完成的。而为控制和防范本系统各种可能遇到的突发事件而规定的专业性应急预案则被称为各运输站段应急预案。

铁路应急预案分为综合应急预案、专项应急预案、现场处置方案。

**1. 综合应急预案**

综合应急预案是铁路应急预案的整体预案,它从整体上说明了应急机构及其职责、监督检查、预防预警、保障措施、应急响应、培训演练、后期处置等,其阐明了预案框架体系及突发事件的分类分级,确定了应对重大突发事件的工作机制、组织体系等内容,是预防和指导各种突发事件的标准性文件。

**2. 专项应急预案**

专项应急预案是在综合预案的基础上,充分考虑了特定突发事件的特征,针对某种类型的特定突发事件,对应急处置程序、应急的形势、应急工种职责进行更详细的说明,拥有更强的针对性。

**3. 现场处置预案**

现场处置预案是铁路局下属各站及相关应急部门面对多种类型的突发事件制定的处理方法,它细化了专项预案,其特点是针对某种应急处置部门、应急场景、应急地址等具体情况,对应急救援过程中的各个方面做出详细、周全的安排。

高速铁路应急预案体系如图 11-5 所示。

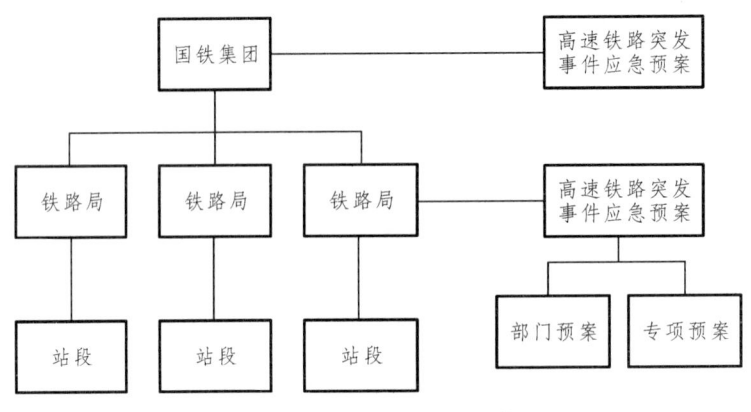

图 11-5 高速铁路应急预案体系

### （二）应急预案完善与加强

#### 1. 加强组织领导

各铁路局公司应该提高对应急救援工作的领导和管理力度，把日常管理做好；应急管理部门应该为各级应急救援机构提供指导。

#### 2. 加快应急预案的编制和修订

（1）在制定铁路相关应急预案时，应明确各级各部门的职责和分工。

（2）明确各级各部门应急预案制定的要求及格式，做到各系统之间责任明晰。

（3）各铁路局对现有的铁路应急处理程序存在疏漏的地方进行完善，确定组织成员的职责，责任具体到个人；确立联系方式及应急指挥体系；确立详细的应急处理方法和程序。

#### 3. 加强应急培训和演练

（1）建立健全专用的培训基地和设施。每隔一段时间组织培训、演习，领导干部更应该加强应急管理理论的学习及相关法律法规的培训。

（2）使应急预案综合演练的模式固定下来，成为一种常态。在现有的定期演练的基础上，着重对影响重大、发生频率大的突发事件进行演练。通过这种方式，各级各部门之间的协调配合、信息互通更加顺畅，执行力更强。

（3）确立标准的培训模式。在铁路相关安全岗位的培训过程中，各个岗位都应该具备相应的处理突发事件的能力。这就需要各铁路局编制应急响应的规范和标准，并对有关岗位的员工进行定期培训，确保在发生事故时能够有效应对。

（4）扩展应急预案的适用范围，加强专兼职救援体系的建设。健全救援列车所需的设备、设施，以便用于救援列车的日常演练。

#### 4. 提高应急救援管理水平

建立健全应急预案所需的相关信息平台，以充分发挥现有铁路设施资源、信息系统和通信设备的作用，实现调度指挥、应急值守、应急响应的网络化，使系统运行的效率得以提高。

### 5. 提升应急预案执行力

（1）对应急预案中存在漏洞的地方进行查漏补缺。优化突发事件发生时的应急处理程序和信息通报过程，并且做到严厉处罚涉嫌故意延迟上报现场信息的行为。

（2）完善动车组应急管理工作。铁路局应根据下级单位具体的执行情况进一步完善动车组的应急管理，更深入地细化动车组应急预案和各专业的分工和接口，以及编制动车组的应急故障处理手册。定期召集动车组维修人员进行技术演练，加强实际应对动车组突发事件的能力。

### 6. 不断完善应急资料管理工作

组织各铁路局对站线设备、站场平面图及应急救援和应急管理相关规章进行细致的学习，加强应急救援点、装备和人员的建设，建立应急管理数据库，进一步深化基础管理工作。

### 【复习思考题】

1. 简述铁路运输事故的主要类型。
2. 分析铁路运输典型事故危险有害因素的辨识。
3. 简述预防重大事故发生的安全技术措施。
4. 简述铁路事故的调查处理程序。
5. 简述铁路事故责任界定原则。
6. 简述铁路事故救援的原则。
7. 简述铁路应急预案的内容。

# 项目十二　铁路安全风险管理与安全评价

## 项目概述

本章主要是让学生认识铁路安全风险管理的重要性,掌握铁路安全风险管理的内涵,学会分析铁路安全风险管理的因素;掌握铁路安全风险管理的管控措施,学会安全风险评估与安全评价。

## 教学目标

### 1. 能力目标

阐述铁路安全风险管理的内涵;分析铁路安全风险管理的因素,掌握铁路安全风险管理的管控措施。

### 2. 知识目标

掌握铁路安全风险管理的内涵及程序;掌握安全风险管理的体系组成。

### 3. 素质目标

树立铁路运输"安全第一、预防为主、综合治理"的思想意识和安全风险意识;具有良好的铁路运输职业安全道德,做安全风险防范的模范。

# 任务一　铁路安全风险管理的重要性

随着铁路新技术、新设备的广泛应用,以及既有线大面积提速、高速铁路的不断投入运营,铁路安全压力越来越大,面临的风险种类和风险水平也正在发生深刻变化。全面推行高铁安全风险管理,大力提升铁路安全工作水平是新形势下解决安全问题的最佳途径,也是高铁实现科学发展、安全发展的迫切需要。高铁系统开展安全风险管理的指导思想和主要内容就是要通过实施安全风险管理,增强安全风险的防范意识,构建高铁安全风险的防控体系,达到强化安全基础、最大限度减少或消除安全风险、确保高铁安全的目的。

安全风险管理作为一门新兴的管理学科,在其形成和发展过程中,由于对风险管理的出发点、目标、运用范围等侧重点不同,国内外专家学者和企业家们也给出了不同的定义,并且随着时代的发展不断演变。

铁路交通安全风险管理,是一个大的系统性工程。以"安全第一、预防为主、综合治理"的思路,构建安全风险控制体系,就是要加强对安全风险的全面分析、科学研判,科学制定管控措施,最终实现消除安全风险的目标。从管理理念上讲,都要强调安全第一、预防为主、综合治理,强调树立责任意识、问题意识和风险意识;从管理内容上讲,都要强化超前防范、风险控制,抓好过程控制和安全风险应急处置,着力于构建运营安全管理的专业技术管理和保障机制。

## 一、世界部分国家铁路轨道运营风险管理现状

通过多年来对世界铁路交通事故实际案例的积累、分析与归纳,国际上关于铁路交通安全的研究,形成了比较成熟的理论体系与方法。其中,美国自 20 世纪 50 年代起,将安全评价标准从高危行业引入轨道交通,建立了铁路轨道交通的安全预评价、安全验收评价、安全现状评价及专项评价 4 类评价标准;英国则把铁路安全评价系统引入轨道交通,把所有的风险分为 3 个等级进行区别对待;中国的铁路轨道交通也有自己的安全评价制度,从各类安全事故发生的时间、路段、原因等方面系统、细致地进行了总结和归纳,从而形成了一套完整的安全预防、检查、处理机制,做到防患于未然,一旦发生事故,都能以最快、最稳妥的方式保护乘客的安全,最大限度地减少人员伤亡。

### (一)英国安全风险管理

英国颁布实施了 *The Railways and Other Guided Transport Systems（Safety）Regulations 2006*（ROGS）。该条例是英国铁路交通领域中最重要的法规,在法律层面规定了安全评估认证的管理机构、组织形式、认证有效期及评估要素等内容,涵盖安全管理体系、强制性安全认证和审计、岗位管理职责及相关授权认证等,确定了安全评估作为安全认证技术手段的重要地位。

## 1. 机构设置

英国交通部（DOT）是铁路交通的主管机构。交通部下设铁路条例办公室（ORR），按照条例相关要求，负责审核运营公司安全认证条件办理运营权证；铁路条例办公室（ORR）下设的女王陛下铁路监督机构（HRMI）基础设施管理公司和运营公司进行安全认证审核，并向 ORR 提交审核报告。英国城市轨道交通机构设置如图 12-1 所示。

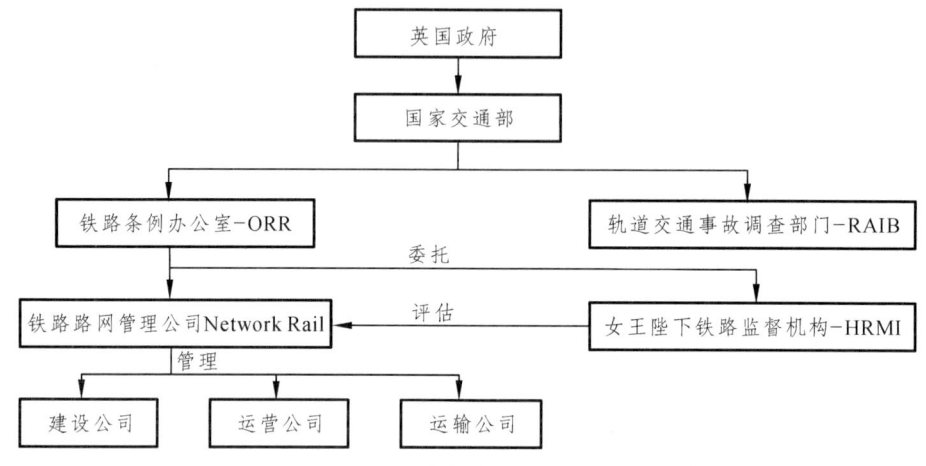

图 12-1　英国城市轨道交通机构设置

## 2. 风险管理

英国铁路交通运营风险管理要素主要包含管理制度、安全目标及实施计划、安全控制程序、设施设备运行要求、更新改造评估、人员要求、安全信息管理、应急管理、事故调查、风险评估、安全审计等内容。英国铁路交通运营风险管理要素如表 12-1 所示。

表 12-1　英国铁路交通运营风险管理要素

| 序号 | 项目 | 内容 |
| --- | --- | --- |
| 1 | 管理制度 | 安全政策及管理制度 |
| 2 | 安全目标及实施计划 | 包含安全控制程序 |
| 3 | 设施设备要求 | 涵盖技术要求、程序或规程 |
| 4 | 更新改造评估 | 当发生重大运营环境改变时，需要进行项目风险评估，并执行风险控制措施 |
| 5 | 人员要求 | 从业人员资质准入要求，培训计划、要求及记录 |
| 6 | 安全信息管理 | 包括安全信息采集、交流、报送，以及信息格式等 |
| 7 | 应急管理 | 主要包含应急预案（应急响应计划）、应急演练、应急处置要求 |
| 8 | 事故调查 | 分析及责任追究要求 |
| 9 | 风险评估 | 针对风险事件及事故的风险评估 |
| 10 | 安全审计 | 安全管理体系内部审计 |

### 3. 安全评估

运营公司向条例办公室申请安全认证并提交安全认证申请材料；条例办公室在收到相关申请后，委托铁路监督机构进行审核；铁路监督机构对运营公司提交的安全认证申请材料进行审核，进行安全评估工作，并编制完成报告报送条例办公室；条例办公室在接到报告后，组织专家进行审核，并做出是否颁发安全认证证书的决定。证书有效期一般为 5 年。英国铁路轨道公司安全评估流程如图 12-2 所示。

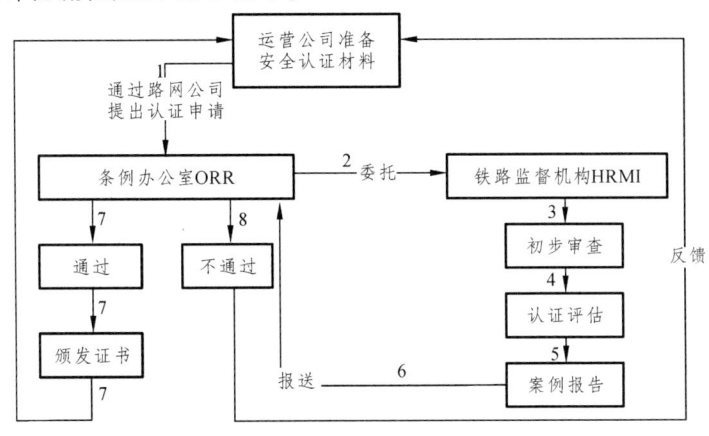

图 12-2　英国铁路公司安全评估流程

### （二）美国铁路安全风险管理

#### 1. 制度建设

法律法规：固定导轨交通系统的安全监督法规（1995 年，2005 年进行了更新和修订），主要规定了铁路交通应在全生命周期内开展安全管理工作。

国家层面：系统安全项目管理计划（System Safety Program Plan，SSPP）主要规定了地方主管部门和运营企业应该开展铁路轨道交通安全管理工作的主要内容和相关规定。

地方层面：地方主管部门根据安全计划的要求，深入、细化形成了《城市轨道交通安全监管方案》。

#### 2. 机构设置

美国铁路轨道交通机构设置如图 12-3 所示。

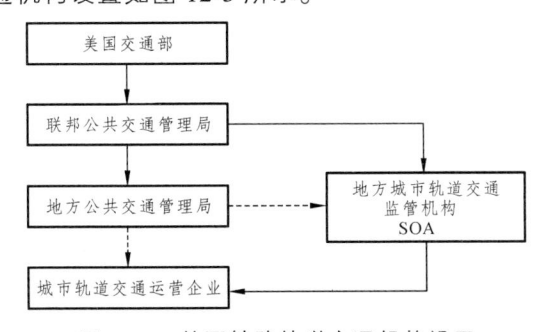

图 12-3　美国铁路轨道交通机构设置

### 3. 风险管理

美国铁路轨道交通运营风险管理方案（安全管理方案）主要包含安全管理政策、安全管理目标主体、安全管理机构、SSPP 执行情况、人员安全职责、危险源管理、安全管理系统更新、安全认证、安全数据采集及分析、事故公布与调查、应急管理、内部安全审计、安全合规性审核、设施设备安全隐患排查、维修管理、人员培训及认证、组织管理、管理人员安全审核、危险物品安全管理、药物和酒精检测、采购等。

### 4. 管理流程

联邦公共交通管理局编制安全计划，提出监管方向、要求及内容；州级公共交通管理局按照安全计划的要求，编制《铁路轨道交通安全监管方案》，并提交审核通过后，颁布并督促运营企业进行实施；运营企业根据《铁路轨道交通安全监管方案》的要求，编制实施计划，并报州级审核批准、联邦公共交通管理局备案后实施。美国铁路轨道风险管理流程如图 12-4 所示。

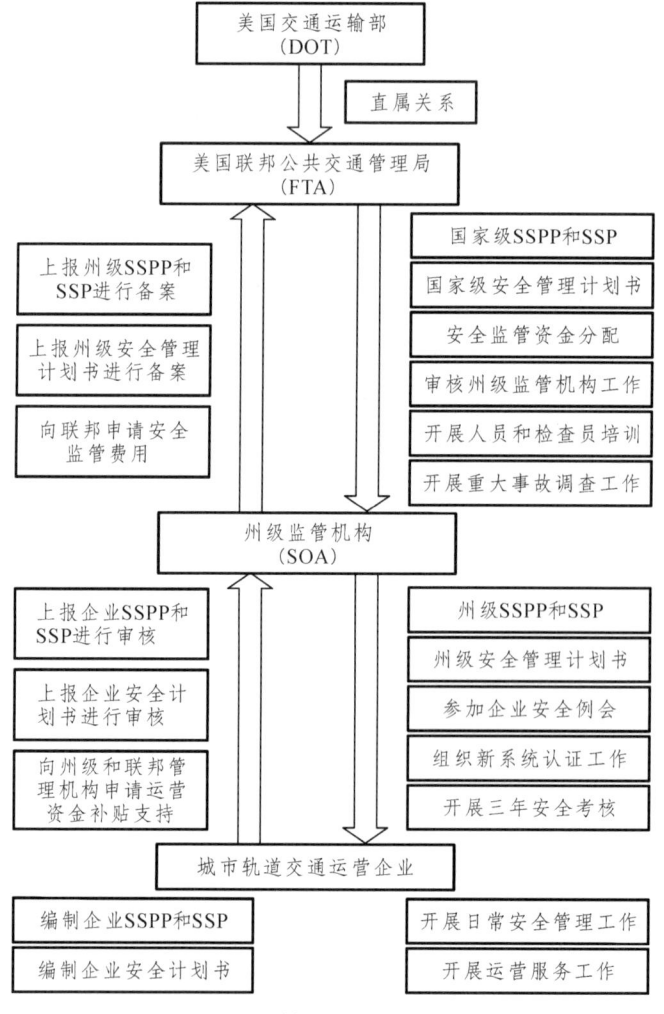

图 12-4 美国铁路轨道风险管理流程

## （三）日本铁路安全风险管理

### 1. 制度建设

日本《铁道事业法》是日本铁路交通领域中最重要的法规制度，明确规定了铁路交通应建立安全监督检查制度，并由交通运输主管部门负责执行和实施。行业管理部门对于铁路交通的主要管理手段是开展运营安全评估，检测检验设施设备运营安全状态是否达到安全运营要求。

### 2. 机构设置

日本国土交通省为铁路轨道交通运营主管部门，负责日常安全监督管理工作。地方交通运输局下设运营安全委员会处理重大安全事项；地方交通运输管理局还设立了专门的铁道安全监管员，专门负责铁道日常安全检查及程序。日本铁路轨道交通机构设置如图12-5所示。

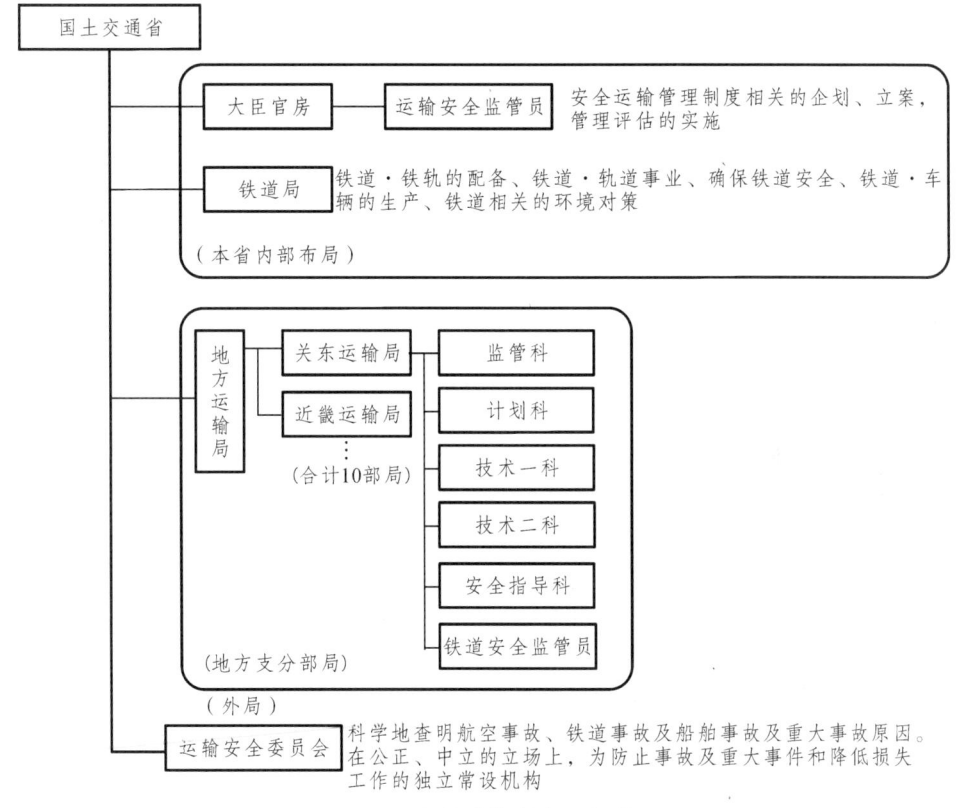

图 12-5　日本铁路轨道交通机构设置

### 3. 评估流程

在每年2月份之前，地方运输局向国土交通省递交安全检查计划目标企业；在评估前1~3个月，组建评估小组，形成评估日程，确定评估方针和内容等，并下发评估检查通知书；实施评估检查工作，并根据评估情况形成评估报告，反馈相关部门。日本铁路轨道公司安全评估流程如图12-6所示。

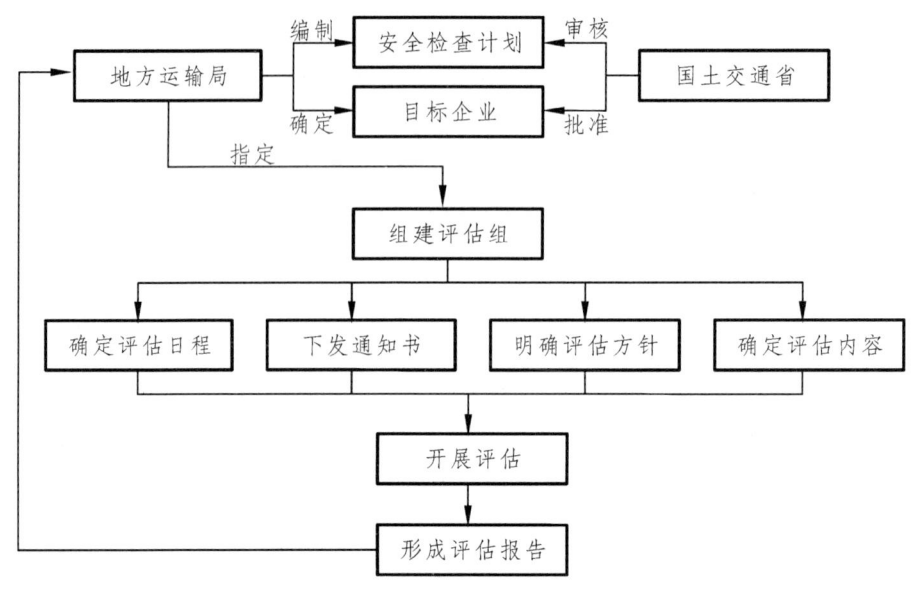

图 12-6　日本轨道公司安全评估流程

通过对相关国家做法的研究，编者做出如下总结：

一是制度的强制性。通过法规层面严格规定铁路交通运营安全评估工作的强制性。

二是机制的长效性。相关法规中明确规定了进行安全评估、认证、审计等的时间期限。

三是管理的先进性。多数国家铁路轨道交通主要采用主动式的安全风险管理模式。

四是评估的重要性。将安全评估作为安全检查或者是安全审计或者是安全认证的重要技术手段。

## 二、我国推行铁路安全风险管理的重要意义

安全是铁路运输的生命线。从近年来我国铁路安全的重点分析看，我国铁路安全基础薄弱的状况始终没有得到根本解决。特别是随着高铁的迅速发展、路网规模的不断扩大、新技术装备的大量投入使用，安全基础薄弱所带来的安全风险将更加突出。切实解决安全管理存在的突出问题，已是极为紧迫的工作。

铁路安全风险突出表现在以下方面：

### （一）站场作业方面

铁路现场作业人员违反规章制度、无计划擅自施工、超范围施工、天窗点外违规上线作业、施工人员和机具侵入限界、现场作业控制措施落实不到位等问题仍有发生。

### （二）铁路沿线环境方面

机动车抢越道口、行人非法上道仍是铁路交通事故造成人员伤亡的主要原因。安全保护区内违法施工、乱采乱挖、异物侵限等非法违法问题屡禁不止。

### (三) 主要行车设备方面

线路日常维修养护管理不到位、机车车辆、通信信号、线路接触网等故障影响铁路运输安全秩序的情况时有发生，主要行车设备的生产制造、养护维修等需进一步加强。

### (四) 自然灾害影响方面

水害、台风、雾霾、降雪、低温冰冻等极端恶劣天气和自然灾害对铁路运输安全的影响较大，由此导致的线路中断、危岩落石、边坡溜坍、泥石流掩埋线路、机车动车污闪、上跨电力线断线、外来物挂落接触网等险情较多。

### (五) 安全基础管理

突出表现在：部分单位抓落实的能力不强，安全管理和现场作业控制较为薄弱；规章制度不够严谨、规范，管理职责不明确，临时性措施办法多，以电报代替规章，下级规定宽于基本规章的问题还比较突出；职工队伍结构有的还不够合理，职工队伍素质能力还有欠缺，职工教育、培训工作还不能完全适应运输安全的需要；等等。

为破除铁路安全基础薄弱的"顽疾"，必须增强安全风险防范意识，引入安全风险管理方法。通过对风险因素的有效控制，进一步促进安全意识的强化、安全理念的提升和安全工作思路的优化，进一步促进各项措施的落实，最大限度地减少或消除安全风险。

## 三、推行铁路安全风险管理的必要性

由以上分析清醒地看到，我国运输安全管理工作的制度机制还不完善，特别是对高铁安全管理规律把握不够，安全关键环节的卡控还没有做到制度化、科学化。正反两方面的经验教训告诉我们，只有尊重铁路安全生产规律，确立安全风险管理的新思路，从根本上提高铁路安全管理的科学化水平，才能最大限度地减少或消除安全风险，从而实现运输安全的长治久安。针对铁路安全依然面临的严峻现实，在深刻总结铁路安全工作规律，准确把握当前铁路安全特征和变化的基础上，全面推行安全风险管理，是强化铁路运输安全工作的必由之路。

实施安全风险管理，增强安全风险的防范意识，构建安全风险的防控体系，达到强化安全基础、最大限度减少或消除安全风险、确保铁路安全的目的。全面推行安全风险管理，对于做好新形势下的铁路安全工作，深入推进铁路科学发展、安全发展意义重大。

# 任务二　铁路安全风险管理的深刻内涵

## 一、安全风险管理相关概念

### (一) 风险

风险：某一特定危险情况发生的可能性和后果的组合。

风险管理：如何在一个肯定有风险的环境里，通过相关方法和手段把风险减至最低的管理过程。

安全、风险、危险三者的关系如图 12-7 所示。

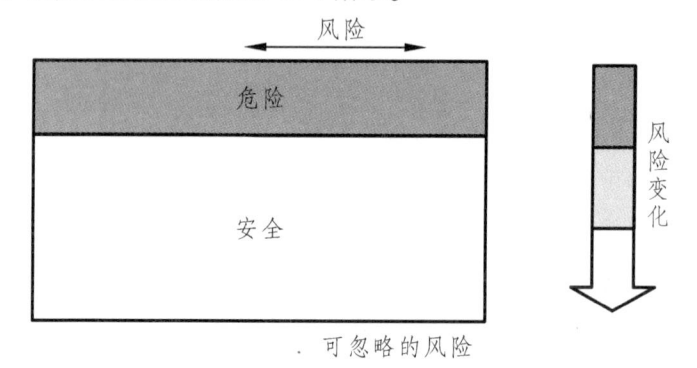

图 12-7 安全、风险、危险三者的关系

（二）危害、危险、危险源

危害：可能造成人员伤亡，疾病财产损失，工作环境破坏的根源或状态。

危险：遭受损失、伤害或不利的可能性。

危险源：导致事故发生的根源，是具有可能意外释放的能量或危险有害物质的生产装置、设施或场所。

（三）故障、隐患、应急、事故

故障：设备在工作过程中，因某种原因"丧失规定功能"或危害安全的现象。

隐患：在某个条件、事物以及事件中所存在的不稳定并且影响安全利益的因素。

应急：因某个或多个、内部或外部因素，导致系统、设备等处于非正常运行的状态。

事故：造成死亡、疾病、伤害、损坏或者其他损失的意外情况。

（四）安全风险管理

安全风险管理是一门新兴的管理学科。在其形成和发展过程中，由于对风险管理的出发点、目标、运用范围等侧重点不同，国内外专家学者和企业家们也给出了不同的定义，并且随着时代的发展不断演变。安全风险管理的主要内容：通过实施安全风险管理，增强安全风险的防范意识，构建安全风险的防控体系，达到强化安全基础、最大限度减少或消除安全风险、确保运营安全的目的。

（五）铁路交通运营风险管理

铁路交通运营风险管理是指通过采取相关方法和手段，有效降低可能产生的运营安全风险，并使风险状态有效控制在可接受范围内。

铁路交通运营风险管理主要包括辨识、分析、评估及控制等内容。

## 二、铁路交通运营风险的特点

在铁路交通运营过程中,其风险具有以下特点:

### (一)事故后果的严重性

铁路高速运行的列车由于通风、照明及救援困难,一旦失控,必将造成大量人员伤亡和财产损失。

### (二)社会影响的恶劣性

安全是铁路的生命线,一旦发生风险事故,将直接造成铁路交通瘫痪中断、人员拥堵,社会影响恶劣,甚至可能引发乘客骚乱、对政府的信任危机,后果极其严重。

### (三)行车安全对管理的依赖性

铁路交通运行作业是一个庞大的人机动态系统的安全运行,离不开管理的协调,在很大程度上依赖于管理的有效性。

### (四)运营系统的动态性

铁路交通的整个运营系统是靠各种设备的运转功能来保证的,各设备动态运营状态对整个铁路系统的运营可能会造成直接的影响。因此,各项运营设备的动态性使系统运营的动态性特征尤为显著。

### (五)铁路交通运行作业的反复性

铁路交通运行作业是多工种联合作业,昼夜不断、周而复始,各种不安全事件和事故大多数是重复发生的。

### (六)受环境影响的特殊性

铁路交通运行既受外部自然环境条件的影响,也受社会环境条件的影响。由于铁路运营具有许多不确定性,只有针对铁路交通运营中风险的特点,通过风险管理的研究,采取合理对策,才能从根本上消灭事故发生的隐患,将铁路交通的事故发生率降到最低。

铁路运营安全风险分析过程共分以下5步:

第一步,识别系统所有可能的危险/风险。

第二步,定义危险事件/风险发生频率的分类及说明。

第三步,采用后果分析来预测危险事件/风险可能的影响,定义危险/风险的严重度等级和每种严重度对人员或环境产生的后果。

第四步,定义风险的定性类别以及针对每个类别所采取的措施。

第五步,采用"频率—后果"矩阵,将危险事件/风险的发生频率和它的严重度结合起来对风险进行评价,确定风险类别。"频率—后果"矩阵如图12-8所示。

图 12-8 "频率—后果"矩阵图

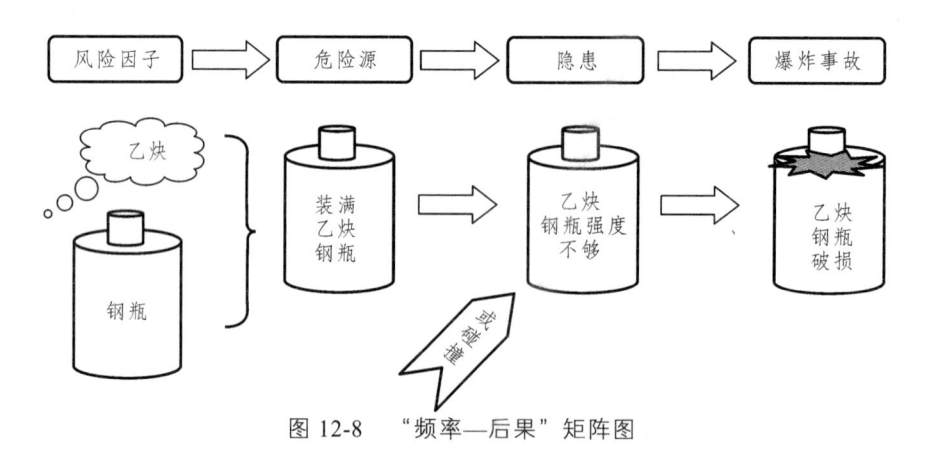

### 三、风险管理安全理论基础

铁路交通运营风险管理发展过程与安全理论的演变过程密不可分。

历经过程：事故—隐患—风险—系统；

总体趋势：被动—主动；

发展方向：定性—定量。

#### （一）事故理论安全原理。

（1）管理对象：事故；

（2）特点：经验型；

（3）缺点：事故整改，成本高，总处于被动接受状态，不能实现事故的超前控制。

事故理论安全原理示意图如图 12-9 所示。

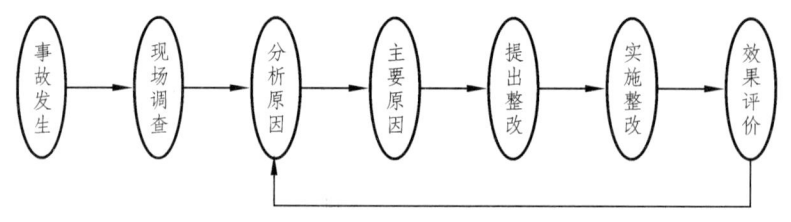

图 12-9 事故理论安全原理示意图

#### （二）隐患理论安全原理。

（1）管理对象：隐患；

（2）特点：超前治理，标本兼治；

（3）缺点：存在型，缺乏定量，系统科学有限，往往抓不住重点，控制效果难有保障。

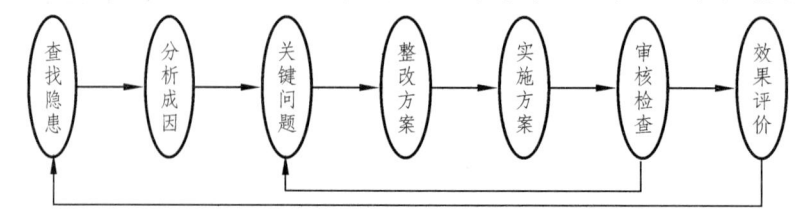

图 12-10 隐患理论安全原理示意图

### （三）风险理论安全原理

（1）管理对象：风险；
（2）特点：超前预防，辨识系统，分级管理，预警预控；
（3）缺点：定量分析难度大，实施要求标准高。

风险理论安全原理示意图如图 12-11 所示。

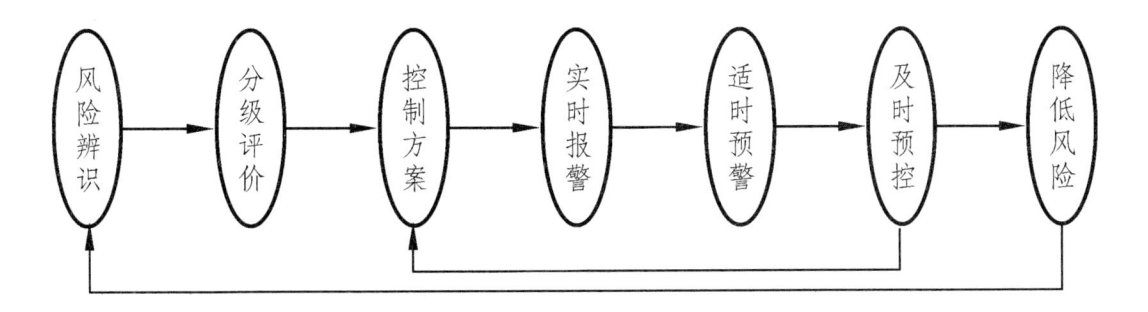

图 12-11　风险理论安全原理示意图

### （四）系统理论安全原理

（1）管理对象：安全目标（装备、环境、文化……）；
（2）特点：基础性、预防性、系统性、科学性的综合策略；
（3）缺点：成本高，技术性强。

系统理论安全原理示意图如图 12-2 所示。

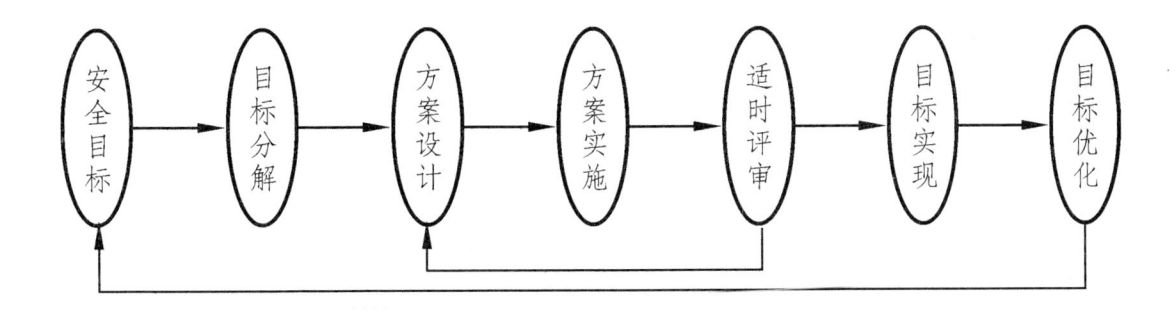

图 12-12　系统理论安全原理示意图

## 四、铁路风险管理的内容

### （一）风险识别

风险识别主要是对铁路交通运营事故和风险事件进行统计分析，明确对象，侧重从发生次数和影响程度两个方面进行选取，重点分析。其具体流程如图 12-13 所示。

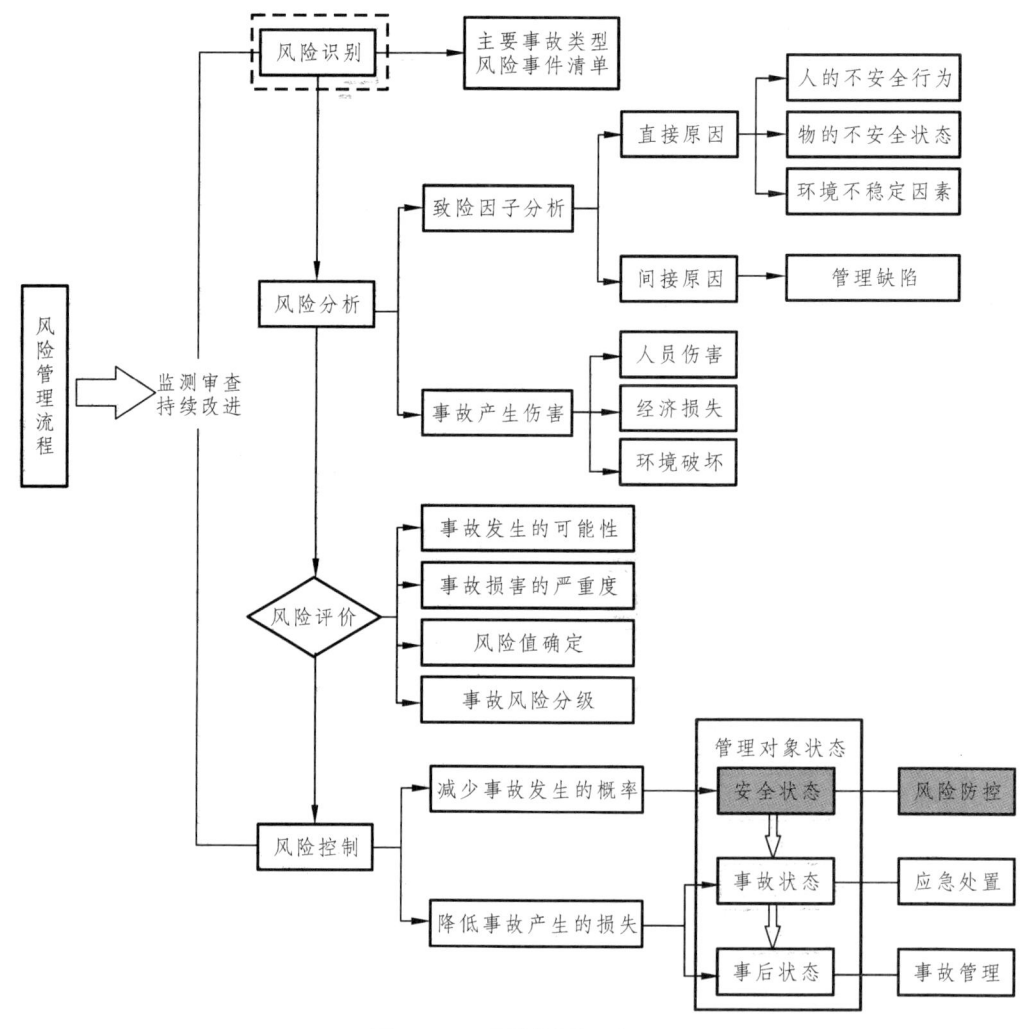

图 12-13 风险识别示意图

风险识别主要是通过相关手段和方法来实现对风险的辨识。风险识别手段及方法如图 12-14 所示。

图 12-14 风险识别手段及方法

## 1. 现场调查法

现场调查法是一种常用的风险识别方法,是风险检查员亲临现场,通过直接观察风险管理单位的设备、设施、操作和流程等,了解风险管理单位的生产经营活动和行为方式,调查其中存在的风险隐患，并督促有关管理部门采取相应的整改措施的一种识别方法。其主要工作程序包括检查前的准备工作、现场调查和撰写调查报告等3个步骤。

**2. 流程图法**

流程图法是将风险主体按照生产经营的过程和日常活动内的逻辑关系绘成流程图，并针对流程图的关键环节和薄弱环节进行风险调查、风险识别的办法。一般来讲，风险主体的经营规模越大，生产工艺越复杂，流程图分析就越具有优势。按照流程路线的复杂程度，流程图的类型可划分为简单流程图和复杂流程图；按照流程的内容，可划分为内部流程图和外部流程图；按照流程图的表现形式，可划分为实物形态流程图和价值形态流程图。

**3. 因果图法**

因果图法是从导致风险事故的因素出发，通过对这些因素进行全面系统的观察和分析，找出其中的因果关系，推导出可能发生的结果的一种风险识别方法。因果图是将导致风险事故的原因归纳为类别和子原因，画成形似鱼刺图，又称"鱼骨图"，具体如图12-15所示。

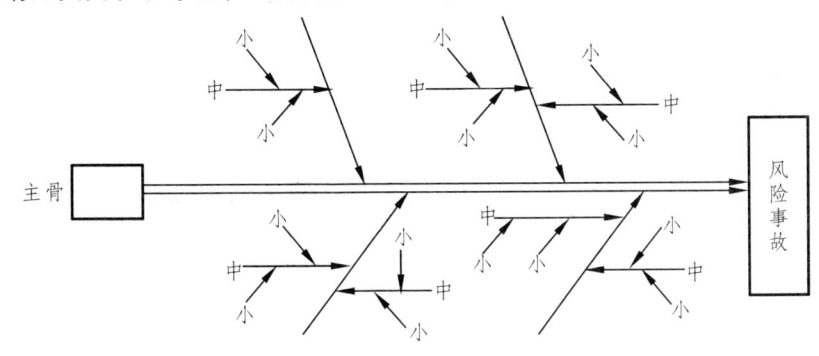

图12-15 因果图法"鱼骨图"

（二）风险分析

风险分析主要包含两个方面。一是侧重从直接和间接2个角度，人、机、环、管4个方面分析事故或事件的产生原因。二是从人员、经济、环境3个方面进行事故或事件造成后果的分析和估量。

某列车动车组火灾风险致因分析如表12-2所示。

表12-2 动车组火灾风险致因分析表

| 风险事件 | 风险因素 | | 风险致因分析 | 风险损害 | | |
|---|---|---|---|---|---|---|
| | | | | 人员 | 财产 | 环境 |
| 动车组火灾风险事件 | 直接原因 | 人员因素 | 工作人员 | 误操作导致短路 | | | |
| | | | | 未严格执行地下动火规定 | | | |
| | | | | 未严格执行安装验收标准 | | | |
| | | | 其他人员 | 乘客故意纵火 | | | |
| | | | | 乘客携带违规物品进站，造成火灾 | | | |

续表

| 风险事件 | 风险因素 | | | 风险致因分析 | 风险损害 | | |
|---|---|---|---|---|---|---|---|
| | | | | | 人员 | 财产 | 环境 |
| 动车组火灾风险事件 | 直接原因 | 设施、设备因素 | 变压器 | 电力变压器内部绝缘衬垫和支架未采用阻燃材料 | | | |
| | | | | 用电设备超负荷、故障短路、外力因素，造成瓷瓶损坏 | | | |
| | | | 电缆 | 电缆沟混入了油泥、木板等易燃物品 | | | |
| | | | | 超负荷运行、接触不良加速电缆绝缘损坏，引发火灾 | | | |
| | | | 牵引网 | 电流散发的热量以及产生的电火花和电弧 | | | |
| | | | 配电系统 | 配电装置容量较大，存在短路、接地的危险因素 | | | |
| | | | 车辆设备 | 车内线路短路，引发火灾 | | | |
| | | | | 列车脱轨、相撞等恶性事故，导致火灾 | | | |
| | | | 其他设备系统 | 通风、空调、排烟系统使用大量电气设备和电线电缆 | | | |
| | | | | 通信、信号系统的电缆部分在线路短路、故障等情况下，引发电气火灾 | | | |
| | | | 车站等站场 | 车站内设商业服务项目或与商场营业厅、商业街相连通，存在较多的可燃物质 | | | |
| | | | | 车站内的建筑物装修材料未选用阻燃材料 | | | |
| | | 环境因素 | | 高温、干燥的天气 | | | |
| | 间接原因 | 管理因素 | | 防火制度不完善 | | | |
| | | | | 人员培训不到位，导致误操作或违规操作引起火灾 | | | |

（三）风险评价

风险评价，又称安全评价，是指在风险识别和估计的基础上，综合考虑风险发生的概率、损失幅度以及其他因素，得出系统发生风险的可能性及其程度，并与公认的安全标准进行比较，确定企业的风险等级，由此决定是否需要采取控制措施，以及控制到什么程度。

在风险评估过程中，可以采用多种操作方法。常用的风险评价方法有：事故树分析法、事件树分析法、矩阵图法、故障类型及影响分析、事故多米诺效应风险法等。

（四）风险控制

风险控制主要通过控制手段和途径实现降低风险事件的发生概率和损害程度的目的。

风险控制是涵盖建立控制机制、编制控制方案、实施控制方案、评估控制效果、完善控制方案等内容的闭环过程。流程管理风险控制如图12-16所示。

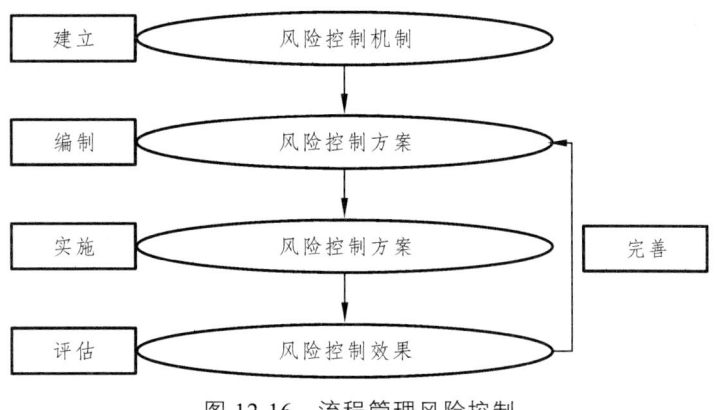

图 12-16 流程管理风险控制

风险控制的技术有风险规避、损失控制、风险转移和风险保留。下面重点介绍风险规避和损失控制。

**1. 风险规避**

风险规避是指考虑到影响预定目标达成的诸多风险因素，结合决策者自身的风险偏好和风险承受能力，从而做出的中止、放弃某种决策方案，或者调整、改变某种决策方案等措施，以放弃原先承担的风险或者完全拒绝承担风险的风险处理方式。风险规避的方式主要有以下两种：

（1）完全拒绝承担风险。其特点在于风险管理者预见到了风险事故发生的可能性，在风险事故未发生之前进行处理。例如：铁路车辆上线前进行严格检查，并对车辆设备在使用周期内进行更换。

（2）放弃原先承担的风险。其特点在于风险因素已经存在，被风险管理者发现，及时进行了处理。例如：某铁路线路区段由于线路基础不良造成路基下沉，被发现后，决定停止该区段列车运营。这样就放弃了原来承担的风险，控制了由于线路不良可能产生的事故风险。

风险规避主要适用于：发生频率高且损失承担比较大的特大风险；损失频率虽不大，但是损失后果严重，并且无法得到补偿的风险；采用其他风险管理技术的成本比较高，且超过风险规避成本。

**2. 损失控制**

损失控制是指风险管理单位有意识地采取措施，防止风险事故的发生，控制和减少风险事故造成的经济、社会损失。采取损失控制，通常需要做好以下两方面的工作：

（1）风险预防。它是一种行动或安全设备装置，在损失发生前，将引发事故的因素或环境进行隔离和控制。风险预防的方式是多种多样的，而不是单一的。如果风险预防的措施侧重风险单位的物质因素，则称为工程物理法，如机车车辆的安全检查、技术检查等；如果风险预防的措施侧重人员的行为教育，则称为人们行为法，如实施职业安全教育等；如果风险预防侧重建立规章制度、操作手册、值班条例等，则属于规章制度法。

（2）损失抑制。它是指在风险事故发生时或发生后，及时采取合理措施，缩小损失发生的范围或降低损失严重的程度。其方式多种多样，主要有两种：一是分散风险单位，是指将风险单位划分成若干个数量少、体积小而且价值低的独立单位，分散在不同的空间，以减少风险事故的损失承担；二是备份风险单位，是指再准备一份风险单位所需的零部件或者设备，当原有的零部件或设备不能正常使用时，备份风险单位可以代替原有设备发挥作用。

# 任务三　铁路安全风险管理体系

## 一、全面实施铁路安全风险管理的措施

### （一）风险预控管理手段

**1. 加强安全风险过程控制**

实行安全风险管理，首要是加强对安全风险的研判。要突出风险辨识、风险分析、风险评价，加强对高风险环节和岗位的掌控，及时发现并准确研判安全风险，实施对安全风险的科学管控和有效处理，强化过程控制，防止事故的发生。

（1）全面掌控生产过程中的安全风险。要在原有的安全监督管理信息系统基础上健全综合分析平台，完善涵盖风险管理基本流程和内部控制系统各环节的风险管理信息系统。要确保信息数据和风险量化值的一致性、准确性、及时性、可用性和完整性，确保各层级能够及时全面掌握生产过程中本单位、本部门的风险控制点。针对不同风险，按照设备质量标准和职工作业标准，分系统、分层次制定控制风险和消除风险的措施，并按照"逐级负责、专业负责、分工负责、岗位负责"的要求，把风险责任和风险措施落到各层级、各专业、各工种、各岗位，实现对现场作业的有效控制。

（2）加强"全员、全方位、全过程、全时段"的安全风险管理。铁路是大联动机，其运输生产过程是由车、机、工、电、辆等多工种、多环节协作完成的，具有设备众多、种类繁多、布局纵横、职工岗位独立分散等特点，为了实现各工种、各环节的协同动作，必须做到严格有效的过程控制。全面推行安全风险管理，涉及安全管理的上上下下、方方面面，只有将安全风险管理责任落实到每一个人、每一个岗位、每一台设备、每一个作业环节，才能实现安全生产管理的全过程控制。

（3）把安全生产标准化建设作为实现安全风险全过程控制的重要手段。各铁路运输企业要广泛开展安全生产达标建设，实行安全标准化管理，按标准指挥生产，按标准生产作业，减少或避免不安全的行为。

（4）加强重点安全风险的过程控制。按照国铁集团确定的9个安全风险控制重点，结合实际，研究制定各铁路局公司、段站部门安全风险的判断标准或判断机制；确定风险控制重点，制定风险管理策略和跨职能部门的重大风险管理解决方案，并抓好安全风险的日常监控。尤其要强化高铁安全风险和客车安全风险的过程控制，确保安全万无一失。

## 2. 加强安全风险管理基础建设

安全风险管理的首要环节是从源头上化解和降低风险。实现安全风险的预先控制、超前防范，安全基础建设尤其关键。

（1）明晰和落实安全管理责任。完善铁路安全监管体制，建立权责明晰、运转高效、落实到位的铁路安全管理新体制。强化政府安全监管，加大国铁集团对铁路运输企业安全生产的监管力度，形成权责明确、监管有力、协调顺畅的安全监管格局。确立铁路运输企业市场主体地位，落实铁路局公司安全主体责任，严格落实各级安全生产责任制。各专业管理部门要切实加强专业管理。

（2）全面提升设备质量。加强物资采购管理，建立公开透明的物资采购机制。规范铁路专用设备准入管理，健全铁路产品技术标准，引入第三方认证，确保设备质量可靠。严格落实新线验收标准和开通运营条件，实行新建铁路开通运营"六不准"，坚决把工程质量隐患解决在运营之前。完善设备检修技术标准和作业流程，加强日常检查监测和养护维修，确保设备运行稳定可靠。

（3）加强人员管理。加强重点岗位人员的准入管理，认真落实高铁主要行车工种和关键专业技术岗位人员的任职资格条件，严格人员选拔与任用，优化主要行车工种队伍结构和劳动组织。加大相关人员培训力度，切实提高培训质量，全面提升职工队伍素质。

（4）加强安全生产法治建设。加大安全执法力度，净化铁路安全环境。加强规章制度建设，规范规章制度管理，尽快完善以高铁为重点的技术标准和作业规程，形成科学严密、规范有效的安全管理制度体系。

## 3. 有效处置和消化安全风险

实行安全风险管理的目的是消除风险。由此，必须根据风险因素不同层次与类别确定风险偏好和风险承受度，并据此确定风险的预警线，采取相应的对策。

（1）有效处置和消化安全风险。对各类安全风险实行分类管理，科学制定管控措施，实行闭环管理，实现良性循环。以高铁和客车安全为重点，突出高风险环节和关键岗位的管理，坚持把客车安全作为铁路安全的重中之重，把加强安全管理作为安全各项工作的重中之重，把抓落实作为加强安全管理的重中之重，确保各项安全措施不折不扣地落到实处，保证高铁和客车的绝对安全。

（2）搞好安全风险应急处置。完善和规范安全问题快速报告制度，完善问题快速响应制度，建立问题快速阻断制度。完善应急救援处置预案，明确处置流程、处置措施和职责分工，做到简明实用、便于操作。同时要完善国铁集团、铁路局、站段三级应急救援网络，健全应急救援设施，加强应急救援培训和演练，做到应急有备、响应及时、处置高效，规范有序地做好事故调查处理等工作；及时准确权威地发布相关信息，正确引导舆论。

（3）建立健全安全风险管理考核机制。有序推行安全风险管理，开展好考核评估工作，对安全风险管控实行有效的监督，提高安全风险管理的效能。

## 4. 大力加强安全文化建设

推行铁路安全风险管理，前提是增强安全风险意识。文化的力量对意识的作用是巨大的。

要通过加强安全文化建设，让"安全是铁路工作的生命线，是铁路的'饭碗工程'，安全不好是最大的失职，没有安全就没有一切"等安全理念，成为广大干部职工的共同安全价值观，成为广大干部职工的自觉行动。

（1）利用各种教育手段，广泛开展安全风险意识、安全责任意识和安全发展理念教育，引导干部职工把确保人民生命财产安全作为天职，牢固树立起"安全生产大如天"的安全价值观。把安全风险意识根植于思想深处，贯穿到运输生产的全过程，增强干部职工加强安全风险控制的内在动力。

（2）适应高速、提速、普速铁路安全工作的不同要求，细化岗位作业标准、工作流程，完善安全规章和安全风险管理制度，形成规范和固化职工安全作业行为的管理机制和安全防范体系。

（3）立足铁路安全生产实践，注重培养职工的良好作业习惯。坚持把岗位安全立功竞赛、案例警示宣传、安全法规教育渗透到安全生产各岗位、全过程。

（4）大力选树、宣传生产一线安全先进典型，正面激励，示范引导，鼓励职工自觉遵章守纪、坚持标准化作业。

（5）加强安全文化环境建设，在职工作业场所推行安全格言、安全寄语和安全承诺，设置和规范安全标志、标识，潜移默化，感染熏陶，不断激发干部职工保安全的工作热情和干劲。

### （二）风险预控技术手段

针对铁路不同类型的风险，通过采取科学的预控措施和手段有效降低安全风险。目前，运营过程中的风险预控技术手段主要为监测预警技术。通过对被监测对象的实时监控，当有可能发生或即将发生危险事故时，及时进行预警，并联动风险控制措施，实现风险控制关口前移、减小事故损失的目的。

## 二、铁路安全风险管理体系

### （一）建立完善的铁路安全风险管理机制

（1）建立安全预警机制，通过"预警系统"建立合理、科学的铁路安全预警评估指标体系和安全绩效累计算法模型。

（2）采取负向目标激励方法，通过安全绩效累计实行"撞线预警"评估，充分体现"安全第一、预防为主、综合治理"的管理思想。

（3）建立国铁集团、铁路局和站段三级安全信息收集与反馈网络。

（4）系统通过"检测网"采集安全信息，对安全隐患能及时准确地进行统计分类、综合分析，实现安全管理有序可控。

（5）建立重大危险源和事故预警机制。

### （二）铁路行车安全监控体系构建

铁路行车安全监控体系构建如图 12-17 所示。

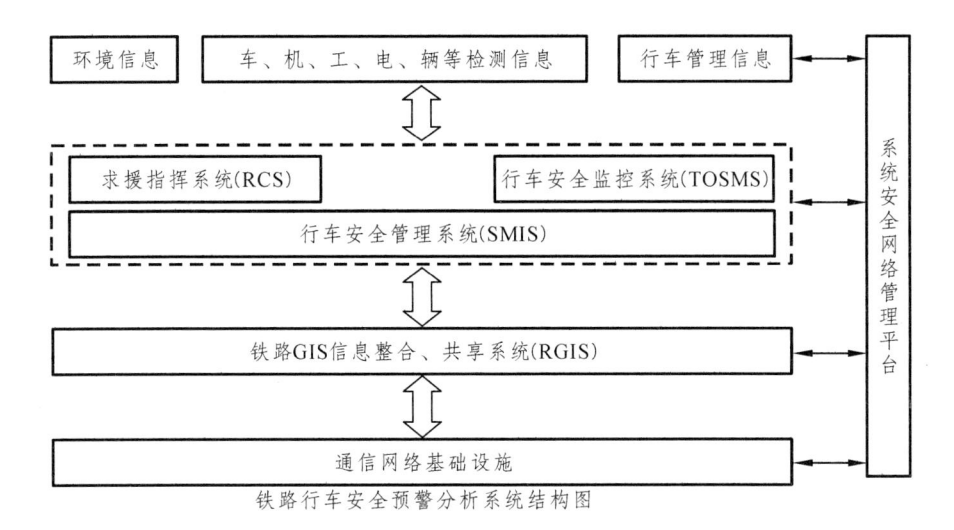

铁路行车安全预警分析系统结构图

行车安全监控系统(TOSMS):

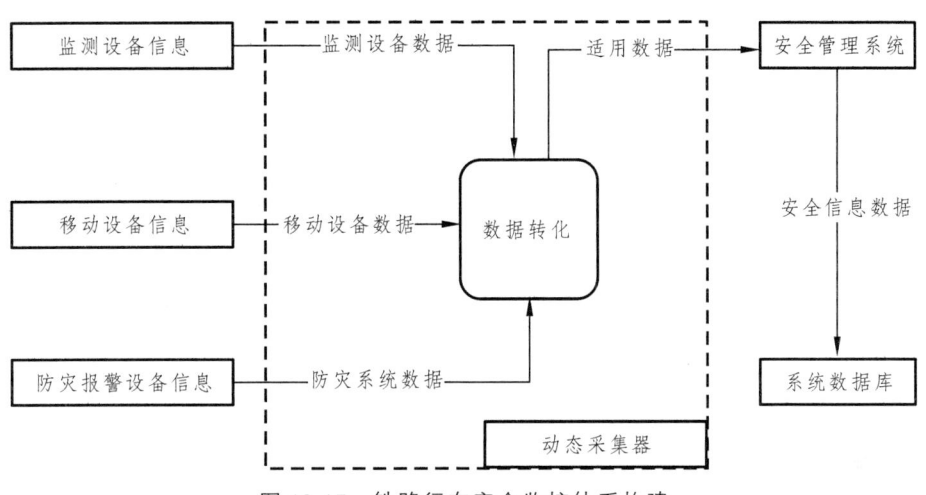

图 12-17　铁路行车安全监控体系构建

### (三) 运输安全预防体系的构建

(1) 运输安全预防理论体系构建：研究运输事故分级预防机理；认识行为动力定型机理；风险效应机理；危险源预测与辨识机理。

(2) 运输安全预防技术体系构建：分析运输事件、事故预测技术；完善安全规划技术、安全设计技术；针对各种危险隐患采取有效的技术措施进行治理；从技术层面分析事故预防的实现途径。

(3) 运输安全预防管理体系构建：建立和完善统一的安全标准体系、安全机制协调机制体系、宣传教育体系；规范运输系统中人的行为；协调系统中人、车、环相互关系准则。

(4) 运输安全预防政策法规建设：分析运输安全预防政策法规的制定、执行和遵守；研究相关政策法规关系主客体的权利和义务；从政策法规层面保证事故预防的系统性和完备性。

### （四）运输安全保障体系构建

（1）研究运输事故阶段性机理、行为不可靠性机理、系统脆弱性机理、不对称性机理，构建运输安全保障体系理论基础。

（2）研究事故信息采集技术、事故移动跟踪技术、系统控制技术以及系统设计技术，从技术层面分析运输安全保障体系的实现途径。

（3）搭建运输安全信息平台，构建运输安全事故预测系统、决策支持系统、评价系统、协调系统，从而能够对历史数据进行挖掘，提取隐藏的预测信息，掌握运输安全动态，评价安全保障措施的效果并为决策提供支持。

（4）建立和完善运输安全保障政策法规体系，提供安全管理的基础保障。

### （五）运输事故救援体系构建

（1）研究事故救援的快速响应机理、联动调度机理、第一生命特征机理（把生命作为第一条件，制订并落实安全救援计划，以保证受害人得到及时治疗和抢救）、事故再现机理，为运输事故救援体系的构建提供理论基础。

（2）分析铁路事故现场勘查技术、联动调度技术、第一生命特征救援技术、现场疏通技术，为事故救援体系的构建提供技术保障。

（3）建立起能快速反应的运输事故紧急救援联动系统，建立急救新机制，研究事故救援的布局、资源管理、指挥系统建立、事后管理等，把事故可能造成的损失降到最低限度。

（4）建立和完善事故救援政策法规体系。

## 任务四　铁路安全风险评估与安全评价

### 一、铁路安全风险评估

#### （一）评估依据

目前，我国铁路交通运营安全评估依据主要有两方面：
（1）标准类评估依据。
（2）相关评估材料（方案、指南等）。

#### （二）安全评估现状

**1. 标准依据**

标准类主要包括国家级、地方级及企业级3个层面。
（1）国家层面，主要是《新建铁路项目运营安全评估办法（试行）》。
（2）地方层面，如地方政府编制的安全评估标准等。

（3）企业层面，地方运营企业根据自身特点编制的安全评估标准。

## 2. 评估材料

评估材料类依据主要是基于对相关标准内容（指标等）的借鉴，以日常运营生产工作内容为基础，结合运营企业自身发展的实际特点，形成的评估方案或评估指南。

此外，通过委托第三方开展运营安全评估工作的，主要是以评估单位既有方案为基础，融合被评估方的需求和实际特点，而形成的评估方案或评估指南。

## 3. 评估形式

目前，我国铁路交通运营安全评估技术主要有以下3种类型：

（1）主管部门组织第三方开展安全评估。

行业主管部门主要通过公开招投标及委托等形式，选取符合条件的，且具有一定评估经验、评估能力的评估单位，进行安全评估工作。

（2）运营企业组织第三方开展安全评估。

运营企业按照运营实际需求，委托特定的且符合自身要求的评估单位开展安全评估。此外，有时也采用招标方式选取评估单位。

（3）运营企业内部开展安全评估。

运营企业按照企业内部计划或者是根据主管部门等的要求，完全依靠内部力量，定期或不定期开展安全评估，以了解相关评估单位的特点。

## 4. 评估内容

目前，我国铁路交通运营安全评估主要包括以下5个部分：

（1）评估范围。安全评估范围主要是普铁、高铁制式。

（2）评估对象。安全评估对象包含单线、双线和网络化等几部分。

（3）评估指标。安全评估指标主要是根据不同评估依据而确定的。有些为以既有标准或方案的指标为基础，结合实际情况设定指标。

（4）评估方法评估指标。安全评估方法主要为定性和定量。其中，定量方法主要依靠评估专家或评估人员的经验进行判定。

（5）评判标准。安全评估评判标准是用来规定安全评估结果等级的要求，是客观反映铁路安全（风险）状态的依据，应系统划分不同级别的安全风险情况。

### （三）评估分析

通过对我国铁路交通运营安全评估情况进行分析，得出如下结论：

一是评估依据的不同性。不同的评估依据，影响评估标准的同一性。

二是评估形式的多样性。多样的评估形式，影响评估工作的规范性。

三是评估内容的差异性。不同的评估内容，影响评估结果的客观性。

这些都会影响评估工作的效率和效果，不能有效支撑行业的规范发展。

## （四）铁路运营企业的需求

目前，我国铁路交通运营企业的需求主要包括以下 3 个方面：

一是了解存在安全问题和真实风险状态的手段。通过开展铁路交通运营安全评估工作，运用隐患排查或风险辨识的手段，发现运营企业在日常管理、人员环境及设施设备运行等方面存在的问题，并结合评估方法和评判标准，得出评估结果，明确不同系统和总体的风险等级，查找安全"短板"，判断风险是否在可接受范围内。

二是实现共享、借鉴其他路局公司经验的重要途径。通过铁路交通安全评估工作的不断发展，必将形成以第三方为载体的、积累了不同铁路局公司、不同线路、不同制式等的行业风险数据库。因此，可以通过委托第三方开展安全评估的机会，以其为媒介，实现风险库资源共享，达到其他铁路局公司已经遇到的风险进行提前防控的目的，防止事故发生。

三是表现铁路企业安全运营状态的主要依据之一。铁路交通属于社会高度关注的交通方式，一旦发生问题（可能没有导致事故），都会引起社会的广泛关注。因此，铁路运营企业承受着较大的压力。

铁路运营企业通过开展安全评估工作，可以通过第三方的力量，真实地向主管部门和公众反映其在日常中做出的努力，客观地反映安全状态，并成为一种寻求支持的有效途径。

## （五）评估市场需求

传统型"望、闻、问、切"手段，以及既有风险管理模式，已不能完全满足安全发展的需要。尤其对于动态因素（如设施设备运行、客流变化等），无法有效实施风险管理。因此，我国铁路交通运营安全评估市场需求，主要为评估技术软件及装备。

# 二、铁路安全评价

## （一）安全评价的概念

安全评价又称危险度评价，就是对系统内存在的危险性及其严重程度以既定指数、等级或概率值进行分析和评估，并针对这些危险制定相应的安全对策，使系统安全性达到社会公众所需要的水平的一种方法体系。概括来说，安全评价就是从数量上说明被评价对象的安全可靠程度。

## （二）安全评价项目分类

根据项目的不同阶段分为：安全预评价、安全验收评价、安全现状评价、专项安全评价。

## （三）安全评价方法分类

安全评价方法一般有两种分类方式：一种是按评价指标的量化程度分为定性法、定量法以及定性与定量相结合的方法；另一种是按评价对象进行整合，主要有安全管理评价法和系统安全综合评价法。安全评价方法包括：安全检查表分析（SCL）、作业条件危险性评价法（LEC）、预先危险分析（PHA）、危险与可操作性分析（HAZOP）、失效模式与影响分析（FMEA）、故障树分析（FTA）、事件树分析（ETA）、指数分析法。

### (四)安全管理评价

安全管理评价就是评价企业的安全管理体系及管理工作的有效性和可靠性,评价企业预防事故发生的组织措施的完善性,评价企业管理者和操作者素质的高低及对不安全行为的可控程度。安全管理评价内容:现代安全管理方法的应用、安全教育形式、规划计划与 安全工作目标、职能部门安全指标分解、各级人员安全生产责任制、安全生产规章制度、各工种操作规程、安全档案、安全管理图表、"三同时"审批项目、事故处理"四不放过"、安全工作"五同时"、安全措施费用、安全机构与人员配备。

### (五)安全评价程序

安全评价程序可以用图 12-18 来表示。

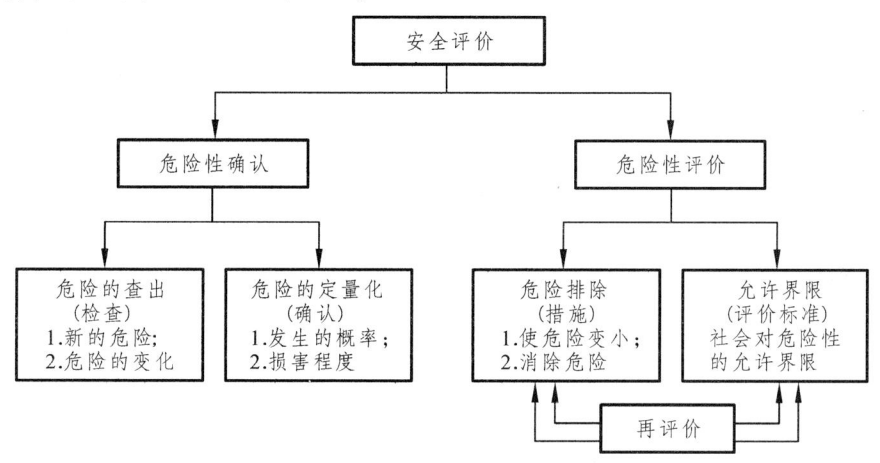

图 12-18 安全评价程序图

如果把一个安全评价内容加以适当扩充,考虑社会环境的影响和安全管理的最终目的,系统安全评价的程序补充用图 12-19 来表示较为合适。

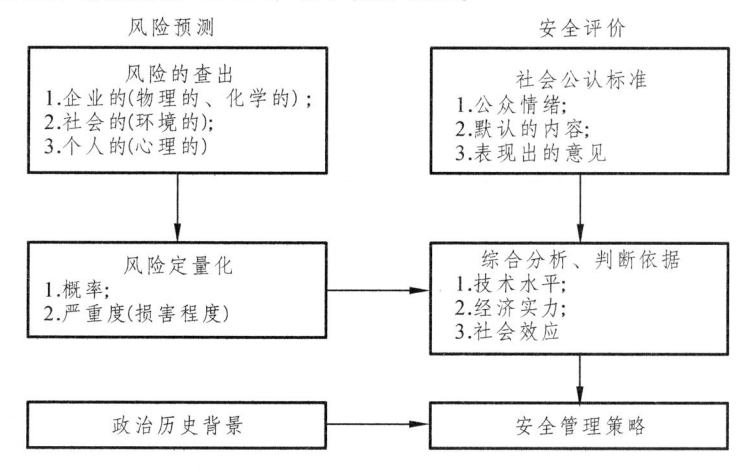

图 12-19 系统安全评价程序补充

## 三、铁路安全管理综合评价

铁路运营安全综合评价是铁路交通系统运营安全管理的重要组成部分。它是以实现铁路交通运营安全为目的，按照系统科学的方法，对铁路交通系统中的危险因素进行分析和评价，并根据形成事故的大小，采取相应的安全措施，以达到安全管理的目的。

### （一）行车基础设备评价

**1. 车辆评价**

车辆评价可以采取现场安全检查表的方式。选取若干车辆段进行检查，设立相应检查项目，进而根据收集到的数据，对车辆进行安全评价。

**2. 线路评价**

线路评价也可以采取现场安全检查表的方式，从线路设计缺陷、钢轨伤损等方面进行检查，并对钢轨断裂用事故树分析方法进行分析，从而发现安全隐患。

**3. 供电评价**

采用安全检查表对铁路交通系统供电设备进行安全检查，对历年的事故资料采用数理统计分析的方法进行评价，并对影响列车运营的三轨断电事故进行事故树分析。

主要考查的问题有：设备服役期限、设备老化情况、设备技术水平、设备与环境的适应性、设备结构设计、备件备品情况等。

**4. 通信信号评价**

对通信信号设备，主要采取数理统计分析的方法和影响弹性系数方法进行评价，统计设备故障数量、设备故障率、自动化水平及设备稳定性等。

**5. 机电评价**

可以应用安全检查表对机电设备设施进行现场检查，考察通风和排烟设施、管路锈蚀问题、电缆阻燃能力、区间隧道应急照明等，并采用事故树分析方法进行分析。

**6. 土建设施系统评价**

主要考查车站的站场、站台、设备及管理设施的设置等。

**7. 行车基础设备评价总结**

行车基础设备和铁路交通重大、大事故的关系总结如下：

（1）车辆是影响安全运营的最重要的设备，车辆故障可能导致列车脱轨等事故发生，从而导致群伤群死事件的发生。

（2）线路损伤易导致重大行车事故的发生，需要对线路进行检测、维护，以保证及时发现伤损情况，并进行处理。

（3）供电设备故障可导致长时间停运不当，甚至造成事故。其本身发生的故障，通过采取各种维护措施，确保供电畅通。

（4）机电设备本身发生的故障，通过采取各种维护措施，确保设备运行良好。

（5）通信信号本身发生的故障，通过采取各种措施，不会导致伤亡事故。

### （二）安全管理评价

（1）安全管理机构设置评价。

（2）安全生产法律法规评价。

（3）应急预案评价。

## 四、风险评价注意事项

（1）每个风险事件都要编制检查评分表，分专业组织。

（2）原因和措施进行分类标注（与新机制配套），拟定统一的扣分值。

（3）确定单个风险事件的评分规则。

（4）制定风险事件的检查方式（包括现场检查、过程回放、抽考等）和评价规则。

（5）制定出现后果的影响规则。

（6）查看未检查的关联规则。

（7）建立报告备案制度。

【复习思考题】

1. 简述我国铁路交通运营风险管理发展现状与主要问题。
2. 铁路交通运营风险的特点是什么？
3. 简述铁路风险管理的内容。
4. 什么是铁路风险识别？
5. 什么是铁路风险评价？
6. 铁路风险防控技术和手段有哪些？
7. 铁路风险管理体系的内容？
8. 简述铁路安全风险评估的依据。
9. 如何理解铁路安全管理综合评价？

# 参考文献

[1] 李湖生. 安全与应急管理学科领域的一些核心概念[J]. 安全，2017（10）.

[2] 魏利军. 城市安全生产风险评估体系构建[J]. 安全，2018（11）.

[3] 刘艳. 有限空间作业事故特征及其原因分析[J]. 中国安全科学学报，2017，27（3）.

[4] 胡清臣. 技规导读[M]. 北京：中国铁道出版社，2013.

[5] 熊安春. 运输安全管理[M]. 北京：中国铁道出版社，2015.

[6] 熊安春. 铁路技术管理规程[M]. 北京：中国铁道出版社，2009.

[7] 覃连云. 论京沪高铁的安全管理技术与保障措施[J]. 中国城市经济，2019（9）.

[8] 韦江雨. 玉铁铁路工程线施工安全控制[J]. 铁道运营技术，2017（7）.

[9] 铁道部电气化局. 电气化铁路安全知识[M]. 北京：中国铁道出版社，2012.

[10] 铁路 200～250km/h 既有线技术管理办法[M]. 北京：中国铁道出版社，2012.

[11] 戢晓峰，崔梅，陈方. 关于高速铁路人因安全保障体系的研究[J]. 铁道运输与经济，2013（6）.

[12] 史俊玲，张久长，李娜. 日本铁路技术标准国际化策略研究[J]. 中国铁路，2015（10）.

[13] 高小洵. 中国高速铁路运营效益评价体系研究[J]. 铁道运输经济，2015（8）.